普通高等学校教师教育系列精品教

心 理 学

（第二版）

鲁忠义　王德强　主编

科 学 出 版 社

北 京

内 容 简 介

《心理学》（第一版）自2009年出版以来，深受读者欢迎，先后十三次印刷。《心理学》（第二版）仍然具有以下特色：改变学科本位的状况，实现学生维度和学科维度的有机统一；改变以理论为主的状况，实现由理论到方法的转换；改变几个不同心理学科知识拼凑的状况，实现不同学科的融合；改变只以演绎式呈现教材内容的状况，实现教材内容呈现方式的多样化。

本书包含以下模块：绪论、中小学生心理发展与教育、学习心理、心理健康与教育、班级管理心理、教学心理和教师心理。这些内容经过不同的组合有机地融合在每一章中。本书还力求体现《教师教育课程标准（试行）》的要求，以及教师资格证的考试要求。

本书的适用对象为高等师范院校的专科生和本科生以及专业硕士研究生，也可用作中小学教师职前和职后培训的参考书。另外，作为一本心理学入门的读物，也适合初涉心理学领域和喜欢心理学的人阅读。

图书在版编目（CIP）数据

心理学 / 鲁忠义，王德强主编. —2版. —北京：科学出版社，2018.9
普通高等学校教师教育系列精品教材
ISBN 978-7-03-058920-0

Ⅰ. ①心… Ⅱ. ①鲁… ②王… Ⅲ. ①心理学-中小学-师资培训-高等学校-教材 Ⅳ. ①B84

中国版本图书馆CIP数据核字（2018）第216335号

责任编辑：胡云志　滕　云　师丹丹/责任校对：王晓茜
责任印制：赵　博/封面设计：华路天然工作室

科学出版社出版
北京东黄城根北街16号
邮政编码：100717
http://www.sciencep.com

北京华宇信诺印刷有限公司印刷
科学出版社发行　各地新华书店经销
*
2009年8月第　一　版　开本：787×1092　1/16
2018年9月第　二　版　印张：20
2025年8月第十三次印刷　字数：480 000

定价：49.80元

（如有印装质量问题，我社负责调换）

前　言

党的二十大报告强调，深化教育领域综合改革，加强教材建设和管理。

本书作为一本综合性公共心理学教材，自2009年第一版出版以来，深受读者欢迎，在短短的九年时间里，先后十三次印刷。第一版教材的特色是实现了学生维度和学科维度的有机统一和由理论到方法的转换，有效地融合了不同心理学科的知识，并做到了呈现形式多样，行文生动、深入浅出，具有较好的可读性。

对原教材进行改版，基于以下三点原因：第一，原教材使用了近十年，在内容和体系上都需要更新。第二，2011年，教育部大力推进教师教育课程改革、制定了《教师教育课程标准（试行）》，对高等师范学校的教师教育专业心理学类课程的内容、学时、学分安排提出了指导性意见。本书作者在教育部上述相关文件的指导下，对教学内容进行了多次研讨、调整和修改，也在近几年的教学中进行了几轮实验，逐渐形成了较为成熟的新体系。为了体现《教师教育课程标准（试行）》的要求，体现基础教育教学的实际需要，突出心理学在教育教学中的应用，本书以学生职业发展为主线，促进学生从学习理论向获得方法转换，促进学生教育观、学生观、价值观的形成和教育教学能力的提高，所以很有必要对原教材进行改版。第三，2015年，中小学教师资格考试改革在全国全面推行，师范类毕业生和有志于教育事业的非师范类毕业生均需通过教师资格证全国统考才能获得中小学教师资格证。与教师资格证考试大纲对照，原教材在内容上需要做出一些调整和增减，才能更好地适应教师资格证的考试要求，帮助准教师顺利考取教师资格证。

第二版教材包含以下模块：绪论（第一章），中小学生心理发展与教育（第二章至第六章，包含认知、情感、人格、品德的发展与教育），学习心理（第七章至第九章，包含学习的实质、学习迁移、学习动机、知识和技能的学习），心理健康与教育（第十章），班级管理心理（第十一章和第十二章，包含学校群体心理、班级管理心理和课堂管理），教学心理（第十三章），教师心理（第十四章）。

具体内容的变动如下。

第二版教材第一章的内容主要是增加了心理的实质、心理学的发展，并将第一版第十四章的心理学研究方法精简为第二版中的第一章第三节，让读者从心理学的研究对象、心理的实质、心理学研究的一般任务、研究领域、发展历史及其研究方法六个方面来理解和感受心理学是一门怎样的学科。而第一版中的“心理学与合格中小学教师”一节的有关内容融到第二版教材的第十四章教师心理部分。

第一版教材的第二章调整到第二版的第七章，作为中小学生学习心理模块的部分内容。而第一版的第三章至第八章向前提为第二版的第二章至第七章，各章的基本框架没有做大的变动，只是在内容上进行一些调整，如有关“动机”的一章，虽然由原来的两节变为四节，但基本的内容没有太大的变化，只是将原来第一节“动机”的内容分为三节，对其内容进行了更加细致的介绍。

第二版教材的第九章新增“中小学生知识和技能的学习与教学”内容，这是为了使学生对基础教育教学的三维目标达成方式和途径有针对性的理解。这一部分也是学习心理的模块内容，重点介绍了知识的理解、掌握、巩固机制和动作技能、认知技能的形成规律，为读者提供了深入理解教学过程的心理学理论基础。

第二版教材的第十章是将第一版教材的第十一章提到当前位置。在内容和体系上与第一版教材没有多大变化，但删除了一些旧的案例，增加了新的案例。在语言风格上也更加顺畅、生动，可读性大大增强。在形式上，新增了拓展阅读，以二维码形式展现。

第一版教材的第十章作为第二版教材的第十一章“学校群体心理与管理”的内容与第十二章“课堂管理”共同组成了第二版教材的“班级管理心理”模块的内容。

第一版教材第十二章“中小学生性心理与教育”的内容经过精简融进了第四章“中小学生情绪情感与教育”。这一章还对青春期教育中的早恋、人际关系、情绪调控等内容进行了介绍。

第一版教材的第十三章“教学测量与评价”的内容调整为第二版的第十章“中小学生心理健康与教育”，主要介绍了教学心理的概念、教学心理的研究内容、教学设计、教学策略等内容。与第二版教材的第十四章“教师角色、教师心理健康和专业发展”一同组成了“教师心理”模块的内容。

第二版教材由鲁忠义教授和王德强博士担任主编。本书由鲁忠义及王德强共同拟定编写大纲和编写章节。编写内容先由王德强统稿，再由鲁忠义统稿并最终定稿。编写人员全部由讲授公共心理学课程的教师担任，他们中有几十年从事公共心理学教学的教授和副教授，也有近年来毕业的博士，阵容强大。各章编写人员：王德强（第一章），贾宁（第二章），赵铭锡（第三章），翟红娟（第四章），夏宇欣（第五章），赵献梓（第六章），邢斌（第七章），牧新义（第八章），王汉林（第九章），袁立壮（第十章），冯晴（第十一章），王宝状（第十二章），张亚静（第十三章），于文华（第十四章）。

总的来看，第二版教材内容更加充实、完善和全面，也更能体现教师职前和职后心理学知识与理论学习的需要。但由于我们的水平和精力有限，书中不可避免地会存在不足之处，谨请各位方家和读者批评指正。

鲁忠义

2018 年 5 月 4 日

2023 年 7 月修改

第一版前言

本书为高等师范院校公共心理学教材，适用对象为非心理学专业的本科生和专科生。公共心理学教材很多，突出什么样的特色才能满足未来的中小学教师的需要，是我们编写本书时着重考虑的一个问题。在参阅大量国内外心理学教材的基础上，编写组进行了多次讨论并一致认为，本书应力求突出以下特色。

（1）改变学科本位的状况，实现学生维度和学科维度的有机统一。许多公共心理学教材在不同程度上反映出学科本位的思想，考虑的是学科知识的科学性、连贯性和系统性。从学科知识的科学性和完整性来看，这无疑是有积极意义的，因而也成为评价一本教材好坏的一个标准。但是，强调学科本位的同时，往往在一定程度上忽视了学生的需要和兴趣、学生的知识经验、学生的发展。心理学的许多研究一再告诉我们，教学要建立在学生已有的知识经验的基础上。美国著名心理学家奥苏贝尔在他的名著《教育心理学：认知观点》中明确指出，“假如让我把全部教育心理学理论归结为唯一的原理的话，一言以蔽之：影响学习的唯一重要的因素，就是学习者已经知道了什么。”心理学的知识系统庞杂，不可能在一本心理学教材中，将完整、系统的心理学原理纳入其中，因此，根据学生今后教育教学的需要选择教材的内容，显得尤为必要。当然，以学生本位来组织教材，也会在一定程度上忽视知识的系统性和知识的内在联系。可见，学科本位和学生本位各有其优缺点。因此，本书试图将学生维度和学科维度有机地结合起来，以学生发展为主线，同时考虑知识的科学性和系统性。

（2）改变以理论为主的状况，实现由理论到方法的转换。我们知道，科学要变成生产力，必须经过技术这个中间环节；同样，心理学从理论到教育教学的实践，也必须经过一个中间环节——方法，这一点对公共心理学来说更为重要。因为公共心理学仅有 54 学时，在这样短的时间内，教师不可能像讲专业课那样较为详细地讲解一个结论的来龙去脉；另外，公共心理学专业的学生也不是将来一定要从事心理学研究的，而是在以后的教育教学中应用心理学的知识去解决实际问题的，因此将心理学的理论转化成学生能够解决实际问题的方法，是公共心理学教材编写中的一个中心问题。当然，这样做不是不要理论，而是要实现由理论到方法的转化，学生还必须掌握必要的理论，不过这些理论要简明扼要，反映理论的新成果。

（3）改变几个不同心理学科知识拼凑的状况，实现不同学科的融合。本书是一本综合性公共课教材，其体系结构融中小学生心理学、普通心理学、教育心理学、社会心理学、心理测量与评价、心理健康与教育等内容为一体，具体内容包括动机心理、认知心理、情绪情感心理、个性心理、品德心理、学习心理、人际交往心理、群体心理与班级建设、中小学生心理健康与教育、中小学生的性心理与教育、教学测量与评价、心理学研究方法。这些内容经过不同的组合有机地融合在每一章中，而不是简单地被拼凑在一起。比如，中小学生的认知发展与教育两章中，既叙述了认知的一般原理和中小学生认知发展的特点，又介绍了如何根据这些理论对中小学生进行心理教育，以发展学生的认知能力。我们将这些内容糅合成一个有机整体，而不是让它们分别成章，各自独立。

（4）改变只以演绎式呈现教材内容的状况，实现教材内容呈现方式的多样化。多数心理学教材内容的呈现方式几乎都是一个面孔，即演绎式。这种演绎式的呈现方式，对于本来就抽象难懂的心理学概念和理论来说，更会让学生未读就先生几分畏惧和厌烦的情绪。因此，怎样将心理学内容以活泼的形式呈现给读者，达到内容与形式的统一，是我们编写本书时着重考虑的又一个问题。为此，我们参阅了国内外大量的心理学教材，从中吸收了许多有益的成分。我们还多次对教材的体例进行讨论，最后形成了本书的一种风格：①每章包括四个部分，即引子、正文、本章概要、思考题。“引子”的内容可以是生活中的事件、研究中的案例，甚至一个传说等。它的作用是引起下文，吸引读者。“正文”除了介绍心理学的基本概念和基本原理外，重点放在心理学在教育教学中的应用上。“本章概要”是对本章的概括，可以使学生提纲挈领地把握本章的内容，起到“由厚到薄”的作用。设计“思考题”是为了帮助学生掌握本章的知识点，并启发学生在知识学习的基础上综合运用所学的心理学概念和原理。②设置灵活多样的“专栏”。这些专栏包括延伸阅读、案例分析。本书涉及的一些重要而又没有办法放在正文中阐述的内容，通过“延伸阅读”这一专栏扩展开来，如重要心理学家简介、经典研究范式、重要观点、最新研究成果等。这些内容对扩大学生的知识面，甚至将这些非专业的学生引进心理学的深处大有裨益。本书还选择了一些“案例”，并对这些案例进行分析，目的是加深学生对教材的理解，更重要的是通过案例教学使学生学会在今后的教育教学中运用心理学的理论。③在保证科学性的前提下，行文力求生动、活泼、深入浅出，具有较好的可读性。

本书由鲁忠义担任主编，鲁忠义拟定了本书编写的章节目，并经编写组讨论确定，最后由鲁忠义统稿并定稿。各章编写人员包括：鲁忠义（第一章、第四章），赵铭锡（第一章、第十二章），陈洪震（第二章、第六章），贾宁（第三章），翟红娟（第五章），白晋荣（第七章），牧新义（第九章），闫书昌（第十章），邢斌（第八章），袁立壮（第十一章），张志杰（第十三章），王德强（第十四章）。本书的出版还得到了河北师范大学副校长王长华教授、河北师范大学教务处及科学出版社的大力支持，在此，一并致以最衷心的感谢！我们力求写出一本有特色的公共心理学教材，但由于自身水平和时间的限制，不足之处恐难避免，敬请专家和读者不吝赐教！

鲁忠义

2009 年 6 月

目 录

第一章 绪　论

什么是心理学？中小学教师为什么要学习心理学？这是本章要讨论的两个主要问题。在回答这两个问题之前，先看看日常生活工作中人们对心理学的一些认识：心理学工作者在遇到新朋友时，总会被问起："你是搞心理学的，那你说我现在正在想什么？"或者"你是搞心理学的，看来什么也瞒不过你"，或者有人认为"学心理学的人一般都不太正常"，还有一些人认为心理学就是相面、算卦、占卜吉凶的。目前，许多年轻人很相信占星术，通过自己的出生日期计算出自己的星座，来预测自己的性格、婚姻状况，等等。这些情况说明许多人对心理学持有神秘的看法，甚至混淆了心理学与伪心理学（如占星术）的区别。那么什么是科学的心理学呢？关于这个问题，本章将从心理学的研究对象、心理的实质、心理学研究的一般任务、研究领域、发展历史及其研究方法六个方面来进行回答。当然，作为教师不仅要对心理学有一个正确的认识，还要知道为什么要学习心理学，这些问题本章也有阐述。

第一节　心理学概述

一、心理学的研究对象

心理学是研究人的心理现象及其规律的科学。心理现象也叫心理活动，简称心理，主要包括心理过程和个性心理两个方面。

（一）心理过程

人的心理过程包括认知过程、情绪情感过程和意志过程。三种心理过程从不同的角度能动地反映着客观事物及其相互关系。认知过程是个体认识世界、获取并运用知识的过程，包括感觉、知觉、记忆、思维和想象等。在认识客观世界的同时，人还会对事物产生一定的态度，引起满意、喜爱、厌恶、憎恨等主观体验，这就是情绪情感过程。情绪情感是人对客观事物是否符合自己需要而产生的态度体验。凡是符合人的需要的客观事物，就会使人产生积极肯定的情绪，反之则产生消极否定的情绪。人不仅能认识世界并对之产生肯定或否定的情绪，还能够通过调节自己的活动来有目的、有计划地改造世界。人的这种自觉地确定目的并为实现目的而克服困难、有意识地支配和调节自己行为的心理过程，就叫作意志过程，表现为激励个体去从事达到目的所必需的行为，同时抑制与预定目的不相符的行为。

认知过程、情绪情感过程和意志过程在现实生活中总是紧密联系、相互作用的。一方面，认知决定人的情绪和意志，如“知之深，爱之切”，再如认识到学习的重要性才会付出意志努力；另一方面，情绪和意志又影响人的认知，如“爱屋及乌”“情人眼里出西施”就是情绪对认知的影响。坚强的意志能促进人产生认知的积极性，并取得良好的认知成效。情绪可以加强或减弱意志，而意志也可以控制情绪。

（二）个性心理

个性心理是人们在长期的认知、情绪和意志活动中形成的稳定的心理特性，包括个性倾向性、个性心理特征两个方面。

个性倾向性是推动人进行活动的动力系统，决定个体对现实世界的认知态度和对活动对象的选择与方向，它主要包括动机、需要、兴趣、理想、信念和世界观等心理成分。动机是推动人进行活动，并使活动朝向某一目标的动力，它使个体产生一定的行为意向并指向特定的对象，促使主体在活动过程中不断调节自身行为的强度、方向、持续时间等，最终达到预定的目标。需要也是个体进行活动的基本动力，包括生理的、社会的，或是物质的、精神的需要。人有了需要就会产生求得满足需要的动机，并产生相应的行为意向。兴趣是个体对事物、世界好奇而进行探索的心理倾向，使一个人产生探索性认知行为。理想是对未来事物的美好想象和希望，是人们在实践过程中形成的、有实现可能性的、对未来社会和自身发展的向往与追求。信念是个体认定某种事物是事实或者必将成为事实的判断、观点或看法，是人的认识、情感、意志的统一体，但信念不是冷冰冰的认识现象，是伴有炽热的感情的强烈认同，因此在信念的鼓舞下，人们的意志是坚强的，行为是坚决的，而且始终不渝。世界观是个体对客观世界的总体看法与基本态度。世界观和理想、信念有机联系在一起，而世界观处于个性倾向性的最高层次，对理想和信念起支配作用和导向作用，是人的行为的最高调节器，制约着人的整个心理面貌，直接影响人的个性品质。在学校情境下，有关学习的动机、兴趣、需要和世界观构成学生学习的内部动力系统，存在于学生的主观意识中，是推动学生从事学习活动的最重要的主导动力。而学校的学习气氛、社会需要、家庭对个人成功的期望、奖励和惩罚、竞争等因素构成学生学习的外部诱因。这些诱因是推动学习活动进行的必要条件。当外部动力通过一定的手段和途径与学习的内部动力相结合时，就会形成强大的精神力量，以支配学生的学习行为。

个性心理特征包括能力、气质和性格。能力是人顺利地完成某种活动所必须具备的心理特征，体现着个体活动效率的潜在可能性与现实性。气质是指表现在人的心理活动动力方面的特征，如心理活动速度、强度、稳定性、灵活性等，这些特征与生俱来，很少受个人活动的目的、动机和内容的影响。性格是人对现实的稳固的态度和习惯化的行为方式。

个性心理特征与个性倾向性相互制约、相互作用，使个体表现出时间上和情景中的一贯性，表现为个体行为。例如，性格、能力等个性心理特征往往是在动机、理想等推动作用下形成、稳定或者改变的，也需要依赖于动机和理想等动力机制才能表现出来。

除了认知过程和个性心理外，心理学还研究人的无意识。人的绝大多数活动是由意识支配的，也有一些是无意识的（如口误、梦等），还有一些活动只有较少的意识参与，被看作是自动化的心理过程。这些自动化的心理过程往往是经过意识参与的基本认知过程的熟练化，需要较少的意识参与也能完成，最终形成心理活动的默认加工模式。

二、心理的实质

探讨心理的实质的主要目的是让我们清楚认识心理学和伪心理学的区别。生活中，我们常常见到一些人，甚至是冠以“心理学家”称号的所谓“专家”谈论手相、颅相、血型、笔迹、星座等与人的性格的关系，甚至有的人也会觉得他们在对自己性格的预测上还很准确。但我们不得不说这些都是伪心理学，也有研究表明星座算命与胡蒙乱猜没有区别（Coon，Mitterer，2008）。

从实质上看，心理是脑的机能，是对客观现实的主观能动的反映。换句话说，心理不是对客观现实原封不动的反映，不像照镜子那样简单地反映客观事物，也不像肝脏分泌胆汁、肾脏分泌尿液，而是有选择性地反映。人的心理不仅取决于生物性，更主要的是取决于人的社会性需要。正是这种社会性需要才使人的心理活动具有了主观能动性，但这种主观能动性不是无限的，是受社会历史条件制约的，而社会历史条件一方面是主体的历史经历，另一方面是心理现象发生的即时社会背景，即主体所处的社会关系和社会地位等条件。因此，人的心理来源于客观现实，又受社会历史条件的制约。

三、心理学研究的一般任务

（一）描述

描述心理事实是对心理现象进行科学研究的第一步。心理现象虽纷繁复杂，但有其质和量的特点。因此，心理学研究最基本的任务就是对各种心理现象进行描述，用口头或文字将心理现象的具体事实客观地陈述出来。描述要解决“是什么”的问题，追求事实的真实性。测量是描述心理现象的一种具体方法。例如，用注意测量方法测量的结果可以较准确地描述中小学生注意的特点，用记忆测量方法测量的结果可以较准确地描述中小学生的记忆力。用智力量表、人格量表、成就动机量表和心理卫生量表测量的结果可以较科学地描述中小学生在智力、人格、成就动机和心理健康方面的特点，还可以用社会测量法比较准确地测量中小学生人际关系的特点和人际关系的能力。

（二）解释

科学的心理学不能只限于描述心理事实，还应对心理现象做出科学说明，揭示出这些现象发生的内部原因，弄清这些现象所遵循的规律，也就是搞清“为什么”。比如，同一个班上相邻而坐的两个中学生，他们长得高矮相近，经测验智商也相近，但行为却大相径庭。一个认真、迅速地完成作业，课堂上积极主动，考试成绩优异；另一个却对作业满不在乎，课堂上消极、被动，考试经常不及格。其原因何在？这两个学生行为上的差异很可能是学习动机上的差异而引起的。用老师的话来说：“前一个学生学习很努力，而后一个学生虽然有能力，但却不愿意努力。”对于这个问题，心理学的动机理论就能够帮助教师对这两个学生的行为做出解释。

科学解释心理现象离不开实验和科学的思维方法。实验是一种因果关系研究，通过心理学的实验不仅可以证明心理的事实，还可以揭示心理现象产生的机制和原因。例如，可以通过实验了解影响注意、记忆等心理现象产生或变化的因素。要对实验结果做出合乎逻辑的解释，就要用科学的思维方法。例如，分析与综合、抽象与概括。有时需要对有关事实和现象进行分析和归纳，了解心理现象的实质及心理活动各个方面的关系。有时需要从已知推断未知，如通过因果关系的分析，得出合理的结论。

（三）预测

预测是指根据已掌握的心理学原理对未来要发生的事情进行推断和测定。比如，根据学生的年龄特征，推知其以后的心理发展水平和特点；又如，根据学生智力和个性的测量结果，预测其将来的学业成就和发展方向。预测对教育工作者是十分必要和重要的，有了准确的预测，教师才能总揽全局，采取有效措施，到达教育目的。

（四）控制

控制是根据事物发生变化的规律，采取某种方法，使事情发生或不发生、维持或停止，甚至还要考虑朝什么样的方向发生发展。教育就是一种控制。教育是指根据一定社会的要求，对受教育者的身心有目的、有计划地施加影响的活动。教师只有根据学生心理发展的特点、水平和规律，采取合适的控制方法，才能使他们接受教师施加的影响，培养出社会所需要的合格人才。比如，怎样才能使学习更有效率？许多研究都表明，下面的一些策略是有助于学习的，如记笔记、概述、列提纲或绘图、画线或做标记、PQ4R 法（预览、设问、阅读、反思、背诵、回顾）。

怎样让魏王从大堂上走下来

四、心理学的研究领域

心理学不仅是一门理论性很强的学科，也是应用价值很大的一门学科。它的研究领域极其广泛，涉及人类生活的各个方面。根据心理学所进行的研究是以建立系统的理论为目的还是以实际应用为目的，可以将心理学的研究分为理论心理学与应用心理学两大领域。

（一）理论心理学

理论心理学旨在探讨人或动物的行为和心理的变化规律，研究的主要内容包括心理学的对象与学科性质、心理活动范畴、心理学的任务、心理学方法论和心理学研究的具体方法、身心问题和心脑问题、意识问题、心理的能动性问题、心理的因果关系问题、心理的起源问题及知行问题等一系列基本的理论问题。理论心理学主要包括以下分支学科。

1. 普通心理学

在心理学中，普通心理学处于基础学科的地位。普通心理学研究心理现象的产生和发展的最一般性规律和心理学的最一般性理论，如心理与脑的关系，各种心理现象间的相互联系及其在人的整个心理结构中的地位与作用，研究心理现象的最一般性方法等。普通心理学的内容概括了各分支学科的研究成果,同时又为各分支学科提供了理论基础。因此，学习心理学首先应从普通心理学入手。

2. 实验心理学

实验心理学是在控制的条件下，借用科学的实验方法，研究人及动物心理和行为的一门心理学分支。不仅如此，它还是研究心理学的方法学，如变量控制、实验设计、心理物理学方法、反应时方法等。实验心理学是由冯特（W. Wundt，1832～1920）创立的，从实验心理学的建立到现在仅百余年，心理学的发展却超过了以往的许多世纪。现在，不仅感觉、知觉、注意、表象、学习、记忆、思维、言语、情绪、人格和意识等构成了实验心理学的专题，而且心理学的各个分支，如儿童心理学、教育心理学、社会心理学、工程心理学和医学心理学等，无一不应用实验方法进行科学的卓有成效的研究。从这个角度说，实验心理学乃是各个心理学分支的基础。

3. 生理心理学

生理心理学研究心理现象的生理机制，主要指各种感官的机制、神经系统特别是脑的机制、内分泌腺对行为的调节机制、遗传在行为中的作用等。生理心理学的研究对揭示心理现象和它的物质本体——神经过程的关系，科学地解释各种心理现象，进而指导临床实践都有重要的意义。当前，神经心理学（从生理心理学分化出来的一个分支）是心理学研究的一个热点。

4. 发展心理学

发展心理学是研究个体生命全过程中心理发生、发展和变化规律的学科。按不同的年龄阶段，可进一步分为婴儿心理学、幼儿心理学、儿童心理学、少年心理学、青年心理学、成年心理学和老年心理学。发展心理学的知识是从事教育工作的基础。

5. 社会心理学

社会心理学是心理学和社会学之间的一门交叉学科，是研究个体和群体的社会心理现象的心理学分支。个体社会心理现象是指个体受他人和群体制约的个人的思想、感情和行为，如人际知觉、人际吸引、社会促进和社会抑制、顺从等。群体社会心理现象是指群体本身特有的心理特征，如群体凝聚力、社会心理气氛、群体决策等。

理论心理学领域还包括心理测量学、认知心理学、人格心理学、变态心理学、比较心理学等。另外，一些学科经过多年的研究与发展，自身也不断分化，出现了更细的学科，如发展心理学分化出婴儿心理学、幼儿心理学、青少年心理学和老年心理学等。

（二）应用心理学

应用心理学旨在研究如何把理论心理学所揭示的基本规律应用于人类社会生活的

各个方面，探索这些社会实践领域中的心理现象及其规律。可以说只要是人从事的活动，就有人的心理现象，因此，几乎在人类社会生活的每一个主要领域都有一个专门的应用心理学门类。下面简单介绍一些主要的应用心理学分支学科。

1. 教育心理学

教育心理学是研究教育和教学过程中教育者和受教育者心理活动及其产生和变化规律的心理学分支，是一门介于教育科学和心理科学之间的边缘学科。教育心理学研究的内容主要是学校教育过程中心理活动的规律，如知识和技能的学习、品德的形成和发展、特殊学生的教育、教育评价和测量、学生的心理健康等。

2. 咨询心理学

咨询心理学是研究心理咨询的过程、原则、技巧和方法的心理学分支。咨询心理学是通过心理测量和晤谈来了解来访者的心理问题，如学业适应问题、人际适应问题、婚姻适应问题等，其目的是帮助适应不良者调适和解除心理的困惑，重建积极的人生态度。咨询心理学具有明显的实用性和多学科交叉性，不仅与教育心理学、社会心理学、发展心理学和医学心理学关系密切，而且与教育学、社会学、文化人类学、医学相互交叉。

3. 管理心理学

管理心理学是研究管理活动中的心理活动规律的学科，它以组织中的人作为特定的研究对象，重点是对有共同管理目标的人进行系统的研究，以提高效率，调动人们的积极性。当今的管理心理学都是以人本思想为前提的，如何实现对人的激励，成为管理心理学的重要内容。管理心理学按照不同的管理领域又可进一步细分为行政管理心理学、教育管理心理学、学校管理心理学、企业管理心理学等。

4. 消费心理学

消费心理学是研究消费者购买、使用商品过程中的心理和行为规律的学科，是商业心理学的主要分支领域之一。消费心理学涉及商品和消费者两个方面。与商品有关的研究包括广告、商品特点、市场营销方法等；与消费者有关的研究包括消费者的态度、情感、动机、爱好、消费信息来源，以及消费的决策过程等。

5. 工业与组织心理学

工业与组织心理学研究人们在工作中和组织中的行为，涉及如何在应聘者之中进行人员选拔，以及在人员晋升和使用中如何进行考核、培训或评价，等等。大多数工业与组织心理学家受雇于政府部门和企业，他们从事的基本工作涉及两方面：第一是人员的测评与安置，这些属于人事心理学的工作；第二是协调工作中的人际关系，如改善员工的精神面貌和工作态度，争取得到工人的满意并发展生产力。

应用心理学是心理学家族中一个庞大的分支，绝不限于以上列举的五种。其他的，如法律心理学、运动心理学、环境心理学、军事心理学、妇女心理学、语言心理学、医学心理学、护理心理学、广告心理学等。

现代心理学在理论上不断向纵深发展，日益成熟；同时，注重应用，不断拓宽研究的领域。当然，心理学的发展依然任重道远，这不仅是因为它只有短暂的历史，也是因为它的研究对象是极其复杂的人的特性。因此，在科学的殿堂里，心理学有着重要的地位和无数个没有被揭开的谜，这都需要人们去探索。

五、学习心理学的意义

本教材是供高等师范院校的学生使用的公共课教材，融合了普通心理学、发展心理学、教育心理学、社会心理学、心理健康教育等多学科的内容，涵盖了中小学生认知、情绪情感、品德、个性、学习、动机、知识获得、技能、心理健康教育和教师班级管理、课堂管理、教学心理、专业成长等领域。而本课程的核心任务是，在理解与分析中小学生重要心理品质的发生机制和发展特点的基础上，探讨教师如何利用这些知识在中小学校组织教育教学活动。因此，心理学的学习对那些即将走上工作岗位的“准教师”具有重要的实践意义。具体来说，包括以下几个方面。

（一）有助于教师了解中小学生的心理规律，提高教育教学质量

心理学所揭示的中小学生在注意、感知、记忆、思维、想象、情感、意志、个性心理方面的发展特点，以及在学习、知识迁移、品德等心理活动上的规律性，对于教师了解学生的心理发展水平，确定正确的教育教学内容，选择科学的教学方法，都提供了科学的依据。教师只有掌握和了解学生的心理活动特点和规律，才能自觉有效地实施教育影响，从而达到预期的教育教学目标。例如，怎样在教育过程中充分地调动学生学习的自觉性与积极性，激发学生的学习动力；如何根据学生的心理差异因材施教，才能够使学生领会、理解、掌握、巩固和灵活运用所学的知识，并形成技能技巧，以发展学生的智力；怎样使学生学会创造性地学习，培养其创造性的思维能力和品质；如何调动教学中学生的情感因素，让学生对学习活动本身产生积极的情感体验，形成良好的学习心态和好学、乐学的人格特征等，都离不开对中小学生心理发展特点的了解，离不开心理学的学习。

（二）有助于教师有效开展品德教育工作

学生在学校里不仅要掌握科学文化知识，形成各种基本技能，还要具备良好的道德品质。培养学生道德品质和促进学生形成正确的价值观不仅是全面发展教育的重要组成部分，也是学校教育的一项重要的教学目标。这就要求每一个任课教师不仅要掌握教书的高超技能，也要具有育人的独特方法，使教书和育人这两方面的工作在学校教育的总体目标上获得和谐的统一。然而，比起知识、技能的学习，道德品质的培养是更加复杂、更加艰巨的。学习心理学可以帮助教师了解学生态度与品德的心理结构、态度与品德教育的主要方法以及态度与品德形成和改变的一般条件，掌握学生良好品德培养的途径及学生过错行为与品德不良的矫正方法，等等。也只有掌握了品德心理的这些知识，教师才可能科学地进行品德教育工作，提高品德教育的实效性。

（三）有助于教师运用心理学原理提高班级管理的能力

班级是学校的基层单位，是整个学校教育功能发挥的主阵地。班集体为发展学生的社会性，培养学生对社会生活的适应能力创造了条件和机会，同时班集体的学习、交往及活动的经历和体验也是学生个性发展的重要资源，为学生的个性发展提供了有利条件。良好的班集体会给学生以积极向上的力量，会控制、调节学生的活动，会矫正学生的问题行为，对学生身心健康成长有着重要的作用。处于青少年时期的学生，他们在心理上正发生着巨大变化，他们对长者有闭锁性，对同伴有开放性，这就决定班级对他们的成长有着至关重要的影响。教师只有了解了中小学生的心理发展特点和规律，掌握了班级管理的心理学方法，获得了学生问题行为、纪律不良行为的矫正技术，才能实施有效的班级控制和管理。因此，心理学的学习，对教师搞好班级管理有着非常重要的作用。

（四）有助于教师掌握心理健康的知识，维护学生心理健康

辛自强和张梅（2009）对1994～2007年的107篇有关中学生心理健康的文献进行了元分析，被试涉及初一至高三6个年级共111 925名中学生（包括高职生和小中专的学生），结果表明我国中学生的心理问题逐步增加，即心理健康水平逐年下降。中学生心理健康状况的下降主要是由社会变迁引起的经济状况、社会威胁和教育状况的变化引起的。

面对中小学生越来越多的心理问题，作为现代教师，有责任也有义务担负起学生成长过程中的“心理健康保健者”这个重任。教师只有具备了“心理健康保健者”的素质，才能帮助学生有效地应对现实生活面临的各种压力，减轻学生的心理负担，进行情绪调节，预防心理问题的发生。从这一点出发，本书专门设计了中小学生心理健康教育、教师心理两章，重点介绍了教师和学生常见的心理问题和调整策略。通过这些内容的学习，教师可以掌握相关的心理教育知识和教育方法，以此来对学生进行心理教育，提高学生的心理素质，优化学生的心理品质；可以给学生以心理卫生的指导和帮助，预防心理疾病的发生；还可以让心理问题远离教师自己，保证自己的心理健康。

（五）有助于教师结合教育教学实际进行科学研究

教师不只是进行教书育人的工作，还要善于在自己的教书育人的实践中不断探索、不断改革，积极进行教育科学研究工作，以此来不断更新教育思想、教育观念，进一步了解、分析、研究各种教育、教学现象和问题，探索、揭示并掌握教育、教学规律，进而提高教育、教学工作质量。心理学为教师进行教育研究提供了科学的思路和研究方法、技术及可参照的丰富的例证。教师可以在理解、应用这些基本原理和方法的基础上，结合自己的工作实际创造性地进行科学研究。

总之，心理学的学习，能坚实教师的教育理论基础，增强教师对教育科学的理解和研究能力。

第二节 心理学的发展

一、科学心理学的诞生及其历史发展

对人类心理的研究，可追溯到2000多年前中国、埃及、希腊和印度等的古代文明，如中国古代的《论语》《孟子》《黄帝内经》等著作中有很多有关心理的阐述和应用，而亚里士多德的《论灵魂》被很多人认为是西方最早的一部论述心理学思想的著作。早期的心理研究是属于哲学的范畴，在古希腊语中，心理学（ψυχή λόγος）由“灵魂”（ψυχή）和“研究”（λόγος）所组成。哲学心理学主要是在探讨心身关系、天性与教养、自由意志与决定论、知识来源等方面的议题。但直至1879年，以冯特在德国莱比锡大学建立了世界上第一所心理学实验室为标志，心理学才从哲学中分离出来成为一门独立的学科。因此，正如德国著名心理学家艾宾浩斯（H. Ebbinghaus，1850～1909）所说，心理学有一个漫长的过去，但只有短暂的历史。

冯特以德国的感官生理学和心理物理学为基础，吸取德国古典唯心主义哲学中的某些见解，以意识为研究对象，通过内省法和实验法来研究意识的构成元素，来解释人的心理，这就是构造派心理学。构造派心理学是科学心理学诞生后应用实验法系统研究心理问题的第一个独立的心理学派别。构造派心理学成立后不久就受到心理学界的群起反对。反对的结果一方面使构造派心理学不幸短命，后继无人，成为心理学史上的绝响；另一方面因为反对者的主张不同，逐渐演变成百家争鸣、学派林立的局面。

美国的詹姆斯（W. James，1842～1910）虽然同样以意识为对象，但把实用主义运用于心理学，把着眼点放在个体适应环境时的心理或意识的功能上，认为心理学应该是一门自然科学，其任务就是描述和解释意识状态，研究心理现象在顺应环境上的功能效应，而不是研究心理现象的构造，从而创立了机能心理学。

在詹姆斯的影响下，华生（J. B. Watson，1878～1958）把研究的重点，放到作为意识活动结果的行为上，主张心理学只能研究可由别人客观观察测量的外显行为，客观地观察刺激—反应的结果。华生在1913年出版的《行为主义者眼中的心理学》一书，被认为是行为主义学派创立的标志。到了20世纪30年代，因行为主义严守自然科学的取向受到批评，同时也因其他学派理论的影响，一些原属行为学派的学者如赫尔（C. L. Hull，1884～1952）、斯金纳（B. F. Skinner，1904～1990）、托尔曼（E. C. Tolman，1886～1959）等开始接受意识成为心理学研究的主题之一的理念，又倡导了新行为主义。他们的观点是，在考察行为的同时也兼顾心理活动，目前这种观点已成为现代心理学的一个主导思想。行为主义观点统治了心理学界近半个世纪的时间，为心理学走上科学化做出了不可磨灭的贡献。

1912年，德国心理学家韦特海默（M. Wertheimer，1880～1943）、苛勒（W. Köhler，1887～1967）、考夫卡（K. Koffka，1886～1941）在《心理学杂志》上发表了有关“似动现象”的研究成果，标志着格式塔学派的问世。韦特海默1910年开始研究知觉，他认为整体不能用零碎的部分之和去理解，并不是由元素组成的部分决定整体而是整体规定部分，整体的特性是基本的，而部分的特性则依赖于它们在整体组织结构中的地位。概括地说，整体大于部分之和。心理现象未必反映物理刺激的事实，物理刺激是客观存在的，而心理现象则是经由个人对之加以选择与组织后的反映。如果说行为主义是把研究关注点放在接受外部刺激上，格式塔心理学则是把关注点放在捕捉外部事物的方法上。20 世纪 30 年代，德国纳粹势力开始抬头，德国的许多心理学家纷纷逃往美国，这样格式塔心理学和行为主义心理学在美国各地得到广泛交流，推动了现代美国心理学的发展，如心理学家勒温（K. Lewin，1890～1947）通过实验研究了团体和人际关系的理论，提出了团体动力学，为后来兴起的实验社会心理学打下了基础。

人们也意识到，人的行为有时是受意识不到的心理倾向，即无意识所支配的。首先将无意识问题作为心理学研究对象的是奥地利精神医学家弗洛伊德（S. Freud，1856～1939）。弗洛伊德把人的心理分为无意识和意识两个部分，认为人类的大部分行为处于意识不到的无意识世界中，如果不去了解人的无意识世界是无法理解一个人的心理的。弗洛伊德的精神分析理论来源于他对精神病和神经症患者的治疗实践，因此当他把治疗实践得出的变态心理学规律推论到正常人身上时，用关于个体、个体心理和本能的观点来解释人类社会文化和历史现象，便在方法论上犯了以偏概全的错误。后来，霍妮（K. D. Horney，1885～1952）、沙利文（H. S. Sullivan，1892～1949）、弗洛姆（E. Fromm，1900～1980）和埃里克森（E. H. Erikson，1902～1994）等精神分析学派的后继者排斥弗洛伊德的生物主义观点而重视社会和文化所发挥的作用，被称为新精神分析学派。

20 世纪 50 年代，心理学又出现了一种新的潮流，即以正常人的需要出发去研究人类异于动物的一些复杂经验，诸如动机、欲望、价值、快乐、幽默、情感、生活责任、生命意义，以及爱情、嫉妒、仇恨等真正属于人性各种层面的问题，进一步探求人的价值、本质，发扬人性潜能，从而助人自我实现。这就是美国心理学家马斯洛（A. H. Maslow，1908～1970）、罗杰斯（C. R. Rogers，1902～1987）等倡导的人本主义心理学。人本主义心理学把人的本性与价值提到心理学研究对象的首位，径直探讨意识经验和社会生活的关系，打开了心理学研究向上或向社会方面发展的通道，再次从主体内部出发扩大了心理学研究的领域，丰富了关于人类精神生活研究的内涵，是人类了解自身过程中的又一块里程碑。

20 世纪 60 年代，受完形心理学的知觉研究及信息科学发展等多种因素的影响，西方兴起了用信息加工的观点研究人的认知过程的心理学流派——认知心理学。由德国移居美国的心理学家奈瑟尔（U. Neisser，1928～2012）于 1967 年出版了《认知心理学》，这标志着认知心理学的诞生。认知心理学从信息加工的角度侧重研究人接收、编码、操作、提取和利用信息的过程，即感知觉、记忆、表象、思维、言语等。它强调人已有的认知结构对当前认知活动的决定作用，并且通过计算机和人脑之间进行类化，像研究计算机程序的作用那样，在较为抽象的水平上研究人的信息加工的各个阶段的特点，以揭示人脑高级心理活动的规律。因此，把关于人的认知过程的一些设想编制成计算机程序在计算机上进行实验验证的计算机模拟，也就成为认知心理学的一个重要研究方法。

现代心理学在继承历史的基础上，不断发展创新，已经成为当代科学系统中与数学、物理学、化学、地球科学、医学、社会科学相并列的七大学科之一。当代心理学吸收、融合其他学科的知识，同时将知识输送给别的学科，成为一门开放的交叉学科，兼具自然科学和社会科学的双重属性，在人类社会发展中具有重要地位（Cacioppo，2007）。

心理学研究
体系的演变

二、当前心理学的发展趋势

20 世纪是西方现代心理学兴旺发达的时代，是西方心理学学派林立、多元取向的时代（车文博，1995）。而从 20 世纪晚期开始，心理学的研究集中在两个研究取向上，一是探讨心理现象产生的神经生物学基础；二是探索内隐心理机制和外显行为与经济、社会、文化等之间的复杂关系。从基本理论的视角看，心理学总体层面的发展趋势至少可以概括为四点（杨鑫辉，2005）。

（一）心理学的综合化

心理学在 20 世纪初，学派林立相互对立，现在心理学各流派的尖锐对立早已消除，相互吸取、融合发展已占主导地位。美国心理学史家舒尔茨曾指出：今天的心理学家已不再集结于格式塔心理学、行为主义或机能主义的旗帜之下。就理论、方法和概念来说，已有走向折中主义的一个较强大的趋势了。心理学发展的综合化趋势，除了学派之间的互相吸收与融合，还具体表现为自然科学方法与社会科学方法的结合，精细化认知过程的研究与人性的整体研究相结合的趋向。

（二）心理学的科技化

心理学的科技化是随着整个科技发展而推进的，高新科技为心理学提供了更现代化的手段。它集中地反映在认知科学和认知心理学的崛起，西方心理学界认为 21 世纪是认知神经科学时代，利用电脑研究脑神经网络已是一个热点和主攻方向。但是，心理学的高新科技化，并非完全把心理学当作一门纯粹的自然科学来研究。利用高科技手段是为了更加精准和深入地研究人的心理过程，揭示人性和人的社会性的心理实质。

（三）心理学的本土化

任何心理学都是以本土文化圈中的心理文化来理解、解释和干预人的心理生活的。心理学起源于西方，西方心理学包括其学派和理论，均深深植根于西方文化之中，他们以西方人为研究对象，采取适用于西方人的研究方法和技术，特别是以个人主义价值取向和种族中心主义为核心的西方文化，制约着心理学的研究定向及其理论建构。因此，亚非拉第三世界发展中的国家，甚至是欧亚西方发达国家，都不约而同地出现了心理学研究本土化的趋势。心理学的本土化主要是指一种社会文化取向的问题，每个国家的心理学所采用的概念、理论及方法要能切实反映本国民众的心理与行为。心理学的中国化，要求我们以辩证唯物论作为心理学的方法论的理论基础，进行中国人的心理实验研究，发展符合中国国情的心理量表和研究方法，建立有中国特色的心理学理论体系，它与探求人类共同心理规律的国际化是相辅相成的。

（四）心理学的实用化

心理学的应用与普及是心理学发展的生命力。应用呼唤理论，理论要植根于应用，心理学理论与应用的关系是辩证统一的。从现实看，世界各国尤其是心理学发达的西方国家，心理学应用分支研究及其机构都占主要地位，心理学渗透到了社会生活的各个层面。心理学的实用化促进了心理学的高度分化，据统计，心理学的分支学科目前已有一百多个。这是科学认识深入发展的必然结果，也是心理学广泛应用生活的自然产物。我们必须正视和把握心理学发展的这个方面的趋势，加大心理学应用的力度，使其在社会实际生活中发挥更大的作用。

第三节　心理学的研究方法

心理学研究以人和动物的心理为研究对象，这也就注定了其研究过程是非常复杂的，使得心理学研究对研究对象和无关变量影响的控制要比对其他学科难得多。但任何科学发现的有效性取决于达到该发现所采取的程序的有效性。因为研究结果正确与否、科学与否、真实与否、有效与否、能推广与否都和研究的实施过程相关联。因此，要保证心理学研究的科学性和有效性，就必须遵循一定的研究原则和严格的研究程序。

一、心理学研究的基本原则

（一）伦理性原则

伦理性原则是指在研究心理学问题时，不能违反社会的伦理道德准则。科学研究是为人类获取知识和造福的事业，是有一定的伦理道德规范和科学规范的。在心理学的研究过程中，研究者要考虑两个方面的伦理道德问题：一是公正地对待实验对象。公正地对待实验对象，要求保障科学研究中的被试（人和动物）不受到伤害，保障不能给被试的心理发展留下不利的阴影，保障心理学研究在社会道德允许的范围内开展。华生和雷纳（Watson，Rayner，1920）的形成恐惧反应实验、米尔格拉姆（Milgram，1963）的服从权威实验和津巴多等（Haney，Banks，Zimbardo，1973）的斯坦福监狱模拟实验就违背了这一原则，给被试心理造成一定程度的伤害或负面的影响，受到人们的广泛质疑和谴责。二是研究者应具备的职业素养和科学精神。心理学的研究结论是建立在客观、可靠的数据的基础之上的，研究者必须以严谨、认真、求实的工作态度严格按照实验要求和多数人可接受的方式搜集、处理数据。

斯坦福监狱模拟实验

针对心理学研究的道德问题，美国心理学会专门制定了《对人类被试进行研究的伦理道德原则》和《心理学家的伦理道德原则和行为规范》。中国心理学会也发表了《心理测验工作者的道德准则》，中国心理卫生协会发表了《心理评估质量控制规定及从业人员道德准则》，这些规定成为心理学工作者共同遵守的道德准则。

（二）实事求是原则

实事求是原则是心理学研究的根本指导原则，就是以客观事实作为检验标准，努力反映心理现象的本来面貌，既不能歪曲事实，也不能主观臆测。坚持实事求是的原则，一是要尊重客观事实，从客观事实中去寻找和发现规律；二是要求心理学研究结论要建立在逻辑规则之上，不能牵强附会，胡乱联系。心理学研究结论要建立在逻辑规则之上，要求研究报告要以研究事实为依据，研究结果和推论遵守逻辑规则，研究设计体现严谨性与科学逻辑性，同时心理学研究报告还要求实事求是地描述研究条件，细致地公开研究操作过程和操作方法，让不同的研究者可以进行重复验证，确保假设检验的客观性。这些要求对于研究结果的验证、推广有着非常重要的意义。

（三）系统性原则

系统性原则就是从系统、全面、整体的观点出发，对人的心理活动进行多层次、多水平、多方位的系统分析与研究。人的心理是一个系统，本身包含着许多不同层次、不同序列的子系统，同时人的心理的发展、成熟又受到各种因素的影响，而不是单一因素的作用，因此对心理现象和心理行为进行准确的解释，必须通过多层次、多水平、多方位的系统分析与研究才可能得出合理的结论。人的心理也是一个自组织的信息加工系统，它不仅能按照一定的规律进行活动，还能在活动中进行自我认识和自我调节。这就要求研究者要将研究对象放到有组织的系统中进行考察，并遵循反馈原理、有序原理和整体原理等系统科学的基本原理。例如，斯金纳把“信息的即时反馈”作为程序教学和机器教学的一条重要原则，就是这些基本原理的应用。

（四）发展性原则

发展性原则是指以发展变化的观点去看待和研究人的心理活动，切忌静止、固定地看待各种心理现象。个体受生长成熟、刺激、知识经验、实践活动等因素的作用与影响，其心理经常处于运动变化之中，心理结构不断进行着改组与重建。因此，研究者必须遵循发展性原则，历史地研究人类的心理活动规律。美国心理学家格塞尔做过一个非常著名的实验：让一对同卵双胞胎练习爬楼梯，其中一个为实验对象（代号为 T），在他出生后的第 46 周开始练习，每天练习 10 分钟；另外一个（代号为 C）在他出生后的第 53 周开始接受同样的训练。两个孩子都练习到他们满 54 周的时候，T 练了 8 周，C 只练了 2 周。这两个小孩哪个爬楼梯的水平高一些呢？大多数人会认为应该是练了 8 周的 T 比只练了 2 周的 C 好。但是，实验结果出人意料——后学的尽管用时短，但效果并不差。这个实验的结果也提示我们，心理学研究不能静止、固定地看待各种心理现象的发展和变化，要尊重孩子发展的自然规律，不要违背孩子发展的内在“时间表”，否则我们就会徒劳无获，甚至妨碍到孩子的健康发展。

二、心理学研究的基本程序

（一）选择研究问题

研究问题一般要求有创新性、有理论或实践价值，或是急需解决的现实问题。可以从有关心理学理论中演绎出研究问题，也可以从教育教学实际工作中发现问题，从过去研究中发现问题，还可以从与其他研究者的探讨和对话中发现问题。研究问题确定后，还要确定问题的范围。一般说来，研究问题的范围要清楚明确，宜小不宜大。研究者应善于从选定的研究领域中筛选问题，并缩小问题范围，最后将注意力集中于某一个独特的问题之上。

研究的效度问题
——助记仪真的有效吗?

（二）选择研究设计

研究问题选定后，要根据研究问题的性质，采用适当的研究设计。研究设计是指如何制订研究方案，以提高研究效度，缩小随机误差的影响，并使研究结果能有效地进行统计分析的理论和方法。以实验研究为例，研究设计的基本思想是减少偶然性因素的影响，以使研究自变量的影响最大化。如果实验控制不力，掺杂了其他变量的影响，就无法做出自变量和因变量的因果关系推论。

（三）确定并选取研究对象

研究问题确定后，就要确定研究对象。为了揭示研究总体的心理现象与心理过程的发展规律并尽可能保证研究结果的可靠性，选取的研究对象必须具有代表性。心理学研究为了保证抽取的研究对象的合理性，要体现取样的随机性、代表性、合理的样本容量等要求。在实际研究中，取样还取决于研究类型、预定分析的精确程度、允许误差的大小、总体的同质性、研究者的时间、人力和物力、取样的方法等因素。

（四）制订研究方案

心理学研究问题、研究设计和研究对象确定后，在正式的研究开始前，要制订细致的研究方案，以保证研究过程的周密性和完整性。研究方案应具有可操作性、与理论假设的内在一致性，研究过程设计也要合乎研究原则的要求。心理研究方案的内容，一般地说，包括研究背景与目的，指导思想与原则、研究内容、研究材料与对象、研究方法与措施，以及研究步骤与时间安排、研究队伍与组织分工等。

（五）实施研究

为了心理学研究成果的准确性、可靠性，研究的过程必须严格按照研究方案进行，同时还要及时记录研究过程中出现的各种原始心理现象，以备解释研究结论时参考。研究记录应全面、详尽、细致，并客观、公正、实事求是地对收集到的信息进行取舍、分类、编码等。

（六）统计分析研究的结果

根据研究目的和所得数据的特点选用合适的统计工具和方法，按照统计要求进行科学、准确的统计分析和推论。不能掺杂个人的倾向，也不能言过其实地夸大研究的效果和某些结论。

（七）撰写研究报告

心理研究的结果整理完毕后，就可以根据研究结果推出研究结论，并按教育或心理学研究的常规格式撰写研究报告。研究报告要以陈述事实为主，但它并不是一些原始材料的罗列，而是在整理和陈述事实材料的基础上，运用辩证唯物主义、历史唯物主义的观点和方法进行理性加工，将感性材料上升为理性认识。同时还要遵循撰写心理学研究报告的常规要求，要以严谨、认真的态度，客观公正地分析研究结果，得出真实、可靠、经得起检验的研究结论。

总之，心理学研究必须做到科学周密地设计研究过程、严格有效地控制有关变量、严谨适当地统计分析，并客观公正地撰写研究报告，才能获得准确、科学的研究结论。

三、心理学研究的具体方法

具体的研究方法要与具体的研究问题相联系，以研究问题为中心，以方法论为指导，有效地选择具体研究方法，以实现研究目的。心理学研究几乎可以运用各种科学研究的具体方法，如观察法、心理实验法、调查法、心理测验法、思辨推论法等。每一种方法都有其特点和长处，但又同时存在着一定的局限性和片面性。

（一）观察法

观察法是进行心理学研究最基本、最普遍的方法，是研究者通过感官或借助于一定的科学仪器，在一定时间内有目的、有计划地考察和描述人的某种心理活动、行为表现等，以期发现心理活动及其发展的规律，并收集研究资料的一种方法。观察法是科学研究的最基本的方法，是收集第一手资料的最直接的手段。观察法的分类有很多，可按观察时间的长短分为长期观察法和定期观察法，也可按有无控制分为自然观察法和控制观察法，还可以按照观察者是否参与被观察者的活动分为参与观察法和非参与观察法。研究者在研究心理和行为时，可以根据工作需要采用不同的观察方式。

在自然状态条件下，不加控制地对被试的行为表现进行有目的、有计划的实地观察，应注意以下问题。

（1）为了使观察结果具有代表性，反映某类事物的一般情况，应设计好抽样方案，特别是选好观察对象和时段。

（2）在进行实际观察时，最好不让被观察者察觉，否则就无法了解被观察者的自然反应、行为和感受。

（3）在实际观察时，必须实事求是、客观公正，不得带有主观偏见，更不能歪曲事实真相。因此，要对观察者进行有效的培训，提高观察者的业务素质，要求观察者遵守科学的研究原则、有关法律和道德准则。

（4）事先对观察记录的方法和记录方式做出规定，以便于尽可能详细、快速地记录观察内容的有关事项。

（5）为了观察心理现象的发展变化过程，进行动态对比研究，需要做长期反复的观察。

观察法最突出的优点是观察的直接性和结果的可靠性。观察法通过实地观察心理现象的发生，能够获得直接的、具体的、生动的材料，所得到的资料一般具有较高的可靠性，而且观察法简便易行，灵活性较大，适用性强，可以广泛地适用于对各种心理现象的研究，但也有一些局限性：一是研究者处于被动的地位，往往难以观察到研究所需要的行为；二是观察所获得的结果只能说明“是什么”，而不能解释“为什么”；三是在自然环境下观察到的行为，有时带有偶然性、表面性、片断性和不精确性。另外，由于心理学观察是一种专门的技术，必须由专业人员经过专业训练后才能从事。

（二）心理实验法

心理实验法对心理科学的发展具有重要作用。研究对象心理特征的确定、学派的创立、教学方法的改革，往往都是以长期的或反复的实验为根据的。心理实验法是研究者为解决某一心理问题，根据一定的理论或设想，有计划地严格控制或创设条件以引起或改变被试的心理行为，从而进行分析研究的客观方法。心理实验法主要有自然实验法和实验室实验法两种。

自然实验法即在实际情境中，按照研究的目的，改变和控制某些条件，以观察被试心理现象变化规律的方法。自然实验法兼有观察法和实验法之长处，既注意创设自然的条件，以较好地反映实际情况，又注意控制无关变量，力求研究结论的科学性。自然实验由于是在实际生活情境中进行的，其研究结论可以推广到实验情境以外的其他情境中去。

实验室实验法是在特设的实验室内进行的，变量容易控制，数据的记录和整理也比较精确。目前实验室实验大量地采用计算机控制，所得的结果更为准确。因此，实验室实验法最大的优点在于它可以严格控制偶然发生的因素，保持实验所需要的常量，以便于实验者精细、周密地研究自变量的变化是否引起了因变量的差异，从而做出有关心理现象的因果解释。

实验法是一种省时、省力地获得精确资料的方法，而且实验结果可以被实验反复验证。但实验法尚有其不足之处，如实验室实验法因所设置的情境与实际的社会情境有较大的差异，其研究结果常缺乏实用性；自然实验法的问题在于无法预知事件（自变量）的发生，不能预先做周密的准备，导致对自变量的影响程度不能做精确的判定。另外，一些因为涉及伦理、道德，或难以控制的因素的研究，也不宜采用实验法进行研究。

（三）调查法

调查法是研究者通过访谈、问卷等特定的调查手段，有目的、有计划地搜集有关研究对象的可靠资料，以掌握心理实情、分析研究心理问题的方法。

调查法是教育与心理研究运用较为普遍的研究方法，它以提问的方式对搜集的事实资料进行分析、推理，以确定各种事实间的联系或关系、来龙去脉或当前现状，甚至预测其发展变化，以筹划将来的发展。调查法适用于个体，也适用于团体，一般用于大量数据的收集，主要包括问卷法和访谈法等具体方法。

1. 问卷法

问卷法是采用预先拟定好的问答表，通过被试回答问题的情况，分析其心理特点及状态的方法。

1）问卷法的特点

采用问卷法收集资料简便易行，取样大，代表性强，能够在较短的时间内获得较多的资料，收效大；由于可以不署名，所得出的结论比较客观。所以，这种方法被广泛采用。但问卷法也有突出的缺点：一是被调查者的合作态度不易控制，如果被调查者回答问题的态度不认真，或者对问题的理解不一致，就会影响调查资料的真实性；二是问卷的回收率常常较低，影响取样效果。问卷法不是一种严密的科学方法，通过问卷法得来的资料往往是表面的，只能作为对问题的初步了解，为进一步的研究提供线索。

问卷法的运用，关键在于编制问卷、选择被试和结果分析。

2）问卷的结构

一份完整的问卷，一般包括标题、前言、指导语、问题、选择答案、结束语等部分。

标题：标题是调查内容高度概括的反映，它既要与研究内容一致，又要注意对被调查者的影响，一般使用中立价值的语言，不带有价值判断，以避免引起被试对调查内容的过度敏感，如对中小学生早恋行为的调查研究，这一题目采用的“早恋”一词，很容易引起学生的反感和抵触情绪，从而影响调查的结果。

前言：前言是对调查目的和调查内容的简明扼要的说明和描述，以引起被调查对象回答问题的热情和合作，也有消除其顾虑的作用。

指导语：指导语主要用来指导被调查者如何填写问卷、注意事项，有时还附有例题，以帮助被试理解填写问卷的方法。指导语要简洁、明了、用词恰当、便于理解。

问题与选择答案：问题与选择答案是问卷的主要部分。问题是表达问卷的核心内容，问题的设计要具体、清楚、客观、可操作、通俗易懂，而且应是被调查对象熟悉的。问题有非结构式和结构式两种。

（1）非结构式问题是只提问题不提供答案，由被调查对象根据题意自由作答的一种问题。就题型来讲，可以是填空型的，也可以是问答型的。非结构式问题常用于探索性研究，还常常用作定性分析资料。但非结构式问题的答案是由答题人自由填写的，故其内容常常非标准化，甚至有些答案内容与主题无关，难以进行量化和比较。一般说来，非结构式问题比较适合于小样本。

例如：问答型非结构式问题

请列举你特别喜欢和特别不喜欢的教师的原因。

请你提出促使教师改进教学方法的有效措施。

请列举你特别喜欢和特别讨厌某门课程的原因。

（2）结构式问题不仅要提出问题，还要提供答案。所提供的答案要准确，符合实际，便于被调查者进行选择，即把问题的答案事先加以限制，只允许在问题所限制的范围内进行挑选。由于问题答案是标准化的，因此，既便于答卷人回答问题，又便于调查资料的统计分析，其问题设计主要有是否型、选择型、评判型（也叫排列型）、划记型等。结构式问题可以对众多被试同时进行调查，样本取样大，具有典型性和代表性。但结构式问题限定了答卷人的自然表达，不利于研究者发现新问题。

例如：是否型结构式问题

我自己决定的事，别人很难让我改变主意。　　①是　　②否

我的行为不受班里舆论的影响。　　①是　　②否

另外，问卷调查一般不署名，被试可以较为真实地反映自己的内心世界。进行问卷设计时要把结构式问题与非结构式问题结合起来，有利于更全面地收集资料。

结束语：这是问卷的最后一部分，一般包括两个方面的内容：一是提出几个开放式问题由被调查者自由回答，或者由被调查者提出意见，以取得除问题之外的需要被试补充的重要信息资料；二是表示谢意。

3）问卷设计的基本要求

问题的设计关系到问卷的科学水平，是问卷编制中关键的一项。一般说来，在设计问卷的问题时，必须遵循一些基本的要求。

首先，题目设计与研究目的要一致。一项研究有一个总的研究目的，而问卷中题目的设计过程就是研究目的逐步具体化的过程。在进行问卷设计时，调查者的头脑中必须有一个“目标体系”，问卷中的所有问题都必须纳入“目标体系”，使研究课题所需要探讨的每一个具体问题，在问卷中都有所反映，对于“目标体系”之外的问题，即与研究课题无关的问题，就不应在问卷中出现。

其次，问题的数量及难度要适度。所谓适度是指通过控制时间以保持被调查者对应答问卷的兴趣和认真态度。根据调查对象的特点确定问卷的篇幅及答卷时间，一份答卷作答时间一般以 30～40 分钟为宜。问题太多，作答者易产生厌倦情绪，导致敷衍塞责或不予回答；问题太少，又不能得到有关研究的基本事实材料以致影响研究结论。问卷中问题的语言描述要适合被试知识和能力所及范围，应尽量避免调查对象因知识水平的差异对问卷调查结果造成的影响。

再次，文字表达要简明、扼要。问题的文字表达要通俗易懂、容易回答。避免使用双向问题、假定性问题、否定句、贬义词等，避免冷僻和专业性太强的术语，必要时应加以注释说明。例如，“在中小学英语教学中，应增加听力训练课而减少阅读训练课”，这是一个双向问题，被试回答“是”，问题还不大，但对于“否”的回答，就会造成含义不清，是减少听力训练课而增加阅读训练课，还是两个都不增不减，抑或一个保持不变，另一个减少或增加呢？这就出现了六种导致“否”回答的情况。如果有人选了“否”答案，那么调查者知道应答者不同意此说法，但不能获得不同意的原因。

最后，要避免社会认可效应。心理科学的调查问卷，常常不可避免地要涉及一些道德问题或敏感问题。因此，问题的设计要格外谨慎，因为人在回答问题时，总是希望自己的回答能够得到社会的认可，而不愿选择明显地违反社会规范和道德、易受他人指责的答案。对这类敏感问题，可以采用“两难问题”或投射性问题来解决。例如，如何评

判小张在找工作中的行贿行为？显而易见，行贿是违法的。如果直接发问会迫使被试鉴于社会的道德压力而做出选择，不能如实反映对这一行为的真实看法。当被试评判别人的行为时，则减少了自己的被评压力，更容易按其真实的想法作答。

4）问卷法的实施

根据问卷调查的步骤，当一份合理、适量，又有信度和效度的问卷编制好以后，就进入问卷的发放调查阶段。问卷的发放有不同的形式，且各有利弊。

一是邮寄。邮寄的方式较为简便易行，省时省力，但由于被试对所研究的问题或不关心、不感兴趣，或问卷的问题设计不太合理，不便于回答，或其他技术问题影响被试作答，而邮寄本身又缺乏和被试的直接交互影响，被试往往放弃作答和回复，因此常影响问卷调查结果的真实性和回收率。

二是有组织地分配。这种方式发放迅速，回收率高，便于汇集和整理。

三是当面填答。当面填答的回收率高，不明白问题也可当面提问。由于有情感交流，易取得被试的合作，但取样范围数量有限。

对回收的问卷，在剔除无效问卷的同时要统计有效问卷的回收率。另外，为保证结论的可靠性，如果有可能，可以做小范围的跟踪调查，了解未回答问题那部分被试的基本看法，以防止问卷结果分析的片面性。

2. 访谈法

访谈法是和被访者有目的、有计划地面对面谈话，从而了解情况、收集资料的方法。调查者和被访者作为访谈的双方，可以聊天、可以插话、可以质疑、可以追问，这种互相影响、互相作用的方式，使调查者得以在广阔、深入的范围内探讨其关心的问题。

1）访谈法的特点

与问卷法相比，访谈调查有着更大的灵活性。访谈者可以根据具体情况随时调整问题的次序，灵活决定是否需进一步追问与调查主题有关的问题。访谈调查还具有适用范围广的特点，除有语言表达障碍的人，任何人都可以作为访谈对象，尤其适宜对儿童、文盲进行调查。

访谈法可以更详细、更准确、更真实地了解有关心理对象的细节，深入探讨心理现象的本质，其缺点是样本小，需要较多的人力、物力和时间，而且访谈法也易受主观、客观因素的影响，访谈者的态度、表情、语调，甚至性别、服装、外貌都可能使访谈对象产生知觉偏差，而影响材料的真实性。因此，只凭访谈法所取得的材料，对其心理对象的心理状态下结论是不够可靠的。所以，访谈法一般在调查对象较少的情况下应用，且常与观察法、问卷法等结合使用。

2）访谈法的一般步骤

第一步，访谈的准备。访谈要遵循共同的标准程序，避免只凭主观印象，或访谈者和调查对象之间毫无目的、漫无边际的交谈。因此，要做好访谈准备，包括：明确访谈目的；选择访谈方法；选择有代表性的被访者；确定访谈项目，按项目拟好提问的问题；考虑提问的措辞及其说明，必要时的备用方案，规定对调查对象所做回答的记录和分类方法；规定访谈流程，按照程序进行等。

第二步，访谈的实施。访谈对访问者的要求较严，因为访问者的态度、口气、问话方式等都会影响被访者的回答。因此，访谈要求访问者具有一定的水平，并掌握一定的访谈技巧。

3）访谈的技巧

访谈是言语的直接交际，是访谈双方互相支持的言语。调查者是访谈的主动一方，有责任在访谈一开始就营造一个良好的访谈氛围。

第一，亲切善意的访问态度。访谈双方见面，应亲切称呼被访者，并作自我介绍，向被访者说明访问的目的、意义，取得对方的协助和支持。

第二，把握主题，善于引导。在访谈时，要努力营造一个亲切友好的访谈气氛，打破陌生的隔阂。访谈时，应从题外到题内，等到访谈投机，再转入正题。访问者必须认真倾听，倘若对方离题，要善于随机应变，引导对方把话题转到主题上来，并使被调查者觉得其提供的情况很有价值，乐意继续说下去。

第三，明确提问，避免误会。关于访谈所提问题，要简单明了，言简意赅，通俗易懂；提问的方式、用词的选择、问题的范围要适合被调查者的知识水平和习惯。

第四，准确记录访谈内容。访谈记录对事后的分类、对比分析至关重要。记录应围绕访谈内容进行，尽可能详尽，记录中不要试图去总结、分析和改正记录中的语句毛病，应尽可能详尽地记下被访者的言行，不能详记的，可记下关键词或用符号记录，目的是帮助事后回忆。还要及时记录被调查者的行为及情绪反应，记录的方式有表格记录、选择答案记录、笔记记录，在征得被调查者同意后也可用录音或录像。访谈结束后，应抓紧时间整理笔记，防止有效信息遗漏。

第五，不要妨碍对方的谈话，以免干扰被调查者的注意力和真实感受。在访谈的进行中，我们要做良好的倾听者，在不干扰谈话的主题内容方向的情况下，给被调查者提供言语支持和进一步询问，让被调查者自由地、充分地发表自己的看法。

此外，要使访谈成为有效的调查研究手段，调查者还应注意言行举止、穿着打扮要得体，并在事先约定访谈的时间和地点进行访谈，不影响被调查者的正常工作或学习；同时在访谈前尽可能收集有关被调查者的材料，对其经历、个性、职业、兴趣等有所了解，考虑对方能否提供有价值的事实材料，是否乐于回答所提出的问题，防止被调查者的心理上产生不悦，影响访谈的效果。

综上所述，谈话法和问卷法应与其他有关的方法结合进行，对所得材料相互补充和验证，才能做出较准确的结论。在从事研究时，应根据研究的课题和研究者的资源和能力，选择某种方法，或综合运用几种方法。

（四）心理测验法

心理测验法是采用标准化的心理测验量表或精密的测验仪器，来测量被试有关的心理品质，以期发现被试的心理品质之间关系的一种研究方法。

心理测验，又叫心理测量，是根据一定的心理学理论与统计学原理使用一定的操作程序对人的心理行为进行标准化测定的技术。心理测验是心理学各个领域理论研究和实际应用的重要手段，它广泛应用于教育、临床、咨询、人事管理、人员选拔等社会实践领域。

1. 心理测验的种类

心理测验的种类有很多，教育与研究中常用的测验主要有智力测验、人格测验、心理健康诊断测验等。

目前世界上应用最广泛的、用来测量智力的是美国学者韦克斯勒（D. Wechsler，1896～1981）于 1939 年主持编制的系列智力测验[包括韦克斯勒儿童智力量表（Wechsler Intelligence Scale for Children，WISC）、韦克斯勒学龄前儿童智力量表（Wechsler Preschool and Primary Scale of Intelligence，WPPSI），韦克斯勒成人智力量表（Wechsler Adult Intelligence Scale，WAIS）]。另外，英国学者瑞文（J. C. Raven）于 1938 年设计的非文字的推理能力测验也是常用的一种心理测验。

用来测量人格的有英国学者艾森克（H. J. Eysenck，1916～1997）编制的人格问卷（Eysenck Personality Questionnaire，EPQ）、卡特尔（R. B. Cattel，1905～1998）及其同事编制的 16 种人格因素测验（16PF）、爱德华（A. L. Edwards，1914～1994）的个性偏好测验（Edwards Personal Preference Schedule，EPPS）、美国学者哈瑟韦（S. R. Hawthway）与麦金利（J. C. Mckinley）于 20 世纪 40 年代编制的明尼苏达多项人格测验（Minnesota Multiphasic Personality Inventory，MMPI）、罗夏（H. Rorschach，1884～1922）编制的人格投射测验——墨迹测验（Rorschach Inkblot Test，RIT）等。

用于鉴定心理健康状况的有 SCL-90 问卷、康乃尔健康问卷（Cornell Medical Index-Health Qestionnaire，CMI）、加州人格量表（California Psychology Inventory，CPI）等。

2. 使用心理测验法研究人的心理现象时应注意的问题

1）正确选择测验量表

任何一种测验都有一定的适用人群，超过这一范围，测验的信度和效度就不可靠了。

2）慎重对待测验的结果

心理测验的文化公平性是心理测验的重要影响因素，不仅不同国家的心理测验文化内涵不同，即使同一国家不同民族或不同地区的文化心理也存在着较大的差异，因而研究者要慎重看待测验的结果，并且对于测验结果的解释要结合测验过程和观察访谈的结果进行。心理测验只能为研究者提供分析和判断某种心理现象的参考，因为同样的测验分数，结果可能有不同的原因。

3）施测人员应经过专门的训练，保证施测过程标准化

使用心理测验探讨各种心理品质之间的关系时，还要注意结合前人的研究结论，从心理产生、发展的规律性出发，分析各种心理品质之间的因果关系和相互影响，以免得出片面甚至错误的结论。

★ 本 章 概 要 ★

1. 心理学是研究人的心理现象及其规律的科学。心理现象也叫心理活动，简称心理，主要包括心理过程和个性心理两个方面。此外，心理学还研究人的

意识和无意识。

2. 人的心理过程包括认知过程、情绪情感过程和意志过程。个性心理是人们在长期的认知、情绪和意志活动中形成的稳定的心理特性，主要包括个性倾向性和个性心理特征两个方面。个性倾向性主要包括动机、需要、兴趣、理想、信念和世界观等心理成分。个性心理特征包括能力、气质和性格。

3. 从实质上看，心理是脑的机能，是对客观现实的主观能动的反映。人的心理来源于客观现实，受社会历史条件的制约。

4. 心理学研究的一般任务包括四个方面：描述、解释、预测、控制。

5. 心理学的研究领域极其广泛，一般可以分为理论心理学与应用心理学两大领域。理论心理学领域包括普通心理学、实验心理学、生理心理学、发展心理学、社会心理学、心理测量学、认知心理学、人格心理学、变态心理学、比较心理学等。应用心理学领域包括教育心理学、咨询心理学、管理心理学、消费心理学、工业与组织心理学、法律心理学、运动心理学、环境心理学、军事心理学等。

6. 学习心理学有助于教师了解中小学生的心理规律，提高教育教学质量；有助于教师有效开展品德教育工作；有助于教师运用心理学原理提高班级管理的能力；有助于教师掌握心理健康的知识，维护学生心理健康；有助于教师结合教育教学实际进行科学研究。

7. 1879 年，冯特在德国莱比锡大学建立了世界上第一所心理学实验室，标志着心理学成为一门独立的学科。

8. 冯特创立的构造心理学以意识为研究对象，通过内省法和实验法来研究意识的构成元素，来解释人的心理。

9. 詹姆斯创立的机能心理学以意识为对象，把实用主义运用于心理学，把着眼点放在个体适应环境时的心理或意识的功能上，描述和解释人的意识状态，研究心理现象在顺应环境上的功能效应。

10. 华生创立的行为主义学派把研究的重点放到作为意识活动结果的行为上，主张心理学只能研究可由别人客观观察测量的外显行为，客观地观察刺激—反应的结果。华生在 1913 年出版的《行为主义者眼中的心理学》一书，被认为是行为主义学派创立的标志。

11. 韦特海默、苛勒和考夫卡在《心理学杂志》上发表了有关“似动现象”的研究成果，标志着格式塔学派的问世。格式塔学派认为整体不能用零碎的部分之和去理解，并不是由元素组成的部分决定整体而是整体规定部分，整体的特性是基本的，而部分的特性则依赖于它们在整体组织结构中的地位。整体大于部分之和。

12. 勒温通过实验研究了团体和人际关系的理论，提出了团体动力学，为后来兴起的实验社会心理学打下了基础。

13. 弗洛伊德创立的精神分析学派把人的心理分为无意识和意识两个部分，认为人类的大部分行为处于意识不到的无意识世界中。霍妮、沙利文、弗洛姆和埃里克森等精神分析学派的后继者排斥弗洛伊德的生物主义观点而重视社会和文化所发挥的作用，被称为新精神分析学派。

14. 马斯洛、罗杰斯等倡导的人本主义心理学把人的本性与价值提到心理学研究对象的首位，径直探讨意识经验和社会生活的关系，扩大了心理学研究的领域，丰富了关于人类精神生活研究的内涵。

15. 奈瑟尔 1967 年出版的《认知心理学》标志着认知心理学的诞生。认知心理学用信息加工的观点研究人的认知过程，强调人已有的认知结构对当前认知活动的决定作用。

16. 当前心理学的发展趋势可以概括为综合化、科技化、本土化、实用化四个方向。

17. 要保证心理学研究的科学性和有效性，就必须遵循心理学研究的基本原则，如伦理性原则、实事求是原则、系统性原则、发展性原则等。

18. 心理学研究的基本程序：选择研究问题、选择研究设计、确定并选取研究对象、制订研究方案、实施研究、统计分析研究的结果、撰写研究报告。

19. 心理学研究的常用具体方法包括观察法、心理实验法、调查法、心理测验法、思辨推论法等。观察法是科学研究的最基本的方法，是收集第一手资料的最直接的手段。心理实验法是一种省时、省力地获得精确资料，实验结果也可以被反复验证的方法。调查法在教育与心理研究领域中一般用于大量数据的收集。心理测验法则往往采用标准化的心理测验量表来探索被试有关心理品质之间关系的一种研究方法。

思考题

1. 心理学的研究对象有哪些?
2. 心理学的实质是什么?
3. 学习心理学的意义有哪些?
4. 心理学的发展史上的主要理论流派及其主要观点有哪些?
5. 心理学研究要坚持的原则有哪些?
6. 使用访谈法、测验法研究心理学问题时应注意的问题有哪些?

参考文献

车文博. 1995. 二十世纪西方心理学发展的轨迹及其未来的走向. 社会科学战线, 5: 29-43.

董奇. 2004. 心理与教育研究方法. 北京: 北京师范大学出版社.

黄希庭, 张志杰. 2005. 心理研究方法. 北京: 高等教育出版社.

卢家楣, 魏庆安, 李其维. 1998. 心理学: 基础理论及其教育应用. 上海: 上海人民出版社.

舒华, 张学民, 韩在柱. 2005. 实验心理学的理论、方法与技术. 北京: 人民教育出版社.

辛自强, 张梅. 2009. 1992 年以来中学生心理健康的变迁: 一项横断历史研究. 心理学报, 41(1): 69-78.

杨鑫辉. 2005. 把握当代心理学的发展趋势. 社会心理科学, 19(3): 3-5.

张春兴. 1994. 现代心理学. 上海: 上海人民出版社.

中国科学院心理研究所战略发展研究小组. 2001. 心理科学研究的发展趋势. 中国科学院院刊, 16(3): 172-175.

Cacioppo J T. 2007. Psychology is a hub science. Observer, 20: 5-42.

Coon D, Mitterer J O. 2008. 心理学导论——思想与行为的认识之路. 11 版. 郑刚, 等译. 北京: 中国轻工业出版社.

Gesell A, Thompson H. 1929. Learning and growth in identical infant twins. Genetic Psychology Monographs, 6: 1-123.

Haney C, Banks C, Zimbardo P. 1973. Interpersonal dynamics in a simulated prison. International Journal of Criminology & Penology, 1(1): 69-97.

Milgram S. 1963. Behavior study of obedience. Journal of Abnormal and Social Psychology, 67(4): 371-378.

Watson J B, Rayner R. 1920. Conditioned emotional reactions. Journal of Experimental Psychology, 3(3): 1-14.

第二章　中小学生的认知发展与教育（上）

今天是新学期的第一天，从今天起，王东东就是小学四年级的学生了。他高高兴兴地走进了教室。虽然年级升高了，但是教室没有变。和好朋友们打了个招呼，他就坐在了自己的座位上。这时，同桌小明正得意地把玩着自己的铅笔盒，吸引了很多同学的目光。东东也注意到小明换了一个新的铅笔盒，铅笔盒很漂亮。东东仔细观察着这个铅笔盒：它是一个铁质的双层铅笔盒，盒子的上面画了一个漂亮的 F1 赛车……正看得入神，老师进来了。老师用洪亮的声音说："同学们好！"东东赶紧回过神来，和其他同学一起回答："老师好！"这节课是语文课，课上老师讲了一篇古诗——白居易的《忆江南》。其中有一句"日出江花红胜火，春来江水绿如蓝"。老师给同学们呈现了江南美景的图片，让大家欣赏。她对大家说："请同学们对照图片中的美景来理解古诗的内容，这会帮助大家理解和背诵古诗。"王东东和同学们一起一边欣赏图片，一边默默背诵起古诗来。

通过这一段关于小学生学习情况的描写，我们可以看出认知活动是学生非常重要的心理活动。在上面的案例中，我们看到王东东的认知活动主要包括了注意、观察和记忆。这就是本章涉及的主要内容。

第一节　中小学生认知的发展与教育概述

一、认知发展

心理发展是指个体从出生、成熟、衰老直至死亡，整个生命进程中所发生的一系列心理变化。个体心理发展的年龄阶段划分为：乳儿期（0～1 岁）；婴儿期（1～3 岁），相当于学前期；幼儿期（3～6、7 岁），相当于学龄前期；童年期（6、7～11、12 岁），相当于学龄初期；少年期（11、12～14、15 岁），相当于学龄中期；青年期（14、15～25 岁），相当于学龄晚期；成年期（25～65 岁）；老年期（65 岁以后）。

认知发展是心理发展中极其重要的组成部分。认知发展是指个体自出生后在适应环境的活动中，对事物的认知及面对问题情境时的思维方式与能力表现，随年龄增长而改变的历程。本章及下一章介绍的认知发展主要涉及注意、感知觉、记忆、思维、想象力和创造力等认知过程。

二、皮亚杰的认知发展阶段理论

皮亚杰（J. Piaget，1896～1980）认为，儿童的认知发展是呈阶段性的，处于不同认知发展阶段的儿童，其认识和解释事物的方式与成人是有区别的。因此，要了解并根据儿童的认知发展方式设计教学。如果忽视儿童的成长状态，一味按照成人的想法教学，只会给儿童带来压力和挫折感，让他们感到学习是痛苦而不是有趣的事，扼杀了儿童学习的欲望与好奇心。

（一）认知发展理论的核心概念

皮亚杰认为，发展是一种在个体与环境的相互作用过程中实现的意义建构。他用图式、同化、顺应和平衡来解释这一过程。图式是指儿童对环境进行适应的认知结构。同化是指儿童利用已有的图式把新刺激纳入到原有的认知结构中去。顺应是指儿童通过改变原有的图式或形成新图式的方式适应新刺激。平衡是指同化作用和顺应作用两种机能的平衡。

（二）儿童认知发展阶段的划分

皮亚杰把个体从出生到成熟的发展过程分为四个阶段。

第一阶段：感知运动阶段（0～2 岁）。这一阶段的发展主要是感觉和动作的分化。初生的婴儿，只有一系列笼统的反射。其最初的感觉动作笼统含糊，缺乏精确性和协调性，也分辨不清自己与周围世界的关系。随后的发展便是组织自己的感觉与动作以应付环境中的刺激，到这一阶段的后期，感觉与动作才渐渐分化而有调适作用的表现，开始意识到主体与客体的区别，有了客体恒常性概念，思维也开始萌芽。

第二阶段：前运算阶段（2～7 岁）。前运算阶段的主要特征是儿童认为外界的一切事物都是有生命的；所有的人都有相同的感受，一切以自我为中心；认知活动具有相对具体性，还不能进行抽象的运算思维；思维不具有可逆性等。随着语言的出现和发展，儿童日益频繁地用表象符号来代替外界事物，但他们的语词或其他符号还不能代表抽象的概念，思维仍受具体直觉表象的束缚，难以从知觉中解放出来。他们的思维是单维的和不可逆的，其推理也常常是不合逻辑的。

第三阶段：具体运算阶段（7～11 岁）。这个阶段的儿童认知结构中已经具有了抽象概念，能从多维对事物归类，有了思维的可逆性和去自我中心，因而能够进行具体逻辑推理。这个阶段，儿童能凭借具体事物或从具体事物中获得的表象进行逻辑思维和群集运算，但思维仍需具体事物的支持。

第四阶段：形式运算阶段（11～15 岁）。形式运算阶段最大的特点是儿童思维已经摆脱具体事物的束缚，把形式和内容区分开来，本阶段儿童的思维是以命题形式进行的。这一阶段的儿童能够运用假设-演绎推理的方式来解决问题；能理解符号的意义、隐喻和明喻，能做一定的概括；不仅具备了逆向性的可逆思维，而且具备了补偿性的可逆思维；不再刻板地恪守规则，反而常常由于规则与事实的不符而违反规则。处于形式运算阶段的儿童形成了解决各类问题的推理逻辑，他们不仅能从逻辑上考虑现实的情境，而且还能够考虑可能的情境（假设的情境）。

（三）儿童认知发展阶段理论的主要观点

皮亚杰关于儿童认知发展阶段理论的主要观点可归纳以下几条。

（1）儿童认知发展的本质就是适应。适应是在一定的认知结构基础上实现的，即图式。图式一经与外界接触，就会在适应环境的过程中不断变化、丰富和发展起来。这种适应是个体通过同化和顺应达到的。同化是当儿童每遇到新事物时，在认识中就试图用原有的图式去同化（消化），如获成功，就得到在原有认知上的平衡，从而实现认知量上的增加。

（2）儿童认知发展是连续的、按固定顺序进行的。儿童认知发展是连续的、按固定顺序进行的，一个跟着一个出现，没有什么阶段会突然出现，也不会跳跃和颠倒，先后次序不变，前一个阶段的结构是形成后一个结构的基础，所有的儿童都一样。

（3）儿童认知发展具有明显的阶段性。不同阶段有其主要特征，0～2 岁的婴儿能组织天然的动作图式，如吮吸、抓握、打击等，在主观与客体交往中逐渐实现感觉与动作的分化和精确化。2～7 岁的儿童有极强的“自我中心主义”。7～11 岁的儿童发展了有条不紊的思维能力，能守恒，但仅仅在他们能借助于具体对象与活动时才可能这样做。11～15 岁的青少年发展起来了真正的抽象思维能力。

（4）儿童认知发展阶段的进程体现出差异性。儿童认知发展阶段有差异性，即有的儿童进入某一阶段先于或迟于其他儿童，年龄的表述只具有平均数的含义。在不同学科方面的认知发展也不尽相同。青少年一般先在自然学科领域出现形式运算思维，在社会学科领域的思维发展较慢。而且，同一个人在某一学科领域的思维可能达到了形式运算水平，但遇到新的困难问题时，其思维又可能会退回到具体运算水平。

（四）认知发展阶段理论对教学的启示

皮亚杰的认知发展阶段理论对于教学上的启示是多方面的，主要有两点：一是学生认知发展阶段特征制约教学，教学必须适应学生的认知发展；二是教学又可以作为学生认知发展的一个有效条件，促进学生认知水平的提高。这两方面是相辅相成的，适应是基础，促进是目的。

1. 教学要适应学生的认知发展

在皮亚杰看来，学习从属于发展、从属于主体的一般认知水平。只有儿童发展到相应阶段，才能进行相应内容并运用相应的方法进行教学。另外，学习的主体是学生，学习的结果是促进学生的心理发展。因此，教学要根据学生的认知发展水平来开展。根据学生原有的准备状态进行新的教学，这就是教学的准备性原则，也称为量力性原则或可接受性原则。在教学中，首先，确定学生的准备状态，即了解学生的知识准备和认知发展准备；其次，根据学生的准备状态进行教学。

2. 教学要促进学生的认知发展

教学不仅要适应学生的认知发展，而且应该能够促进学生的认知发展。大量的研究表明，通过适当的教育训练来加快各个认知发展阶段转化的速度是可能的。只要教学内容和方法得当，系统的学校教学肯定可以起到加速认知发展的作用。

三、维果斯基的“最近发展区”理论

（一）“最近发展区”理论的主要观点

“最近发展区”理论是维果斯基（Lev Vygotsky，1896～1934）发展观中的重要理论。维果斯基认为教学要想对儿童的发展发挥主导和促进作用，就必须走在儿童发展的前面。为此，教师必须首先确立儿童发展的两种水平：一是儿童现有的发展水平，即一定的、已经完成的发展系统所形成的儿童心理机能的发展水平；二是儿童可能达到的发展水平，即儿童在他人帮助下能够达到的发展水平。由于在他人帮助下，儿童表现出了更高的智力水平，与其已经达到的认知水平之间存在一段差距，维果斯基将这一差距称之为儿童的“最近发展区”。

（二）“最近发展区”理论的教育启示

维果斯基认为教学创造着最近发展区，即通过教学引导学生从现有发展水平不断向新的最近发展区靠近，从而实现学生认知上的发展。因此，维果斯基提出“教学应当走在发展的前面”，即把儿童置于适合下一阶段学习的条件下加以训练，这样才能有效地促进学生的认知发展。

布鲁纳（J. S. Bruner，1915～2016）根据维果斯基的“最近发展区”概念，主张教师在儿童学习过程中提供的支持也应具备这种动态变化的特征，发挥这种暂时凭借的作用。由此，他提出了“支架式教学”理论。具体的教学过程就是在孩子最近发展区内提供一个支架，使这个孩子在一个更高的水平上学习和掌握行为。使用支架，不是直接告诉儿童解决问题的方法，而是通过巧妙的暗示来指明方向，使儿童能够借助教师的点拨自己去解决问题，并在引导儿童的过程中与儿童共同构建知识。

第二节　中小学生注意的发展与教育概述

一、注意

（一）什么是注意

在日常生活中，我们大部分时间都在注意着什么。例如，在走路时，我们会注意着身边的行人和车辆；在说话时，我们会注意着对方的表情；等等。那么，什么是注意呢？注意是心理活动对一定对象的指向和集中。

指向性和集中性是注意的两个基本特性。指向性是指心理活动在某一时刻总是有选择地朝向一定对象。因为人即使能眼观六路，耳听八方，也不可能在某一时刻同时注意到所有的事物，接收到所有的信息，只能选择一定对象加以反应。就像面对一桌子的美味佳肴，我们每次也只能挑选一种菜来吃，而不能一口吞了所有的菜肴。集中性是指心理活动停留在一定对象上的深入加工过程。注意集中时心理活动只关注所指向的事物，抑制了与当前注意对象无关的活动。这就是我们常说的“两耳不闻窗外事，一心只读圣贤书”的境界了。

（二）注意的功能

注意主要有如下三种功能。

（1）选择功能。人脑的信息加工能力是有限的，在同一时刻，只能加工部分信息。注意的选择功能使大脑选择那些认为重要的信息进行加工，同时排除其他信息的干扰作用。

（2）维持功能。所谓维持，就是将心理活动确定在一定的对象上，并保持一定的强度。这是人脑进行信息加工的必要条件。

（3）调节功能。当人脑的信息加工从一个对象转移到另一个对象时，注意可使这种转移顺利完成，这就是注意的调节功能。

（三）注意的种类

根据产生和保持注意有无目的性和意志努力程度的不同，把注意分为无意注意、有意注意和有意后注意。

（1）无意注意。无意注意是事先没有预定的目的，也不需要意志努力的注意，又称不随意注意。例如，在安静的图书馆里，突然一位同学的手机响了，大家都会不由自主地对铃声产生注意。

（2）有意注意。有意注意是事先有预定的目的，需要一定意志努力的注意，又称随意注意。例如，在打乒乓球时，选手观察对手的发球就是有意注意。

（3）有意后注意。有意后注意是事先有预定的目的，但不需要意志努力的注意。有意后注意形成的条件有两个：一是对活动有浓厚的兴趣。例如，如果我们对足球没有兴趣，陪朋友看足球比赛就觉得是件无聊的活动，需要付出艰苦的意志努力才能坚持看下去，这时的注意是有意注意。当我们对足球产生了兴趣时，足球的比赛很容易引起我们的注意，甚至我们会在观看比赛的时候忘了旁边朋友的存在，无须付出意志努力就能保持自己的注意，这时的注意就是有意后注意。二是活动的自动化。例如，我们知道在驾驶汽车时，司机需要注意路况信息、车内的仪表信息，还要根据这些信息操作相应的部件来控制汽车的行驶。一个新手司机在开车时总会感到非常累，需要长时间保持有意注意。但是如果是一个经验丰富的老司机，在驾驶汽车时就会很轻松，并不需要那么高度的注意力就可以很好地进行驾驶。这种熟练驾驶时的注意就是由于活动的自动化而形成的有意后注意。

三种注意在目的性、意志努力、性质上各有特点，如表 2-1 所示。

表 2-1　三种注意特点的对比

类型	目的性	意志努力	性质	举例
无意注意	无	不需要	低级、自发的	学习时窗外的歌声
有意注意	有	需要	高级、自觉的	学习、听课
有意后注意	有	不需要	最高级、自觉性程度很强	观看有趣的电影

二、注意的品质

（一）注意的广度

注意的广度也叫注意的范围，是指一个人在同一时间里能清楚地把握对象的数量。一个人的经验越多，他的注意广度就越大。另外，个体的情绪对注意的广度也有影响，情绪越紧张，注意广度就越小。比如，我们常在着急开门的时候找不到口袋里的钥匙，或者急忙赶路时撞到迎面走来的人。在现实生活中，某些职业和工作要求有较大的注意广度，如报务员、驾驶员、交通警察等。对于中小学生来说为了提高学习效率，也需要扩大阅读时的注意广度。

中小学生的注意广度有以下特点：小学生的知识经验少，注意的广度比较狭小。到了中学时期，随着学生知识经验的积累和智力水平的发展，注意的广度不断扩大。陈惠芳和程华山（1989）研究了不同年龄群体的注意的广度，结果表明，随着年龄的增长，注意的广度日益扩大，13 岁儿童注意的广度已接近成人水平，见表 2-2。

表 2-2　不同年龄群体注意广度成绩比较

年龄	4 岁	6 岁	7 岁	9 岁	11 岁	13 岁
成绩（点）	4.74	5.77	6.50	6.97	7.99	8.26

扩大中小学生注意的广度，需要做到以下几点。

第一，把学习材料加以组织，使之系统化。例如，语文课上，在讲解修辞手法时，将相同修辞的句子写在一起；英语课上，在讲解不同时态时，将相同时态的词语写在一起。

第二，帮助学生准确地理解学习内容。例如，一节讲授排球进攻阵型的体育课，应详细讲解比赛双方的特点和各种阵型的优势与不足。这样学生准确理解了对阵信息和意图，才能注意到更多场上队员的走位。否则，学生只能注意持球队员，难以将注意广度扩展到整个队伍。

第三，教学的组织安排要合理。例如，教具的演示要有适当的组织、合理的安排和充分的讲解等。特别是教具展示、板书与教师讲解要协调配合，否则学生的注意广度有限，很难兼顾多个事物，影响学习效果。

（二）注意的稳定性

注意的稳定性是个体在较长时间内将注意集中在某一活动或对象上的特性。与之相反的注意品质是注意的分散。个体的需要和兴趣是注意稳定性的内部条件；活动内容的丰富性和形式的多样性是注意稳定性的外部条件。例如，长途客车司机就需要较好的注意稳定性，因为他需要长时间注意路况。如果注意稳定性不够，很有可能出现交通事故，这就是为什么要求司机在高速路驾驶时，严禁疲劳驾驶，连续驾驶不能超过四个小时。

当注意力长时间集中在某一事物时，还有一种有趣的现象叫做注意的起伏，即当人专注某一对象时，视、听感觉器官会产生周期性的加强和减弱的变化。注意的起伏是不随意的，也就是说意识很难直接被控制。我们可以尝试盯着图 2-1 的中心看一分钟，会看到什么呢？

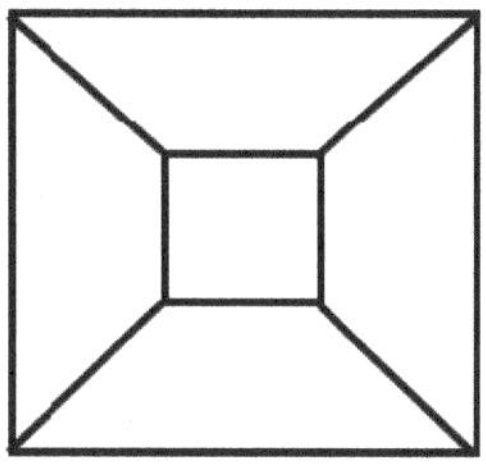

图 2-1　注意的起伏

我们可能会看到图中的小方框一会儿凹进去，一会儿又凸出来，这就是注意的起伏。我们尝试着控制一下，看看能不能阻止这种情况出现呢？比如，让小方框老老实实地待在里面或外面，我们会发现那是很难做到的。

中小学生的注意稳定性随年龄增长而增强。年龄越小，注意稳定性越差。一般来说，5～7 岁的儿童能聚精会神地注意某一事物或进行某一活动的时间平均是 15 分钟，7～10 岁的儿童能够保持稳定注意的时间是 20 分钟左右，10～12 岁的儿童大约保持 25 分钟。在中学阶段，随着学生自制力的发展，长时间地、稳定地集中注意的时间可长达 40 分钟。

优化学生的注意稳定性，应考虑以下几点。

第一，教学内容的难度要适当。小学生的抽象思维能力还不强，而中学生的抽象思维能力虽然有了很大的发展，对抽象材料能保持一定的注意，但这种能力也是逐步发展起来的。研究表明，中学生掌握历史概念时，最容易掌握那些直观性较强的具体概念。所以，教学内容不仅要由浅入深，而且要难易适当。

第二，良好的教学方法是稳定学生注意的重要条件。教师必须熟练地掌握教材，善于根据不同的教学内容选用不同的教学方法。教师讲授时，语言要生动、精炼，运用直观教具演示时要恰当，实验时要及时指导和总结。总之，教师要采用多种有效的教学方法，调动学生的主动性，启发学生积极思考。

第三，了解每位学生注意的表现对培养学生注意稳定性是十分必要的。教师应通过平时的观察和了解，来掌握每位学生平时的注意情况。对注意稳定性差的学生要及时给予指导和帮助：是由于身体疲劳所致的，要帮助其改善身体状况；是由于学习态度和学习动机不正确所致的，要培养其自觉的学习态度，端正其学习动机；是由于心理健康受损所致，要及时诊断，必要时请心理教师给予帮助。

第四，为了保持学生的注意稳定性，应设法消除分散学生注意的因素。例如，教室周围保持安静，建立良好的课堂秩序，避免迟到或早退现象。对某些注意力发生涣散的学生，运用暗示法，如特殊语调、言语停顿、目光凝视等，或用直接批评的方法，督促学生保持注意。另外，教具的使用也要考虑学生注意的稳定性。展示必要教具要适时，过早地展示会分散学生的注意，削弱新颖感。教具使用完毕，应及时收起，以免影响学生对接下来的讲课内容的注意力。

（三）注意的分配

注意的分配也就是通常所说的“一心二用”，是指个体的心理活动同时指向不同的对象的特点。例如，熟练的打字员，可以一边看着要打的稿子，一边将稿子的内容输入电脑。

人的注意分配能力发生较早，但发展的速度却十分缓慢。该能力发展缓慢主要与注意分配必须具备的条件（如动作达到自动化程度）有关。青少年动作技能和智力受经验所限，不可能在短期内达到各项活动的高度熟练，所以中小学的各年级学生注意分配能力基本处于相同水平，没有太大的发展。

（四）注意的转移

注意的转移是个体根据新的任务，主动地把注意由一个对象转移到另一个对象上。也就是说，本来注意着同学甲，然后不再注意同学甲而是去注意同学乙。

中小学生注意转移能力的发展情况如下：注意转移的发展是随个体神经系统内抑制的能力、第二信号系统的发展而得以迅速发展的。根据林镜秋（1996）对大中小学生注意转移的实验研究，学生注意转移的发展趋势是：小学二年级到五年级期间为第一个发展上升期；小学五年级到初中二年级期间为第二个发展上升期；初中二年级到高中二年级期间为发展的停滞期；高中二年级到大学二年级期间为第三个上升期，但这个上升期发展缓慢。

注意的转移容易受到以下因素的影响。

（1）原来注意的强度。原来注意的强度越大，注意的转移就越困难。有的老师习惯于上课先复习上节课学过的知识，让学生做一个小测验，然后再开始讲新课。这样讲课的效果往往不好，因为学生对测验的注意程度很高，想知道自己做得对不对，和别人比自己做得好不好。这样就会很难将注意力转移到新课上。

（2）新的注意对象的特点。新的注意对象如果更符合人的需要和兴趣，注意的转移就越容易。比如，学生正在写作业，当听到电视中有动画片的声音时，就很容易将注意力转移到动画片上。

鸡尾酒会效应

三、中小学生注意的发展

中小学生注意的发展有以下两个特点。

第一，小学低年级学生无意注意占优势，容易被一些新鲜刺激所吸引。中学生的无意注意仍起着一定的作用。黄煜峰和雷雳（1993）的研究表明，无意注意的发展随学生的年龄增大而增加，初中二年级达到最高水平，而后出现缓慢下降的趋势。事物的直观性和具体性在吸引学生的注意方面，仍然起着很大的作用。虽然中学生的抽象思维能力和对知识的理解力进一步提高，但对于复杂的概念、原理等难度较大的材料的学习，仍离不开教师的直观教学。

第二，中学生的有意注意有了进一步的发展。由于中学时期的教学和集体生活向他们提出新的要求，中学生学习的目的性日益明确，学习的自觉性、纪律性日益增长，中学生能够独立地、专心地完成自己的学习任务，能够有意识地调节和控制自己的注意，使自己的注意指向和集中在需要注意的事物上,而不受或较少受到外来干扰刺激的影响。因此，在中学生注意的发展上，有意注意就日益重要起来。随着有意注意的发展，中学生的注意稳定性和集中性也进一步得到提高。

四、运用注意规律组织教学

（一）运用无意注意的规律组织教学

（1）优化教学环境。教学环境包括校园、教室的布置和教师的仪表。首先，学校的地理位置要合适，远离噪音和污染地区；其次，教室的布置要简朴而有教育意义，不要过于花哨，以免分散学生的注意力；最后，教师的着装要整洁朴素，避免奇装异服和浓妆艳抹。

（2）合理组织教学内容。中小学生的注意经常受到兴趣和需要的影响，符合兴趣的、能够满足需要的事物，较易成为他们注意的对象。因此，在组织教学内容时，教师要从学生的角度进行思考，充分考虑学生原有的知识经验，以及兴趣和需要。教学内容要在保证科学性和逻辑性的前提下，加强趣味性。

（3）灵活多样的教学形式与教学方法。灵活多样的教学形式与教学方法有利于吸引学生的无意注意，保持对教学活动的稳定注意。因此，教师上课时除了采用传统的讲授方法外，还应根据教学目的和要求穿插使用其他教学方法，如个别提问、集体讨论、动手实验、角色扮演等。教师还可以结合教学内容使用多媒体呈现音频和视频等，进一步丰富教学形式。

（4）考虑学生的情绪状态。学生在课堂上的情绪状态，在很大程度上影响其无意注意。人在身体健康、精神饱满和情绪愉快时，最容易对事物发生注意，且注意较易集中和持久。因此，保持学生的无意注意，除了要关心学生的身体健康外，还应注意调动学生的积极情绪，使学生融入课堂教学。

（二）运用有意注意的规律组织教学

（1）加深学生对学习目的、任务的理解。学习前，教师首先要让学生明确学习目的和要求，加深对学习任务的理解，这对维持学生有意注意十分重要。

（2）培养间接兴趣。人们感兴趣的事物容易引起注意，兴趣越浓厚，注意就会越集中、稳定和持久。引起有意注意的兴趣的条件往往不是事物本身的特点，而是对活动目的、结果和意义的兴趣，即间接兴趣。间接兴趣是引起和保持有意注意的重要条件。为了引发学生的间接兴趣，教师在一门课开始时应阐明本课程的学习意义和重要性，让学生明确认识到本课程对他们所具有的价值和意义，以引发学生对学习过程和结果的兴趣，从而积极调动其对教学内容的有意注意。

（3）合理组织教学活动。教学活动组织得好，学生的有意注意保持得就持久。首先，教学活动的设计要连贯、有条理。其次，活动过程中要引导学生保持注意，如通过活动的趣味性或直接语言提示。善于提出问题、创设问题情境、启发学生的思维，也是唤起学生有意注意的重要因素。最后，要将智力活动和实际操作结合起来。

（4）加强意志锻炼。有意注意的保持需要意志努力的参与，因而加强对学生意志的培养和锻炼，提高学生自我控制能力，对保持学生的有意注意非常有帮助。

（三）运用两种注意相互转换的规律组织教学

在教学中如果教师过分地要求学生以有意注意来进行学习，容易引起疲劳；反之，如果只让学生凭借无意注意来学习，则不利于他们克服学习过程中的困难去完成学习任务。所以，无论在整个教学活动中，还是在一堂课上，教师都应充分利用两种注意转换的规律来组织教学。如在一堂课中，刚开始教师就应采取措施，通过组织教学活动把学生停留在上一节课或课间的注意转移到本节课上来，对新的一节课形成有意注意。在讲授新的教学内容时，对于有些教学内容，教师可以利用学生的无意注意来进行教学；但当讲授教学内容的重点、难点时，则必须设法让学生保持有意注意，充分理解和思考问题；当学生保持一段时间的高度紧张的有意注意后，教师要改变教学方式，使学生适当放松一下，或结合教学内容讲授一些有趣的例子；在课要结束时，教师要提出明确的要求，使学生保持有意注意，然后布置作业。

五、注意力的测试与训练

（一）划消测验

划消测验是最常见的测试和训练注意力的方法之一，可以测试和训练人的注意稳定性、注意广度和注意转移的能力。在划消测验中，事先规定了某种符号为目标，给出被试者一张排列着各种符号的表单，要求被试者迅速、准确地找到其中的规定符号并划去。划消用的材料多是简单的符号，如英文字母、几何图形、数字等，见图 2-2。划消测验可以分为限定工作量和限定时间两种方式。限定工作量的划消测验通常用于个别实验，限定时间的划消测验由于时间统一，在集体测试中显得更为方便。一般都要求测验对象完成较长时间的划消任务，时长在 5～10 分钟。

请在 5 分钟内快速划掉下列表单中的数字“7”
223423534654768798985453525679865546788657６
4564687987685764213454568978907655324676789
0988765245645678909807965432345678900876453
4546780980876545665645656474357788654365768
7865456578970965463138809098765346576543425
65666567787568798087657890765778906545……

图 2-2　划消测验题卡示意图

（二）舒尔特方格

舒尔特方格主要是训练注意广度、注意稳定性和注意转移的能力。具体做法是：在一张方形卡片上画 1cm × 1cm 的多个方格，格子内任意填写上阿拉伯数字，见图 2-3。如果是 4cm × 4cm 的方格，就填写 1～16，共 16 个数字；如果是 5cm × 5cm 的方格，就填写 1～25，共 25 个数字。格子的多少视训练对象的能力而定，可以从简单开始，逐渐增加格子的数量。训练时，要求被测者用手指按 1～16（或 25）的顺序依次指出其位置，同时诵读出声，施测者一旁记录所用时间。数完所有数字所用时间越短，注意力水平越高。也可以让被测者自己用笔将数字按顺序划掉，记录完成时间。

游戏对注意力的影响

10	1	18	7	13
20	17	12	16	6
9	5	2	11	25
21	4	8	15	3
19	23	14	24	22

图 2-3　舒尔特方格示意图

第三节　中小学生感知觉的发展与教育概述

一、感觉

（一）什么是感觉

感觉是人脑对直接作用于感官的客观刺激物的个别属性的反映。例如，我们的头发，它有特定的颜色和柔顺度，有些人头发的颜色是黑的，用手去摸，觉得它是柔软的、光滑的。这些都是头发的个别属性。头发直接作用于我们的眼睛和手，于是在我们的头脑里，就产生了对它的颜色和柔顺度的反映。这种当前事物的个别属性在人脑中的直接反映就是感觉。

（二）感觉的种类

根据感觉刺激来自有机体外部还是内部，可以把感觉分为外部感觉和内部感觉。

（1）外部感觉。外部感觉来源于外界刺激，对外界事物属性的反应属于外部感觉，包括视觉、听觉、嗅觉、味觉和皮肤觉。视觉是以眼睛为感觉器官，辨别外界物体明暗、颜色等特性的感觉。声音振动鼓膜产生的感觉就是听觉。某些物质的气体分子作用于鼻腔黏膜时产生的感觉就是嗅觉。可溶性物质作用于味蕾产生的感觉叫做味觉。刺激作用于皮肤引起的各种各样的感觉统称为皮肤觉。皮肤觉又可分为温度觉、触压觉和痛觉。

（2）内部感觉。内部感觉来源于肌体内部刺激，对身体的肢体状态和内脏器官的感觉属于内部感觉，包括运动觉、平衡觉和机体觉。运动觉是主体辨别自身姿势和身体某一部位的运动状态的内部感觉，这种感觉是肌肉伸缩产生的刺激作用于肌肉、肌腱和关节中的感受器而引起的。平衡觉是反映头部位置和身体平衡状态的感觉，它的感受器分布在内耳的前庭器官中。机体觉是机体内部器官受到刺激时产生的感觉。只有在强烈的或者经常不断的刺激作用下，机体觉才会较为明显，比如饥、渴、饱、胀、恶心等感觉。

（三）感觉阈限与感受性

人的感官只对一定范围内的刺激做出反应；只有在这个范围内的刺激，才能引起人们的感觉。对刺激的感觉能力，称为感受性。感觉阈限是指能引起感觉的最小刺激量，用来衡量感受性的大小，它分为绝对感觉阈限和差别感觉阈限。例如，我们平时看不见空气中的灰尘，当灰尘落在我们的皮肤表面时，我们也不能觉察到它的存在。但是，当细小的灰尘聚集成较大的尘埃颗粒时，我们不但能看见它，而且能感觉到它对皮肤的压力，这种刚刚能引起感觉的最小刺激量，叫绝对感觉阈限；而人的感官觉察这种微弱刺激的能力，叫绝对感受性。两个同类的刺激物，它们的强度只有达到一定的差异，才能引起差别感觉，即人们能够觉察出它们的差别，或把它们区别开来。例如，我们拿一杯水，如果再增减一滴水，我们是感觉不到轻重的变化的，如果增加或减少半杯水，差别就明显了。这种刚能引起差别感觉的刺激的最小差异量称为差别感觉阈限。对这一最小差异量的觉察能力，叫差别感受性。但是，根据经验我们也可以知道，差别感觉阈限是和原来的感觉强度有关的。刚才是说一杯水中加半杯水，我们会觉察出差别，但是如果一桶水中加半杯水，我们就觉察不出差别了。

（四）感觉的相互作用

1. 感觉适应

刺激持续作用在同一感受器，使其感受性发生变化的现象叫感觉适应。各种感觉都能发生适应的现象，有些适应现象表现为感受性的降低，有些适应现象表现为感受性的提高。那么我们想想生活中关于感觉适应的例子吧。第一，视觉适应，分为明适应与暗适应。明适应是从暗处突然来到明亮处，需要进行视觉适应，比如电影散场了，灯光突然打开，非常亮，眼睛一开始什么也看不见，一会就能看见了。暗适应是从明亮处突然来到暗处的视觉适应。例如，电影开始时，突然灯光暗了，一下子感觉一片漆黑，什么也看不见了。但是，过一会儿，我们就又适应了黑暗，能看到一些事物。第二，嗅觉适应。典型的例子就是“人芝兰之室，久而不闻其香；如入鲍鱼之肆，久而不闻其臭”。第三，味觉适应。典型的例子就是如果一个人连续做几道菜，就容易把菜越做越咸，因为对咸度的适应。第四，触觉适应。我们生活中穿衣戴帽、戴眼镜，不会感到不舒服，就是对触觉的适应。第五，听觉适应。纺织厂中高音调的机器声会引起我们听觉感受性降低的适应现象，甚至出现听觉感受性的明显受损。

2. 感觉对比

对某种刺激的感受性不仅决定于该刺激的性质，同一感受器接受的其他刺激也会对这一刺激的感受性产生影响。不同的刺激作用于同一感受器而导致感受性发生变化的现象称为感觉对比。感觉对比分两类：同时对比和先后对比。几个刺激物同时作用于同一感受器产生的对比现象称为同时对比。刺激物先后作用于同一感受器产生的对比现象称为先后对比。

3. 不同感觉的相互补偿

感觉的补偿是指某种感觉系统的机能丧失后由其他感觉系统的机能来弥补。例如，盲人的听觉、触觉特别灵敏，以此来补偿视觉能力的丧失。但是，这种补偿不是先天就有的，也不是后天自然产生的，而是通过长期大量的练习获得的。

联觉

二、知觉

（一）什么是知觉

知觉是人脑对直接作用于感觉器官的客观刺激物的整体的反映。知觉是个体选择、组织并解释感觉信息的过程。知觉的产生以头脑中各种感觉信息的存在为前提，并且与感觉同时进行，但它却不是各种感觉的简单总和。我们在知觉的过程中，各种感觉信息按事物的联系和关系被整合成为一个完整的映象。例如，看一部电影，我们除了反映它的声音的高低、强弱和画面的颜色等这些个别属性外，还反映这些属性之间在时间延续、空间定位和运动节奏变化等方面的联系，从而组合成为有故事情节的一部电影，这就是知觉。

（二）知觉的种类

依据对所知觉事物的特性，可以把知觉分为以下几种。

颠倒的世界

1. 空间知觉

空间知觉是人脑对物体空间特性的反映。物体的空间特性包括形状、大小、远近、深度等。人在生活中随时都可能应用到空间知觉，诸如上下楼梯、穿越马路等。

2. 时间知觉

时间知觉是人脑对事物的延续性和顺序性的反映。有对自然界的时间知觉，如黑夜与白天的交替，四季的变更；有对肌体的时间知觉，如睡眠、饮食、代谢的生物钟。

3. 运动知觉

运动知觉是人脑对物体距离状态和运动速度的知觉。如在众多车辆疾驶的公路上，驾驶员靠运动知觉使驾驶的汽车与周围车辆保持适当的距离。

运动知觉的缺失

（三）知觉的特性

1. 知觉的整体性

知觉的对象具有不同的属性，由不同的部分组成，但是人并不是把知觉的对象知觉为彼此孤立的各个部分，而总是把它知觉为一个统一的整体。这种在知觉过程中，人们根据已有的知识经验，把由多种属性构成的事物知觉为一个整体的特性就叫知觉的整体性。例如，从客观上来说，图 2-4 中没有完整图形，都是一些不规则的线和面拼凑而成的。但是，我们容易把它们知觉成三个圆、一个正三角形和一个倒三角形。这就是知觉的整体性的表现。

图 2-4　三角和圆

2. 知觉的选择性

知觉具有从作用于感官的众多刺激物中选择某些刺激作为知觉对象从而加以反映的特性，这种特性被称为知觉的选择性。

3. 知觉的理解性

人在知觉客观事物时，总是根据自己已有的认知经验来解释它，赋予它一定的意义，并习惯用词语把它标志出来。知觉的这一特性就叫知觉的理解性。对知觉对象的理解有两种形式，一种是概括化的认知，即把知觉对象归入某一个较一般、广泛的类别。比如，当我们看某些抽象画时，习惯把里面的一些形状知觉为日常生活中的事物。另一种是分化认知，即把知觉对象归入一个较为严格确定的类别。如图 2-5 所示，如果只是横着看，你会看到什么呢？很多人会看到“12、13、14”；而如果只是竖着看，很多人就看作“A、B、C”。

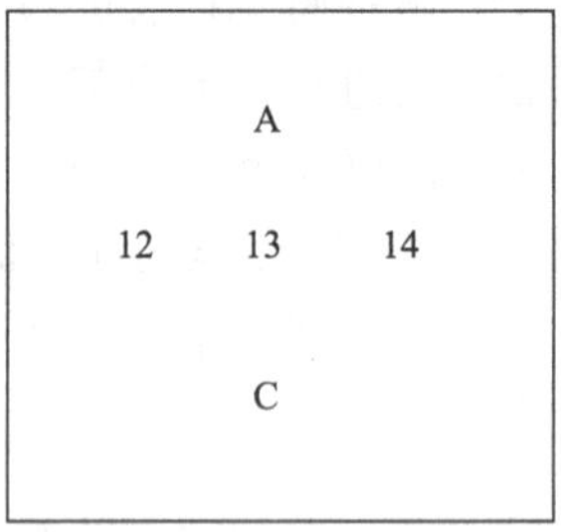

图 2-5　字母与数字

4. 知觉的恒常性

在知觉过程中，当知觉对象的条件改变时，知觉映象仍然保持相对不变的特征，就叫知觉的恒常性。知觉的恒常性主要是由于过去经验作用的结果。人总是在自己的知识经验的基础上知觉对象的。当外界条件发生一定变化时，变化了的客观刺激物的信息与经验所保持的印象结合起来，人便能在变化的条件下获得近似于实际的知觉映象。日常经验告诉我们，对知觉对象的经验越丰富，就越有助于感知对象的恒常性。

三、观察与观察力概述

（一）观察与观察力

1. 观察

观察是知觉的特殊形式。它是有目的、有计划、比较持久的知觉。观察比一般的知觉有更深的理解性，思维在其中起着重要的作用。在观察之前，观察者必须预先提出观察的目的任务，拟订计划，然后再按照计划对一定的事物进行系统而持久的感知。在观察过程中，观察者要注视知觉对象，从中寻求某种答案，还要分析比较事物的每一个细节。就是说，观察过程包括了稳定的有意注意和积极的思维活动。观察结束后要进行总结，也要思考许多问题。可见，观察不是消极地注视，而是一种积极的思维过程，是一种“思维的知觉”。

2. 观察力

观察力就是观察的能力，它是指有目的地、主动地去考察事物并善于全面正确地发现事物的各种典型特征的知觉能力。它是一种特殊的、发展水平较高的知觉能力。

（二）观察力的培养

观察力不是天生的，而是通过培养和训练，在实践活动中逐渐形成和发展起来的。培养学生的观察力要注意以下几个方面。

（1）要让学生明确观察的目的和任务。观察的目的、任务是否明确直接影响观察的效果。如果观察的目的、任务不明确，学生就会东张西望，不得要领，结果没有什么重要的收获。要使学生的观察取得成效，教师必须预先明确地向学生提出观察的目的和任务，告诉学生要看什么，有可能看到什么。给学生指明观察的目的、任务固然重要，但更重要的是培养他们能独立地给自己提出观察的目的、任务。如果学生时时处处依赖教师的指示，观察力是培养不起来的。要使学生能独立地自己提出观察的任务，重要的是培养他们的观察兴趣。观察兴趣可通过郊游、参观、访问等多种途径来培养。最终要学生们在观察时能自觉地、准确地确定观察目的和任务，并知道应该看些什么。

（2）观察前要做好有关知识的准备。没有足够的知识，不仅不能理解所观察的事物，而且对于事物的某些特征也难以觉察。观察前，有关知识的准备越充分，观察的效果就越好；相反，观察前毫无知识准备，观察时就会“视而不见”，不知道问题所在，观察的效果就一定不好。比如，要组织学生观看乒乓球比赛，为中国队加油，那就要事先让学生们懂得一些乒乓球比赛的知识，这样在观察的过程中就知道哪些是好的技术，什么时候打得精彩。

（3）教会学生进行观察的程序和方法。学生在观察时往往把注意力集中在新奇的、有趣的事物上，而忽视事物的重要方面，这样也就离开了观察的目的、任务。根据这个特点，教师应告诉学生有关的观察程序和方法。制订好观察计划，按观察计划进行观察。教师要指导学生由整体到部分或由部分到整体，有计划、有次序地进行观察，注意全面又不忽略细节，观察中注意采用分析和比较的方法，这样才能把事物观察得深刻而细致。另外，在观察过程中，要鼓励学生对观察到的每一个细节都要从不同的角度、不同的侧面加以分析，提出自己的见解，不要满足于现成的答案。

（4）指导学生整理和总结观察结果。观察告一段落后，要做好观察总结。总结时，学生可以检查观察的目的、任务是否完成。总结可以是书面的或口头的；还可以是图表、图解的。要提倡学生之间相互交流观察的心得，找出自己的不足之处，相互学习，也要鼓励学生就观察涉及的问题进行评价。通过总结，不仅可以提高观察能力，而且还可以提高言语表达能力。

四、中小学生感知觉能力的发展和特点

（一）中小学生感觉能力的发展

小学生的视觉、听觉和运动觉发展很快。小学生的视觉在整个感觉系统中已占主导地位。视敏度是视觉能力发展的重要指标，它是指在一定距离上感知和辨别细小物体的视觉能力。小学生视敏度发展的趋势是：十岁前视敏度不断提高，十岁时视觉调节能力范围最大。教师应特别注意指导他们正确用眼。小学一年级学生一般只能分辨三种不同的红色、两种不同的黄色，对绿色或蓝色难以区分。但经过专门训练以后，学生能平均分辨十二种红色、十种黄色、六种绿色和四种蓝色。

小学生的听觉的敏感度随着年龄增长而逐渐提高，若以六岁儿童辨别音调的能力为单位 1，则七岁时为 1.4，八岁时为 1.6，九岁时为 2.6，十岁时为 3.7，十九岁时为 5.2。但整个小学阶段听觉的敏感度都不如成人。

小学生的大、小肌肉运动觉都在发展中，其发展速度和水平与训练直接有关。入学后，通过写字、画画和手工等课程的练习，能够迅速提高学生的运动觉。因此，教师要充分利用课内外各种活动，从耐力、速度、灵活、协调等方面对学生加强训练，但训练时要循序渐进，切忌操之过急。因为小学生的骨骼肌肉发展还不成熟，不能对他们的运动的精确性和灵活性要求太高。比如，学生的手部运动难以非常精确和灵活，不能要求他们长期练习写字，而且练字的时候应尽量让他们把字写得大一些。

（二）中小学生知觉能力的发展

小学初入学的儿童，一般已能辨认各种事物的形状，能够比较各种物体的长短、大小，以及它们在空间的位置，如上下、前后、远近等。但是，他们对左右方位的辨别感到困难。在正确的教育下，一般到了三年级以后，随着思维能力的发展，学生能够比较概括、灵活地掌握一般的空间概念。但是，即使到了高年级，对于超出儿童经验范围较大的空间概念，如银河系、宇宙等，他们掌握起来仍有一定的困难。

初入学的儿童，对于“今天”、“昨天”和“明天”等已经熟悉了，但对较长或较短的时间概念的理解仍感到困难。虽然时间跟空间一样是一种客观实在，但是时间知觉比空间知觉要求抽象思维和整个认识活动有更高的发展。对时间的认识跟对空间的认识不同，儿童认识空间，最初是借助于运动分析器，同时使动觉跟视觉和听觉联系起来去认识的，而时间知觉的实现不通过任何特殊的分析器。儿童是通过经常重复的生活经验来间接地感知时间的。随着儿童生活经验的丰富和抽象思维的发展，儿童时间知觉逐步发展起来。但是，要他们理解“几十年”“纪元”“世纪”“时代”等是比较困难的，因为这些概念超出了儿童生活经验的范围。

到了中学阶段，由于抽象逻辑思维的发展，知觉的精确性和概括性也随之得到发展。

他们不仅能有目的地进行观察，感知事物的外部特征，而且能抓住事物的主要特性和本质特征，在知觉过程中还能把个别事物同一般原理规则联系起来。例如，把几何图形同几何定理联系起来看，把个别词语同句子和语法联系起来看。

（三）中小学生感知觉能力的特点

小学低年级学生知觉的显著特点是笼统性和粗略性。他们对事物的感知是笼统的、泛化的和不精确的，对形体近似的事物，常混淆不清，如分不清“土”和“士”、“目”和“日”、“跳”和“挑”等。他们观察事物时常常粗枝大叶，往往只注意到整个的、明显的部分，而忽略了不显露的、细节的部分。随着小学生心理活动目的性的增强，感知的有意性和可支配性也随之增强。他们一般能听从教师的指导，注视教学中所用的直观教具并倾听教师讲解。但小学低年级学生的知觉无意性和情绪性还相当明显。例如，他们在观察图画、实物等直观教具或听讲时，往往容易离开观察目的，而被新奇的刺激所吸引，把注意力集中到次要的、与观察目的无关的方面上。随着教学活动的开展，知识经验的增加，小学生的感知的有意性和目的性也逐步得到发展。但是，小学生有意识、有目的的知觉和观察水平还是很有限的。进入中学阶段，学生的有意识、有目的的知觉水平逐渐发展到新的高度，他们已经能够较为自觉地根据教学目的和要求，主动地、系统地知觉和观察事物，知觉的范围不断扩大，选择性知觉水平和观察的持续性有了很大的发展。

到了初中阶段，各科教学和各种活动都要求青少年具有更高的感知能力。例如，图画、音乐、几何、生物、劳动活动、旅游等，都要求青少年能够更精确地辨析外界事物，因而他们的感受性和观察力就会提高和发展起来。青少年的视觉感受性在不断提高，区别各种颜色和色度的精确性也在不断提高。随着学生感知觉目的性和精确性的发展，知识经验的丰富，他们对事物的感知具有了概括性和逻辑性，即在知觉过程中，学生开始有意识地把一般原理、规则与个别事物联系起来。例如，把几何图形同几何定理联系起来看，把个别词语同句子和语法联系起来看。他们的知觉水平逐渐向概括性方面发展。到了高中阶段，这种逻辑性知觉日益完善，可以较好地学习抽象的知识，如解析几何知识。这种逻辑性知觉的出现是中学生知觉的一大特点。

五、感知觉规律在教学中的应用

（一）感知觉规律在教具使用中的应用

在教学中，学生的感性材料主要是在直观的教学形式下，通过感知、表象和再造想象等心理活动而获得的。教师根据教学的目的，运用言语的描绘、实物的操作、模型的演示、图表的展览等形式进行的教学就是直观教学。直观教学是给学生提供必要感性材料的一种重要的有效途径。它主要采用三种形式：实物直观、模象直观和言语直观。实物直观是对实际事物的感知。观察各种实物或标本、演示各种实验等都是实物直观。通过实物直观，可以使学生获得有关实际事物的感性知识，从而为对事物的深入思考提供基础。模象直观是对实物的各种模拟形象的感知。各种图片、图表、模型、幻灯片和视频等都是模象直观教学的素材。模象直观可以根据教学要求，通过放大、缩小、对比、着色、变动为静、变静为动等方式，突出实物的本质特性，揭示植物生长过程、原子结构等学生难以直接感知的内容。言语直观是通过生动形象的语言描述唤起学生表象的直观形式。言语直观的优点是不受时间、空间和设备的限制，从而使感性材料的来源更丰富多样。言语直观的效果取决于教师言语的质量。如果教师在讲解的过程中富有激情，语言具有形象性和画面感，就容易唤起学生的想象，使学生更好地理解教材。

以上三种直观教学形式各具特点，教师要根据学科性质、教学目的和内容灵活运用，才能取得良好的效果。另外，这三种直观教学形式都需要教师合理使用直观教具，以便有效提高教学质量。需要强调的是，在使用教具时，教师必须注意以下几点。

（1）根据教学的需要使用教具。使用教具的目的是借助于直观使学生理解概念或规律。因此，首先教师要对教学工作进行充分的准备；其次，教师采用的教具应能激起学生的积极性，而不是与教学目的没有直接联系的。在演示时，要让学生充分地感知演示的对象，特别是让他们看清教具中的主要部分。如果教具是在教学过程中阐述某个问题而使用的，应当在使用的时候展示出来，过早地展示会分散学生的注意力、削弱新颖感。如果教具已使用完毕，教师应及时地予以收拾，以免影响学生对讲授的注意力。笨重的教具一时收拾起来有困难，则可以用布遮盖或做其他处理。

（2）根据学生掌握知识的特点使用教具。不同年龄的学生掌握知识具有不同的特点，教师在使用直观教具时应当注意这一点。例如，小学低年级学生是用具体形象来思维的，因此应当更多地运用直观手段进行教学，使他们能在看得见、听得着、感受得到的过程中学会思考。随着年龄的增长，学生的抽象思维逐渐发展起来。因此，教师在使用直观教具时要考虑到如何把学生的具体形象思维引向抽象思维，这样做将有助于儿童智力的发展。

（3）使用直观教具时要有正确的言语配合。言语提示能组织感知，有助于感知对象的选择和理解，提高感知的效果。第二信号系统在人的感知活动中起着重要作用。因此，教师要注意运用恰当的言语提示，引导学生感知教材。使用直观教具时，必须配合正确、生动的讲解和说明，用言语指导学生去感知，唤起学生已有的知识、经验来理解当前的感知对象。特别当有些感知对象不易被觉察或难于看清时，教师的言语提示就更为必要了。言语和直观的结合可以有三种形式：言语在前的形式；同时或交替进行的形式；言语在后的形式。这些形式各有不同的作用，教师应根据教学的实际情况和需要，有针对性地加以运用或者把它们结合起来去加以运用。

（二）感知觉规律在板书设计中的应用

（1）主板书与副板书的配合。主板书需要呈现和保留教学内容的核心知识，而副板书则是配合教学进行的图示或者例题等内容的呈现。因此，副板书可以多利用图示等形式，促进学生对于知识的理解。而主板书则需要考虑知识点之间的逻辑关系。

（2）知识的呈现具有结构性和逻辑性。为了让学生更好地掌握知识点，要求教师需要在板书设计时，考虑到教学内容的组织安排，特别是多个知识点之间的组织。板书设计时，教师就安排好各个知识点的书写位置，互相之间的联系，以及各种强调符号的运用。

（3）重点的突出与标注。为了更好地强调知识的重点，或者区分相似的概念，教师可以利用感觉对比的规律等，采用不同颜色来书写或者标注知识点，强调知识点之间的重要区别。

（三）感知觉规律在多媒体教学中的应用

中小学生的认知方式，特别是小学生的认知方式较大地受感性经验的影响，同时他们的概括能力不强，对所学内容的理解和把握，不仅需要感性材料的支持，还需要反复地感知和强化。多媒体教学能够提供更为丰富的教学资料，因此在当前的中小学教学中越来越普及。在多媒体教学中，应该考虑到多种感觉通道的协调。例如，当教师在讲一篇优秀的诗歌时，可以呈现诗歌描绘的场景，同时配以诗歌朗诵。这样视觉与听觉的协调呈现就有助于学生理解诗歌的意境。

另外，教师也可以通过反复播放多媒体材料训练学生的观察力。比如，语文课中有一篇课文是《九龙壁》，教师就可以重复播放关于九龙壁的纪录片，让学生认真反复观看，细致观察九龙壁的细节。这样，不但可以更好地帮助学生理解课文，也能培养学生在日常生活中认真观察的好习惯，提高其观察力，为写作文积累素材。

第四节　中小学生记忆的发展与教育概述

一、记忆

（一）什么是记忆

我们的头脑中保存着许多经历过的事情、学习过的知识和见到的人的记忆。和朋友相聚时，我们会回想起儿时的美好时光；课堂上，我们能非常清楚地回忆起上节课讲过的内容。如果没有了记忆，我们将永远像个婴儿一样无知。

那么，什么是记忆呢？记忆就是人脑对有关信息进行编码、存储和提取的认知加工过程。记忆活动所加工的信息可以是感觉、知觉、想象、思维等认知活动的产物，也可以是情绪、情感活动和意志活动的产物。因此，记忆使心理活动的各个方面成为相互联系的整体。

（二）记忆的种类

记忆可以从不同角度进行分类。

1）按照信息保持时间的长短，将记忆分为感觉记忆（瞬时记忆）、短时记忆和长时记忆

感觉记忆是指客观刺激停止作用后，感觉信息在大脑中保留一瞬间的记忆，又称瞬

时记忆或感觉登记。在感觉记忆中，信息保持的时间有 0.25～4 秒。感觉记忆最明显的例子就是视觉后像，观看电影就是由于视觉后像的原因，才使一系列断续的画面看成为连续的画面。感觉记忆中保存的信息如果没有受到注意，就会很快消失；如果受到注意，它就进入了短时记忆进行保存。

短时记忆指信息保持时间介于感觉记忆和长时记忆之间的记忆。在短时记忆中，信息的保存时间一般为 5 秒到 1 分钟。短时记忆的容量相当有限，为 7±2 个组块。组块是短时记忆信息加工的单位，它可以是字母、单词、句子甚至更大的单位。短时记忆中的信息经过复述就可能进入长时记忆，如果得不到复述就会随时间而消退。

长时记忆是指信息在头脑中长久保持下来的记忆。长时记忆保存的时间很长，从一分钟以上到许多年甚至终身；容量没有限制；信息大部分来自短时记忆的加工，也有印象深刻而一次获得的。

记忆的加工系统（图 2-6）说明，三个阶段的记忆系统是密切相连的，感觉记忆和短时记忆的信息经过加工之后才能进入长时记忆，短时记忆的信息来自感觉记忆和长时记忆。三个阶段记忆系统的区别在于：三者信息保存时间的长短和信息保存容量的大小是不同的，在记忆系统的信息加工过程中各自处于不同的阶段。

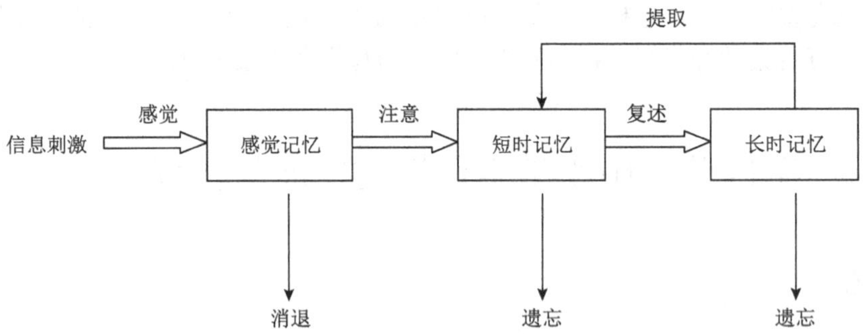

图 2-6　记忆的加工系统

2）按照内容不同，可将记忆分为形象记忆、抽象记忆、情感记忆和运动记忆

形象记忆是以感知过的事物在脑中再现的具体形象为内容的记忆，它保持的是事物的感性特征，具有鲜明的直观性。例如，对一个人的音容笑貌的记忆，对某种食物的味道的记忆，对一首歌的优美旋律的记忆，等等。

抽象记忆是以概念、判断、推理和逻辑思维过程等为内容的记忆，也称为语词记忆。这种记忆保持的不是事物的具体形象，而是事物的性质、意义和相互联系等，并且通过语词表现出来。例如，我们对数学公式或定理的记忆，它是人类所特有的，具有高度的理解性和逻辑性。

情感记忆是以体验过的情绪或情感为内容的记忆。例如，我们对比赛中获胜后的激动心情的记忆，就是情感记忆。

运动记忆是以人们操作过的运动为内容的记忆。例如，武林高手对武术招式的记忆，画家对绘画技巧的记忆，就属于运动记忆。这种记忆一旦形成，保持时间较长，它是形成各种熟练技巧的基础。我们在电影中看到有的武林高手虽然失忆，但是武功仍在，就是这种运动记忆的保持。

3）按照有无动机和目的，记忆可分为无意记忆和有意记忆

无意记忆是没有预定的目的，也没有经过意志努力的记忆。童年相当的一部分经验就是靠无意记忆获得的。例如，家长带孩子走在大街上，听到路人说到“这是北国商城”时，北国商城的样子、地理位置，甚至“北国商城”四个字就这样在无意中记住了。

有意记忆是有明确目的，采取相应的记忆方法，在意志努力的积极参与下进行的记忆。例如，为了通过英语考试而背单词，就属于有意记忆。这种记忆是人们获得系统的科学知识、完成特定任务的主要记忆形式。但是，这种记忆常常是枯燥的、令人厌烦的、需要意志参与的。

4）按照记忆方法的不同，记忆可以分为意义记忆和机械记忆两种

意义记忆，就是要理解事物的意义，并利用过去的知识和经验来记忆的方法。例如，对原理、定义、定理、法则的记忆要靠意义记忆。

机械记忆，就是不需要理解事物的意义或不需要利用过去的知识和经验，只靠对事物的重复来记忆的方法。例如，对历史年代、人物名称、山的高度、外语单词、元素符号的记忆，大多数靠机械记忆。

二、记忆的加工过程

从信息加工的观点看，记忆的加工过程可以分为三个环节，就是识记（编码）、保持（存储）和提取（再认或回忆）。

（一）识记

识记就是识别和记住事物，是记忆过程的第一步，是保持、再认和回忆的前提。因此，要提高记忆效果，首先要保证良好的识记。

（二）保持

1. 保持

保持是巩固已经获得的知识经验的过程，也就是将识记的内容进一步地加工和存储。保持是实现再认和回忆的重要保证。保持并不像简单地把东西直接堆放进保险柜里，而是通过进一步的加工，如分类、组织等，然后再与原有知识经验进行有机的联系，存储在头脑中。所以，被保持的材料，无论是在数量上还是在质量上都可能发生某些变化。

其实，我们也可以想象，如果一个人什么事情都记得也不一定就是好事。当一个人清楚地记得自己的每一次失败，记得自己的每一次痛苦，记得自己每一次违心做的事……也许就会觉得，遗忘有时也是件不错的事情。

2. 遗忘

遗忘是指对曾经识记过的东西不能再认或重现，或者错误地再认或重现。它与保持

是相反的过程，也是我们在学习中最不愿发生的事情。

心理学的研究表明，遗忘是有规律的。德国心理学家艾宾浩斯于1878～1884年首先对遗忘现象作了系统的研究，并发现了遗忘随时间变化的规律，称为艾宾浩斯遗忘曲线，即识记后短时间内迅速遗忘，后来逐渐缓慢平稳，遗忘的进程被通俗地称之为“先快后慢”。

还有研究发现了遗忘的“系列位置效应”。例如，当我们背诵一篇课文时，开头部分和结尾部分容易记住，而中间部分就容易想不起来了，这种现象就是系列位置效应。进一步研究发现这种效应是由于两种干扰造成的，一种叫做前摄抑制，一种叫做倒摄抑制。前摄抑制是指先学习的内容对学习和回忆后学习的内容产生干扰。倒摄抑制是后学习的材料对识记和回忆先学习的内容产生干扰。还是背诵课文的例子，课文的开头部分因为是一开始的学习内容，不会受到前摄抑制的影响，只会受到倒摄抑制的影响；类似地，课文的结尾部分，只会受到前摄抑制的影响。而课文的中间部分，既受到前摄抑制，又受到倒摄抑制的影响。因此，课文中间部分的记忆受到的干扰最大，遗忘的内容也就最多。

（三）提取

记忆的提取就是将原来记忆的内容加以重现或者利用的过程，主要形式为再认和回忆。

1. 再认

再认是指当过去记忆过的事物再次出现时能够识别出来的心理现象。例如，能认出多年不见的老同学，能认出多年前学过的诗歌，等等。考试时的选择题、判断题都是通过再认来回答的。一般来说，再认比回忆要容易。

2. 回忆

回忆是指对过去经历过的事物再次重现并加以确认的过程。例如，背诵以前所学的诗歌就是回忆。考试中的填空、问答题都要通过回忆来完成。回忆比再认更困难些。一般来说，能回忆的就能再认，能再认的不一定能回忆。我们在现实生活中经常有这样的经历，当看到电视中的一个明星，就是想不起他叫什么了，而当旁边的朋友说出几个可能的名字时，就会马上确定其中一个就是他。这就是不能回忆，而能再认的情况。

如果记忆可以移植

三、中小学生记忆的发展

（一）从无意记忆为主向有意记忆为主发展

小学低年级学生无意记忆占主导地位，他们感兴趣的、印象鲜明深刻的事物就容易记住。到了小学高年级有意记忆有了明显的发展，但是有意记忆最初是被动的，记忆的目标通常是由老师或家长提出的。进入中学后，在教学要求下，记忆的有意性更加发展起来，有意记忆逐渐占主导地位。初中低年级学生的这种能力相对还要差一点，到高中阶段，学生能逐渐自觉地确定目标来进行记忆活动。有一项研究，要求 8～14 岁儿童阅读一篇记叙文，其中一组在阅读前不提识记要求，即无意记忆；而另一组要求努力记忆文章内容。结果表明，两种记忆效果都随年龄而提高。8 岁儿童仍是无意记忆占优势，而有意记忆的主导地位是从 10 岁（小学三年级）开始的，12 岁以后有意记忆的优势更加明显（李力红，2000）。

（二）从机械记忆为主向意义记忆为主发展

在小学时期，学生的机械记忆占主导地位，尤其是小学低年级学生，由于知识经验不足，智力水平有限，缺乏对教材的理解。所以，他们记忆教材内容时，常常是从头到尾逐字逐句地反复背诵。而进入中学后，随着知识的增长，理解能力的不断提高，学生的意义记忆有了明显的发展，意义记忆逐渐占主导地位。进入高中阶段，意义记忆占明显优势，学生开始在记忆材料时首先尝试理解材料。

（三）从形象记忆到抽象记忆的发展

从记忆内容上看，小学低年级的学生主要以直观形象的方式来记忆事物的特征和属性。小学高年级的学生学会了改造记忆中的表象，开始在头脑中形成一般的记忆表象和想象表象。进入中学阶段，学生对词的抽象记忆能力得到了迅速发展。有人对中小学生进行了如下实验（卢家楣，1999）：首先，让学生读一遍具体的词，如房子、杯子等，让其回忆读过的词；其次，让学生读一遍抽象的词，如运动、关系等，也让其回忆。结果发现，随着年级的升高，学生对抽象词语的记忆能力不断提高，进入中学有更明显的提高，抽象记忆的发展速度超过形象记忆，最终在中学阶段占了主导地位。同时，学生的形象记忆也在不断发展，到初中三年级后才略有下降。当然，形象记忆的作用仍是很重要的，因为抽象记忆还需要形象记忆的支持。

四、运用记忆规律组织教学

（一）运用识记规律提高识记效果

1. 让学生明确识记的目的和任务

如前所述，识记的目的和任务是影响记忆效果的一个重要原因，识记目的任务越明确、具体，识记效果越好。另外，识记任务的时间也直接影响识记效果。美国心理学家彼得逊（Peterson）做过这样一个实验：把同一件事讲给两个班的学生听，要求他们记住主要内容。对第一个班的学生要求两个小时后进行回忆测试，而对第二个班的学生要求两个星期后进行测试。有趣的是，在两个小时后的测试中，第一个班学生的成绩好于第二个班；而在两个星期后的测试中，第二个班学生的成绩好于第一个班。由此可见，识记任务在时间上的要求不同，对识记的效果是有影响的。

因此，教师在要求学生识记内容前，要向学生提出明确、具体而长远的记忆目的和要求，让学生知道应当识记什么、识记到何种程度以及保持多长时间等。与此同时，还应培养学生根据学习内容主动地、自觉地提出记忆的目的任务，并使之具体化，以及独立检查自己记忆效果的能力。

2. 加强学生对识记内容的理解

理解是对识记材料进行思维加工，掌握其本质和规律。理解是记忆的重要条件，只有充分理解的材料才能够记得牢固。这是因为理解了的材料在内容上就与过去巩固了的知识经验形成了联系，进而形成了知识系统。

在教学中，教师教学的主要任务就是通过自己的讲解使学生利用思维去理解所学的内容，使所教内容在学生头脑中建立起多方面的联系。这就需要教师把讲授的内容进行归类，把要识记的内容归结为公式、定理或归纳为几个方面，写成提纲，择要而记，并善于把教材中的一节或一章的内容以层次网络的方式组织起来。这样做，会给学生的学习带来极大的方便，有利于知识的存储。正如著名心理学家布鲁纳所说过的：除非把一件件事情放进构造得很好的模式里面，否则就会忘记。

3. 引导学生选用适当的识记方法

识记的方法有很多，常用的有部分识记法、整体识记法和综合识记法。部分识记法是将材料分成几个部分，每次识记一个部分，记住一个部分后再记另一个部分的方法。整体识记法是每次都把材料从头到尾作为整体进行识记的方法。综合识记法是把部分识记法和整体识记法结合起来，一般是先对识记材料进行整体识记，而后分成几个部分识记，最后再综合成整体进行识记的方法。对这三种识记方法的运用与材料性质和学生识记习惯有关。因此，教师在指导学生识记材料时，要具体情况具体分析。一般无意义的材料，可以让学生采用部分识记法，如背单词；有意义而简短的材料采用整体识记法较好，如背诗歌；有意义但数量较多且难识记的材料，则采用综合识记法最好，如演员背诵大段的台词。

（二）根据遗忘规律有效组织复习

要使学生巩固获得的知识，就要避免或减少遗忘，这就需要及时有效地复习。复习并不是简单、机械地重复，而是对已经记忆的内容进行有组织、有计划的再加工。在教学过程中，为了有效地组织复习，必须注意以下几点。

1. 合理安排复习时间

1）及时和系统地复习

根据前面讲到的艾宾浩斯遗忘曲线，我们知道遗忘的规律是先快后慢。因此，复习就要遵循遗忘的规律，要在遗忘的早期就进行复习，这就可以阻止通常在学习后立即发生的快速遗忘。教师在教授新知识后要及时地进行课堂练习，进行复习性提问、布置家庭作业等，让学生所学知识得到及时复习。及时复习可以有效地控制遗忘，但要想长期保持所学内容，还需要系统地复习。学生和教师可以根据具体学习内容、目标和要求，制订具体的、系统的复习计划。

2）合理分配时间

根据时间分配的不同，可将复习分为两种，一种是集中复习，一种是分散复习。集中复习是集中在一段时间内，对所要识记的内容连续、反复地进行复习。分散复习是把要记忆的内容分在几个相隔的时间内进行复习。复习的间隔时间应根据复习内容的性质、数量、识记已经达到的水平，以及学习者的个人情况等因素而定。一般说来，分散复习的时间间隔应是先密后疏，每次复习的遍数应是先多后少。

2. 恰当安排复习内容

复习内容的恰当安排也是影响复习效果的重要因素。首先，复习内容要适量，过多地布置家庭作业或进行大量的课堂练习、盲目地增多复习量，往往得不偿失。因为内容越多，造成遗忘的可能性就越大，也就越难达到对内容的牢固保持，且会影响身体健康。其次，要防止复习内容间的相互干扰。类似的内容不要安排在一起复习，如文科的语文、政治、历史的复习不要安排在一起，而应与理解内容交叉安排。对较长的学习内容的中间部分应加强复习。复习中应注意安排适当的休息。

3. 尝试回忆法的应用

复习时，可以通过一遍一遍地反复识记来进行，也可以通过在识记过程中结合尝试回忆来进行。研究表明，反复识记与尝试回忆相结合的方法，比单纯通过反复识记的复习效果要好。这是因为，如果只是一股劲地反复识记，学生就不知道自己到底记住了多少内容，记得是不是牢固，而且容易产生厌烦心态。而如果在识记一段时间后，进行一次尝试回忆，就能够了解识记的效果，这样就会增强学生识记的信心和积极性。同时，尝试回忆会发现识记中遗漏和薄弱的地方，学生可以及时纠正，这样会使复习更有目的性和针对性。因此，教师在组织学生复习时，应指导学生多进行尝试回忆，将反复识记和尝试回忆相结合。

4. 复习方法多样化

复习并不是简单的重复。单调的复习方法容易使学生感到厌烦和疲倦。因此，应该采用多样化的复习方法，让学生每次都能在新的联系中接触到有关的复习内容。这样，学生就会对复习有兴趣，有利于调动学生的积极性，提高复习效果。在复习时，可以组织学生分角色朗读、让学生根据说明文中的内容动手做实验、开展复习效果的比赛，另外同桌之间还可以互问互答，等等。这样做就是利用了多样化的复习方法。

（三）利用记忆线索提高记忆效果

从长时记忆中检索信息时，往往要依据一定的记忆线索，并借助联想，才能有效地寻找到要提取的信息。记忆线索是有助于信息提取的刺激，是与要提取的信息有关的某些部分、特征或识记时的情境。一个概念、一种思想、一种组织、一张图片等都可以成为信息检索的线索。教师要善于利用记忆线索进行教学。首先，教师在教给学生知识的同时，还要注意让学生把与目标知识有关的适当线索同其一起编码。不仅把知识本身组织得合理有序，而且把整个检索结构建构得有逻辑性、条理性和有效性。在知识的检索中，只要激活一点就能迅速扩及其余。其次，尽量使学习情境与测验情境、知识的应用情境保持一致。当然，它们之间不可能时时处处相匹配，在不匹配的条件（如测验场地的变化）下，让学生在心理再现学习时的情境，有助于知识的检索。

下面介绍几种常见的记忆线索。

1. 层次组织

鲍尔（Bower）等 1969 年的实验发现，学生学习有组织的材料的成绩要好于学习随机排列的材料的成绩。这是因为高度组织起来的材料为记忆搜索提供了有利的线索，可以使被试者进行有效的检索。

2. 学习情境

史密斯（Smith）等曾做过一个实验，他们让被试者在一个房间里学习一个词表，一天后进行回忆测验。测验时一些学生仍在原来的房间，另一些学生则到另外的一个房间，这个房间与他们学习时的房间有相当大的差异。结果表明，仍在原来房间进行测验的学生的回忆量为 12%，而在另一房间进行测验的学生的回忆量为 9%。这说明学生学习时的环境作为一种记忆线索，对知识的检索起了促进作用。

3. 主体的姿势

兰达（Rand）等用实验考察了人的身体姿势作为记忆线索对检索的作用。实验在两种条件下进行，即让被试者站着学习和躺着学习。学习内容为一个无意义音节表。被试者学完后，做 15 分钟的无关活动，接着再学习这个音节表，看不同身体状态下再学习所需的次数。结果发现，被试者仍采取原来学习时的姿势，再学习的次数为 3.25 次；被试者采取不同的姿势，再学习的次数为 4.45 次。

法律中的记忆问题

★ 本 章 概 要 ★

1. 认知发展是指个体自出生后在适应环境的活动中，对事物的认知及面对问题情境时的思维方式与能力表现，随年龄增长而改变的历程。

2. 皮亚杰认为，发展是一种在个体与环境的相互作用过程中实现的意义建构。他用图式、同化、顺应和平衡来解释这一过程。皮亚杰把个体从出生到成熟的发展过程分为四个阶段：感知运动阶段、前运算阶段、具体运算阶段和形式运算阶段。

3. 维果斯基的“最近发展区”理论认为，教学应当走在儿童发展的前面。布鲁纳根据维果斯基的“最近发展区”概念，要求教师在儿童学习过程中提供的支持也应具备这种动态变化的特征，发挥这种暂时凭借的作用，提出了“支架式教学”理论。

4. 注意是心理活动对一定对象的指向和集中。指向性和集中性是注意的两个基本特性。注意可分为无意注意、有意注意和有意后注意。

5. 注意的品质主要包括注意的广度、注意的稳定性、注意的分配和转移。

其中注意的广度也称注意的范围，它受个体知识经验以及情绪等因素的影响。注意的稳定性对于学生的学习有重要意义，个体的需要和兴趣是注意稳定性的内部条件，而学习内容的丰富性和学习形式的多样性是注意稳定性的外部条件。注意的分配和转移是当个体在注意不同事物时发生的心理过程，注意分配是同时注意两个事物或者多个事物，注意转移是指注意从一个事物转移到另一个事物。

6. 当我们注意到某一事物后，就会利用感知觉来观察该事物。因此，感知觉是我们获取外界信息的重要途径，当然也是学生获取知识的重要手段。感觉是最简单、最基本的心理活动，而知觉是对客观事物的整体的反映。知觉是更为高级的认知活动，具有四大特性，即整体性、选择性、理解性和恒常性。

7. 观察是有思维参与的知觉，有目的性和计划性。观察力对学生来说是十分重要的认知能力。观察力不是天生的，教师在教学活动中应该重视对学生观察力的训练和培养。

8. 记忆可以分为很多种类，而其加工过程包括识记、保持和提取。艾宾浩斯发现记忆的遗忘规律是“先快后慢”。教师可以根据不同加工过程的记忆规律来提高学生的记忆效果。

思考题

1. 皮亚杰将认知发展分为哪几个阶段？
2. 什么是“最近发展区”？它是谁提出的？为我们的教学提供了怎样的启示？
3. 什么是注意？注意有什么功能？注意的品质是什么？
4. 如何利用心理学中关于注意的知识来提高教学质量？
5. 如果在课堂上，你发现一位同学走神了，如何才能将其注意力转移到讲课内容中来？
6. 在课堂讲授中使用教具时需要注意哪些问题？
7. 如何培养学生的观察力？
8. 如何运用感知觉规律组织教学？
9. 记忆的几种分类是什么？
10. 如何运用记忆规律来组织教学？

参考文献

白学军. 2016. 儿童发展. 北京: 高等教育出版社.
陈惠芳, 程华山. 1989. 4—14 岁儿童注意广度发展的实验研究. 心理科学, (1): 47-49.
戴相华. 1987. 小学儿童教育心理学. 南京: 江苏教育出版社.
黄希庭, 郑涌. 2015. 心理学导论. 3 版. 北京: 人民教育出版社.
黄煜峰, 雷雳. 1993. 初中生心理学. 杭州: 浙江教育出版社.
李力红. 2000. 青少年心理学. 长春: 东北师范大学出版社.

林镜秋. 1996. 大中小学生注意转移的实验研究. 天津师范大学学报(社会科学版), (6): 33-37.
卢家楣. 1999. 心理学与教育. 上海: 上海教育出版社.
鲁忠义, 牧新义. 2006. 中小学生心理与教育. 石家庄: 河北人民出版社.
鲁忠义. 2009. 心理学. 北京: 科学出版社.
罗萍, 殷永松, 曹杏田. 2014. 心理学. 天津: 南开大学出版社.
沈德立. 2003. 小学儿童发展与教育心理学. 上海: 华东师范大学出版社.
Bexton W H, Heron W, Scott T H. 1954. Effects of decreased variation in the sensory environment. Canadian Journal of Psychology, 8 (2): 70-76.
Bower G H, Clark M C, Lesgold A M, et al. 1969. Hierarchical retrieval schemes in recall of categorized word lists. Journal of Verbal Learning & Verbal Behavior, 8 (3): 323-343.
Coon D, Mitterer J O. 2008. 心理学导论——思想与行为的认识之路. 11 版. 郑刚, 等译. 北京: 中国轻工业出版社.
Goldstein E B. 2015. 认知心理学——心智、研究与你的生活. 3 版. 张明, 等译. 北京: 中国轻工业出版社: 161-164.
Green C S, Bavelier D. 2003. Action video game modifies visual selective attention. Nature, 423 (6939): 534-537.
Green C S, Bavelier D. 2012. Learning, attentional control, and action video games. Current Biology: CB, 22 (6): 197-206.
Miller G A. 1994. The magical number seven plus or minus two: some limits on our capacity for processing information. Psychological Review, 101 (2): 343-352.
Smith S M, Glenberg A, Bjork R A. 1978. Environmental context and human memory. Memory & Cognition, 6 (4): 342-353.

第三章　中小学生的认知发展与教育（下）

哥伦布发现了新大陆，他成了西班牙人民心目中的英雄。在皇室为他举行的庆功宴中，一位大臣不服气地说：“任何一个人坐上船航行，都能到达大洋的对岸，有什么稀奇，值得大家这样大惊小怪！”有几位大臣也在一旁附和。

哥伦布听到后一言不发，朋友们都为他着急，埋怨他怎么不辩解。

过了一会儿，哥伦布叫仆役从厨房拿来几个熟鸡蛋，请大家将鸡蛋竖立在桌上，许多人尝试，却没有一位能将鸡蛋竖立起来。这时只见哥伦布拿起一个蛋，对准蛋的一端朝桌面砸下去，蛋的一端破了，蛋也稳稳地直立在桌上。

满桌的王公大臣哗然，都叫着这算哪门子游戏，三岁小孩也会做。哥伦布不疾不徐地说：“先生们，这是再简单不过的了！任何人都可以做的——在有人做过了以后。”

抛开这些大臣们的妒忌和嘲讽不说，他们之所以不能将鸡蛋竖立在桌子上，是由于他们的思维受到各种条条框框的束缚。在他们的头脑中有一个“不许打破鸡蛋”的习惯性思维方式，这样的思维是不能有任何新的创造的。

想想看，你还有什么将鸡蛋竖立在桌子上的办法？方法可能还有很多：在桌面上挖一个小坑；使用“万能胶”；在天花板上拴上一根绳子，吊着鸡蛋；让桌子躺倒，鸡蛋放在地板上贴着桌面；桌子放在水里，鸡蛋因一端有气而浮在桌面上；使鸡蛋高速旋转而立在桌面上；鸡蛋放在圆筒中而立在桌子上；等等。

通过哥伦布在桌子上竖立鸡蛋的故事，我们或许会受到一些启发。中小学生在学习活动中，同样存在着许多的思维束缚。中小学教育工作者应根据中小学生思维发展的新特点，采取适当的教育教学方法，培养学生良好的思维能力。

第一节　中小学生思维的发展与教育概述

一、思维

（一）什么是思维

思维是人脑对客观事物的本质和规律概括的、间接的反映。它具有概括性和间接性两个基本特征。概括性是指思维反映的是一类事物的共性和事物的本质特征，间接性是指思维通过一定的媒介（如语言、知识经验、感性材料、工具等）来反映客观事物。思维的概括性和间接性，极大地扩大了人们认识的广度与深度，使人具有了无穷的智慧和创造力。人类积累下来的一切物质财富和精神财富都是靠思维创造的，思维是认识活动的高级形式。

（二）思维的种类

思维有多种形式，可以从不同的角度对思维进行分类，具体有以下几种。

1. 直观动作思维、具体形象思维和抽象逻辑思维

根据思维的凭借物和解决问题的方式不同，可以把思维分为直观动作思维、具体形象思维和抽象逻辑思维。

直观动作思维又称实践思维，是指依据实际动作来解决问题的思维活动。实际动作便是这种思维的支柱。3 岁前的儿童的思维基本上属于直观动作思维，他们只能在动作中思考，动作停止，思维也就停止了。成人有时也运用直观动作思维，如技术工人在对一台机器进行维修时，一边检查一边思考故障的原因，直至发现问题排除故障为止，在这一过程中动作思维占据主要地位。但是成人的直观动作思维要比婴幼儿的直观动作思维水平高。

具体形象思维是运用头脑中已有的具体形象（表象）进行的思维活动。表象便是这类思维的支柱。在幼儿期和小学低年级儿童身上表现得非常突出，如儿童计算 $2+4=6$，不是对抽象数字的分析、综合，而是在头脑中用两个手指加上四个手指，或两个苹果加上四个苹果等实物表象相加而计算出来的。形象思维在青少年和成人中，仍是一种主要的思维类型。艺术家、作家、导演、工程师、设计师等都离不开高水平的形象思维。

抽象逻辑思维是以概念、判断、推理等形式来解决问题的思维活动。概念、判断和推理是这类思维的支柱。抽象逻辑思维是人类思维的典型形式，科学家进行科学推理、学生学习各种科学知识等都需要运用抽象逻辑思维。

2. 经验思维和理论思维

根据思维过程中是以日常经验还是以理论为指导来划分，可以把思维分为经验思维和理论思维。

经验思维是以日常生活经验为依据，判断生产、生活中的问题的思维。例如，人们对“月晕而风，础润而雨”的判断；儿童凭自己的经验认为“鸟是会飞的动物”；人们通常认为“太阳从东边升起，往西边落下”等都属于经验思维。由于知识经验的不足，这种思维易产生片面性，甚至得出错误或曲解的结论。

理论思维是以科学的原理、定理、定律等理论为依据，对问题进行分析、判断的思维。例如，根据“凡绿色植物都是可以进行光合作用的”这一原理，去判断某一种绿色植物的光合作用。这种思维活动往往能抓住事物的本质，使问题得到正确的解决。

3. 直觉思维和分析思维

根据思维结论是否有明确的思考步骤和思维过程中意识的清晰程度，可以把思维分为直觉思维和分析思维。

直觉思维是未经逐步分析就迅速对问题答案做出合理的猜测、设想或突然领悟的思维。例如，公安人员根据作案现场情况，迅速对案情做出判断；学生在解题中未经逐步分析，就对问题的答案做出合理的猜测、猜想等的思维。直觉思维具有快速性、跳跃性等特点。

分析思维也就是逻辑思维，它是遵循严密的逻辑规律、逐步推导，最后得出合乎逻辑的正确答案或做出合理的结论。例如，学生解几何题的多步推理和论证的思维。

4. 辐合思维和发散思维

根据思维活动探索的目标与方向的不同，可以把思维分为辐合思维和发散思维。

辐合思维是将问题提供的各种信息聚合集中起来，得出一个最好、最正确答案的思维，是一种有方向、有范围、有条理的思维方式，又称求同思维、集中思维，如学生从各种解题方法中筛选出一种最佳解法。

发散思维是根据已有信息从不同角度、不同方向思考，寻找多种答案的展开性思维方式，又称求异思维。例如，数学中的“一题多解”；科学研究中对某一问题的解决提出多种设想等的思维。

5. 常规思维和创造性思维

根据思维的创新成分的多少，可以把思维分为常规思维和创造性思维。

常规思维是指人们运用已获得的知识经验，按惯常的方式解决问题的思维。例如，学生利用学过的公式解决同一类型的问题,学生按例题的思路去解决练习题和作业题等。

创造性思维是指重新组织已有的知识经验，提出新的方案或程序，并创造出新的思维成果的思维活动。例如，技术革新、科学的发明创造、教学改革等所用到的思维都是创造性思维等。

二、中小学生思维发展的特点

我国心理学家朱智贤和林崇德（1986）认为，儿童思维的发展总的趋势是从以形象思维为主要形式向以抽象思维为主要形式过渡，而抽象逻辑思维在整个中学阶段均处于优势的地位，但初中生与高中生的思维又有所不同。

（一）小学生思维发展的特点

（1）在整个小学时期，小学生的思维从以具体形象思维为主要形式逐步过渡到以抽象逻辑思维为主要形式，但仍带有很大的具体性。

（2）小学生的思维由具体形象思维到抽象逻辑思维的过渡，存在着一个明显的“关键年龄”。一般认为，这个关键年龄在四年级（10～11 岁）。也有教育性实验报告（林崇德，1981）指出，在适当的教育条件下，这个关键年龄可以提前到三年级。

（3）小学儿童逐渐具备了人类思维的完整结构，同时这个思维结构还有待进一步完善和发展。

（4）小学生的思维，在从具体形象思维向抽象逻辑思维的发展过程中，存在着不平衡。

（二）初中生思维发展的特点

（1）初中生的抽象逻辑思维虽然开始占优势，但在很大程度上还属于经验型，需要感性经验的直接支持。

（2）从少年期开始，已有可能初步理解矛盾对立统一的辩证思维，到高中阶段基本上可以掌握辩证思维。

（3）初中二年级是中学阶段思维发展的关键期。从初中二年级开始，少年学生的抽象逻辑思维开始由经验型水平向理论型水平转化，到高中二年级这种转化初步完成。

（4）初中生逻辑思维三种形式的发展呈迅速上升趋势。概念和演绎推理到初中三年级已发展到占优势水平；归纳推理到初中三年级发展到基本成熟水平。

（三）高中生思维发展的特点

根据朱智贤和林崇德（1986）的研究，我国高中生思维发展具有更高的抽象概括性，并开始形成辩证思维，这表现在两个方面。

其一是抽象与具体得到了较高的统一。初中生思维的抽象概括性已经有了很大的发展，但仍属于经验型，理论思维还很不发展。高中生的思维比初中生有了质上的变化，由于经常要掌握事物发展的规律和重要的科学理论，理论型的抽象逻辑思维就开始发展起来。在这个思维过程中，它既包括从特殊到一般的归纳过程，也包括从一般到特殊的演绎过程，也就是从具体上升到理论，又用理论指导去获得具体知识的过程。这个过程表明高中生的思维由经验型向理论型的转化，抽象与具体获得了明显的发展，抽象逻辑思维已高度发展。

其二是辩证思维获得了明显的发展。高中生理论性思维的发展必然导致辩证思维的迅速发展。高中生在学习与生活实际中，逐步认识到一般和特殊、归纳和演绎、理论和实践的对立统一的关系，并逐步发展了全面的、运动变化的、统一的认识问题、分析问题和解决问题的辩证思维。

三、问题解决

（一）什么是问题解决

问题解决（problem solving）是由一定情境引起，按照一定的目标，应用各种认知操作或技能，使问题得以解决的过程。安德森（Anderson，2000）认为，问题解决是指具有一系列目标指向性的认知操作，需要利用新程序的问题解决被称为创造性问题解决，利用现成程序的问题解决被称为常规性问题解决，问题解决具有以下三个特征。

（1）目标指向性。同人类其他任何活动一样，解决问题的活动具有明确的目的性。解决问题就是通过一系列认知活动有目的地把初始状态变为目标状态。白日梦不能算作解决问题的活动。

（2）操作系列性。在把初始状态转变为目标状态的问题解决活动中，充满了一系列操作，只有单一的操作不能构成问题解决的过程，比如在课堂上，老师让学生回答一个问题，老师的这种认知操作虽然具有目标指向性，但它非常简单，不需要通过一系列认知步骤就可以完成。因此，它不能被称为问题解决。

（3）操作认知性。具备了目标指向性和操作系列性还不是问题解决的充分条件。比如，车工操作车床的熟练动作，不仅具有目的性，而且有一系列的操作阶段。但这种操作是以体力为基础的，不具备重要的认知成分。因此，不能把这种缺少操作的认知性的活动看作问题解决活动。

问题解决的这三个特征是在问题解决的过程中统一起来的。在对问题理解之后，就产生了解决问题的指向性，为了达到指向的目标就必须进行一系列的认知操作。产生目标指向性是问题解决的前提，进行一系列认知操作是解决问题的条件。

（二）问题解决策略

人在解决问题时必然采取一定的策略。一种策略对问题的解决是否有效，一方面是看所采取的策略是否正确；另一方面是看问题的性质和内容，即所采用的策略是否适合该问题的解决。心理学把问题解决中的策略分成两大类：算法（algorithm）和启发法（heuristics）。

1. 算法

算法是指在问题空间中，随机搜索所有可能的算子或途径，直到选择出一种有效的方法来解决问题的策略。算法实质上是一个按照逻辑步骤以保证问题得到解决的一套程序，是具有能够得出正确答案的特定步骤，即把解决问题的方法一一进行尝试，并根据可运行的步骤操作，最终解决问题。例如，在密码箱上有 3 个转钮，每一转钮有 0～9 十个数字，现在要采用算法策略，尽快找出密码并打开箱子，这时就要通过逐个转动三个数字转钮的随机组合，尝试直到找到密码并打开箱子为止。这种方法能保证问题的解决，但费时、费力。如果面临的问题非常复杂，利用算法要进行大量的尝试，其算法可能不计其数，因此用这种办法很难解决问题。另外，有些界定不清晰的问题可能还没有现成的算法，或尚未被开发出来。

2. 启发法

启发法是指个体根据自己已有的知识经验，在问题空间内进行较少搜索来解决问题的策略。启发法并不能完全保证问题解决的成功，但是运用这种方法来解决问题比较省时、省力，而且效率较高。

下面是几种常用的启发法，其中手段-目的分析和逆向搜索是两种重要的启发法。

1）手段-目的分析

手段-目的分析（mean-end analysis）是指找出问题空间中问题的初始状态和目标状态之间存在着的差距，确定缩小差距的子目标，通过实现一系列子目标，最终达到目标状态，使问题得到解决。手段-目的分析的具体步骤是：①比较初始状态和目标状态，提出第一个子目标；②找出完成第一个子目标的方法或操作；③运用这些方法或操作实现子目标；④提出新的子目标，并运用新的方法或操作逐步缩小问题空间。如此循环往复，直至问题的解决。下面以河内塔问题为例（图 3-1）来说明手段-目的分析的操作步骤。

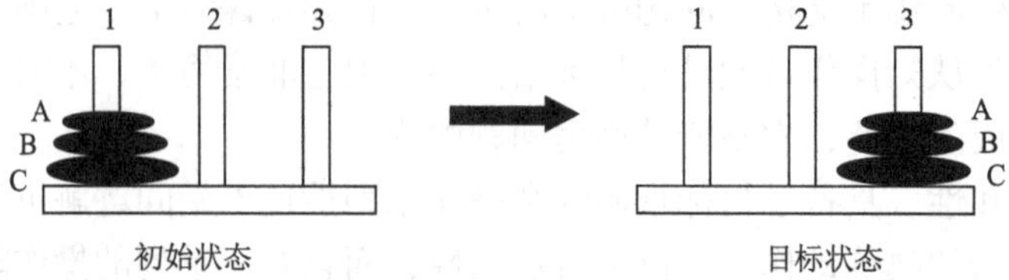

图 3-1　河内塔问题（Anderson，2000）

在一块板上有 3 根柱子，在柱 1 上有自上而下、大小渐增的 3 个圆盘 A、B、C。要求被试将圆盘移到柱 3 上，且仍保持原来放置的大小顺序。移动的条件是每次只能移动一个圆盘，大盘不能放在小盘上面，在移动时可利用柱 2。

要解决这一问题，首先要对问题的初始状态和目标状态之间的差异做出分析。目前最重要的差异是 C 盘不在柱 3 上，要消除这一差异，选择的操作是把 C 盘移到柱 3 上，但根据条件，当 C 盘上没有其他圆盘时 C 盘才可移动，现在 C 上有 B 和 A，因此建立的第二个子目标是先移动 B。由于移动 B 的条件不成熟，因此另一个子目标是先移动 A。现在，移动 A 的条件成熟，因此把 A 移到柱 3，B 移到柱 2，再将 A 移到柱 2 B 的上面，此时即可将 C 移到柱 3 上。这时当前状态与目标状态的差别是 B 不在柱 3 上，要消除这一差别，需建立另一个子目标，即先将 A 移到柱 1，完成这一操作后，再将 B 移到柱 3 上，最后把 A 移到柱 3 上。至此达到了问题所要求的目标状态。

手段-目的分析是人们比较常用的一种解题策略，它对解决复杂的问题有重要的应用价值。

2）逆向搜索

逆向搜索（backward search）就是从问题的目标状态开始搜索直至找到通往初始状态的通路或方法。其特点是，从目标状态出发，按照子目标组成的逻辑顺序向初始状态递归。

逆向搜索更适合于解决那些从初始状态到目标状态只有少数通路的问题，一些几何问题较适合采用这一策略。例如，“已知长方形 *ABCD*，求证对角线 *AD*=*BC*。运用逆向搜寻解决这一问题就要从目标出发，其思路是：要证明 *AD*=*BC*，必须首先证明△*ACD*≌△*BDC*；而要证明这两个三角形全等，就得从这个子目标出发，搜索证明三角形全等的定理。在这个问题中，可以利用边角边定理解决这个子目标，然后再进入下一个子目标，把最后一个子目标解决了，整个问题也就得到了解决。

3）爬山法

爬山法（hill climbing method）是指通过评价当前的问题状态，从而增加这一状态与目标状态的差异，经过迂回前进达到解决问题总目标的一种方法。这就如同爬山一样，为了到达山顶就要翻越一个一个的小山头。

爬山法在各个领域都是屡见不鲜的。比如，拳击师为了把对方打倒，总是先退一步，将拳收回，积蓄力量以待进攻。爬山法往往具有“退一步进两步”的作用，就是说退是为了更有效地进。

4）类比迁移

类比迁移（analogical transfor）是指把先前解决问题的经验应用到解决新问题上的策略。对于解决不熟悉的问题，这是一种主要的策略。

类比迁移中有两类事物：一类是基础相似物（base analogue），另一类是目标相似物（target analogue）。前者可视为先前的问题，后者为要解决的新问题。类比迁移就是问题解决者用基础相似物对目标相似物进行映射（mapping），即找出先前解决过的与当前新的还没有解决的问题之间的相似性，从而运用那些相似性（如要达到的目标、可利用的资源、解决问题的策略、所限制的条件、计划与结果等）去解决新问题。所以，类比迁移就是把先前的问题（基础相似物）的信息抽取出来并运用到新问题（目标相似物）上。

将军问题和肿瘤问题

（三）影响问题解决的因素

解决问题的成败、速度和创造水平受许多因素的影响，主要的因素有以下几种。

1. 刺激模式

刺激模式是指人们知觉到的材料的组织形式，它对问题的解决或者起促进作用或者起阻碍作用。看下面的例子，如图 3-2 所示。已知一个圆的半径是 2cm，问圆的外切正方形的面积有多大？图中用不同的方式画出了圆的半径。（a）图与（b）图比较，由于（a）图中较难看出圆的半径是正方形的一部分，因此解决（a）图表征方式下的问题难于解决（b）图表征方式下的问题。

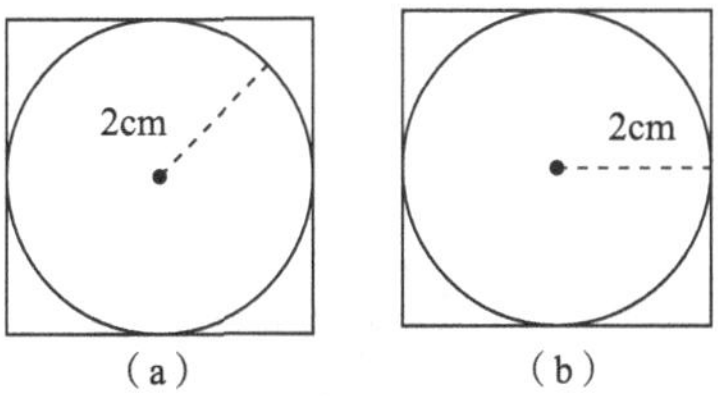

图 3-2　两种不同的刺激模式

问题中元素的不同组织也能便利或妨碍问题的解决。梅尔（N. R. F. Maier）和伯克（R. F. Burke）在一项研究中，向一组被试提出下列问题。

有一个人用 60 美元买了一匹马，又以 70 美元卖了出去。然后他又用 80 美元买回来，再用 90 美元卖出去。在这桩买马交易中，他赚了多少钱？

A. 赔了 10 美元

B. 不赔不赚

C. 赚了 10 美元

D. 赚了 20 美元

E. 赚了 30 美元

实验者将上面的问题稍加改变，呈现给另一组被试。

有一个人用 60 美元买了一匹白马，又以 70 美元卖了出去。然后用 80 美元买了一匹黑马，又以 90 美元卖出去。在这桩买马交易中，他赚了多少钱？

A. 赔了 10 美元

B. 不赔不赚

C. 赚了 10 美元

D. 赚了 20 美元

E. 赚了 30 美元

梅尔和伯克发现，第一组被试（大学生）能做出正确答案（赚 20 美元）的不到 40%；而第二组被试都答对了。被试之所以在第一种说法中产生了许多错误，是因为同一匹马使被试把两次不同的交易看成了一次。

由此可见，刺激材料的不同呈现方式，影响了它在人们头脑中的表征，从而影响了问题的解决。

2. 功能固着

功能固着（functional fixedness）是指人们把某种物体的功能固定化的倾向。一个人看到一个物体起某种作用时，要看到它的其他作用就比较困难，这就阻碍了问题的解决。比如，看到锤子用于锤打的一般用处之后，就看不到它压纸、作防身武器等特殊功用。

德国心理学家邓克尔（K. Duncker）于 1945 年进行了功能固着的实验，后来美国的心理学家亚当斯（Adamson，1952）重新作了这样的实验，得到了同样的结果，见图 3-3。实验中的问题是：使用桌子上的任何物体，把三支蜡烛垂直地安置在软木屏上，桌上有三个纸盒子、三根蜡烛、几根火柴和几枚图钉。对一组被试（29 名大学生），其中蜡烛、火柴和图钉是装在盒子里面的，见图 3-3（a），对另一组被试（28 名大学生），其中蜡烛、火柴和图钉是放在盒子外面的，盒子是空的，见图 3-3（b）。

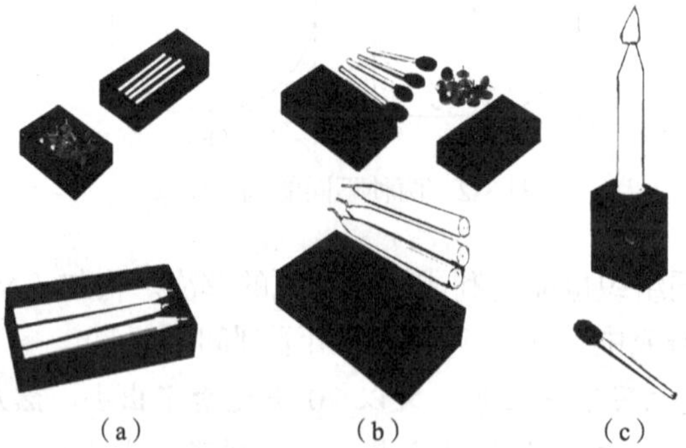

图 3-3　盒子问题

解决问题的方法是，把每一支蜡烛熔化后，滴蜡油于盒子上，再将蜡烛粘在上面，然后用图钉把盒子钉在软木屏上如图 3-3（c）。第一组被试只有 12 个学生（40%）能利用盒子解决这个问题；而第二组中有 24 人（86%）能解决这个问题。

这个实验说明，功能固着的确是解决问题的一个障碍。实验中，把一些实验材料装入盒子，其目的是限制人们对盒子的利用，即盒子的功能只是一种放物体的工具。这样，被试就看不到它用以安放蜡烛的平台的功能了。当盒子空着时，它装东西用的功能就不明显，因此它就能被用来解决蜡烛问题。

要突破功能固着的影响，就要培养功能变通的能力。功能变通就是根据目的和任务灵活地使用各种条件。对任何事情都不能固定不变地去看，要能从事物的一个方面变通到另一个方面，从工具的一种功能流畅地发散到另一种功能上。拓通思路、随机应变，才能克服功能固着的影响。5 岁的孩子做蜡烛实验时，没有表现出任何功能固着。看来，用孩子一样没有成见的眼光去看世界，就会创造性地解决问题。

3. 定势

定势（set）是主体在活动之前的特殊的心理准备状态。定势的著名实验是卢钦斯（A. S. Luchins，1914～2005）1942 年的量水实验。实验中，要求被试用大小不同的容器 A、B、C 量出一定量的水，用数字进行计算（表 3-1）。把被试分成实验组和控制组。第一题是一个练习题，把 A 容器装满后，倒入 B 容器三次（A–3B）即可得到 20 的水。练习后，实验组从第 2 题做到第 9 题，控制组只做 7、8、9 三题。实验结果从表 3-2 中的数据可以看到，实验组在解 2—9 题时，大多数人使用间接法（B–A–2C）进行计算，而控制组在解 7、8、9 题时，采用了直接法（A–C 或 A+C），这是一种简便的计算方法。实验结果说明实验组在做 7、8、9 题时，有 81%的人受到了前面定势的影响，只有 19%的人采用了直接法。

表 3-1　定势对问题解决影响的实验材料

课题序列	容器的容量			要求量出的容量
	A	B	C	D
1	29	3	□	20
2	21	127	3	100
3	14	163	25	99
4	18	43	10	5
5	9	42	6	21
6	20	59	4	31
7	23	49	3	20
8	15	39	3	18
9	28	76	3	25

表 3-2　定势对问题解决影响的实验结果　　单位：%

组别	人数	采用间接法正确解答（D=B–A–2C）	采用直接法正确解答（D=A+C 或 D=A–C）	方法错误者
实验组	79	81	17	2
控制组	57	0	100	0

定势对问题解决有使思维固定化的、不寻求创新的消极影响，但也不能因此而忽略其运用已有方法快速解决同类课题的积极作用。

4. 情绪情感

积极的情绪情感有利于问题的解决，因为积极的情绪情感可以转化为一个人的内部动力，成为人克服困难、解决问题的推动力量。解决困难问题时，所做的努力越大，情感就越强烈。当找到了解决问题的方法时，所带来的喜悦和自豪又能反过来激发人积极地去解决问题。相反，消极的情绪情感可能阻碍问题的解决，但对于意志坚强的人，往往能从不良的情绪中解脱出来，沿着既定的目标去努力。

5. 动机

动机的强度与解决问题效率的关系可以用一个倒转的 U 形曲线来说明，动机的强度从弱到强递增，解决问题的效率先增后减。具体说，动机过弱引不起解决问题的积极性，动机强度增加，解决问题的效率也增加，直至达到一个最高点，超过这一点，任何动机的增强，反而会造成解决问题的效率下降。也就是说，动机过弱或过强都不利于问题的解决，动机强度适中才能促进问题的解决。

四、中小学生思维能力的培养

有效的教学条件可以促进学生思维能力的发展。在教学中培养学生的思维能力可以从以下几个方面着手。

（一）运用直观教学手段，提高中小学生的思维水平

学生的思维发展特点是教师进行教学的出发点之一。在整个小学阶段，小学生的思维逐步过渡到以抽象逻辑思维为主要形式，但仍带有很大的具体性。中学生的抽象逻辑思维处于从经验型向理论型过渡的地位，特别是初中生，他们的逻辑抽象仍需直观形象材料的支持。因此，教师在教学中应充分考虑运用直观教学手段，不断提高学生的思维能力。

在本书第二章有关感知规律在教学中的应用内容中，介绍了直观教学的三种直观形式，即实物直观、模象直观和言语直观，但是不论哪种直观形式，都需要充分利用变式。变式是指从不同的角度变换直观材料的呈现方式，以突出事物本质特征的一种教学活动方式。如讲物体的惯性，不仅要讲固体有惯性，还要讲气体、液体也有惯性。又如讲几何课中的“自线外一点向直线作垂线”时，不仅要用“点”在上方，“线”在下方作垂线来说明，还要用“点”在下方、左方、右方，“线”在上方、右方、左方作垂线来说明。教学中利用变式的目的就是要消除事物非本质特征的干扰，突出事物的本质特征，提高学生分析问题、解决问题的思维能力。

总之，通过直观教学，给学生提供丰富的、适当的和不同变式的感性材料，不仅可以帮助学生理解教材，还可以提高学生的思维能力。

关于利用变式帮助学生理解问题，德国著名心理学家韦特海默的听课研究是一个很生动的例子。他到学校听教师讲怎样求平行四边形的面积，研究了听课当中遇到的一些问题，这些问题是值得深思的（参阅下面的延伸阅读）。

韦特海默听课——怎样求平行四边形面积

（二）创设问题情境，激发学生积极思维

思维开始于问题。教师给学生创设出各种问题情境，才能激发他们积极的思维活动，问题情境是一种对学生来说有一定困难，但又是力所能及的学习情境或学习任务。如果这种学习任务过于简单，学生利用已有的知识经验就能即刻解决；或者相反，这种学习任务过于复杂、困难，超出了学生的思维能力，无论怎样努力也解决不了，这就不是我们所谓的问题情境了。只有当学生感到单纯靠现成的知识和方法不能解决，而必须经过积极思考，克服一定的困难才能完成的学习任务，才成为问题情境。

了解学生和吃透教材是教师创设问题情境的前提。由于学生已有的知识经验和思维能力有很大的差异，因此同一个问题，对某些学生是问题情境，而对另外的学生来说可能就不是问题情境。教师只有了解了学生，掌握了他们智力的水平和能力的特点，才有可能把教材内容转化为学生的问题情境，促使他们进行积极的思维活动。创设问题情境，教师还要吃透教材。吃透教材是指对知识内容的融会贯通，是指对知识内在联系的深刻把握。有了对教材的透彻理解，才能找到创设问题情境的基点，才能巧妙地、灵活地设问置疑。

创设问题情境的方式方法有很多，常见的有提问、对比、比喻、讨论等。利用提问方式创设问题情境就是要抓住教材的重、难点和关键问题，根据学生的实际情况，由易到难、循序渐进地巧妙提出问题，促使学生在紧张有趣的思维活动中去寻求答案，锻炼学生分析问题和解决问题的能力。在遇到有联系又容易混淆的知识时，可采用对比的方法创设问题情境，使学生找出知识间的异同及其关系，提高分析与概括的思维能力。比喻的方法是指教师选用具体的、形象的、学生熟悉的事物做比喻，创设出一种问题情境，学生通过此情境产生联想，经过思索，悟出道理。教师根据教学内容和学生实际，可设计讨论式的问题情境。在此情境中，教师要善于提出问题，引导学生深入思考，让其各抒己见，从而在互相讨论研究中开阔其思路，提高其思维水平。

（三）让学生了解学习过程，培养学生思维能力

传统教学重视知识的传授和某种结论的记忆，忽视思维过程和学习过程，培养的是“知识型”与“记忆型”的学生。20 世纪 60 年代世界上一些国家进行的教学改革实验，其核心就是要改变传授知识的教学模式，就是要“教会学生学习与思维”，就是要让学生了解学习过程。教师在教学中，不仅要教给学生现成的知识和结论，而且要让学生掌握获得这些知识的方法，懂得产生这些结论的过程，这种教学能极大地促进学生思维的发展。

分析、综合、比较、抽象、概括是中小学生经常使用的思维方法，教师在教学中应注意渗透这些方法。例如，讲解一个概念、一个公式等，教师不仅要让学生懂得这个概念和公式的含义，还要让学生在掌握这个概念和公式的过程中，学会分析与综合、比较、抽象与概括的思维方法，懂得遇到问题首先进行分析，找出事物的各种属性，抽出其本质特征，舍弃其非本质特征，经过综合得到对事物深刻而完整的认识，并将它推广到同类事物中去。

归纳法和演绎法是中小学生的重要推理方法，教师应有意识地指导学生掌握正确的推理方法，促进其思维的发展。例如，教师在讲解一条定理时，不能认为学生理解了这条定理就算完成了教学任务，教师还应在讲解这条定理时让学生学会归纳或演绎的推理

过程。教师对学生回答问题或演算证明习题时，也不应单纯地去看他的结论或结果是否正确，还应进一步考察其思维过程是否合乎逻辑，这样做才有利于学生思维的发展。

（四）提高言语表达水平，促进学生思维能力发展

思维和言语密切相关，没有脱离思维的言语，也没有脱离言语的思维。言语是思维的物质承担者，人的思维结果要靠言语来表达，人的思维过程要靠言语来支持。即使是进行抽象逻辑思维，表面上已看不到出声的外部言语了，但实际上仍需要带有压缩、简化、跳跃特点的内部言语的支持。

从言语对思维的作用看，要促进学生思维能力的发展，就要提高学生的言语表达水平，教师应经常引导学生用符合逻辑的言语去表达某种结论、某种思想或某条定律。教师常常遇到这样的情况，有些学生自我感觉弄懂了某个问题，但表达不出来，或表达不清楚，一方面可能是真正懂了，但缺乏相应的言语表达；另一方面可能是懂得不透，难以用言语表达。但不论哪种情况都说明教师应把学生的言语表达作为一个重要的教学任务来对待，经常训练学生把书本上的或自己的某种观念转化成一种外部言语，并对外部言语加工、整理、锤炼，使之既符合语法逻辑，又准确、严密、精炼。言语表达水平的提高，必然会促进思维能力的迅速发展。

第二节　中小学生想象的发展与教育概述

一、想象与想象力

（一）什么是想象

想象是指对头脑中的表象加工、改造，重新组合成新形象的心理过程。它是一种特殊的思维形式。想象与思维有着密切的联系，都属于高级的认知过程。例如，我们在听广播、看小说时，在头脑中产生的各种情景和人物形象，都是想象的结果。想象不仅可以创造人们不曾感知过的事物的形象，还可以创造现实中不存在的或不可能有的形象。例如，三头六臂、牛头马面以及各种妖魔鬼怪等。形象性与新颖性是想象活动的基本特点。

（二）想象的种类

根据想象的目的性，想象可以分为无意想象与有意想象。

无意想象是没有预定目的、不由自主地产生的想象。例如，看到天上的白云，就会想象成各种动物的形象，就是无意想象。有意想象是有预定目的的、自觉进行的想象。例如，学生根据教师的要求想象课文中的有关描述，或运用想象进行艺术创作，就是有意想象。

在有意想象中，依据创新的程度不同，又可分为再造想象和创造想象。再造想象是依据言语的描述或非言语的描绘（如图解、图样），在头脑中产生新形象的心理过程。创造想象是指根据一定的目的，在头脑中独立地创造出某种新形象的心理过程。创造想象

所形成的新形象具有新颖、独创、奇特的特点。一般来说，创造想象比再造想象要艰苦得多、复杂得多。

（三）想象力

想象力是指对头脑中的表象加工、改造，重新组合成新形象的能力。想象力在学生的学习和科学技术的发明创造、文学艺术的创作中具有非常重要的作用。学生依据自己的想象力可以超出生活经验和时空的限制，从而获得并非亲身经历和感官难以把握的大量科学知识。科学家、发明家、文学艺术家更离不开想象力，缺乏想象力就不可能产生出前所未有的新思想、新技术、新产品。

二、中小学生想象力的发展

儿童入学后，在教学的影响下，想象能力获得进一步发展。到了中学，随着学习科目的增加，学习内容的深化，生活经验的积累和表象的丰富，中学生想象能力比小学生有了进一步的发展。可以从以下四个方面对中小学生的想象力发展特点作一分析。

（1）想象的有意性迅速发展。从小学到中学，学生的有意想象都处在迅速发展的时期。小学生想象的有意性比学前儿童具有迅速增强的特点，同样中学生想象的有意性比小学生也具有迅速增强的特点。中学生想象的有意性表现为能围绕一定的目的在头脑中首先“预制”出事物的形象和基本构造。例如，在作文中能按照命题谋篇布局，写出突出主题的较高质量的文章。

（2）想象的创造性日益增强。小学阶段，儿童的想象力有了一定的创造性，但主要特点是特别富于再造性。到了中学，学生的创造想象日益占优势，想象的创造性成分逐渐增多。随着经验的积累和技能的提高，特别是通过课外活动的锻炼，中学生进行创造发明的人数不断增多，特别是一些高中生，他们在科技制作、文艺制作等方面显示出创造想象的才华。

（3）想象的现实性逐步增强。小学生的想象逐步符合现实，能针对现实中的问题，利用“现实”材料进行想象，那种“超现实主义”的虚幻的色彩逐步消退。中学生想象的现实性进一步增强。随着中学生学习内容的丰富和深刻，人际交往的频繁，社会活动的增多以及辩证思维能力和言语表达能力的发展，中学生的想象力逐渐摆脱了具体性和虚构性，向抽象性和现实性发展。

（4）空间想象能力逐步增强。中学生空间想象能力的发展存在着明显的年龄特征，初二到初三是学生空间想象能力发展的加速期或关键阶段。这与中学生思维能力的发展趋势是一致的，并与教育密切相关。

三、中小学生想象力的培养

（一）增加学生的表象储备

表象是想象的材料，培养学生的想象力，首先是要丰富学生的记忆表象，增加他们的知识经验。学生积累的表象越丰富，对想象的发展就越有利。缺乏表象素材，学生的想象就成了无源之水，无本之木，就有可能陷入无谓的空想之中。

经验证明，各种教学对丰富学生的表象具有重要作用。在语文教学中，通过教师生动的语言描述，可以使学生在头脑中浮现出优美的画面，产生栩栩如生、有血有肉的人物形象。在历史和地理的教学中，教师要善于让学生去再造生动的历史事件的形象和形形色色的地理风貌。音乐、美术和体育教学对丰富学生的表象具有特殊意义。音乐的旋律、节奏、意境等表象是顺利进行想象的基础，因此教师要注意让学生掌握必要的音乐基础知识和技能，并选择优秀的音乐作品让学生进行鉴赏，丰富学生的音乐表象。在美术教学中，学生可以积累色彩、明暗、线条的形式和节奏等视觉表象。体育教学可以增加学生肢体运动的方向、角度、速度、节奏等方面的表象。即使理科教学，教师也要注意把表象的积累作为重要的教学环节。如物理教学中让学生再造电磁场的立体形象；化学教学中让学生想象原子的微观结构；数学教学中让学生形成空间表象。美国现代数学家M·路易甫说过：在数学中，也正如在各种体裁的诗歌中一样，读者从素质上必须是一个富于想象力的人才行。总之，在各科教学中，丰富学生的记忆表象，提高学生的想象力，是一项极其重要的任务。

另外，参加实际活动，进行深入细致的观察，也是丰富学生表象的重要途径，如参加社会实践活动，参加绘画、音乐、朗诵、雕刻、航模、小发明制作等课外活动小组，并在实际活动中学会利用各种感官去获得各种事物的形象，为创造想象奠定基础。

（二）提高学生的思维水平

学生有了丰富的记忆表象，只是具备了想象的素材，还不能断言他们就能够进行创造的想象，因为想象还需要具备另一个条件——思维能力。学生只有能够对已有的表象进行分析、综合，以各种奇妙的方式把表象重新组合成前所未有的新形象，才能说学生是在进行想象，否则就只是对旧表象的重现。因此，提高学生思维水平，掌握思维的各种方法，是进行想象的基础。关于如何提高学生的思维水平，请参阅本章第一节。

（三）丰富学生的情感

情感是进行想象的力量源泉之一。有了高尚、热烈的情感，才能调动全部的力量，插上想象的翅膀，创造出新的形象。诗人、作家、音乐家、画家等只有在充满激情的状态下，才能创造出感人的作品，科学家只有在热情的推动和鼓舞下，才有发明创造。

激发学生的情感可从以下几方面入手：①让学生树立正确的世界观和价值观。有了正确的世界观和价值观，不仅使学生的情感有了积极的社会意义和崇高的社会价值，还可以使学生的想象有了深刻而持久的动力来源。哥白尼的有价值的天文学思想产生于他那“不可思议的情感高涨和兴奋”。毛泽东的《七律二首·送瘟神》是在读了《人民日报》关于余江县（今江西省鹰潭市余江区）消灭了血吸虫病的报道后，心情极为兴奋而欣然命笔的。这两首诗反映了毛泽东热爱人民、关心人民的“人民观”。②培养学生的同情心、爱心、友谊感等，让他们在崇高情感的推动下，产生积极的想象。③教师还要掌握激发情感的具体方法，如创造情境，以境育情；动之以情，以情育情；晓之以理，以理育情等。

（四）激发学生的灵感

灵感是在创造活动中突发的一种最富有创造性的心理状态。在灵感状态下，人的思维十分活跃，情绪特别高涨。此时，科学家会成功地解决科学研究中的重大问题，有所发明创造；文学艺术家会兴致大发，创造出美妙的篇章和动人的形象。可见，灵感是进行创造想象的重要条件。教师要善于激发学生的灵感，并教给学生捕捉灵感的方法。

首先，致力于长期而艰苦的创造性劳动，是产生灵感的基本条件。灵感并不是什么神秘的东西，而是艰巨的脑力劳动的产物。创造者在对某个问题进行了长期的探索和刻苦的钻研之后，一方面头脑中积累了相当丰富的感性材料，另一方面这些材料又成为持续思考的对象，往往在百思不得其解时，由于某种刺激的启发作用，创造者突然“顿悟”，迸发出灵感的火花，靠灵机一动和心血来潮是产生不了灵感的。

其次，注意克服僵化的思维模式。如果对某个问题的冥思苦想而陷入钻牛角尖中，使人的思维刻板化，固着于事物的某一方面，对事情作狭隘、固定、僵化的理解，是不会产生灵感的。摆脱僵化、固定的思维模式，除了进行思维灵活性的训练外，一种有效的方法是暂时把问题搁置一边。这样，旧的思路可能会有所遗忘。另外，当大脑皮层的兴奋灶转移后，或由于新的刺激出现，或由于原型的启发，会使思路豁然开朗，苦苦思索不得其解的问题会一下子得到解决。

最后，要善于抓住灵感出现的时机。灵感是艰苦的脑力劳动的结果，但它往往不是在高度紧张的思索之时出现，而是在苦思苦想之后的放松状态之下产生的。在茶余饭后，在上下班的路上，在散步、赏花、打球、听音乐之际，在睡前醒后，甚至在睡梦中，灵感往往会突然到来。另外，灵感具有暂时性的特点，某种新思想、新形象总是在灵感出现的一瞬间一闪即逝。因此，要让学生珍惜这些时机，随时带着纸和笔，一旦灵感出现，就要立即把它记录下来。

四、中小学生想象力开发方法

开发学生想象力的方法有很多，这里介绍的是几种切实可行的方法。教师可以根据具体情况，选择其中的一种或把几种综合起来，对学生的想象力进行开发和训练。

（一）黏合法

黏合法是把从未结合过的事物的属性，特征、功能、部分等结合在一起而形成新形象的方法。黏合法是创造想象的一种最简单的组合方法。黏合有同物黏合和异物黏合之分。同物黏合就是将相同的事物组合在一起，如象征友谊与爱情的“对笔”“对表”，就是将两个相同的东西组合在一起而形成的新形象。童话或神话故事中的美人鱼、猪八戒是通过异物黏合而创造出来的。

（二）综合法

综合法是指把各种有关的生活素材或生活原型有机地组合成新的形象的方法。它同黏合法一样都是对现有事物的组合，但它比黏合法要复杂得多、高级得多。综合法在科技发明、文艺创作中起着越来越重要的作用。例如，综合不同的科学原理，可以创造出新的原理；综合不同的科学方法，可以形成新的方法；综合不同的艺术手法，可以创造出新的艺术样式。综合法在文学创作中的作用尤为明显。鲁迅曾经指出，人物模特儿也一样，没有专门用过一个人，往往嘴在浙江，脸在北京，衣服在山西，是一个拼凑起来的角色。教师要指导学生在体验生活、搜集信息的基础上，充分利用综合法，去想象、去创造。

（三）夸张法

夸张法是指通过改变事物的正常特点而想象出新形象的方法。夸张的方式很多，如突出事物的某些方面或某些特性，使其增大、增强、增多等；或减弱事物的某些方面或某些特性，使其缩小、变细等；或略去某些特征。李白的诗句“飞流直下三千尺，疑是银河落九天”，童话和神话中的神剑、魔扇、九头鸟、千手佛、大人国和小人国等，都是利用夸张法创造出来的。通过夸张法想象出的新形象，虽然超脱了现实，往往是一种虚构，但却给人一种“真实”之感。因此，教师在使用夸张法对学生进行想象力开发时，要让学生注意夸张要有客观依据，不能漫无边际地胡思乱想。

（四）具象法

具象法是指用具体生动的形象来表现某种概念、情绪、个性特点等的方法，如让学生想象“暴躁”时人的表现，描述“骄傲”时人的神态和行为等。具象法是训练学生想象力的一种既简便又有效的方法，学生通过变抽象为具体的过程，可以展开想象的翅膀，描绘出生动的形象。

利用具象法训练想象力需要注意的是：①对要描述的概念、个性特点等要有正确的理解，把握其真实的含义，这是准确想象的前提。②要让学生尽可能按自己的想象去重组已有表象，创造出崭新的形象。③在学生独立想象之后，可给他们提供一些经典作家对此概念进行描述的例子，使他们通过比较，有所进步。例如，在学生想象“暴躁”时人的表现后，可把茅盾在《追求》中描写的暴躁情绪提供给他们。“她暴躁地脱下单旗袍，坐在窗口吹着，却还是浑身热辣辣的。她在房里团团地走了一个圈子，眼光闪闪地看着房里的什物，觉得都是异样地可厌，异样地对她露出嘲笑的神气。像一只正待攫噬的怪兽，她皱了眉头站着，心里充满了破坏的念头。忽然她疾电似地抓住一个茶杯，下死劲摔在楼板上；茶杯碎成三块，她抢进一步，踹成了细片，又用皮鞋的后根拼命地研研着……”

（五）联想法

联想是由一事物想到另一事物的心理过程。接近联想、相似联想、对比联想和关系联想是联想的四个基本类型。不论哪种联想，都是一种由此及彼的心理过程，都是在已有的事物间发生联系。

联想虽然不像想象那样直接产生新形象，但它却是进行创造想象的基础。通过联想，人的思想迅速由一点扩及一片，并把思维引向深入，想象出新的形象。苏联心理学家哥洛万和斯林茨的研究表明，任何两个概念都可以经过五个阶段建立起联想的联系，如“木材”和“皮球”，表面上是毫无联系的概念，但通过几个阶段的联想，就可以构成“木材——树木——田野——足球场——皮球”的联想链，使两个概念发生联系。

通过联想而出现发明创造的例子也是屡见不鲜的。美国飞机发明家莱特兄弟从鸟的飞翔联想到飞机的飞行，他们的名言是：“谁要飞行，谁就仿鸟。”鲁班从茅草划破手指受到启发，发明了锯。草书家张旭看到公孙大娘舞剑，联想到自己的书法，用心揣摩，进步很大。“床前明月光，疑是地上霜”“蜡烛有心还惜别，替人垂泪到天明”等都是诗人利用联想的手法写下的千古绝唱。

教师应重视联想法对开发学生想象力的作用，利用事物间的相似、因果、对比、时空等关系，让其产生联想，甚至也可以把看似风马牛不相及的事物联系起来，扩大思维空间，形成创造想象。

（六）二元坐标法

在平面直角坐标的横轴和纵轴上标上不同的事物，然后借助坐标系把所有的事物互相联系起来，并对每组联系进行创造性想象，产生出前所未有的新形象、新设想，这就是二元坐标法。

二元坐标法的实施步骤是：①列出联想元素。选择联想元素可随心所欲，人造产品、非人造产品或概念术语均可，但最好取名词、形容词、动词等，如玻璃、扇、气、梯、滑行、清凉、流动等。②用联想线沟通各个元素，绘制联想图（图 3-4）。③进行联想与判断。对每一交叉点的元素作正反两个方面的联想与判断。例如，“车”和“手摇”构成“手摇车”和“车手摇”的联想。④从联想图中摘出有意义的联想。⑤对有意义的联想进行可行性分析。

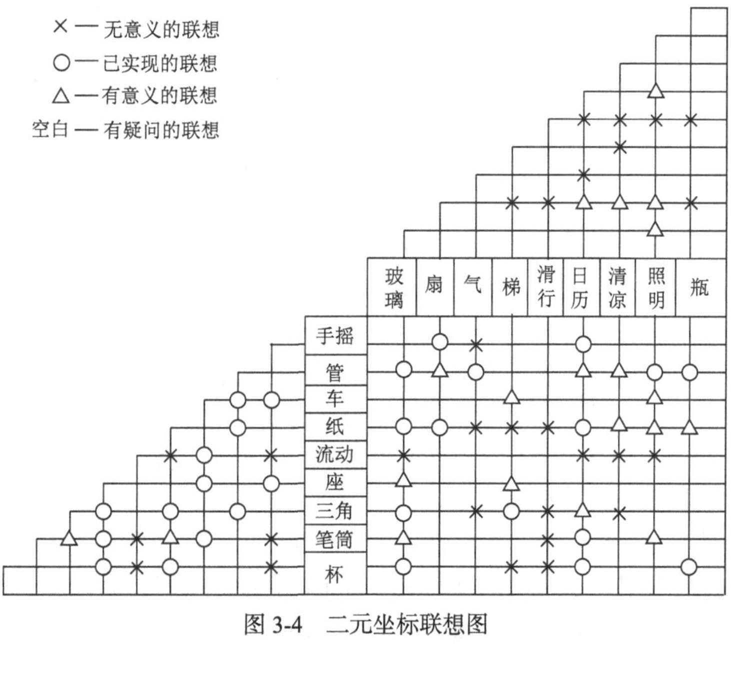

图 3-4　二元坐标联想图

二元坐标法形式简捷，易于操作，对于突破习惯性思维障碍和选择创造性课题的训练具有重要意义。

第三节　中小学生创造力的发展与教育

一、创造力与创造型学生

（一）什么是创造力

什么是创造力？它的本质特征是什么？它是一种单一能力还是一种综合能力？对这些问题可谓仁者见仁，智者见智。迄今为止，仅创造力的定义就有一百多种。目前，对创造力的定义较为一致的看法是：创造力是重新组合已有的信息，产生出新颖、独特、有价值的思维产品的能力。

研究和事实都表明，创造力是一种综合能力。创造力不仅与人的思维能力、想象能力有关，还与人的情感、意志、性格、信念等个性心理品质有关。因此，创造力不是一种单一的能力，而是一种综合能力，是在人的心理活动的最高水平上实现的能力。

在创造力的多种心理成分中，发散性思维能力是它的核心。美国心理学家吉尔福特在研究智力时，提出了发散性思维，并认为它是创造力的特质，与创造力有直接联系。发散性思维是指思考问题的方向可以向各种可能的方面扩散，不拘泥于一种途径，不限于既定的理解，尽可能做出合乎条件的多种答案。发散性思维具有流畅性、变通性和独特性三个特征。创造力高者，思维具有流畅性，其智力活动少阻滞，多流畅，能在短时间内发散出较多的项目。具有创造力的人还具有变通性，其思维活动能变化多端，可以举一反三、闻一知十、触类旁通。创造力的本质特征是其独特性，即能超出寻常的见解，产生出前所未有的新观念、新设想、新理论、新技术、新工艺、新产品。

综上所述，创造力是一种产生新思想、新事物的综合能力。新颖性和独特性是创造力的本质特征。

（二）创造型学生

创造力不仅是科学家、发明家、文学家等必不可少的能力，也是学生学习活动中必须具备的能力。从心理学家对创造型学生的研究可以发现，凡是有创造力的学生都具有下列共同的心理特征。

（1）有强烈的好奇心，善于发现问题。强烈的好奇心是学生进行创造活动的内部推动力量。在好奇心的驱动下，学生能从习以为常的现象中探究出事物的奥秘，发现一般人不易发现的问题。缺乏好奇心，对任何事情都无动于衷，就发现不了问题，即使真理就在眼前，也会因其惰性而视而不见。

（2）具有优良的个性品质。独立性、自信心和毅力是创造型学生必不可少的个性品质。有创造力的学生往往表现出高度的独立自主性，敢于反对权威，能摆脱现成的价值观的束缚。自信心是成功地进行创造的保证，相信真理在自己手里，坚持自己独到的见解，就有迈向胜利彼岸的可能。毅力是坚强的意志品质的突出表现，是创造力必备的重要因素。有了毅力才能不避困难、坚持不懈，才能有所发明、有所创造。

（3）具有敏锐的观察力。观察力是创造活动的必要前提。具有敏锐观察力的学生，不仅能够通过各种感官获取事物的各种信息，而且能对摄取到的信息进行分析、比较、抽象和概括，发现事物的本质和规律，从而有所创造。

（4）具有新颖、独特的思维方法。有创造力的学生思维敏捷，思路畅通，能从多种角度看待问题，具有变通性。他们还能通过联想和类比去发现事物间的关系，去找到解决问题的方法，他们思维方法的最突出的特点是具有新颖独特性。“新颖独特性”是指超凡脱俗，前所未有，有独到之处，不仅解决问题的方法是新的，思维的成果也是新的。对学生来说，对某些问题能够发表自己独特的见解，对某些作业和课题能够以新异的方法予以解决，都是创造力的表现。

（5）具有丰富的想象力。创造力强的学生想象力是丰富的，丰富的想象力可以使学生突破已有知识经验的束缚，跳出事实的圈子，摆脱时间和空间的限制，从而创造出前所未有的新形象。

（三）中小学生创造力发展的一般趋势

国内外的许多研究一致表明，小学生创造力的发展是随年龄的增长而不断上升，呈现出一种波浪式而非直线式上升的趋势。比如，美国心理学家托兰斯（E. P. Torrance，1915～2003）及其同事的研究表明，小学一至三年级呈直线上升状态，小学四年级下跌，五年级又恢复上升，小学六年级至初中一年级出现第二次下跌，以后直到成人基本保持上升趋势。

我国心理学者沃建中等（2009）对全国6个地区，7所学校的3301名中小学生的创造性思维能力进行了探测，研究结果显示了中小学生创造力发展的一般趋势。

1. 中小学生创造力发展具有连续性和阶段性

从图3-5中可以看出中小学生总体创造力从小学四年级起一直处于上升阶段，小学六年级到初中一年级时水平有明显的提高，初中三年级时达到最高水平，高中后，水平有所下降并呈稳定状态，高中二年级、高中三年级水平基本持平。但是中学生阶段的创造力明显高于小学阶段，其中小学四年级和初中三年级分别为其发展的低谷期和高峰期，小学六年级到初中一年级为发展的关键期。

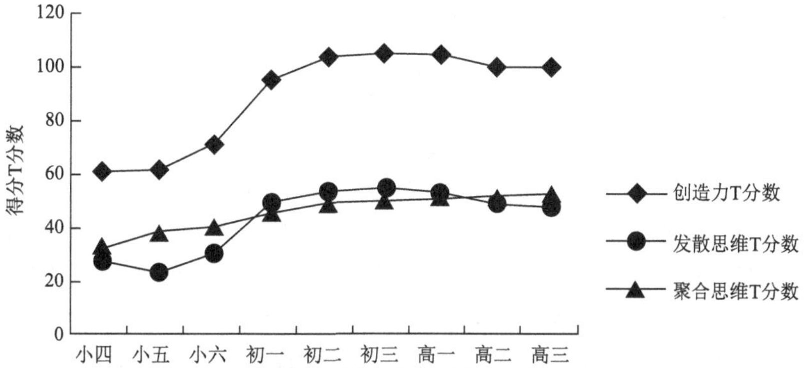

图3-5　创造力水平发展趋势

2. 中小学生创造力结构日趋完整

创造力结构的完整性表现发散思维和聚合思维这两种心理成分的协同发展上。根据沃建中等（2009）的研究，聚合思维水平呈随龄增长趋势，到高中阶段处于稳定状态。聚合思维从小学四年级至高中一年级一直处于上升阶段，其后至高中三年级保持稳定状态。而发散思维与年龄发展并不呈线性关系。发散思维在小学五年级出现低谷后到初中三年级一直处于上升阶段，初中三年级为其发展的顶峰，其后到高中三年级一直处于下降趋势。小学和高中阶段，聚合思维的水平高于发散思维而初中阶段则相反，即发散思维优于聚合思维。说明初中阶段是创造力发展最为迅速的阶段。

（四）中小学生创造性思维品质的发展

创造性思维品质主要体现在发散思维的流畅性、变通性和独特性与聚合思维的逻辑性和概括性方面。在沃建中等（2009）的研究中，聚合思维的逻辑性和概括性在中小学阶段呈稳步上升趋势，初三时达到最高水平，其后一直保持稳定状态。

随着年级的增长，受教育水平的提高，学生发散思维的流畅性、变通性和独特性也随之增强。在沃建中等（2009）的研究中，在小学阶段，思维的流畅性、变通性和流畅性较低，在小学五年级达到最低水平。从初中开始，发散思维的这三个品质均有较明显的发展，到高中阶段又有所下降。在三个品质中，学生的流畅性发展得最好，其次是独特性，发展较慢、水平较低的是变通性。此外，三个品质发展到达高峰的时间也不同，流畅性在初二时达到最高水平，变通性和独特性则在初三达到最高。但就总体而言，中学生思维的流畅性、变通性和独特性均高于小学生。这说明中学生能从不同的角度思考问题，能从事物的一个方面流畅地飞跃到另一个方面。思维方法灵活多变，不受或少受习惯性思维的影响，能用多种法则、公式和原理去解决新问题，思维过程更加灵活。他们的迁移能力增强，能举一反三，触类旁通，产生新想法的数量多、种类多。他们能够创造性地学习，常常提出一些新的见解和设想。

智力与创造力

二、中小学生创造力的培养

培养中学生的创造力，是学校教育的重要任务之一。根据国内外关于如何培养学生创造力的研究，一般认为应抓好以下几个主要环节。

（一）激发学生主动解惑的内在动机，培养学生的求知欲

研究表明，学生学习的内在动机、好奇心，以及求知欲是进行创造性活动的原动力。学生有了创造的意图、愿望和动机，才会调动自身的积极性和主动性，去积极地观察客观事物，反复地探索事物的奥秘，不断发现事物的内在规律。因此，教师应在教学中创设各种问题情境，激发学生主动求解的内在动机，而不是让学生完全依赖于教师的讲解，使学生处于被动学习的地位。教师还应保护学生的好奇心和求知欲，鼓励学生多提问题，而不是对他们的好奇心和求知欲以及由此引起的各种探索活动进行责难和嘲讽，以致损

害了他们的创造意图和创造活动。

在教学中教师应如何激发学生的学习动机，培养学生的好奇心和求知欲呢？以下做法可供参考：①创设问题情境，培养学生的学习积极性。教师可以布置具有新意感的学习环境，特别是创设具有异常、缺失、奇特、变化、失去平衡的问题情境，调动学生创造的动机。②经常组织、引导学生去观察大自然或社会生活，让新景象、新事物、新生活不断刺激他们的头脑，激起他们了解大自然、认识社会的欲望，从而产生创造的动机。③尊重学生提出的各种问题及各种解答，避免立即评论、否定或讥讽，以免挫伤学生的好奇心，使学生产生羞辱或内疚心。④适当采用发现法进行教学，即在教师的引导下让学生自己通过探索和发现，去掌握知识和原理。

（二）发展学生的发散思维

发散思维就其本质来说是一种创造思维。培养学生的发散思维应从思维的流畅性、变通性和独特性入手，不仅要使学生的思维敏捷，在量上发散出许多项目，而且要引导学生从不同的方面、不同的角度对同一问题进行思考，鼓励学生敢于标新立异，改变那种只要求学生得出同教材或同教师的讲解完全一致的、单一的、确定性的答案的做法。数学教学中的“一题多解”和作文中的“一事多写”（对同一事物用不同体裁作文），都是培养学生发散思维能力的有效方式。在其他学科的教学中也要注意培养学生的发散思维。另外，教师要讲究提问的内容和方式，不要总把提问内容限定在教材的框框之中，少提那些“是”或“非”、“对”或“错”的问题。教师的提问要能拓展学生的思路，能提供利用不同方法解答和得出不同结论的可能，给学生创造力的发展提供机会。

在发展学生发散思维的同时，还应把发散思维与辐合思维结合起来。在创造性的教学活动中，通过发散思维，可能产生了许多新观念，提出了解决问题的假设。在这之后就应利用辐合思维，按照某种目的，对发散出来的多种想法进行分析、综合、抽象和概括，从中选择出解决问题的最佳方案，或经过检验，采纳某种假设，使思维集中到一个主攻方向上，深钻细研，取得创造性成果。

（三）鼓励学生的直觉思维

直觉思维是不经过严格的逻辑分析，而径直猜测、迅速判断的一种思维。直觉思维虽不像逻辑思维那样有着明确的思维过程，但它往往能一下子抓住事物的本质和关键，成为创造和发明的先导。当然，过分依赖直觉思维容易造成武断或带来冒失的行为，但缺乏它也会使人的思维变得呆板而无灵气。因此，直觉思维在创造活动中占有重要的地位。研究认为，在教学中培养学生的直觉思维应注意以下几点：①实践活动是产生直觉思维的基础。要引导学生大胆实践，多让学生取得应用知识解决问题的经验，才有助于学生简缩思维的过程并依据某些线索迅速做出直觉判断。②熟悉的知识及其结构是直觉思维的依据。因此，要发展学生的直觉思维，就要让学生掌握好每一门课的基本概念、基本原理和体系，这才可能使学生的思维实现跃进和超级，径直认识事物。③鼓励学生对问题进行推测和猜想，培养他们良好的直觉“习惯”。在学习活动中，学生经常表现出猜测题意、作应急性的答问、提出各种怪问题或不合常规的设想等，对此，教师应给以鼓励，加以引导。如果采取嘲笑、讽刺的做法，会挫伤学生运用直觉思维的积极性，使学生宁愿按照教材或教师讲解的程式对问题做一般性的解答，也不愿讲出自己独出心裁的想法。④自信心、勇气和冲劲是学生直觉思维不可缺少的心理品质，培养这些品质是发展学生直觉思维的必要条件。⑤教师做出运用直觉思维的示范直接影响学生直觉思维的发展。教师在教学中不应只讲定论，也应对某些尚无定论的问题敢于猜想、提出假设，这样做就会自然而然地影响学生发散思维的发展。

当然，在培养学生直觉思维的同时，还应把直觉思维同分析思维（即逻辑思维）结合起来。如在学生做出某种大胆的猜测之后，要善于引导他们利用分析思维，对他们的猜想进行逻辑论证，以得到正确的结论。离开分析思维，缺少严密的逻辑推理，学生提出的猜测和假设就得不到证明，那么，这些猜测和假设将可能是毫无意义的。

（四）丰富学生的想象力

丰富的想象力是各种创造活动的重要条件，不仅科学技术的发明和文学艺术的创作离不开想象，就是学生的学习也需要想象。关于如何丰富学生的想象力可参阅本章第二节。

（五）正确对待创造型学生，培养创造个性

如前所述，创造力不仅与认知因素有关，而且与个性因素也密切相关。美国心理学家托兰斯（转引自章志光，1999）的研究认为，创造力高的儿童多具有以下三种个性特征：①顽皮、淘气、荒唐和放荡不羁；②所作所为时逾常规；③处事待人不固执、较幽默，但难免带有嬉戏的态度。日本的恩田彰（1987）教授也发现，高创造性的学生，则有不承认权威、要脱离传统的价值观的倾向，喜欢批评教科书的内容和教师的话，发现其中的问题。一般教师特别是传统教育观念较强的教师，对于高创造性学生的这些特征往往是不喜欢的，甚至是不能容忍的。他们认为“百分加绵羊”的学生才是好学生，教师把这些学生树为榜样，大加表扬，而对于创造力高的学生，因他们常常不守纪律和带有破坏性而给以严厉批评、无情打击。当这些学生向教师质疑问难时，教师认为这是与自己过不去，是对自己的不尊重。教师的这种教育观念和做法压制了学生的创造动机，扼杀了学生的创造能力，使学生为了得个好分数，宁愿按教师讲解的固定套路，甚至是错误的方法去解答问题，也不愿去表达自己创造性的见解。

因此，培养学生的创造力，首先，教师要改变传统教育观念，端正学生观，正确对待创造型学生。应当看到，正是在学生的调皮、捣蛋和时逾常规的行为中包含着创造力的成分。因此，教师对这样的学生要剖璞见玉，善意引导。其次，教师要善于发现和培养具有创造性个性的学生。教师可利用观察法、心理测验法去发现创造型学生，培养他们良好的个性品质。一些研究还表明，有创造力的学生具有独立自主性，自信心强，有坚强的意志品质，生活范围大，兴趣广泛，热情、坦白、感情较开放，勤奋、刻苦。教师应抓住课堂内外的一切机会，培养学生的创造个性。

三、中小学生创造力开发方法

除了在教学中培养学生的创造力外，教师还可以运用一些具体的方法对中小学生的创造力进行开发和训练。根据国内外的创造学家和心理学家的研究，以下两种方法对开发学生创造力是非常有效的。

（一）头脑风暴法

头脑风暴法（brain storming），又译智力激励法，是指通过一种特殊的会议形式，使参加人员积极思考、畅所欲言、互相启发，为解决问题提供出一系列创造性的设想的创造方法。头脑风暴法是美国创造学家奥斯本发明的，以后各国的创造学家又根据具体情况对此法进行了修改，发展了许多种头脑风暴法，如默写式头脑风暴法、卡片式头脑风暴法等。

头脑风暴法的实施原则如下。

（1）不得批评原则。与会者在会议上不得批评别人的想法，若有批评可在会后进行。如果在会议进行中批评他人的见解，会使发言者设法去维护他的想法，而不去关心观念的产生。另外，一种观念的产生还可能会引发另外的想法，而消极的批评会扼杀许多新观念。

（2）自由畅想原则。鼓励与会者畅所欲言，让他们敢于提出自己的各种见解，哪怕是非常荒诞的想法。奥斯本认为，人们容易保持沉默，这就限制了思维的展开。因此，鼓励与会者勇于提出似乎是荒诞的想法，就会减少他们头脑中的内部评价。

（3）以量求质原则。与会者要尽可能多地提出自己的设想，以量为主，量中求质，因为提出的设想越多，最终得到有价值的设想的概率就越大。

（4）综合改善原则。与会者不仅可以提出自己的见解，也可以改进他人的观点。把别人的想法综合起来，形成一个新的观念。

头脑风暴会议的组织方法是：参加会议的人数以 5～10 人为宜，不超过 10 人；会议的大多数人员应是对议题熟悉的行家，但也要注意吸引其他专业的人；会议要有 1 名主持人和 1～2 名记录员；会议时间一般掌握在 20 分钟～1 个小时；每次会议的议题要明确。要按照上述原则，使到会人员围绕议题任意发表自己的想法，然后对会上提出的设想进行加工，使之完善。

头脑风暴法能够使群体成员增强竞争意识，受到热情感染；能够使大家各抒己见，畅所欲言，每个人还能充分利用别人的设想来触发自己的灵感的火花，或把几个人的设想综合改造，建构成一个新的设想。因此，比起单独思考来会产生出更多的有价值的设想。但也有的研究者指出，头脑风暴法也有一定的局限性。例如，小组中若有控制欲和表现欲强的成员，常会影响他人发表意见的机会和方向；又如富有创造性的人有的更喜欢独思，有的则需要特定的地方与条件才能有效地思考。后来，有些心理学家把头脑风暴法和个人独思结合起来进行了研究，结果表明：在解决问题的初期，利用头脑风暴法产生出大量的设想，而后让每个成员独自思考创新的设想，会产生更多、更有价值的创意。

默写式智力激励法

（二）核查表法

1. 奥斯本的核查表法

核查表法（check list technique）也是奥斯本创造的。核查表法是列出一张与要解决的问题有关的提问表，然后从不同的角度对问题进行周密系统的思考，以获取新的构思或新的发明创造。核查表法的主要特点是借助表中的提问，从各个层面对要创新的事物进行分析和探索，这就突破了旧经验的框框和习惯性思维的束缚，使思维更具灵活性和多变性。因此，核查表法被誉为“创造技法之母”。

奥斯本的核查表有 75 个问题，可归纳为 8 组提问。

（1）扩展。创造活动的途径有两种：一种是先确定目标，再寻找到达这一目标的方法；另一种是从现状出发，扩展其用途，产生新的创造。后一种途径就是我们所谓的扩展。对现有的发明创造可通过下面的设问来进行扩展：有其他用处吗？有新的方法吗？如果作了修改，还有别的用处吗？

（2）借鉴。创造发明往往要借鉴别的发明或方案，要受到原型的启发。这方面的设问是：适合吗？还有什么与此相像？这提出了别的思想吗？过去提出过相同的思想吗？我可以复制什么呢？我可以与谁竞争？

（3）改变。对现有发明作适当的改变，就可能产生新的发明。可以根据下面的提问来思考：修改了吗？新花样吗？改变了意义、颜色、动作、声音、气味、形式和形状吗？还有其他改变吗？

（4）扩增。现有发明创造在频率、时间、长度、体积、数量、功能等方面若有扩大与增加，就可能产生新的思维产品。可以通过下面的提问来考虑：夸张了吗？补充了什么？增加了时间吗？增加了频率吗？更强大了吗？更高了吗？更粗了吗？增加了价值吗？增加了成分吗？二重的？多重的？夸张的？

（5）缩减。要进行新的发明创造，可以思考现有发明创造在其物理性质和功能等方面是否可以缩小、减少、分开等。缩小了吗？减少什么？小些了吗？压缩了吗？小型的吗？更低了吗？更短了吗？更紧了吗？省略了吗？精简了吗？分裂了吗？

（6）替代。现有发明创造是否有代用品，是否可以用别的原理、方法、材料、声音来代替。这方面的设问有：代替了吗？还有别人来代替吗？还有别的东西来代替吗？别的成分？其他的材料？其他的过程？其他的动力？别的地方？别的方法？别的声音？

（7）变换与颠倒。对现有发明创造的事物，从功能、结构、因果关系等方面进行换位或反转的思考，往往可以别出心裁。这实际上是一种逆向思维。这方面的设问有：重新安排了吗？互换了组成成分吗？转换了因果吗？正和负转换了吗？对立面怎么样？向后转换了吗？上下颠倒了吗？换了另一副面貌吗？

（8）组合。组合是指把事物的不同部分、不同属性、不同形状、不同功能等联合起来。可以这样思考：联合了吗？一种混合物、一种合金、合奏合唱会怎么样？成为联合体了吗？有联合目的吗？有联合要求吗？有联合思想吗？

核查表法不仅在科学技术的发明创造中具有十分重要的意义，而且在学生创造力的开发中也越来越受到教育工作者的重视。

2. 青少年创造力开发核查表

我国创造学者结合青少年儿童的特点，经过实验，提出了青少年创造力开发核查表——“聪明的办法 12 条”。

（1）加一加——可在这个东西上添加什么吗？需要加上更多的时间或次数吗？把它加高一些、加厚一些，行不行？把它与其他东西组合在一起，会有什么结果？

（2）减一减——可以在这件东西上减去些什么吗？可以减少时间或次数吗？把它降低一些、减轻一些，行不行？可省略、取消些什么吗？

（3）扩一扩——使这件东西放大、扩展，会怎么样？

（4）缩一缩——使这件东西压缩、缩小，会怎么样？

（5）变一变——改变一下形状、颜色、音响、气味、味道，会怎么样？改变一下次序又会怎样？

（6）改一改——这件东西还存在什么缺点？还有什么不足之处需要改进？它在使用时是否给人带来不便和麻烦？有解决这些问题的办法吗？

（7）联一联——某个事物（某件东西或事情）的结果，跟其他的起因有什么联系？能从中找到解决问题的办法吗？把某些东西或事情联系起来，能帮助我们达到什么目的吗？

（8）学一学——有什么事情可以让自己模仿、学习一下吗？模仿它的形状、结构，会有什么结果？学习它的原理、技术，又会有什么结果？

（9）代一代——有什么东西能代替另一样东西？如用别的材料、零件、方法等，代替另一种材料、零件、方法等，行不行？

（10）搬一搬——把这件东西搬到别的地方，还能有别的用处吗？这个想法、道理、技术、搬到别的地方，也能用得上吗？

（11）反一反——如果把一件东西、一个事物的正反、上下、左右、前后、横竖、里外颠倒一下，会有什么结果？

（12）定一定——为了解决某个问题或改进某件东西，为了提高学习、工作效率和防止可能发生的事故或疏漏，需要规定些什么？

需要指出的是，无论哪种核查表法，其中的每一种方法往往不是单独使用的，常常是结合在一起使用的。

★ 本 章 概 要 ★

1. 思维是人脑对客观事物的本质和规律概括的、间接的反映，它具有概括性和间接性两个基本特征。

2. 小学生思维发展的主要特点是：在整个小学时期，小学生的思维逐步过渡到以抽象逻辑思维为主要形式，但仍带有很大的具体性；小学生的思维由具体形象思维到抽象逻辑思维的过渡，存在着一个明显的“关键年龄”，这个关键年龄在四年级（10～11岁）。

3. 初中生思维发展的主要特点是：抽象逻辑思维虽然开始占优势，但在很大程度上还属于经验型，需要感性经验的直接支持；初中二年级是中学阶段思维发展的关键期；初中生逻辑思维三种形式的发展呈迅速上升趋势。

4. 高中生思维发展的特点是：抽象与具体得到了较高的统一；辩证思维获得了明显的发展。

5. 问题解决是由一定情境引起，按照一定的目标，应用各种认知操作或技能，使问题得以解决的过程。安德森（2000）认为，问题解决是指具有一系列目标指向性的认知操作。问题解决具有目标指向性、操作系列性和操作认知性三个特征。

6. 人在解决问题时必然采取一定的策略。心理学把问题解决中的策略分成两大类：算法和启发法。算法是指在问题空间中，随机搜索所有可能的算子或途径，直到选择出一种有效的方法来解决问题的策略。这种方法能保证问题的解决，但费时、费力。启发法是指个体根据自己已有的知识经验，在问题空间内进行较少搜索来解决问题的策略。启发法并不能完全保证问题解决的成功，但是运用这种方法来解决问题比较省时、省力，而且效率较高。在启发法中，手段-目的分析和逆向搜索是两种重要的启发式策略。

7. 解决问题的成败、速度和创造水平受许多因素的影响，主要的因素有刺激模式、功能固着、定势、情绪情感和动机。

8. 在教学中培养学生的思维能力可以从以下几个方面着手：①运用直观教学手段，提高中小学生的思维水平；②创设问题情境，激发学生积极思维；③让学生了解学习过程，培养学生思维能力；④提高言语表达水平，促进学生思维能力发展。

9. 想象是指对头脑中的表象加工、改造，重新组合成新形象的心理过程。它是一种特殊的思维形式。想象与思维有着密切的联系，都属于高级的认知过程。形象性与新颖性是想象活动的基本特点。根据想象的目的性，想象可以分为无意想象与有意想象。依据创新的程度不同，可将有意想象分为再造想象和创造想象。

10. 想象力是指对头脑中的表象加工、改造，重新组合成新形象的能力。中小学生想象力的培养途径有：①增加学生的表象储备；②提高学生的思维水平；③丰富学生的情感；④激发学生的灵感。中小学生想象力开发方法有：①黏合法；②综合法；③夸张法；④具象法；⑤联想法；⑥二元坐标法。

11. 对创造力的定义较为一致的看法是：创造力是重新组合已有的信息，产生出新颖、独特、有价值的思维产品的能力。创造力不仅与人的思维能力、想象能力有关，还与人的情感、意志、性格、信念等个性心理品质有关。因此，创造力不是一种单一的能力，而是一种综合能力。

12. 凡是有创造力的学生都具有下列共同的心理特征：①有强烈的好奇心，善于发现问题；②具有优良的个性品质；③具有敏锐的观察力；④具有新颖、独特的思维方法；⑤具有丰富的想象力。

13. 培养中学生的创造力应抓好以下几个主要环节：①激发学生主动解惑的内在动机，培养学生的求知欲；②发展学生的发散思维，数学教学中的“一题多解”和作文中的“一事多写”（对同一事物用不同体裁作文），都是培养学生发散思维能力的有效方式；③鼓励学生的直觉思维；④丰富学生的想象力；⑤正确对待创造型学生，培养创造个性。

14. 头脑风暴法是中学生创造力开发的一种有效方法。头脑风暴法又译智力激励法，是指通过一种特殊的会议形式，使参加人员积极思考、畅所欲言、互相启发，为解决问题提供出一系列创造性的设想的创造方法。

15. 核查表法是中学生创造力开发的另一种有效方法。核查表法是列出一张与要解决的问题有关的提问表，然后从不同的角度对问题进行周密系统的思考，以获取新的构思或新的发明创造。核查表有 75 个问题，可归纳为 8 组提问：①扩展；②借鉴；③改变；④扩增；⑤缩减；⑥替代；⑦变换与颠倒；⑧组合。

思考题

1. 名词解释：思维，想象，问题解决，算法，启发法，创造力，发散思维，直觉思维。
2. 常用的启发法有哪些?
3. 影响问题解决的因素有哪些?
4. 怎样根据中小学生思维的特点，培养他们良好的思维能力?
5. 培养中小学生想象力的教学措施有哪些? 怎样开发中小学生的想象力?
6. 创造型学生有什么心理特征?怎样培养和开发中小学生的创造力?

参考文献

陈国鹏, 等. 1996. 我国中小学生创造力与智力和人格相关研究. 心理科学, 19: 154-157.
恩田彰. 1987. 创造性心理学. 陈祖坤, 译. 石家庄: 河北人民出版社.
克雷奇, 等. 1980. 心理学纲要. 周先庚, 等译. 北京: 文化教育出版社.
林崇德. 1981. 小学儿童数概念与运算能力发展的研究. 心理学报, (3): 289-298.
林崇德. 2009. 发展心理学. 2 版. 北京: 人民教育出版社.
林崇德. 2017. 中学生心理学. 北京: 中国轻工业出版社.
刘爱伦, 水仁德. 2006. 思维心理学. 上海: 上海教育出版社.
鲁忠义. 2009. 心理学. 北京: 科学出版社.
罗晓路, 林崇德. 2006. 大学生心理健康、创造性人格与创造力关系的模型建构. 心理科学, (5): 1031-1034.
彭聃龄. 2012. 普通心理学. 4 版. 北京: 北京师范大学出版社.
韦特海默. 1987. 创造性思维. 林宗基, 译. 北京: 教育科学出版社.
沃建中, 等. 2009. 青少年创造力的发展研究. 心理科学, 32(3): 535-539.
杨德, 袁伯伟, 鲁克成. 1992. 创造力开发实用教程. 北京: 宇航出版社.
詹姆士 · L. 亚当斯. 1991. 如何突破你的思维障碍. 张令振, 鲁忠义, 译. 北京: 科学普及出版社.

张春兴. 1980. 心理学. 台北: 东华书局.
张大均. 1999. 教育心理学. 北京: 人民教育出版社.
章志光. 1999. 小学教育心理学. 北京: 中国人民大学出版社.
章志光. 2002. 心理学. 3 版. 北京: 人民教育出版社.
朱智贤, 林崇德. 1986. 思维发展心理学. 北京: 北京师范大学出版社.
Adamson R E. 1952. Functional fixedness as related to problem solving. Journal of Experimental Psychology, 44(4): 288-291.
Anderson J R. 2000. Cognitive Psychology and Its Implications. 5th Ed. Worth Publishers.
Duncker K. 1945. On problem solving. Psychological Monographs, 58(5): 373-374.
Gick M L, Holyoak K J. 1980. Analogical problem solving. Cognitive Psychology, 12(3): 306-355.
Luchins A S. 1942. Mechanization in problem solving : the effect of einstellung. Psychological Monographs, 56(6): 95.
Maier N R F, Burke R F. 1967. Response availability as a factor in the problem solving performance of males and females: Journal of Personality and Social Psychology, 5: 304-310.

第四章　中小学生情绪情感与教育

陶行知先生在担任育才学校的校长时，有一天在校园里看到一个男孩用泥块砸班上的另一个男生，当即制止了他，并要他放学后到校长室去。当陶先生回到办公室时，男孩已经等在那里了。他便掏出一颗糖给这位同学，并说道："这是奖励你的，因为你按时来到这里，而我却迟到了。"男孩惊异地接过糖果。接着他又掏出一颗糖说："这也是给你的，我不让你打同学，你立即住手了，说明你尊重我。"男孩更惊异了，眼睛睁得大大的。陶先生接着说："据我了解，你打同学是因为他不遵守游戏规则，欺负女生，说明你很有正义感，我再奖励你一颗糖。"这时，男孩感动得哭了，说："陶……陶校长，你……你打我两下吧！我错了，同学再不对，我也不能采取这种方式。我砸的不是坏人，而是自己的同学！"陶先生于是又掏出一颗糖："你已经认识到错误了，我再奖励你一块。我的糖发完了，我们的谈话也结束了。"学生打人了，陶先生没有训斥，没有疾言厉色，更没有打骂，却让学生一步步地完成了对自己错误的认识过程。深藏于四块糖中的是教育成功的秘诀之一：尊重和激励。怀揣着糖果离开校长室的男孩，此时此刻那份快乐的心情不难想象。如果我们的教育教学时时能给学生带来这样的快乐与感动，教学的效果将会受到什么样的影响呢？你可以把阅读本章内容作为一个起点，去探究情绪情感的力量，然后再来回答这一问题。

第一节　情绪情感概述

一、什么是情绪情感

（一）情绪情感的概念

人非草木，孰能无情？不论何时何地，人的活动无不打上情绪的印记。有时喜悦高兴，有时忧愁悲伤，有时厌恶憎恨，有时激动愤怒，有时恐惧绝望……凡此种种，展示的便是心理活动的一个重要侧面——情绪情感，即人对于客观事物是否符合自己的需要而产生的主观体验，并伴随特定的生理反应与外部表现的一种心理过程。它们产生于认识活动的过程之中，并影响着人的认识活动的进行。具体来说，情绪情感的内涵涉及以下几个方面。

首先，情绪情感是以个体的愿望和需要为中介的一种心理活动。换句话说，只有那些与人的需要具有某种联系的事物，才能使人产生某种情绪情感。例如，摆在我们面前的一本书，对于目不识丁、对书亦不感兴趣的人来讲，对他没有任何的触动，而对于渴求知识的人则会因为得到这本好书而欣喜若狂。可见，不会有无缘无故的爱，也不会有无缘无故的恨，爱恨的产生，都源于主体的需要。凡是满足人的需要或符合人的愿望和观点的对象，就会使人产生满意、愉悦等积极的情绪情感体验；反之，则产生烦闷、痛苦等消极的情绪情感体验。

其次，情绪情感是一种内部的主观体验，即个体对不同的情绪情感的自我感受。生活中，喜、怒、哀、乐等主观体验轮番出现，组合成色彩斑斓的情绪世界，每个畅游其间的个体可以尽情领略属于自己的人生五味。因为情绪情感体验实际上是一种只可意会不可言传的感受，具有独特的个人色彩。不同的人对同样的事物或者同一个人在不同的条件下对同样的事物，所产生的主观体验可能是不同的。即使同一主观体验，也可能很不相同。他人固然可以通过察言观色去揣摩当事人的情绪，但并不能真正直接地了解和感受。例如，对于“快乐”这种情绪，受到表扬和收到礼物也许都会感到快乐，但不同的人的自我感受却是不同的。

再次，情绪情感总是伴随着或隐或显的外部表现，即表情，包括面部表情、身段表情和言语表情等三种形式。如高兴时眉飞色舞，痛哭时顿足捶胸，紧张时语无伦次、声音颤抖等。所以，表情是心情的镜子，它可以把个人的内心体验展现得淋漓尽致，经常成为人们判断和推测他人情绪的外部指标。但由于人类心理的复杂性，表情也能够根据情况被加以调节和控制。人们可以加强它，也可以抑制它。例如，并不喜爱但可能满脸堆笑，真正气愤却装出心平气和。

测谎仪——掀起你的盖头来

最后，与情绪情感相随而生的还有人体内部的生理变化，即生理唤醒。具体表现为血压升高或降低，呼吸加快或减慢，胃肠运动加强或减弱，瞳孔扩大或缩小等。不同的情绪情感的生理反应是不同的。如激动时血压升高，愤怒时浑身发抖，紧张时心跳加快，害羞时满脸通红等。

（二）情绪和情感的区别与联系

我们一直将情绪和情感作为一个统一的心理过程来讨论，它们实际上是两种难以分割而又有区别的主观体验，可以从不同的侧面对二者加以认识。情绪和情感的区别如下。

首先，从需要的角度看，情绪是和有机体的生物需要相联系的一种体验形式，如喜、怒、哀、乐等；而情感更多的是同人的社会性需要相联系的一种较复杂的体验形式，如对于团队的向往而产生的归属感、与遵守行为准则规范相关的道德感、与精神文化需要相关的美感与理智感等。

其次，从发生的角度看，情绪发生较早，是与生俱来，不学就会的，而且人与动物皆有。婴儿一生下来，就有哭、笑等情绪表现便是最好的证明。而情感发生较晚，是人类所独有的高级心理过程。在社会历史发展进程中形成的稳定的社会关系决定着人们对客观世界的态度，对于这些受社会关系所制约的态度的反映，就是人类所特有的情感，如集体感、荣誉感、责任感、羞耻心、求知欲等。这些情感都是随着人的社会化过程而逐渐形成的。

再次，从表现形式来看，情绪具有情境性、暂时性，它随情境或一时需要的出现而发生，事过境迁或需要得到满足将导致它的减弱或消逝。例如，听到出现“流行性感冒”

（简称流感）疫情时，人们表现出恐慌、焦虑等情绪。随着疫情的逐渐好转或适当的心理调适，这种恐慌、焦虑的情绪便会逐渐减轻。而情感是基于对主观和客观关系的一贯态度形成的，所以它不受情境的影响，具有较大的稳定性、深刻性。如在“流感”疫情面前，白衣战士对患者的关心、对本职工作的热爱，以及群众对白衣战士的敬重感激等情感，不会随着情境变化而改变，而是持久而稳定的心理过程。正因为如此，情感常被作为人的个性的重要方面。

最后，情绪具有冲动性和明显的外部表现，比如高兴时手舞足蹈，郁闷时垂头丧气，愤怒时暴跳如雷等；而情感则显得比较内隐，比如路遇他人公交车让座的助人行为而体验美感，却不动声色在心里默默为其点赞。情绪发生时，人常常一时难以冷静自控，而情感则始终处于个体的掌控之中。

情绪和情感虽然不尽相同，但却是不可分割的。情绪和情感的联系如下。

一般来说，情感是在多次情绪体验的基础上形成的，并通过情绪表现出来；反过来，情绪的表现和变化又会受到已经形成的情感的制约。例如，当人们干一件工作的时候，总是体验到轻松、愉快，时间长了，就会爱上这一行；反过来，在他们对工作建立起深厚的情感之后，会因工作的出色完成而欣喜，也会因为工作中的疏漏而伤心。由此可以说，情绪是情感的基础和外部表现，情感是情绪的深化和本质内容。

二、情绪情感的功能

在日常生活中，情绪情感发挥着重要的作用。

（一）信号功能

情绪情感的信号功能表现在一个人能够凭借表情实现人与人之间信息的传递和思想的沟通。这得益于情绪的外部表现，即表情。它是非言语沟通的重要组成部分，在人际沟通中具有信号意义，如点头微笑表示赞许；摇头皱眉表示否定；面色严峻表示不满等。尤其当无法靠言语进行表达时，表情作为信号就起到了信息交流的重要作用。比如，学生上课不注意听讲，教师的一个眼神或者一个手势都会起到提示、警醒的作用。

（二）动力功能

情绪情感的动力功能是指情绪情感对人的行为活动具有增力和减力的作用。愉快、自信等积极的情绪使人精力充沛、心情舒畅，大脑及整个神经系统处于良好的活动状态，对实践活动产生巨大的推动力，有效提高活动效率。而忧愁、自卑等消极情绪则会降低人们活动的积极性，常常使人无精打采，甚至望而却步。但是，有些情绪却可能同时兼具增力与减力两种动力性质，其转化的条件是人能否认识到这种情绪的消极作用，并合理地加以调节。例如，面对人生路途上的失意与低谷，有的人颓废乃至陷于痛苦不能自拔；而有的人却能“化悲痛为力量”，以巨大的勇气与刚毅的意志，通过艰苦卓绝的努力与奋斗走出悲伤、超越痛苦，并由此实现自我的超越与人生的升华。卧薪尝胆的故事对这种力量做出了最为经典的注解。越王勾践为了复国忍辱负重，降尊纡贵，甘心为奴，不惜以君主的身份屈尊服侍吴王。我们能够体会到他在长期的紧张、屈辱状态下，极度压抑自己的痛苦。但“知耻”让他拥有动力，“后勇”使他获得能量，终而复国。

（三）组织功能

情绪情感的组织功能，一般体现为积极的情绪情感对认知活动的协调、组织和促进的作用；消极的情绪情感对认知活动具有瓦解、破坏和阻断的作用。同时，这种作用的大小还与情绪情感的强度有密切关系。在活动中，情绪唤醒水平过高或过低，比如极度兴奋或提不起精神也不利于能力的发挥。例如，面临考试，由于过度紧张，容易出现考试焦虑，导致考试失利。而适度的紧张反而有利于调动各种知识经验，让人注意力集中、思维敏捷，更容易取得优异的成绩。

（四）适应功能

情绪情感是个体在环境中生存以及谋求发展的一种重要手段，情绪情感能够使人们针对不同的外界刺激做出不同的适应性反映，调节自身的行为，从而达到与外界环境的平衡与协调的作用。例如，不会说话的婴儿通过哭泣、手舞足蹈等情绪表达方式传递信息，可以及时得到成人的照料和关爱；恐惧与厌恶情绪的出现帮助人们产生逃避反应以应对恶劣的处境，等等。总之，人们通过情绪情感认识自己和他人的境遇，适应社会的需求，使个体更好地寻求心理安全和发展，提升个体对社会的适应和生存的能力。

（五）健康功能

情绪情感的健康功能是指情绪情感对一个人的身心健康有增进或损害的效能。人感染了细菌会得病，机体受了创伤会发病，饮食不洁也会生病，而不正常的情绪变化，也可以导致很多疾病的发生。我国自古就有“喜伤心，怒伤肝，思伤脾，忧伤肺，恐伤肾”之说。一般而言，“七情”是不会致病的。但情绪变化剧烈时，带来心率加快、血压升高、呼吸加促等生理变化，如果超过人的适应能力，就会导致内分泌紊乱，甚至损伤脏腑。许多心因性疾病如溃疡、偏头痛、高血压、哮喘等就与人的情绪失调有关。因此，合理调节情绪是身体健康的有力保障。

三、情绪的维度及其两极性

情绪的维度是指情绪所固有的某些特征，主要包括情绪的动力性、激动性、强度和紧张度等方面。每一种特征都存在着两种对立的状态。在每对对立的情绪中间又存在着程度不一的差异，表现为多样化的形式。

（一）情绪的动力性：增力和减力的两极

根据需要的满足与否，情绪可以分为积极和消极两类。积极情绪能够产生动力，为人们的行为“增力”，如愉快的情绪使人精神焕发、干劲倍增。消极的情绪能降低人的活动能力，为人们的行为“减力”，表现为精神不振、心灰意懒。

（二）情绪的激动性：激动和平静的两极

激动是一种强烈的、外显的情绪状态，如暴怒、狂喜、惊恐等，平静则是一种平稳安静的情绪状态，它是人们正常生活、学习和工作时的基本情绪状态。例如，被理想的大学录取时激动万分，甚至喜极而泣；突如其来的天灾人祸会引起人们极度的恐惧。时间是最好的解药，无论哪种强烈的情绪，时过境迁之后，人们最终会回归到平静的状态。

（三）情绪的强度：强的和弱的两极

情绪的内心体验可以区分出弱和强的两极，如从适意到狂喜，从轻微不满到暴怒。在强和弱的两级之间，存在着不同强度的变化，根据强度大小，喜可以从适意、愉快、欢喜、大喜到狂喜等；怒可以从轻微不满、生气、愠怒、愤怒、大怒到暴怒等；哀可以从伤感、难过、悲伤、哀痛到惨痛等；惧可以从害怕、惧怕、惊恐到惊骇等。

（四）情绪的紧张度：紧张和轻松的两极

情绪的紧张程度取决于所面临的情境的紧迫性、个体的准备状态以及应变能力。如果在情境复杂紧迫、个体准备不足又缺乏应变能力的情况下，人们往往会感到紧张，甚至不知所措；相反的情况下，人会觉得轻松自如。重大考试、求职面试、紧急救援等事件发生前后人们经常能够体验到情绪紧张和放松这一两极性的特点。一般情况下，紧张状态有助于身心能量的聚集，使人注意力高度集中，带来积极的活动效果，但是也因此可能抑制身心活动，出现思维僵化、动作变形，从而妨碍活动的正常开展。

第二节　情绪和情感的种类

一、情绪的种类

（一）基本情绪

基本情绪类似本能反应，是人和动物共有的，它们与生俱来，具有各自特有的内部体验、生理反应和外部表现，是复杂情绪的基础。那么，基本情绪有哪些呢？我国古代就有“四情”“六情”“七情”等多种分类法，如《中庸》将情绪分为“喜、怒、哀、乐”四种；《左传·昭公·昭公二十五年》把情绪分为“好、恶、喜、怒、哀、乐”六种；《礼记·礼运》曰：“何谓人情？喜、怒、哀、惧、爱、恶、欲，七者弗学而能。”提出七情说。现代心理学通常将基本情绪区分为快乐、愤怒、悲哀、恐惧四种形式。

1. 快乐

快乐是指人们盼望的目的达到或者需要得到满足之后产生的一种轻松、满意的情绪体验。引起快乐情绪的原因很多，如亲朋好友的聚会、美好理想的实现、宁静明亮的学习环境等。而目的突然出乎意料地实现，这种意外性或突然性，则会加深快乐的程度。

2. 愤怒

愤怒是由于外界干扰使愿望实现受到压抑，目的实现受到阻碍，从而逐渐积累紧张而产生的情绪体验。一般来说，当人们遇到挫折时，都会产生一定的不满情绪，但不一定会发怒。如果人们意识到这种挫折是由于他人恶意的伤害、不公平的对待等造成的，就会产生怒气。特别是当人们被伤及自尊、侮辱人格时，愤怒情绪的强度往往会直线上升，乃至丧失理智，从而冲动行事。

3. 悲哀

悲哀与快乐相反，它是与失去所热爱的对象、所盼望和追求的东西相联系的情绪体验，如亲人去世、升学考试失意都属于这种情况。悲哀的强度主要决定于个人所失去对象的价值。

4. 恐惧

恐惧是人们面临危险的情境，或预感到某种潜在的威胁，企图摆脱而又无能为力时所产生的担惊受怕的情绪体验，如闹市中突然冲进一只藏獒，再比如一个人夜间单独行走，本无危险，但想象到某种可能的危险就会让人不寒而栗，产生恐惧。当然，恐惧的程度与有机体处理可怕情况的能力有关。

上述四种基本情绪在内心体验上是比较单纯的，在其基础上，可以派生出许多复杂的情绪体验，即复合情绪，如羞耻、悔恨、嫉妒、喜欢、同情等。当然，实际生活中人的情绪要复杂得多，复合情绪有些是可以命名的，如恐惧、内疚、痛苦、愤怒几种情绪的复合就是焦虑。而很多复合情绪是难以命名的，它们带有浓厚的社会文化色彩，是个体与社会环境作用的复杂产物。

（二）情绪状态

根据情绪产生时的强度、速度、紧张度和持续时间等指标，可以将情绪分为心境、激情和应激三种基本状态。

1. 心境

心境是一种微弱、平静而持久的情绪状态。弥漫性和长期性是其突出的特点。心境的弥漫性是指当人具有某种心境时，会以同样的情绪体验看待周围的一切事物。比如，一个考上理想大学的学生，心情愉快，回到家里同家人会谈笑风生，遇到邻居会笑脸相迎，走在路上也会觉得天高气爽；而当人心情郁闷时，无论何时何地都会情绪低落，无精打采，甚至会见花落泪、对月伤怀。心境的长期性是指事过之后，产生的相应情绪并不立即消失，往往持续一段时间，几个小时、几周、几个月，甚至更长。同时，除了由当时情境引起的心境之外，在生活经历和人生观影响下，人还可以有自己独特的心境，主导其一生，如有的人一生历尽坎坷，却总是豁达开朗、朝气蓬勃，以乐观的心境去面对生活；有的人总觉得命运对自己不公平，从而心胸狭窄，忧心忡忡，饱受悲观心境的折磨。

引起心境的原因是多种多样的，如结婚生子、亲人去世等生活中的重大事件、工作和学业上的成败、人际关系的好坏、健康状况、疲劳程度、时令节气、环境景物、对往事的回忆、无意间闪现的念头等都可能引起人的某种心境。当然，这些原因并不一定都能被人清楚地意识到，如常有人说“不知道为什么最近很烦”（或心情不错）。

心境可以说是一种生活的常态，人们每天总是在一定的心境中学习、工作和生活。心境亦有积极和消极之分，对人们的生活、工作和健康有很大的影响。所以，保持一种积极健康、乐观向上的心境对每个人都有重要的意义。

别怕，抑郁情绪≠抑郁症！

2. 激情

激情是一种强烈的、爆发式的、持续时间较短的情绪状态，如重大成功之后的欣喜若狂，惨遭重创后的心灰意冷，突如其来的危险所带来的异常恐惧等。激情一般是由个人生活中具有特殊意义的重大事件引起的，具有明显的生理反应和外部行为表现。狂喜时，捧腹大笑，手舞足蹈；暴怒时，双目圆睁，咬牙切齿，甚至拳脚相加；恐惧时，面如土色，浑身发抖，四肢无力；悲痛欲绝时，涕泪交加，泣不成声。如果说心境似微波荡漾，那激情就好比疾风骤雨。激情会突然侵袭和笼罩整个人，但它来得快去得也快，在宣泄之后，人又会很快平息下来，不会持续很长时间。激情与心境联系密切，有时可以相互转化。例如，持续烦躁的心境容易导致暴怒，而过于悲痛之后常常残留着长久的忧伤。

在激情状态下，人常常出现认识活动范围缩小，即“意识狭窄”的现象，理智的分析能力和意志的控制能力也会减弱。这时人往往会很鲁莽，任性而为，不计后果。一些中小学生打架斗殴，往往就是在激情状态下一时冲动，失去理智而产生严重后果，酿成大错。激情虽然使人的自制力有所降低，但并非全然不能自制。在激情爆发前，有意识地运用控制自己或转移注意等方法（如盛怒爆发前默默数数，张开嘴，把舌头在嘴里转上几十圈，强迫自己做一些同激情动作相反的动作等），在一定程度上是能够控制激情的爆发或减弱它的强度的。

激情并不总是消极的，它也有积极的一面。在有些活动中，激情还扮演着不可或缺的角色。比如，在激情感染下，运动员敢于拼搏，勇夺金牌；士兵在战场上冲锋陷阵，一往无前；画家在创作中，尽情挥洒，浑然忘我……有了激情才有了奋斗不息的干劲和追求不止的热情，有了激情，人的行为才有了巨大的动力。总之，激情有助于人们提高其行为效率并有所创造。

3. 应激

应激是指人对某种意外的环境刺激所做出的适应性反应，它的最直接表现即精神紧张。例如，在日常生活中突然遇到洪水、地震、恐怖袭击等，无论天灾还是人祸，这些突发事件常常使人们心理上高度警醒和紧张，身体此时也会调动体内全部的能量以应付紧急事件和重大变故，出现如肌肉紧张、心率加快、呼吸变快、血压升高、血糖增高等明显的生理变化。应激的生理反应大致相同，但外部表现可能有很大的个体差异。在应激状态下，人通常有两种表现：一种是被突如其来的刺激所笼罩，目瞪口呆，惊慌失措，语无伦次，陷入一片混乱之中，如地震或失火时，有人会紧张地抱起枕头跑，而把孩子忘在屋里。另一种是在临危事急之际，当事人表现得沉着冷静，急中生智，当机立断，行动有力，有时能做出许多平时根本做不到的事情。史书记载，汉代著名“飞将军”李广，一次夜巡，黑暗中见一猛虎，急忙开弓射箭。次日观之，箭之所射，并非猛虎，而是巨石。箭深入石中，难以拔出，可见当时发力之大。但此时再试射，箭概不能入。由于夜色朦胧，以石为虎，情势危急，全身产生应激反应，力量骤增，创造了奇迹。

当然，应激状态之所以出现两种截然不同的行为表现，既同个人的认知评价、个性特点及社会支持力量有关，也同平时的训练和经验积累有关。当人处于困境之中，如果家庭、朋友、同学、同事会热心帮助，给予精神与物质上的支持，那么，便能很快摆脱困境。如果人们能居安思危，未雨绸缪，平时积极开展教育，熟悉在各种灾难和险情面前如何自救避险，并加强应对灾难的预演训练，困境中也许就能获得新生。比如，在汶川大地震中，安县桑枣中学的校长叶志平十分重视安全教育，平时一边加固校舍，一边进行逃生训练，每学期都要在全校组织一次紧急疏散的演习，对疏散的路线、队形、撤离时走的门、老师的位置、疏散后操场位置划分等都做了详细规定。所以，当地震发生时，师生们有条不紊地冲到操场上，前后仅用了 1 分 36 秒，无一伤亡。

二、情感的种类

情感，由社会性需要所引起，它包含着人类所独有的社会意义，反映着人们的社会关系和社会生活状况，并调节着人们的社会行为。根据所反映的内容，情感主要包括道德感、理智感和美感三大类。

（一）道德感

道德是一种社会现象，是社会生活中人们处理人与人、个人与社会、个人与集体关系时所应遵守的行为规范和准则的总和。众所周知，不同时代、不同地区、不同阶级，有着各自不同的道德评价标准。关于自己和他人的思想言论、行为举止是否符合社会道德标准而产生的情感体验就是道德感。当奥运赛场上运动员争金夺银，五星红旗冉冉升起之时，看到他们为祖国赢得了荣誉，作为一个中国人，无不为之感到骄傲和自豪，强烈的爱国主义情感油然而生；当看到见死不救、虐待妇女儿童的行为时，我们会义愤填膺；而对于助人为乐、舍己救人者，则由衷敬佩；我们孝敬双亲，诚实守信，爱岗敬业，努力扮演好自己的人生角色,因此而拥有内心的一分恬静和愉悦……这些都属于道德感。道德感直接体现了客观事实与人的道德标准之间的关系，如果自己的行为符合自己所掌握的社会道德标准，就会产生积极的情感，反之，伤心难过等消极的情感将会相随而生。

当然，道德标准会随着社会的发展而发展，不同历史时期的人对同样的事情会有不同的看法，会产生不同的道德感。以现代人的观点去看古代妇女缠足，贞节牌坊等社会现象，不禁为封建礼教对人的摧残扼腕叹息；而古人对现如今男女平等，女性社会地位的提高亦会觉得匪夷所思。道德感除了受社会历史条件的制约，一个人的信念、理想和世界观在道德感中也起着重要的作用，如过去有的人认为“搞导弹的比不上卖茶叶蛋的”，信奉“读书无用论”，看到别人废寝忘食地读书学习，他们反倒嗤之以鼻，再如尊老爱幼是我国的传统美德，但有的人却坚持个人至上，利己主义，因此看到公交车上老叟稚童站立一旁，他们无动于衷，觉得没什么大不了的。可见，道德感是人的行为动力之一，它如影随形，就像一个教练员在指导运动员训练，道德感不断对人们的行为做出评判，人们该何去何从，评判的结果起着关键的作用。青少年期，正值世界观与人生理想初步形成和确立的阶段，所以引导他们形成正确的道德规范，对其今后的成长意义非凡。

（二）理智感

理智感是人在智力活动过程中，认识事物和探求真理时所产生的情感体验。它与人的求知欲、认识兴趣、解决问题的需要等得到满足与否相联系。例如，人们在探索未知事物时表现出的兴趣和好奇心；科学研究中面临新问题时的惊讶、怀疑和困惑；为一时难以解决某些复杂问题而苦闷和焦虑；问题得以解决并有新的发现时的喜悦感和幸福感，这些都是人们在求知过程中其理智感的表现，也是衡量一个人情感成熟与否的重要指标。

理智感在认识过程中产生发展起来，又反过来推动认识的进一步深入，是人们从事学习活动和改造世界的动力。当一个人认识到知识的价值和意义，感到获得知识的乐趣，以及追求真理过程中的幸福感时，他就会不计名利得失，以一种忘我的奉献精神投入到学习和工作中。

（三）美感

美感是人根据一定的审美标准评价客观事物时所产生的情感体验。在客观世界中，凡是符合我们的审美标准的事物都能引起美的体验。爱美之心人皆有之，而美感的形成却是多种多样的。一方面，美感可以由风景引起，如杭州西湖“淡妆浓抹总相宜”的秀丽、内蒙古草原一望无垠的苍茫、故宫的绚丽辉煌、长城的蜿蜒壮美，都可以使人体验到大自然的美和人的创造之美；另一方面，人的容貌举止和道德修养也常能引发美感，而一个人身上善良、纯朴的性格，率直、坚强的品性，比身材和外貌更能体现人性之美。此外，人类所创造的各种文化艺术作品，如音乐、刺绣、剪纸、绘画、小说、电影等，无不给人带来美的震撼。可见，从主观体验来看，美感通常会给人带来愉快的肯定情感，山水美景使人心旷神怡，舍己救人让人在钦佩中感受到高尚的行为美，滑稽表演使人在笑声中享受美的欢乐，悲剧故事使人在伤心以至流泪的同时享受着悲壮和苍凉之美。美感的这种愉悦，是人对美好事物的肯定，促使人去欣赏它，从而沉醉其中，乐此不疲。

“美”是客观与主观的辩证统一。美感与道德感一样，受社会生活条件制约。由于人的生活背景、价值追求和审美情趣的多样性，人们对美的认识，可谓仁者见仁，智者见智。故审美评价既有相对统一的标准，又有极强的主观性，不同人群或个人在审美方面便颇有差异。车尔尼雪夫斯基曾以上流社会的贵妇人和普通农家少女作对比。在他看来，贵妇人面色苍白，涂脂抹粉，纤手细足算不得什么美；而农家少女由于经常参加劳动，双颊绯红，手脚粗壮，再加上又粗又长的发辫，透露出青春的活力和健美。正所谓是“爱者为美、适者为美”。

第三节　情绪情感在教育教学中的应用

一、中小学生情绪情感的特点

情绪情感同其他心理过程一样，是在人的社会实践活动中逐渐成熟起来的。学校生活的开始，改变了儿童的生活环境，随着年龄的增长，教育与教学不断向其提出新的要求，他们的接触面广了，认识也不断加深，情绪情感也如羞答答的玫瑰在悄然绽放，逐渐定型。生理和心理尚处于从不成熟向成熟过渡的中小学生，其情绪情感同样彰显出了与其他年龄阶段不同的过渡性的特点。

（一）情绪情感的内容不断丰富、深刻

学习是中小学生的主导活动，随着这一突出需要的出现，在丰富多彩的集体生活中，他们情绪情感的范围和内容逐步扩大并丰富起来。例如，由学习成功或者失败，相应地产生愉快或沮丧的情绪体验。同时在集体中的地位、与同伴的关系、对国家建设与民族前途的关注等，都使中小学生产生各种各样的情绪体验，充实着他们的情感世界。

在情绪体验的发展方面，中小学生的情绪体验不仅丰富，而且有一定的复杂性，同一事物能引起他们的多种情绪体验。例如，参加竞选，他们既兴奋又不安，兴奋是因为想表现自我，不安则是担心出错或选不上被人笑话。这往往是对同一事物肯定和否定的情绪体验融于一体的表现。

随着知识的积累和社会生活经验的增加，中小学生的道德体验涉及的领域也越来越广泛，逐渐产生了集体荣誉感、社会责任感、义务感、正义感、民族自豪感等，并从最初的浅显、模糊逐步变得深刻、明晰起来。比如，对于好学生的理解，小学低年级学生认为不打人、不骂人就行了，高年级学生的认识愈来愈抽象、全面，认为还应包括谦虚自信、团结友爱等。就理智感而言，中小学生在学习活动中表现出求知欲的加深和范围的扩大。他们不仅因回答问题受表扬、考试考出好成绩而高兴，也会因为学习遇到困难而焦虑、郁闷。不过，有较完善理智感的少年，一般不会再为取得一点成绩而欣喜若狂，也不会为暂时的失败而垂头丧气，对成功和失败的情绪体验相对平稳起来。同时，中小学生的美感也有了很大程度的发展，他们不仅能注意外表美，也逐渐懂得把外表美和内在美统一起来去感受美与丑、善与恶。

（二）情绪情感的表现形式趋于内敛、稳定

俗话说："小孩的脸，六月的天，说变就变。"小学低年级的学生其情绪情感具有明显的外部表现，高兴起来喜形于色，激动起来忘乎所以，烦恼时郁郁寡欢，他们的喜、怒、哀、乐通过表情动作尽情挥洒。但随着年龄的增长，尤其到了青少年阶段，他们的生活经验丰富了，逐渐学会根据实际情况将情绪情感隐藏于心中不予表现。另外，低年级小学生情绪情感的稳定性还很差，容易受外部环境的影响，来得骤然，去得飞快。高

年级学生的情绪情感在短时间内的跌宕起伏现象逐渐减少，他们慢慢能够理智地去应对人生的风风雨雨，向着稳定而成熟的情绪状态发展。

（三）情绪情感的自控能力不断增强

中小学生的情绪也有易于冲动的一面，他们常常因为一点小事就欣喜若狂、手舞足蹈，或者垂头丧气、无精打采，有时彼此之间仅仅因为一句话不合就怒不可遏、挥拳相向。随着年龄的增长，自我意识的发展，以及环境的变化，都在推动着青少年的自我控制能力向前发展，如愿望得不到满足的小学低年级的学生则多发怒、啼哭，而青春期的中学生则能根据当时的情境控制、掩饰自己的情绪，或怒不形于色，或怒而不争，即个体内部的情绪体验被外部的情绪表现所掩饰，出现表里不一的情绪状态。例如，考试得了低分或者被批评时装作满不在乎；没有朋友，心里孤单寂寞时，却表现出一种快乐无忧、自由自在的假象。

二、情绪情感在教育教学中的应用

子曰："知之者不如好之者，好之者不如乐之者。"这句话道出了学习的最高境界，即乐之，相当于我们经常讲的"主动学""我要学"的学习状态。想一下你自己的学习生活，当你高兴时，你是否更愿意学习，并且还学得不错呢？所以，"愉快教育"正成为教育界深入探讨的课题。作为一种教育理念，愉快教育最基本的特征就是要让学生获得主动学习和健康发展的快乐。它要求教育教学要帮助学生形成发自内心的学习热情，产生对学习、对发展的一种追求与向往，让学生变苦学为乐学，变要我学为我想学。简言之，愉快不仅是教育教学的途径，也是教育教学的过程和目的。那么，怎样使学生产生愉快的情绪情感呢？

（一）建立良好的师生关系，提高教师情绪情感的感染力

师生关系不仅是教学过程中最基本的人际关系，而且直接影响着学生的情绪情感，是教育能否获得成效的保证。尤其是低年级的学生，师生关系对他们的影响很大，在他们眼里，对他好的老师便是好老师，并由此爱屋及乌，喜欢学习这门课。正所谓"亲其师"才能"信其道"，也才能"受其术"。

教师作为教育过程的主导者，应该是情感交流的主动方。所以，教师要从自身出发，努力建立良好的师生关系。众所周知，一个合格的教师，首先要具有良好的自我修养，与人为善，宽宏大度，乐观向上，用巨大的人格魅力和真挚、深沉、无私的爱去感染每一个学生；其次要树立民主、平等的教育观，必须注意师生在人格上和真理面前平等，充分相信每个学生具有发展的潜能。最后，要具有博大精深的学识水平，做到博学多闻，注重教学方法的改进，以完美的教学艺术和风格，让教师的教学过程为学生带来美的享受。而所有这一切都通过日常教育活动中教师的一举一动，一颦一笑，一言一行体现出来。因此，要与学生建立良好的师生关系，教师的"情感投资"要从日常小事做起，一个鼓励的眼神，一句激励的话语，一个亲切的微笑，一回善意的扶肩，甚至是一两句随

口的询问，都能给学生留下愉快的回忆，都能让学生的情感得到满足。

情绪具有很强的感染力，教师的喜怒哀乐在教育教学过程中自然地会影响到学生的情绪。所以，教师还要善于“包装”自己的情绪，使之处于快乐、饱满、振奋的良好状态。尤其当教师把发自内心的、真诚的微笑引入课堂内外时，犹如兴奋剂，使腼腆学生的胆怯心理被融化，从而敢于去表达自己；又好比镇静剂，使外向好动的学生得到及时的提醒，意识到自己的言行需要控制和自律；教师的微笑还能够让沉闷的课堂在微笑的鼓励引导下，再现生机；它也是对不良行为的理解和宽容，引起学生的自我反思和觉醒，是对良好行为的鼓励和赞许，激励学生不断努力和进取。微笑营造出一种宽松的师生交往环境，进而使学生对所学的知识也有了“亲切感”。相反，面若冰霜、板着脸孔的教师令学生敬而生畏，心理上自然受到压抑，师生间的信息很难得到交流，教育教学效果必然大打折扣。有人说，微笑是人际交往的润滑剂，被人誉为“解语之花”“忘忧之草”。因此，当教师带着微笑面对学生时，微笑就是联系师生情感的纽带，是沟通师生心灵的桥梁，是创设和谐、愉悦的教育教学氛围的重要手段。请问，你今天对学生微笑了吗？

（二）运用合理的教学方法，让学生获得愉悦的学习体验

学习是学生的主导活动。著名的教育家苏霍姆林斯基说过：如果教师不想方设法使学生进入情绪高昂和智力振奋的内心状态，就急于传授知识，那么，这种知识只能使人产生冷漠的态度，而不动感情的脑力劳动就会带来疲倦。有经验的教师都深知这一点，懂得凡是能使学生情感发生触动的事物，就比较容易记住，而且保持牢固，有的甚至终身不忘；凡是学生对之有好感、热爱的事物，就能牢固地保持在他们的记忆中。教学中，如果只是传授书本上的知识，教学目标只限定在知识的掌握和运用上，忽略情绪的调动和情感的陶冶，极易使学生感到索然无味。所以，教师应该在各个教学环节注重情绪情感的渲染，使学生带着愉快的心情来学习知识，提高能力。

1. 创设问题情境，激发学生的学习兴趣和求知欲

古人云：“学贵有疑，小疑则小进，大疑则大进。”教师在组织教学时，通过设置各种问题情境，能够有效地引起学生的好奇心，激发学生的学习兴趣。例如，物理教学中，在讲解有关蒸发知识的内容时，教师首先请学生做如下的吹气实验：第一次请学生将手掌摊开放在离嘴大约 15cm 的地方，张大嘴，慢慢地对着手掌呵气，学生会感到手掌“暖烘烘”的；第二次请学生将手掌摊开放在同样的位置，先闭嘴，然后把嘴留一条小缝，用力向手掌吹气，学生会感到“冷飕飕”的。在这种情境下，学生自然会产生这样的问题：同样是从自己的嘴中吹出的气，理应温度相同，为什么吹气的方式不同，两次感觉不同呢？问题情境的呈现，能引起学生情感（理智感）上的共鸣，他们对解决问题充满期望和兴趣，进而把注意集中到新知识的学习上。

2. 重视教学过程的情感目标，调动学生主动参与的热情

求知本来是人世间最大的乐事，却在“要我学”的填鸭式教学方式下被异化了。传统的课堂教学模式为，教师从头讲到尾，学生从头听到尾。教师是权威，担任着导演和演员的双重角色，学生只是观众，顶多有时候跑跑龙套，敲敲边鼓，造成课堂寂静无声、

死气沉沉，学生仿佛是在“梦中”一样。本来活泼好动、生机勃勃的中小学生，在课堂上变成了没有生命气息的“容器”，更多的是处于被督促、纠正，甚至是被呵斥的客体地位。“学生主体”大多成为停留在理论层面上“议而不行”的一句口号，学生习惯迎合书本和教师的标准，自主学习能力及创新的欲望一再被压抑，使得学生们极易感到乏味。这样培养出的学生也很难谈健康、快乐、全面发展，也不能适应现代社会对人才的需求。

中小学各学科新的课程标准的出台，为课堂教学焕发出生命活力提供了行动指南。它既有“知识与技能”领域的结果性目标，又有“过程与方法、情感态度与价值观”领域的体验性目标。这就意味着教学的任务不仅在于让学生获得知识，而且要让学生在获得知识的同时，获得情感体验、学会学习、形成正确的价值观。例如，历史课程标准指出，通过组织学生观看《林则徐》《鸦片战争》《甲午风云》等影片，感受中国人民反抗侵略的斗争精神，并运用所学历史知识说明影片的历史背景，讲述历史故事；数学课程标准则让学生通过统计家庭每天丢弃垃圾袋的数量，经历数据收集、处理、呈现的过程，体会塑料垃圾对人类生活可能产生的危害等。为达到这样的课程目标，我们改变传统教学中学生的被动接受式学习，取而代之的是新的课程标准所倡导的自主、合作、探究的学习方式，即在教师讲授的同时，广泛采用讨论、课堂剧表演、体验与模拟实践、考察参观访问、创作与制作等灵活多样的方式进行教学。这一新的教学理念，充分激发了学生的主动意识和进取精神，增强了学生的好奇心、求知欲，让学生在感兴趣的自主探究活动中掌握知识和技能，体验学习的过程和乐趣。关键是它能够把学生的主体地位真正调动起来，学生由“要我学”转变为发自内心的“我要学”“我爱学”，从而“翻身”当家做主，真正成为教学舞台上的主角。他们因此才会觉得学习是一种乐趣，是一种享受，这样学习才有高效率。

3. 有针对性地分层教学，让学生体验成功的喜悦

学生是不同的个体，他们对事物的体验、兴趣，以及对知识掌握的程度各不相同，而传统教学却要求学生在一定的时间内完成同一内容，期望达到同一目标，导致优等生“吃不饱”，使其潜能难以得到充分发挥；学困生“吃不了”，而加重其学习负担和心理负担，使其学习的积极性受到打击而导致学习“掉队”，这样很难谈得上学生愉快学习。分层教学不失为一条有效的解决途径。分层教学是指根据学生的知识和能力水平，把学生分成不同的层次，确定不同的教学目标，运用恰当的教学策略，辅以不同的训练和辅导，借助各层本身的力量促进每一层次的学生都得到最好发展的教学策略。分层教学的具体做法如下。

首先，教师应该充分了解学生的实际情况，根据知识基础、智力水平和学习态度等，一般将学生分成三个层次。学困生：知识基础比较差，学习积极性不高，成绩欠佳；中等生：知识基础一般，学习比较自觉，有一定的上进心，成绩中等；优等生：基础扎实，接受能力强，学习自觉，学习方法正确，成绩优秀。在此基础上，教学目标、教学内容、课堂提问、课后作业和测验等一系列教学环节的设计都要注意层次性和梯度，即对不同层次的学生提出不同的要求，让每一个学生都能在不同程度上体会到学习带来的成功喜悦，增强每一个学生的自信心。当然，所分的层次不是永恒不变的，经过一段时间的学习后，根据学生的发展变化，再做出相应的调整，最终达到第一层逐步解体，二、三层不断壮大的目的。

其次，以作业的布置为例，“弹性作业”就是实现分层教学要求的一种方法。顾名思义，弹性作业就是从作业量、作业难度和作业方式方面，教师精心为学生设计难易不同的作业“套餐”，每份“套餐”作业可适时安排巩固基础知识的必做题和拓宽视野、锻炼思维能力的选做题。学生可以按照不同的作业内容和自己的情况自主选择，拾级而上。当完成相应层次的作业时，就能得到相应的评价等级，即学困生达到较低标准时也有得优的机会，带着“我能行”的快乐向更高的目标奋进。

总之，分层教学使得学困生“吃得了”、中等生“吃得好”、优等生“吃得饱”，形成了“人人有事做，人人在做事，人人有成功，人人爱做事”的教学氛围，改变了以往学生被动接受的角色，让学生处于“主人地位”，从“要我做”转变为“我要做”，每一天带着轻松愉快的心情上路，迎接只要努力便能够收获的成功和快乐，学校顺理成章地将会变成学生和谐发展的乐园。

（三）运用赏识教育，激发学生的自尊和自信

学生学习的态度、情绪与教师对学生的评价有着密切的联系。传统教育习惯了抱怨，比如，希望学生细心，总是抱怨其粗心；希望学生勤劳，总是抱怨其懒惰；希望学生节约，总是抱怨其浪费……这样做的结果是，学生的缺点得到了强化，越批评缺点反而越多，并且极易伤及自尊，导致其带着“我是坏学生”的结论自暴自弃。那么，反过来是不是学生越被表扬优点越多呢？

回答这个问题之前，先想想我们自己被表扬时的感受，是不是心里美滋滋的，并且之后越发自觉地重复这一给自己带来快乐的行为，并努力把它做得更好。马斯洛的需要层次理论指出，人类对尊重的需要是最基本的生理、安全需要之上更高层次的需要，即希望得到他人的肯定和欣赏。人同此心，情同此理。渴望被肯定，被尊重也是中小学生重要的心理需求。实践证明，倡导学生快乐成长的赏识教育，能满足学生这一心理需求，近年来已越来越受到人们的关注与青睐。

所谓赏识教育，是指教师在教育教学过程中，注重学生优点和长处的发现与赞扬，使其获得自尊和自信，进而把教育的要求内化为个体的自觉行为，积极、主动、快乐地发展的一种教育方式。实施赏识教育要做到具体、适时、适度。

首先，赏识要具体。经常听到 “回答得很对”“棒极了”“你太聪明了”……这些“放之四海而皆准”的空洞的赏识，不仅以偏概全，而且当学生做得好的时候，不是表扬其行为，而是笼统地表扬其整个人，学生听了可能不知道到底好在哪里，自己的什么行为表现得到了肯定，听多了也就变得索然无味了，而且这种廉价的赏识只能让学生一时激动、兴奋，不会产生更大更多的功效。所以，赏识首先应该注重事实，就事论事，做到具体、明确。比如，“你今天的作业，字写得真端正”“你的理解尽管不全面，但主动思考的精神应该表扬”“你看，你比以前肯动脑筋了，敢于发表自己的意见，这多好啊”“提出一个问题比解决一个问题更重要，能提出这样有探究价值的问题，说明你会思考”……这种“对事不对人”的赏识不仅让学生收获感动，而且肯定了学生的做法，使

其了解了自己的优点和进步，明确了今后努力的方向。

其次，赏识要适时。一般说来，当学生出现良好的行为时，迫切希望得到同学、教师的认可、肯定。所以，赏识要适时，一方面意味着要及时，趁热打铁；另一方面要抓住最佳时机给予恰如其分的肯定、表扬或奖励。这不但能激发学生积极进取的高度热情，强化其学习、活动的动机，而且对其他同学也可以起到很好的带动作用。而时过境迁再择机表扬，或者长期得不到积极强化，将导致良好行为逐渐消退，学生年龄越小，越是如此。这就要求教师时刻注意细致观察，随时掌握学生的思想动态和行为变化，对其表现出的点滴进步给予及时的肯定和鼓励。学生因此产生被认可和尊重的积极情绪体验，成为其上进的一种巨大动力。

最后，赏识要适度。对学生的良好表现，要根据不同情况，给予恰如其分的赏识鼓励，即实事求是。言过其实的赞美，一方面容易造成低年级学生的虚荣心和自满情绪，不利于学生的发展；另一方面，对于高年级的学生，可能会把这种赞美误解为讽刺挖苦，引起消极情绪，甚至对教师产生敌意，造成不良后果。例如，有一位教师在快要结束《丑小鸭》的教学时，问了这样一个问题："孩子们，通过刚才的学习，你认为这真是一只丑小鸭吗？"老师话音刚落，一名学生就举手回答："这不是一只丑小鸭，而是一只漂亮的天鹅。"老师听后用极其夸张的语气说："你真是一个天才！"这名学生先是感到意外，继而红光满面。其他学生则很不服气，有的小声嘀咕，表示不满："谁不知道它是漂亮的天鹅嘛！"一个人人都能轻而易举回答出来的问题，给予夸大其词的称赞，会使学生怀疑教师的真诚态度，不利于学生的健康成长。

同时，赏识的形式和次数的多少，也应慎重考虑。过度频繁和千篇一律的"你真棒"会让学生产生"审美疲劳"，不能起到赏识的积极作用。赏识要因事、因人而定，以精神奖励为主，物质奖励为辅。值得一提的是，赏识不仅仅局限于语言上的肯定与鼓励，有时候一个鼓励的眼神，一个肯定的微笑，同样能带给学生极大的信心。学生的良好行为在恰当的赏识教育情景中不断得到强化，良好的行为习惯也便逐渐养成。但是，赏识教育并不排斥批评和惩罚。赏识和批评惩罚，就像鸟的两翼，缺一不可。"人非圣贤，孰能无过？"学生难免犯错误，及时、合理的批评和惩罚可以使学生明辨是非，知耻而后勇，努力改正自己的缺点和错误。只不过，赏识教育主张批评和惩罚同样也要遵循"对事不对人"的原则，在尊重学生人格，不伤害学生自尊的基础上展开，让学生在融洽的氛围中乐于接受、乐于改正，快乐健康地成长。例如，英国科学家麦克劳德上小学的时候曾经偷偷杀死校长家的狗，而这位校长却独辟蹊径，采取了一个高明的"惩罚"办法，让麦克劳德画出狗的血液循环图和骨骼结构图作为惩罚。这一"惩罚"不但使小麦克劳德认识到杀狗的错误，懂得了要为自己的行为负责，而且还使他学到了相关的生物学知识，培养了对科学的浓厚兴趣，可谓一箭双雕。也正是因为这个包含理解、宽容的"惩罚"，使小麦克劳德从此爱上了生物学，并最终因发现胰岛素在治疗糖尿病中的作用而登上了诺贝尔奖的领奖台。如果采取如下的处理办法呢？先狠狠地训斥一顿，请家长带领学生当面给校长赔礼道歉，并照价赔偿校长家的狗，最后再告诫全体同学引以为戒……也许暂时对学生改正错误能够起到一定的警戒作用，但不可能触及学生的内心世界，甚至逆反和报复心理在潜滋暗长。学生可能认为，认错、赔偿就能够解决问题。

（四）指导学生同伴交往，人际和谐助力良好情绪情感

学校生活的开始，同伴关系、师生关系、亲子关系是学生生活中三种主要的人际关系。其中，和谐的同伴关系对学生成长而言意义重大，当一个人生活在温馨的集体环境中，与周围的人和谐相处，就会有安全感，保持情绪的平静和稳定，做事就能高效。否则，就会感到孤独和压抑，情绪低落，烦躁不安等消极情绪，进而影响学习成绩。

鉴于此，作为教师要教给学生处理人际关系的基本原则，比如对人真诚守信，平等相待，学会欣赏别人；等等，为学生良好的情绪助力。值得一提的是，随着青春期的到来，由于生长发育成熟，青少年在生理上的急剧变化为性心理的产生提供了物质基础，他们对异性产生了强烈的好奇心，与过去童年时期两小无猜的异性交往相比有了不一样的感觉，男女同学之间的交往不再有儿时的坦然与纯真，而是多了几分拘谨与羞涩，同时也多了几分神秘和向往。正常的异性交往可以获得成长，有利于智力上取长补短、情感上互相交流、个性上互相丰富，有利于活动中相互激励，促进彼此培养良好的行为习惯以维护自身良好的形象。如果男女同学的交往处理不当，会给他们带来情绪和行为上的困扰，从而影响正常的学习和身心健康。如果为了防备“早恋”而限制男女学生的来往，那么，正常的情感发育和需求就会受阻，使人心态失衡，由此影响心理生活的各个方面。学校、教师应为学生开辟一些文体活动场所，组织一些健康有益的集体活动，在活动中创造一个健康宽松的男女交往环境,引导学生在集体活动中进行正常的情感交流，这样可以淡化彼此对异性的好奇心，使他们能够更稳妥地把握自己的情感。同时，教师应指导学生恰当地与异性交往，把握异性交往的原则。

第一，要大方交往，不必过分拘谨。男女同学交往要消除不自然感，应该从心理上像对待同性那样去对待与异性的交往，该说的说，该做的做，要光明磊落、落落大方。

第二，要公开交往，不要神神秘秘。男女同学交往保持公开性，不要羞怯忸怩，神神秘秘，因为事情越“保密”，别人就越好奇，越容易引起误解。

第三，要有一定距离，不要过分接近、过分亲昵。距离是一种美，在异性交往中这种美具有必然性，许多同学就是因为没有把握好这种距离而失去纯真的友谊。男女同学交往要保持一定距离，不要特意去接近某一个人。过分亲近、热情会让人误会，也可能令对方讨厌，破坏已有的同学之间的情意。还要做到自尊自爱，言谈举止文雅端庄，切不可勾肩搭背。过分的亲昵会给人过于轻佻的感觉，造成不必要的误会。

第四，要广泛与同学交往，不要太专注某一个异性。男女同学之间的交往要广泛，要和更多的同学建立友谊，这样有利于促进自身的学习、也有利于情绪的振奋。专注与某一个异性交往，容易导致早恋，也就失去了了解其他异性的机会。

第五，要相互尊重，不要过于随便或自高自大。男女同学之间的交往要互相尊重对方的人格，尊重对方的意愿，尊重对方的性别差异。不要拿对方的缺陷来取笑对方。也不要过于随便，嬉笑打闹，你推我拉之类的举止应力求避免。更不要故作娇气或自命清高，否则交往也不会长久。

第六，要自尊自爱、自立自强，不要“自毁”。男女同学之间的交往要学会自尊自爱、自立自强，珍惜、爱护自己的名誉和尊严。更应该在交往中懂得保护自己，不能没

有羞耻感，不能没有自我约束力，否则将损害自己的声誉。

越过普通的异性交往而转向“早恋”的同学，由于他们年龄小，心智不成熟，很难协调好学业和感情之间的关系，再加上这个阶段的学生情绪情感具有强烈、不稳定、易冲动的特点，早恋极易引起情绪的波动，带来很多困扰。同时，由于早恋者会花费时间和精力去经营这份感情，有时想入非非，不能自拔，无法集中精力，特别是因闹别扭、失恋、父母和学校的压力而产生忧愁、焦虑、绝望等情绪，将严重影响其正常的学习和生活，甚至荒废学业。

早恋是青少年身心发展的结果，是无法禁止的，应予以疏导与教育。

1. 对早恋持一种正确的态度

首先，对中学生的早恋围追堵截不可取，正确的态度应该是不绝对禁止和严厉干预，也不提倡和鼓励。应该说早恋是青春期的一种正常的现象，它既不违反法律，也不一定败坏道德，禁止并非良策。多年的实践证明，一味地压抑和打击并不能有效地预防和杜绝早恋。早恋犹如原上草，是“野火烧不尽，春风吹又生”，禁而不止。早恋的学生在心理上还没有成熟，思想尚未定型、经济尚未独立、事业尚未起步，这一切都决定了他们中的大多数人还不具备谈恋爱的条件。虽然我们不能对早恋做简单的是非对错的价值判断，但是可以说，青春期谈恋爱对大多数学生来说是不合时宜的。所以，家庭、学校、社会对中学生的早恋既不能绝对禁止也不能提倡鼓励。

其次，教师对学生早恋现象要有一个正确的认识，并尊重、理解、宽容学生。从性意识的发展来看，青春期的学生喜欢与异性交往，在与异性交往中产生恋情是正常的，这是人生理和心理发展的必然规律。教师要承认这种情感发生的必然性，尊重这种情感存在的必要性，并尊重他们的隐私，为其保守秘密，不在大庭广众之下公开谈论或者到处扩散、传播，更不能贬低、嘲讽他们的感情。同时教师要摆脱落后的性文化的羁绊，理解青春期学生生理、心理特点，理解学生异性爱的情感，对学生的这种情感不以传统价值取向来评价，而以科学理性的态度对待，不轻易将早恋的学生看成是问题学生，把他们的早恋行为看成是“不良行为”。这种尊重、理解、宽容，可以减轻学生的焦虑感，帮助学生减轻心理压力，更避免学生与教师之间的对立和抗拒，为正确引导学生奠定一个良好的基础。

2. 正面引导

既然早恋是青春期的一种正常的现象，也是青少年身心发展的必然趋势，简单的禁止违背其身心发展规律，但也不能放任不管，应该对他们进行引导教育。

（1）进行性生理、性心理教育。教师要具备青春期性生理和性心理知识，向学生讲明青少年身心发展的规律和特点，消除他们对异性的好奇心、神秘感，减少他们盲目无知的行为，使他们对“性”有一个科学的态度。

（2）进行爱情教育。一些家长和老师为了防止中小学生早恋，往往采取“防”“禁”“堵”的态度，拒绝中小学生谈论爱情。实际上，对爱情的防、禁、堵是不现实的，也是不明智的。因为社会在影响着他们，越是对其禁止，他们越是感到神秘越是想探索、尝试。因此，学校应该通过正面的爱情教育予以疏导。

可以说爱情教育，是一种变堵为疏的教育。首先，通过教育让学生懂得爱情的本质，懂得人类的爱情是自然属性与社会属性的统一，从本质上是不同于动物的两性关系的。其次，使学生认识到爱情既是一种纯洁的、高尚的、美好的情感，又是一种严肃的情感。爱情一方面意味着甜蜜和幸福，另一方面还意味着道德、责任、承诺、坚持等。所以，爱情不仅需要呵护、培养，还需要以圣洁的态度对待爱情，不能以轻率、游戏的方式对待爱情。最后，帮助学生分析早恋产生的生理、心理和社会原因，引导他们认识到早恋有幼稚和不成熟性的一面，学会区分友情与爱情，学会正确处理好友谊与爱情的关系。

（五）教会学生保持良好情绪的方法，提高其驾驭自己情绪的能力

你最近一段时间心情如何？你肯定会说，有过欣喜，有过闷闷不乐，也遇到过紧张、焦虑，或者其他情绪。可以说，情绪与我们如影随形，能否妥善管理情绪影响到个体的生活质量、人格发展、学业进步和人生幸福。我们都愿意处于欢乐和幸福之中。然而，“人生不如意事十之八九”，当中小学生遇到会带来压力的事件时，教师可以教会他们利用一些调节和控制不良情绪的方法，逐渐提高其驾驭自己情绪的能力。这些方法主要有如下几点。

1. 合理认知情绪波动的起因

中小学生在认识问题时往往比较片面、激进，导致产生很多不良情绪。而人的认知和态度直接决定着情绪行为反应的方式。所以，当学生忧心忡忡、烦躁苦恼的时候，教师不要任其发展下去，鼓励其分析原因是首要工作。例如，一次考试失败，就认为自己一无是处，还觉得周围的人都用异样的眼光看自己，结果就只会意志消沉，痛苦失望。因此，帮助学生找出考试失败的原因，进行合理认知，这是解决问题的关键。让他们认识到“我自己有能力，只要我努力一定能行”“一两次的失败不算什么，失败让我认清了自己的问题，离成功又近了一步”等积极、合理的想法，给学生以鼓励，增强他们对抗挫折的信心，并明确努力的方向。

2. 合理宣泄不良情绪

对于积聚起来的不良情绪，不能长期积压在心里，自己可以采取适当的方式加以宣泄。首先，在不伤害自己和他人的前提下，通过较为剧烈的身体活动，或把自己胸中的怨言和不满痛快淋漓地写在纸上，之后一撕了之，甚或在僻静的地方痛哭一场，都能在一定程度上起到宣泄不良情绪的作用。有些学校为此设立了“心理宣泄室”，给学生创造了一个自我调节的平台。在那里学生可以打沙袋、涂鸦、唱卡拉 OK 等，用这些方式缓解心理压力。其次，心随境移，情随景迁。碰到不顺心的事情时，不妨暂时离开现场，换个环境，做自己感兴趣的事情，有意识地转移注意力，如看电影、听音乐、健身、参加喜欢的公益活动，使紧张的情绪松弛下来。

此外，学会倾诉和求助。“一个篱笆三个桩，一个好汉三个帮”。当你身处逆境，感到压力重重时，你最需要的是什么呢？亲朋好友的问候、深切的理解和热情的帮助是每一个人都热切渴望的。这些问候、理解和帮助就是心理学中所说的社会支持。所以，要

让学生善于利用自己的社会支持系统，即能对自己的许多方面，尤其是心理方面给予支持和帮助的人际关系网络（主要是亲朋好友、教师、心理咨询人员等），在心情不快的时候学会寻求他们的支持和帮助以调节情绪，从而解决问题。

微笑——保持美好心情的魔术棒!

3. 注重修养，提高境界

这是调控情绪，长久保持良好情绪的根本途径。豁达乐观的胸怀是后天养成的，无论做人还是做事，教会学生培养自己的大爱之心，宽容之心，力求做到淡泊名利，不为蝇头小利而与人斤斤计较，由此所带来的内心平静与释然，将让其真正体会到“会当凌绝顶，一览众山小”的舒畅。与此同时，还要教会学生善于忆乐忘忧。对那些幸福、美好、快乐的往事要常常回忆，以便在心中泛起喜悦的涟漪，激发他们去开拓未来；而对不愉快的事情则尽量要像打扫房间一样，及时处理掉。简言之，记住该记住的，忘记该忘记的；改变能改变的，接受不能改变的，努力做一个乐观豁达的人。

（六）家校结合，共育良好的情绪情感氛围

家庭是孩子的第一所学校，是人类情绪情感丰富的资源所在地。中小学生大多数是在家庭—学校“两点一线”中生活成长的，每个学生的情绪情感不可避免地打上了家庭的烙印。基于此，学校要与家庭形成合力，共同为孩子营造“在家暖心，在学校开心”的情绪情感氛围。教师要与家长沟通，指导家长认识到家庭成员是孩子情绪情感学习的榜样。如果家庭成员能够和睦相处，善于处理好自己的各种情绪情感，这不仅能使孩子生活在温馨的家庭氛围中，得到关心爱护，心情愉快，获得健康积极的社会性情感，而且耳濡目染的过程中，孩子也学会了以同样的方式处理生活中的情绪情感。其中，值得一提的是，良好和谐的亲子关系是孩子愉快成长的重要保证。为此，学校要加强对家庭教育的指导，帮助家长树立正确的教育观念，以民主型的教养方式平等地与孩子进行沟通，以朋友的身份来帮助、鼓励、赏识孩子，而不是以训导者的身份来对孩子指手画脚。当孩子感受到尊重，并与父母一起分享、探讨人生的苦或乐时，试想一下，这将是一幅多么美丽的人生画卷呀！

★ 本章概要 ★

1. 情绪情感是人对于客观事物是否符合自己的需要而产生的主观体验，并伴随特定的生理反应与外部表现的一种心理过程。它们产生于认识活动的过程之中，并影响着人的认识活动的进行。

2. 情绪和情感既有区别又有联系。一般来说，首先，从需要的角度看，情绪是和有机体的生物需要相联系的一种体验形式；而情感更多的是同人的社会性需要相联系的一种较复杂的体验形式。其次，从发生的角度看，情绪发生较早，是与生俱来、不学就会的，而且人与动物皆有；而情感发生较晚，是人类

所独有的高级心理过程，随着人的社会化过程而逐渐形成的。再次，从表现形式来看，情绪具有情境性、暂时性、冲动性和明显的外部表现；而情感的特点是深刻、稳定、持久和内隐。情感在多次情绪体验的基础上形成，并通过情绪表现出来；情绪的表现和变化又会受到已经形成的情感的制约。因此，情绪是情感的基础和外部表现，情感是情绪的深化和本质内容。

3. 在日常生活中，情绪情感对人的影响具体表现在它具有信号功能 、动力功能、组织功能、适应功能、健康功能。

4. 根据情绪发生的强度、速度、紧张度和持续时间等指标，可以将情绪分为心境、激情和应激三种基本状态。而情感反映着人们的社会关系和社会生活状况，并调节着人们的社会行为。根据其所反映的内容，可以分为道德感、理智感和美感三大类。

5. 正在成长过程中的中小学生，学习是他们的主导活动，其情绪情感有着不同于其他人生阶段的特点。表现为：情绪情感的内容不断丰富、深刻；情绪情感的表现形式趋于内敛、稳定；情绪情感的自控能力不断增强。

6. “愉快教育”作为一种教育理念，其最基本的特征就是要让学生获得主动学习和健康发展的快乐。它要求教育教学要帮助学生形成发自内心的学习热情，产生对学习、对发展的一种追求与向往，让学生变苦学为乐学，变要我学为我想学。简言之，愉快不仅是教育教学的途径，也是教育教学的过程和目的。

7. 教学要使学生产生愉快的情绪情感，可以从多个方面入手：在平等、尊重的前提下，建立良好的师生关系，提高教师情绪情感的感染力；运用合理的教学方法，充分发挥每个学生的潜力，让学生主动参与到教学中来，并获得愉悦的学习体验；具体、适时、适度的赏识，激发学生的自尊和自信，是学生愉快学习的动力；指导学生同伴交往，人际和谐助力良好情绪情感；教会学生合理认知、宣泄、提高修养等保持良好情绪的方法，提高其驾驭自己情绪的能力；帮助家长认识情绪情感的重要性，家校结合，共育良好的情绪情感氛围等。

思考题

1. 名词解释：情绪情感、心境、激情、应激、道德感、理智感、美感。
2. 简述情绪和情感的区别和联系。
3. 情绪情感的功能有哪些?
4. 简述中小学生情绪情感发展的特点。
5. 结合所教学科，谈谈如何开展愉快教学。
6. 设计一个以“赶走烦恼，拥抱快乐”为主题，促进学生学会保持健康情绪为目的的班级活动计划。

参 考 文 献

黄希庭. 1997. 心理学. 上海: 上海教育出版社.
理查德·格里格, 菲利普·津巴多. 2016. 心理学与生活. 19 版. 王垒, 等译. 北京: 人民邮电出版社.
鲁忠义, 牧新义. 2006. 中小学生心理与教育. 石家庄: 河北人民出版社.
彭聃龄. 2004. 普通心理学. 3 版. 北京: 北京师范大学出版社.
游旭群. 2011. 普通心理学. 北京: 高等教育出版社.
章志光. 2002. 心理学. 3 版. 北京: 人民教育出版社.
Coon D, Mitterer J O. 2014. 心理学导论——思想与行为的认识之路. 13 版. 郑刚, 等译. 北京: 中国轻工业出版社.

第五章　中小学生人格发展与教育

300 多年前，在普鲁士王宫里，大哲学家莱布尼茨正在滔滔不绝地向王室成员和众多贵族宣传他的宇宙观。话锋一转，他说："世界上没有两片完全相同的叶子。"听者哗然，不少人摇头不信。于是，好事者就请宫女到王宫花园中去找两片完全相同的叶子。谁知，数十人寻个遍也无法找到。人们惊愕，原来大千世界是如此丰富多彩。后来人们都用莱布尼茨的这句话来比拟人的个性心理——世界上没有两片完全相同的叶子，世界上也没有个性完全相同的人。

什么是个性呢？它和我们前面讲的心理过程有什么关系吗？在前面的章节中，我们介绍了人的心理过程。心理过程即人的认识过程、情感过程和意志过程，这是人们所共有的，当这些过程具体表现在每一个人身上时，就形成这一个体特有的心理系统。这一系统就是这个人的个性，亦即人格。

第一节　人 格 概 述

一、人格的概念

人格是指个体在物质活动和交往活动中形成的具有社会意义的稳定的心理特征系统，由个性倾向性和个性心理特征两个子系统构成，第一章第一节对这一问题做了较为详细的阐述，这里不再赘述。

个性倾向性（如需要、动机、兴趣、理想、信念、世界观）是人的个性结构中最活跃的因素，是个性系统的动力结构；而个性心理特征（能力、气质、性格）是个性系统的特征结构。人格结构的这些成分或要素，因人、时间、地点、环境的不同而有不同排列组合，结果就产生了在心理上千差万别的人，以及一个人在不同的时间、地点、环境中个性特征的变化。人格作为一种特征，给人以鲜明的个人特色，而人格作为一种动力，影响甚至决定着人的一生。

二、人格的特征

（一）整体性

人格是一种心理组织，构建成一个人内在的心理特征结构，是一个人表现在行为模式中的心理特性的整合体。它不能被直接观察，但却经常体现在人的行为之中，使个体表现出带有个体整体倾向的精神风貌。也就是说，一个人的才智、情绪、愿望、价值观和习惯等并不是孤立存在的，而是密切联系并整合成为一个有机组织；个体的行为不是某个特定部分运作的结果，而总是各个部分紧密联系、协调一致进行活动的结果。

（二）稳定性与可塑性

由许多个性特征组成的人格结构是相对稳定的，在行为中恒常地、一贯地予以表现，即表现为跨时间的连续性和跨情境的一致性。因此，个体人格既能反映出一个人的过去和现在的特性，又能预示他将来的行为。但强调人格的稳定性并不意味着它在人的一生中是一成不变的，随着生理的成熟和环境的变化，人格也有可能产生或多或少的变化，这是人格可塑性的一面。正是因为人格具有可塑性，才能培养和发展人格。因此，人格是稳定性与可塑性的统一。

（三）独特性与共同性

由于人格结构组合的多样性，构成了不同人之间的个体差异性。尽管不同人可以有某些相同的个性特征，但他们的整体人格不会是完全相同的。

（四）社会性与自然性

人格是个体在生活过程中形成的，它在极大程度上受社会文化、教育教养内容和方式的影响。同时，人格也是在个体的遗传和生物基础上形成的，受个体生物性的制约，从这个意义上也可以说，人格是个体的自然性和社会性的综合。

三、人格的基本理论

长久以来，人们都在试图解开人格之谜。于是，人们建立起各种人格理论或模型，以期对人格做出说明。所谓人格理论，就是关于个体人格的结构与功能的假设性说明，它帮助我们理解人格的起源、各种相关物、作用或结果，也帮助我们在对人格了解的基础上预测人格。

（一）弗洛伊德的人格理论

弗洛伊德（S. Freud，1856～1939）精心建立了一个庞大的人格理论体系，大胆地尝试解释人格的起源、人格的发展进程、人格的结构、心理的本质、人格的变态，以及如何通过治疗改变人格。本节在此重点介绍弗洛伊德的意识-无意识理论、人格结构理论和心理发展阶段理论。

1. 意识-无意识理论

弗洛伊德假设，在意识之外，还存在一个心理结构，即无意识。他认为人的心理是由意识和无意识构成的。它们就好像一座水中的冰山，在水面上的是意识，在水面下的是无意识；也正像实际中看到的冰山一样，（水面上的）意识只是心理结构中的一小部分，而（水面下的）无意识则是一个相当大的构造。进一步地，弗洛伊德把无意识定义为包括原始冲动和本能以及其他欲望，这些内容因为同社会道德准则相悖，因而无法直接得到满足，它们被挤出意识之外，被压抑到无意识中。例如，早期经验被遗忘的现象，按照弗洛伊德的看法，它们不是消失了，而是被推入了无意识领域。

2. 人格结构理论

弗洛伊德所创立的人格结构中包含三个成分：本我（id）、自我（ego）、超我（superego）。这三个成分各行其职，扮演不同的角色。本我遵从快乐原则，寻求快乐、寻求欲望的即时的直接的满足，反映人的生物性的一面，好比“原始的人”；自我按现实性原则行事，探测实现本我冲动的可行性，是人格的执行者，充当本我要求与环境间的调解员的角色，是“现实的人”；超我则按照道德原则行事，寻求完善，代表人的社会性的一面，是“道德的人”。

3. 心理发展阶段理论

弗洛伊德认为，人格各个成分处于动态冲突与平衡的过程之中。其中本我所代表的无意识冲动主要是性需要的满足，这种满足总要通过身体的某一个部位或区域的快感来实现，而这个区域在个体发展的不同时期是不同的，因此形成了人格发展的不同阶段，他因此提出了心理发展的性心理理论（psychosexual theory）。

性心理理论强调，在生命的早期，父母对其性驱力和攻击倾向的管理方式对其人格的健康发展是非常关键的（表 5-1）。按照弗洛伊德的看法，如果儿童在特定的发展阶段无法使自己的需要得到满足，或者出现过度满足，就可能会发生“固着”。这是由于冲突未解决而导致的，反映了儿童在早期的某个发展阶段的行为方式。比如，口唇期的固着可能会导致成年期出现不同寻常的口部活动——非常喜欢吃东西、说话、咀嚼口香糖，甚至这种现象还可能会以一些象征性的口部活动表现出来，比如喜欢对他人进行尖刻的讽刺挖苦。

表 5-1　弗洛伊德的心理发展阶段

发展阶段	年龄阶段	基本特征
口唇期	出生至 1 岁	新的自我指引婴儿的吮吸活动指向乳房或奶瓶。如果口部需要没有得到恰当的满足，个体就可能会在儿童期发展出吮吸拇指、咬指甲、啃铅笔的习惯，长大以后则是暴饮暴食和抽烟
肛门期	1～3 岁	幼儿享受排便及控制排便的乐趣。大小便训练成了父母与孩子之间的主要问题。如果父母坚持在其准备好之前要孩子接受训练，或者如果父母在这方面提的要求太少，与肛门控制有关的冲突就可能会出现，要么是极端的整洁与洁癖，要么是极端的污秽和混乱
生殖器期	3～6 岁	学前儿童会从生殖器的刺激中获得快感，这时产生了男孩的俄狄浦斯情结（Oedipus complex，即恋母情结）和女孩的伊莱克特拉情结（Electra complex，即恋父情结）：儿童感受到对异性父母的性渴望。为了逃避惩罚，他们会放弃自己的渴望，而采用同性父母的特征和价值观。结果，超我得以形成，而且每当儿童违背这些价值标准时就会感到内疚
潜伏期	6 岁至青春期	性本能沉寂下去，而超我会有更深入的发展。儿童从成人和同性同伴那里获得新的社会价值观
生殖期	青春期至成年期	伴随青春期的到来，生殖器期的性冲动再次出现。如果前期各阶段的发展是成功的，就会引导个体走向结婚、性成熟、生儿育女。这一阶段一直持续到成年期

（二）埃里克森的人格理论

埃里克森是弗洛伊德的追随者之一，他从弗洛伊德的理论中汲取了营养，完善了自己的观点，其代表性工作是修正了弗洛伊德的性心理发展理论，整合了现代社会心理学和人类学研究发现的结果，提出了“心理社会性发展”（psychosocial development）模型。

在弗洛伊德看来，发展在青少年期大体上就结束了，而埃里克森则相信发展持续人的一生。埃里克森强调儿童是积极而有好奇心的探索者，他们努力适应自己的环境，而不是被动的生物冲动的奴隶。人们在发展的每一个阶段都会积极应对社会现实以求能够成功适应，并展现出正常的发展模式。此外，埃里克森不太重视性冲动，他更加强调的是文化的影响，个体所谓的正常发展必须放到其生活的文化环境中来理解。他认为人格发展是由内在的成熟和外在的社会要求交互作用决定的。

在埃里克森所描述的人生发展的八个阶段里（Erikson，1950；1968），如表 5-2 所示，他强调自我不只是调节本我冲动与超我要求之间的关系。在每一个阶段，个体都有一项心理社会性任务要完成。直面每一项任务都会产生冲突，且伴有两种可能的结果。如果冲突得以解决，一种积极的品质就会在个性内根植下来，更进一步的发展就会开始。如果冲突持续下去，或者没有得到完满的解决，自我就会受到损害，因为它整合了一种消极的品质。

表 5-2　埃里克森的心理社会发展阶段

发展阶段	年龄阶段	基本特征
信任对不信任	出生至 1 岁	婴儿如果得到温情而及时的照顾，就会获得一种信任感，即认为世界是美好的。如果婴儿得等很长时间才获得所需的照顾，或者受到苛刻的对待，就会产生不信任
自主对羞愧和怀疑	1～3 岁	儿童通过利用新的心理技能和活动技能，想为自己做选择、做决定。如果父母允许合理的自由选择，并不强迫或羞辱孩子，那么自主就能够培养起来
主动对内疚	3～6 岁	通过建立信任的游戏，儿童探索他们自己可能成为什么类型的人。如果父母对孩子新的目的感给予支持，那么主动感（即感到有雄心、有责任感）就会得到发展。如果父母要求的自我控制太多，就可能会引发过度的内疚
勤奋对自卑	6～11 岁	在学校里，儿童会发展与他人合作的能力。如果在家里、在学校或与同伴在一起时体验到消极的经验，会导致他们觉得自己无能，就会出现自卑感
自我认同对角色混乱	青少年期	青少年试图回答“我是谁”“我在社会中的位置是什么”这样的问题，他们通过探索价值观和职业目标，进而形成个人的自我认同。消极的结果就是他们对未来的成人角色的认识含混不清
亲密对孤独	青年期	这一阶段的主要任务是建立深厚的友谊，从另一个人那里获得爱和陪伴感，或共享的自我认同。孤独感或孤立感可能源于无力建立友谊或亲密关系
繁衍对停滞	中年期	在此阶段的成人要面对的任务是，在自己的工作中做出成绩，支撑家庭，或关照年轻人的需要。这些相关标准是由个体生活于其中的文化决定的。那些无法或者不愿承担这些责任的人就会变得停滞和自私自利
完善对失望	老年期	老年人回首自己的生活，要么觉得它是有意义的、富有成果的、愉快的经验，要么基本上对未完成的诺言、未实现的目标充满失望。对自己的生活不满意的人会害怕死亡

（三）艾森克的人格理论

艾森克提出“人格是生命体实际表现出来的行为的模式的总和”，这种行为模式的总和包括认知（智力）、意动（性格）、情感（气质）和躯体（体质）四个主要方面，他认为人格具有稳定持久性。艾森克结合了类型与特质的概念，提出了人格的维度理论，从人格的特质和维度的研究出发，将人格特征分为三个基本的维度：E 维度：外–内倾（extroversion-introversion）；N 维度：情绪稳定性（也称神经质）（neuroticism）；P 维度：精神质（psychoticism）。

艾森克以外–内倾、神经质与精神质三种人格维度为基础，于 1975 年制定了艾森克人格问卷（Eysenck Personality Questionnaire，EPQ）。EPQ 是一种自陈量表，有成人（共 90 个项目）和少年（共 81 个项目）两种形式，各包括四个量表：E——外–内倾；N——神经质；P——精神质；L——效度量表。由于该问卷具有较高的信度和效度，用其所测得的结果可同时得到多种实验心理学研究的印证，因此它亦是验证人格维度的理论根据。

艾森克以大量人格测验资料为基础，采用数理统计方法分析数据，筛选、区分出用以描述人格的特质。他发现，很难找出绝对独立的特质，一些特质之间有着一定的联系和连续性。因此，他主张用特征群去描述人格，并运用因素分析的统计方法，找到了四大特质群，分别落在由内外倾维度和神经质维度所构成的直角坐标系的四个象限上，由此构建了其维度理论（图 5-1）。

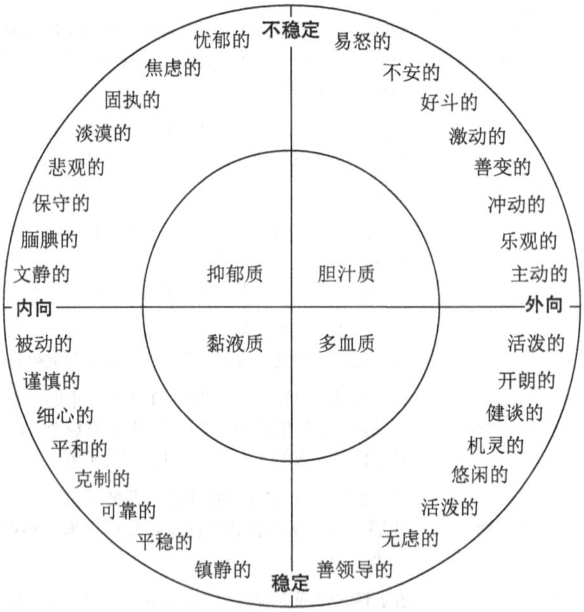

图 5-1　艾森克的人格类型维度（理查德·格里格，菲利普·津巴多，2003）

第二节　中小学生气质与教育概述

一、气质

大千世界，芸芸众生，我们很难找到脾气、秉性完全相同的两个人。有的人热情奔放，有的人坚强刚毅，有的人沉着稳重，有的人优柔寡断，其主要原因就在于气质的不同。

（一）气质的概念

气质是人的个性心理特征之一，是个体与生俱来的心理活动的动力特征，是指在人的心理和行为活动中表现出的稳定的动力特点。气质体现为人在认识、情感、言语、行动等活动中力量的强弱、变化的快慢和均衡程度等。气质本身并不直接对个体的行为起推动作用，也不决定行为的发生和方向，它不以个体的活动目的和内容为转移，它只表现在心理活动与行为中，是外显的动力特征。

心理学中的气质与日常生活中人们所说的“脾气”“性格”“性情”“秉性”等含义相近，而与日常“气质”的概念是有差异的。在心理学中，对气质的理解应注意把握以下四个方面的特点。

第一，气质作为个体心理活动的动力特征，主要反映在心理活动的速度、强度、稳定性、指向性方面，具体表现为情绪体验的强弱、意志力的大小、注意集中时间的长短、知觉或思维的快慢等。个体的这些气质特征表现在行为活动中，会影响其与周围人的互动关系，从而影响其个性的形成。

第二，气质具有天赋性和后天实践性。气质是出生之后就表现出来的，具有明显的“天赋性”，气质受先天因素如神经系统类型的影响较大，通过生活实践，在人们处理问题、相互交往中显示出来，并表现出个人典型的、稳定的心理特点。

第三，气质具有稳定性和一定的可塑性。气质是比较稳定的个性新特征，气质特点一般不受个人活动的目的、动机和内容的影响。例如，一个情绪稳定、内向的学生，在任何场合下，即使是很熟悉的环境、很热闹的场面、自己很感兴趣的活动，都会表现出不爱激动、较为稳重、不过分表现自己的特点。俗语说“江山易改，禀性难移”，其中的“禀性”指的就是气质，这些都是气质稳定性的表现。气质虽然具有稳定性，但并不意味着它绝对不能变化，在生活环境和教育条件的影响下，在性格的掩饰下，气质可以得到相当程度的改造。例如，在集体生活的影响下，情绪容易激动的学生，可能变得较能控制自己；行为动作较为缓慢的学生，可能变得行动迅速。

第四，气质无好坏之分。在评定人的气质时不能认为一种气质类型是好的，另一种气质类型是坏的。每一种气质都有积极和消极两个方面，在这种情况下可能具有积极的意义，而在另一种情况下可能具有消极的意义。

（二）气质的心理特性

气质是由许多心理活动的特性交织而成的，反映了人在心理活动及行为上各种动力性特征，主要包括以下几个方面。

（1）感受性。感受性是人对外界影响产生感觉的能力。人的感觉能力存在个别差异，可以根据一个人引起感觉所需要的最小刺激量来判断这个人的感受性大小。

（2）耐受性。耐受性是指人在经受外界事物刺激作用时在时间和强度上的耐受程度。

它表现在人从事某项活动时注意力的集中性程度，对刺激（如疼痛、噪声、过强或过弱的光线）的耐受性、对长时间思维活动保持注意的坚持性等方面。

（3）灵敏性。反应的敏捷性体现了神经系统的灵活性。反应的敏捷性可以分为两类特性：一类为不随意的反应性，包括不随意注意的指向性、不随意运动反应的指向性等，如突然听到一个新奇的声音，头部朝向的速度；另一类指心理反应和心理过程进行的速度，如说话的速度、记忆的速度、思考的敏捷程度、注意转移的灵活程度、一般动作的灵活程度等。

（4）行为的可塑性。行为的可塑性是指人根据外界事物变化的情况而改变自己适应性行为的可塑程度，体现主体对外界环境变化顺应上的难易，产生的情绪是愉快还是不愉快，采取行动是简捷还是迟缓。凡是顺应上容易的人表现为更大的可塑性，能够及时适应不同的环境和情况，行为的适应性强。而神经过程灵活性低的人，在顺应上表现出更大的刻板性或惰性，行为的适应性差。

（5）情绪的兴奋性。情绪的兴奋性体现为神经活动过程的强度和平衡性，包括情绪兴奋性强弱和情绪外观的强烈程度。有的人情绪兴奋性很强，而情绪抑制力弱，这不仅表现为神经过程的强度，而且明显地体现了兴奋和抑制不平衡的特点。

（6）向性。向性是指心理活动、言语与行为动作反应是表现于外部还是内部的特性，即外倾性和内倾性的总称。外倾的人表现为情绪、言语和动作的反应倾向表现于外，倾向从外界环境寻求刺激，而内倾的人表现正相反，倾向减少或避免外界的干扰。

（三）气质的类型

所谓气质的类型，是指气质特征的特殊组合模式。从历来的类型理论来看，气质类型大多是被设定用来说明某些简单的、极为显见或易于确定的特征与行为之间的关系。

1. 体液说

最早的类型理论是在公元前 500 年左右由希腊医生希波克拉底（Hippocrates，前 460—前 370）提出来的。希波克拉底认为，人体内有四种基本体液：血液、黏液、黑胆汁、黄胆汁。每种体液对应于一种气质，人体中的四种体液可以有不同的配置，其中占优势的体液主导着人的气质类型。500 年后，罗马医生盖伦（Galen，129—199）对希波克拉底的四种类型分类采用了气质概念，这就是近代气质概念的来源。这四种体液与气质的对应关系是：血液-多血质：活泼，快乐，好动；黏液-黏液质：沉静，情绪淡漠，不好动；黑胆汁-抑郁质：忧郁，不快活，易哀愁；黄胆汁-胆汁质：兴奋性强，急躁，易怒。

希波克拉底的体液说的科学性受到后人的怀疑和批评。一来，把人体内的体液划分为四种的做法并不合理；二来，并不存在不同体液的主导关系，体液同人格的关系也并不明确。然而，希波克拉底的理论对后世的影响却很大，原因是虽然体液与气质的关系并不那么可靠，但他对气质的四种划分本身却是有道理的，这四种类型在人们之中很容易得到体现。后来，人们对这四种类型作了进一步探讨，给出了较为明确的界定，概括出气质心理特性在这四种类型的表现（表 5-3）。

表 5-3　气质心理特性在四种气质类型的表现

心理特性	胆汁质	多血质	黏液质	抑郁质
感受性	低	低	低	高
灵敏性	快、不灵活	快、灵活	慢、不灵活	慢、不灵活
耐受性	较高	较高	高	低
向性	外倾	外倾	内倾	内倾
情绪兴奋性	高	高	低	体验深
可塑性	较小	大	稳定	刻板性

2. 高级神经活动类型说

苏联生理学家巴甫洛夫（I. P. Pavlov，1849～1936）对人的高级神经活动特点进行了大量研究，提出了描述神经活动的三个维度：①神经细胞工作能力的兴奋和抑制过程的强度；②神经系统的平衡性，即兴奋与抑制过程一致性的程度；③神经过程的灵活性，即兴奋与抑制过程转换的快慢难易。巴甫洛夫指出，这三种维度上的不同表现可以组合成四种神经系统活动类型。这四种气质类型与体液说的四种类型有很好的对应关系。

第一种类型是强而平衡又兼灵活型，也称“活泼型”。其兴奋和抑制都强，且二者易转化，表现为典型的多血质特征。这一类型的人活泼好动，反应迅速，思维敏捷，灵活，易动感情，富有朝气，情绪发生快而多变，表情丰富，稍有不如意就会情绪低落，或大声痛哭，但稍得宽慰又会破涕为笑，兴高采烈，但情感体验不深。例如，《水浒传》里的浪子燕青聪明过人，灵活善变，舞刀弄枪、弹琴吹箫、交结朋友等无所不会；《红楼梦》中的王熙凤“未见其人先闻其声”，走到哪里总是欢声笑语一片，这二者都属于多血质的典型代表。

第二种类型是强而不平衡型，也称“不可遏制型”。其兴奋过程强于抑制过程，易兴奋，难抑制，表现为典型的胆汁质特征。这一类型的人对事物注重感情，精力旺盛，反应迅速，情感体验强烈，情绪发生快而强，抑制能力差，易冲动，但平息很快。日常活动带有强烈的情绪色彩，情绪高涨时，工作效率高，干劲大，情绪低落时，萎靡不振，无精打采，常因情急而中伤别人，但自己还不曾觉察。例如，《水浒传》里的黑旋风李逵、《三国演义》里的张飞，他们都脾气暴躁、为人侠肝义胆、思想简单、行为冒失，这二者都属于这种气质类型。

第三种类型是强而平衡又兼不灵活型，也称“安静型”。其兴奋和抑制都强，但二者不易转化，表现为典型的黏液质特征，这一类型的人安静，沉着，稳重，反应较慢，思维、语言及行动迟缓，不灵活，一般不爱活动，注意力比较稳定且不易转移。理解问题比别人慢，但能认真听讲，并希望多听几遍。平时沉默寡言，说话声调不高，慢条斯理。为人平和，很少发脾气，心胸开朗，善于克制自己。例如，《水浒传》里的林冲，他不被逼到走投无路，是不会轻易主动上梁山的，他就属于这种气质类型。

第四种类型是弱型，又称“抑制型”。其兴奋和抑制都弱，过强的刺激易引起神经疲劳，表现为典型的抑郁质特征，这一类型的人感受性高，观察仔细，对刺激敏感，动作缓慢，反应迟钝，具有刻板性，不灵活。多愁善感，体验深刻和持久，但极少外露。对新知识 、新观念接受较慢，但接受后很难忘记，对过去的事比别人记得清楚。他们喜欢安静独处，性情孤僻，但是在友爱的集体中，又可能是一个很容易相处的人；办事犹豫不决，优柔寡断，做事情总比别人花费时间多，细心谨慎，稳妥可靠；感情细腻；有惊人的观察力，对别人不注意细小的变化，都能了如指掌。例如，《红楼梦》中的林黛玉多愁善感、聪颖多疑、孤僻清高，是这种气质类型的典型代表。

二、中小学生气质差异与教育

（一）正确对待学生的气质特征，有针对性地进行教育

气质本身没有好坏之分，教师对学生的气质不应存在任何偏见。任何一种气质都有其优势和劣势，任何一种气质既可以是良好性格和突出才能的催化剂，同时也可能导致不良心理的产生，成为限制一个人发展的绊脚石。因此，在学校，教师应该根据学生气质类型的不同特点，找到适合于学生神经活动类型（气质）特点的教育途径与方法，帮助学生克服其气质类型的缺点，发展其优点，使学生在原有气质的基础上建立优良的个性特征。例如，严厉的批评能令多血质的学生感到震动，促使其改正自己的缺点；对抑郁质的学生要尽量采取温和、委婉的态度，对他们的要求不能过于严格或急于求成，以免适得其反；胆汁质的学生容易激动，如态度过于强硬就会惹怒他们，进而产生不必要的对立；对黏液质的学生则要注意，不能因为他们的安静而忽视对他们个性的教育与培养。

（二）根据学生的气质有的放矢地进行教学

因材施教是一条很重要的教学原则，其中的“材”不仅指学生的能力，而且包括学生的气质特点。帮助学生在学习过程中充分发挥各自气质的积极特征，克服消极特征的影响，帮助他们从不同途径以不同方式取得好成绩，是教师的职责所在。例如，胆汁质的学生应发挥其思维比较灵敏、学习热情高、意志坚强不服输的特点，来弥补粗心与简单化的学习方式的不足；黏液质的学生则应发挥其踏实、认真、刻苦、自制力强的特点，来弥补较迟缓、不大灵活的特点。教师只有在教学过程中充分调动学生气质中的积极因素，并对学生在学习上的方式、方法给予个别指导，才能真正做到因材施教、有的放矢。

（三）指导学生正确认识和调控自己的气质

作为教师，掌握气质的心理学知识不仅有利于教育教学，更重要的是可以指导学生正确认识自己。教师应使学生懂得气质的先天性和后天性，教导学生乐于接受自己的气质，同时还要善于认识和分析自身气质的长处与不足。教师在各种活动中要根据学生的气质特点合理地分配角色。例如，让多血质和胆汁质的学生多做些宣传、组织、演讲与联络的工作，

从而发挥这类学生善于交往、热情、思维较敏捷又行动迅速的长处，但同时也要在工作中提醒他们学会坚韧自制，不可蛮干与轻率；对黏液质的学生，应鼓励他们主动探索，积极参加各类活动，并给予他们一些具体的指导，同时注意培养他们与人交往、敢于承担责任与创新的精神；对抑郁质的学生则可安排他们做一些需要精益求精且要耐心的事情，并在工作中锻炼他们的胆量，提升与人合作的能力，培养其自尊与自信的品质。

总之，教师应帮助学生自觉地克服气质的消极表现并巩固其积极特性，教导他们真正做自己气质的主人。

第三节　中小学生性格与培养概述

一、性格

米开朗琪罗在雕塑大卫像之前，花了很多时间挑选大理石，因为他知道他可以改变石头的外形，但无法改变石头本身的质地和纹理。一个人性格的塑造也好比雕刻一样。

（一）性格的概念

性格是指个人对现实的稳定的态度，以及与之相适应的习惯化的行为方式的心理特征。性格是个性心理中具有核心意义的心理特征，是一个人在后天生活中形成的，受个人社会生活条件的影响和制约，也受动机、兴趣、理想、信念及道德观等个人倾向性的制约，是各种心理特征中能够反映人的社会性和精神面貌的重要方面。性格具有一定的稳定性，个体的为人处世的态度、行为方式具有跨情境的一致性，由此形成了其独特的性格。例如，一个人在各种场合总是表现出与人为善、严于律己、遇事坚毅果断的特点，这种对人、对己、对事的稳定态度和习惯化的行为方式所表现出来的心理特征，就是这个人的性格。应当注意，个体在特殊情景中的偶然性行为或表现，不能说是性格。例如，一个人处理事情通常很果断，偶尔地表现出优柔寡断，那么就不能看作是此人的性格特征，而果断则是其性格特征。

（二）性格的结构特征

性格是一个复杂而完整的系统，它包含着多个侧面，具有各种不同的性格特征。这些性格特征在不同的个体身上，组成了每一个个体独有的性格。对性格结构的分析一般可从如下几个方面入手。

1. 性格的态度特征

人对现实的态度是多种多样的，它由以下几方面构成。

（1）表现为对社会、对集体、对他人的态度特征。积极的态度特征表现为爱祖国、关心社会、热爱集体，具有社会责任感与义务感，乐于助人、待人诚恳、正直等；消极的特征表现为不关心社会与集体，没有社会公德，为人冷漠无情、自私、虚伪等。

（2）表现为对学习、劳动和工作的态度特征。积极的特征表现为认真细心、勤劳节俭、富于创造精神；消极的特征表现为马虎粗心、拈轻怕重、奢侈浪费、因循守旧等。

（3）表现为对自己的态度特征。积极特征表现为谦虚谨慎、自强自律、勇于自我批评；消极特征表现为放任自己、骄傲自大、自负或自卑、自以为是等。

2. 性格的意志特征

性格的意志特征是指一个人在自觉调节自己行为的方式和水平上表现出来的心理特征。性格的意志特征主要表现在：对行为目的明确程度的特征，如独立性或冲动性、目的性或盲目性、纪律性或散漫性；对行为自觉控制的意志特征，如自制或任性，善于约束自己或盲动；对自己做出决定并贯彻执行方面的特征，如有恒心与毅力、坚韧不拔或见异思迁、半途而废；在紧急或困难情况下表现出的意志特征，如勇敢或胆小、果断或优柔寡断、镇定或紧张等。

3. 性格的情绪特征

性格的情绪特征是指个体在情绪活动中经常表现出来的强度、稳定性、持久性以及主导心境方面的特征。情绪强度方面的特征，主要表现为人的情绪对工作和生活的影响程度和人的情绪受意志控制的程度，有人情绪反应强烈、明显、易受感染，有人反应微弱、隐晦、不易受感染；情绪稳定性方面的特征，主要表现为情绪的起伏和波动程度；情绪持久性方面的特征主要指情绪对人身心各方面影响的时间长短，如有的人情绪来得快，平复得也快；主导心境方面的特征是指不同的主导心境反映了主体经常性的情绪状态，如有的人终日精神饱满、乐观开朗，有的人却整日愁眉苦脸、烦闷悲观。

4. 性格的理智特征

人们在感知、记忆、思维等认识过程中表现出来的个别差异就是性格的理智特征。在感知方面，有的人观察精细，有的人观察疏略；有的人观察敏锐，有的人观察迟钝。在思维方面，有的人善于独立思考，有的人喜欢人云亦云；有的人善于分析、抽象，有的人善于综合、概括。在记忆方面，有的人记忆敏捷，过目成诵，有的人记忆较慢，需反复记忆方能记住；有的人记忆牢固且难以遗忘，有的人记忆不牢且遗忘迅速等。在想象方面，有的人想象丰富、奇特，富有创造性，有的人想象贫乏、狭窄，有的人想象主动，富有情感色彩，有的人想象被动、平淡、寻常；等等。

性格结构的以上四个方面相互联系、相互影响，构成一个统一体存在于每个人身上。要了解一个人，就应对其性格的各个方面作全面分析。

（三）性格的类型

性格的类型是指在一类人身上所共有的性格特征的独特结合。不同类型的人会给人不同的感受。按照一定原则和标准把性格加以分类，有助于了解一个人性格的主要特点并揭示性格的实质，也为依据个人的性格特点，恰当地安排工作和进行教育创造条件。历史上比较有代表性的性格分类理论有以下几种。

1. 机能类型说

英国心理学家贝恩（A. Bain，1818～1903）和法国心理学家李波特（T. Ribot，1839～1916）提出机能类型说，他们根据理智、情绪、意志三种心理机能在性格结构中所占优势的不同，将人的性格分为理智型、情绪型和意志型。理智型的人以理智来支配自己的行动；情绪型的人情绪体验深刻，举止易受情绪支配；意志型的人具有明确的行动目的和较强的自制能力，行动主动。除此三种类型外，性格还有中间的类型，如理智-意志型。

2. 向性说

瑞士心理学家荣格（C. G. Jung，1875～1961）根据一个人心理活动倾向于内部还是外部，将人的性格分为内倾型和外倾型。外倾型的人心理活动倾向于外部，经常对外部事物有兴趣和表示关心，表现为开朗、活泼、善交际、情感外露；内倾型的人心理活动倾向于内部，表现为沉静、富于想象、爱思考、处事谨慎、不善交际。在现实生活中，典型内、外倾的人较少，多数人属于中间型。

3. 独立说

美国心理学家威特金（H. Witkin，1916～1979）根据个体在认知风格上的独立性程度，将人的性格分为场独立型和场依存型。场独立型的人能够独立发现问题和解决问题，有坚定的个人信念，在紧急困难的情况下不慌张，易于发挥自己的力量；场依存型的人独立性差，易受暗示，容易接受别人的意见，在紧急情况下易张皇失措。

大五人格理论

（四）性格与气质的关系

性格和气质都是人的个性心理特征，它们既有区别又紧密联系。

气质是个体心理活动的动力特征，与性格相比较，气质受先天因素影响大，并且变化比较难、比较慢；性格主要是在后天形成的，具有社会性，变化比较容易。气质是行为的动力特征，与行为的内容无关，因此气质无好坏善恶之分；性格涉及行为的内容，表现个体与社会的关系，因此有好坏善恶之分。

性格和气质相互渗透、彼此制约。一方面气质影响性格，使性格“涂上”一种独特的色彩，比较明显的是在性格的情绪性和速度方面表现出来。例如，同样是助人为乐的性格特征，多血质的人在帮助人时动作敏捷、热情溢于言表，而黏液质的人则沉着冷静，情感蕴涵在心。气质还会影响性格的形成和发展，如黏液质和抑郁质的人比多血质和胆汁质的人更容易形成自制力强的性格特征。另一方面，性格可以在一定程度上掩盖或改造气质，使之符合社会实践的要求。例如，从事精细操作的外科医生应该具有冷静沉着的性格特征，在职业训练过程中可能掩盖或改造容易冲动和不可遏制的胆汁质的气质特征。

二、影响性格形成的因素

性格是怎样形成的？性格的成熟和完善受到哪些因素影响？这些都是心理学研究

的课题，也关乎如何有效培养学生良好性格的问题。对于个体性格形成的影响因素，一般认为有以下方面。

（一）遗传与生理的影响

遗传和生理因素是性格形成发展的自然前提，为性格形成与发展提供了可能和基础。一个人具有什么样的性格，既与人的遗传及生理基础有一定的关系，也与人所生活的社会环境有着重要的关系。巴甫洛夫认为，人一面有着先天的品质，另一面也有着为生活情况所养成的品质。可以理解为，人的性格是先天组织与人在自己的一生中，特别是在发育时期所处的环境这两方面的产物，即性格是先天的神经类型与后天形成的暂时神经联系之间的“合金”。

（二）环境的影响

人的性格形成与发展是在后天的家庭、学校的教育和培养，社会、工作环境的影响和自我锻炼中逐步实现的。在性格发展的过程中，家庭、学校、人文社会环境以及自然环境对于性格的完善都起着至关重要的影响作用。

1. 家庭环境和家庭教养方式对性格的影响

家庭是孩子接触社会的第一个窗口，是儿童的第一所学校，父母是儿童的第一任老师。作为家庭教育的执行者和参与者，父母的家庭理念、行为直接决定家庭教育的现状。父母不同的养育态度直接影响子女性格特征的形成，父母的表率作用潜移默化地影响着儿童的性格，孩子从父母的身体力行中接受教育，并效仿其行为规范，天长日久就形成自己对现实的态度和习惯性的行为方式。

有心理学家把父母的教育方式分为民主型、专制型、溺爱型和放任型四种，不同的教育方式产生不同的性格特点。父母对子女采取严厉专制的态度，孩子容易产生恐惧心理，缺乏自信，常以说谎自卫，严重者会丧失自尊，自暴自弃，形成执拗、冷淡、粗暴、依赖、自卑等不良性格特征；父母采取放任型的态度，孩子容易懒惰、自私、任性，形成冷酷、攻击、情绪不安、消极、与世无争和玩世不恭的性格特征；父母采取溺爱型的态度，子女容易形成任性、幼稚、以自我为中心、撒娇放弃、缺乏独立性、胆小怕事、对人没有礼貌等消极的性格特征；在父母民主的教育方法中成长起来的儿童，多表现为谦虚、有礼貌、待人诚恳、富有独立精神，孩子容易形成独立、直率、积极、协作、社会适应性强等积极的性格特征。

2. 学校教育对性格的影响

儿童接受学校教育的时期是性格形成的关键时期，学校教育对儿童性格形成与发展起着主导作用，主要体现在教师管教方式、师生关系及班风、校风等具体方面。

首先，教师对学生的态度影响着学生性格的形成。专制型的教师，容易造成学生性格和情绪紧张、冷淡或带有攻击性，教师在场时毕恭毕敬，不在场时秩序混乱，不能自制；民主型的教师，易养成学生情绪稳定积极、态度友好、有领导能力的良好性格；放任型的教师则容易使学生形成无团体目标、无组织、无纪律、放任自流的性格。

其次，学生所在班级和学校的班风、校风及个人在集体中的地位，影响着学生性格的发展。一个班级就是一个小的社会，良好的班风、校风，能促进学生热爱集体、助人为乐、积极进取等性格特点的形成；而在秩序混乱的集体中，则易形成无视纪律、出言不逊、粗暴、冷漠的性格特征。每个学生在班级中都有一定的地位，扮演一定的角色，这种角色和地位在很大程度上影响着他们的性格。人际关系好、地位较高的学生情绪高涨而稳定，充满幸福感，易于形成自信心强、乐于助人、坦率热情的性格。人际关系差、地位较低的学生情绪低落、不稳定，缺乏幸福感，容易导致性格孤僻。随着学生在班级里地位的变化，他们的性格也会发生变化。

3. 文化与社会风气对性格的影响

每个人都生活在一定的文化和社会风气中。不同的国家和地区有具体的文化特征，如不同的语言、不同的道德规范、不同的价值观念、不同的生活方式以及特定的制度、风俗习惯、生活方式等，这些都对个体的性格有着潜移默化的作用，在人的性格上打上不同的烙印。于是，不同时代、不同民族、不同社会生活条件的人，往往具有各自不同的典型的性格特征。比如，中国人含蓄、内倾的偏多，表现为沉静、三思而后行、善于节制；西方人直率、外倾的偏多，表现为好动、情绪波动强烈、容易冲动。这种情况与中国历来倡导的礼仪、节制、忍让、和谐，与西方主张竞争、冒险、强调个人愿望的满足有一定的关系。此外，社会风气的影响主要是借助于大众传媒这个渠道实现的，并可通过家长、教师等媒介对孩子的成长间接地产生作用。

4. 自然因素对性格的影响

不同的地理、气候等自然环境也影响着性格的形成和发展。南北方因为气候不同，高原、平原、海岸地带由于地势不同，对人的性格形成也有很大的影响。一般来说，北方人往往粗犷、豪迈、外向，南方人往往细腻、含蓄、内向，高山地带的人意志坚毅，海岸地带的人心胸开阔，平原地带的人多克制。自然因素对人的性格的影响带有普遍性。人们在现实生活、社会交往中也会感觉得到这种影响。但是，这是就一般情况而言的，并不是绝对的。比如，不论是高原、平原、海岸、北方、南方，都既有善于克制、含蓄内向的人，也有意志坚毅、粗犷豪爽的人。

生态系统理论

（三）主观能动性和人的实践活动的作用

人是具有主观能动性的社会个体。外在环境因素对性格形成起着重要影响，但内因决定外因，任何环境因素的影响，必须通过个体已有的心理发展水平、心理活动、自我意识才能发生作用。因此，性格的形成和发展既受先天遗传因素和生理因素的影响，也离不开后天教育环境的重要作用，而个体的主观能动性是内因，通过个体参与社会生活实践活动，把这些要素结合在一起，形成个体性格发展的合力，影响着个体性格发展和完善。

三、中小学生良好性格的培养

我们研究影响性格形成的因素，旨在寻找培养良好性格的方法，因为性格的完善与否对人一生影响极其重大，学生良好性格的形成不是天生的，需要后天不断塑造。中小学阶段是性格形成与发展的重要时期，因此探讨用各种途径与方法培养学生优良的性格是教师义不容辞的职责。

（一）加强人生观、世界观和价值观教育

人生观、世界观和价值观在整个个性结构中处于统率的地位。要培养学生健全的性格，学校就必须利用各种形式开展教育，使学生形成正确的人生观、世界观和价值观，树立正确的人生目标。只有这样，学生才能正确处理好与他人及集体的关系，正确评价自身的行为，形成积极的生活态度和行为方式，使性格得到健康发展。

（二）充分发挥教学的作用

在学校里，学习是主导活动，一些学生的消极情绪和不良性格的养成往往和学习成绩有关，尤其是中学生，有学习焦虑和自卑心理的不在少数。所以，教师在教学过程中要精心设计教学环节，改进教学方法和态度，对学习优异的学生不过分表扬，要帮助他们找到不足，避免他们产生骄傲自满的心态；对于学习较差的学生要多找他们的闪光点，对于他们的点滴进步要及时发现。这样才能使各类学生都在原来的基础上有获得成功的机会，对学习充满信心和希望，培养其胜不骄、败不馁、持续进取的性格品质。

（三）注意教师自身言传身教的作用

中小学生具有很强的模仿性，他们容易受到来自学校、家庭、社会各方面人物的思想意识和人格行为的影响，以他们的人格行为作为自己的仿效模式，然后以其特定的方式在自己身上再现出来。有关研究表明，学生模仿最多的是自己的家长、老师和同学。学生入学后，教师的影响明显提高，甚至超过父母的影响，许多学生把教师作为自己理想人格的化身。“其身正，不令则行；其身不正，虽令不从”。教师的言行对学生性格的影响是通过潜移默化的形式实现的，有时成为学生性格发展中能够直接模仿的榜样。“善歌者，使人继其声；善教者，使人继其志”。善于教学的老师能以自己丰富的知识，坚定的信念，高尚的情操和感人的热情使学生敬仰、崇拜，并不自觉地效仿，教育效果会事半功倍。在教育工作中，教师的人格力量是任何东西不能代替的，具有很强的内化力和长效性，一旦形成就不易改变。因此，在工作中，教师要特别注意自身的示范作用，努力做到以身示教。

（四）提供实际锻炼的机会，及时强化学生的积极行为

学生的性格是在活动中逐步养成的，是通过具体的实践活动不断发展与完善的，在学校中的各种学习、体育、科技、劳动以及社会性服务活动中，可以提高学生的思想觉悟，提升认识周围事物的能力和水平；可以使他们养成热爱劳动人民的思想情感和热爱劳动的习惯；可以锻炼他们不怕困难、坚强、勇敢、耐挫折的性格特征；也可以使学生逐渐形成遵守纪律的意识和习惯。教育者在为学生提供实际锻炼机会的同时，要给学生

提出明确的锻炼要求和目的，对不同的学生提出的锻炼要求也要有所区别，对学生在具体实践活动中是否达到锻炼要求与目的的情况要有监督、检查。在各项活动中，教师要积极关注每一个学生的行为表现，对良好的行为要及时表扬、鼓励，使实践活动真正起到培养学生良好性格的作用。

（五）利用集体的力量进行感染和熏陶

学校教育因素中对学生性格形成与发展影响最大的可以说是班集体，一个好的班集体是锤炼并完善一个人的大熔炉。马卡连柯曾提出过，只有当一个人长时间地参加了有合理组织的、有纪律的、坚韧不拔的和有自豪感的那种集体生活的时候，性格才能培养起来。从某种意义上讲，班集体就是一个微型的社会，几十个人组合在一起，有不同的思想、不同的志趣、不同的个性特点，每个学生都带有不同家庭教育的烙印，学生之间的思想观念相互影响，由这个集体形成的舆论和氛围也会影响到每一个人。

因此，首先，教师应有目的、有计划地组织各种集体活动，利用各种手段对学生进行教育，借助多数学生的优良性格，形成班级的健康舆论，以此促进学生良好性格特征的形成；其次，教师还要注意培养班级干部良好的性格品质，利用其优良性格品质去影响其他学生，使集体风气向更高水平发展；最后，教师要经常以小组评议会形式，引导学生开展批评与自我批评，使每个学生不断发现自己性格的优势与不足，取别人之长补己之短，明确如何完善和改进自我。

（六）依据性格倾向因材施教，及时进行个别指导

学生性格的发展受他们已有个性特点的影响，同一种教育措施会因学生的个性差异而有不同的效果。因此，性格教育必须针对学生不同的个性特点因材施教。例如，对个性上已形成较明显的不良特征的学生，要帮助他们明辨是非，启发他们的上进心，培养他们的自制力和克服困难的品质；对性格上较优秀的学生，除给予积极的肯定外，也要注意防止他们养成骄傲自大、不虚心等性格特征。教师要善于发现学生性格中的优点并给予及时的肯定与公开的表扬，以确立他们的自信心，对其性格中的缺点应多以婉转的方式规劝，不要过多地批评、指责。

（七）鼓励并指导学生进行自我教育

自我教育是形成和培养学生积极性格的重要条件，要提高学生的自我教育能力，就要鼓励并指导学生提高自我认识、自我激励和自我控制的能力，使他们对本身的人格修养变成一种自觉自愿的、持续的、自然而然的行动。首先，教师应启发学生认识自己性格中的优缺点，客观地了解自己，使之树立起努力的目标；其次，要为学生提供性格自我修养的素材，如科学家的传记、英雄任务的事迹、名人的格言等，使之确立远大崇高的志向；最后，要帮助学生制订性格自我锻炼的计划和方法，使之在行动中增强克服困难的勇气，促使他们自觉地发展控制和支配自己行为的能力。

第四节　中小学生自我意识教育概述

一、自我意识

（一）自我意识的概念

自我意识是人对自己身心状态及对自己同客观世界的关系的意识。自我意识是隐藏在个体内心深处的心理结构，是人的意识发展的高级阶段。自我意识是人格结构中的自我认识、评价、协调监督和调控系统。自我意识的发展水平是人格发展水平的重要标志（彭运石，1990）。

自我意识从内容上看，可以包括生理自我、心理自我和社会自我。生理自我就是个体对自己身体、生理状态的认识、体验和评价。例如，对自己身高、体重、容貌的认识以及温饱感、舒适感等。心理自我就是个体对自己的认知、情绪、兴趣等心理活动及个性特征等心理品质的认识、体验和愿望。例如，对自己的能力、性格、气质、意志等的认识和体验。社会自我就是个体对自身与外界客观事物和人的关系的认识、体验和愿望。它包括个体对周围客观环境对人的影响、作用的认识和体验，也包括对自身在客观世界中的地位、责任、力量的认识和体验。

自我意识在个体发展中有十分重要的作用。首先，自我意识是认识外界客观事物的条件。一个人如果还不知道自己，也无法把自己与周围相区别时，他就不可能认识外界客观事物。其次，自我意识是人的自觉性、自控力的前提。人只有意识到自己是谁、应该做什么的时候，才会自觉地去行动。最后，自我意识是改造自身主观因素的途径，它使人能不断地自我监督、自我修养、自我完善。

（二）自我意识的结构

自我意识的结构是从知、情、意三方面分析的，包括自我认识、自我体验、自我监控。

1. 自我认识

自我认识是自我意识的认知成分，是自我意识的首要成分，构成了自我调节控制的心理基础。自我认识包括自我观察、自我分析和自我评价。人是观察的主体，同时又是被观察的客体，将自己的心理活动作为被观察的对象，觉察自己身心状态就是自我观察。自我分析是在自我观察的基础上对自身状况的反思。自我评价是对自己做出的评估与判断，它最能代表一个人自我认识的水平，是自我认识中的核心成分。自我认识主要解决“我是一个什么样的人”的问题，比如有人观察自己的体形，认为是清瘦型；分析自己的品性，认为自己是个诚实的人；用批评的眼光审视自己时，觉得自己脾气急躁、容易冲动。

2. 自我体验

自我体验是主体对自身的认识而引发的情感体验，也是主观自我对客观自我所持有的一种态度。自我体验的内容十分丰富，包括自尊心与自信心、成功感与失败感、自豪感与羞耻感等。自尊心是指个体在社会比较过程中所获得的有关自我价值的积极的评价与体验，是一种内驱力，激励着个体尽可能地维护自己的荣誉和社会地位。自信心是对自己的能力是否适合所承担的任务而产生的自我体验，表现为对自己的知识、能力、行为、判断等有信心、不怀疑。成功感是在实现目标过程中取得成就时产生的自我体验；失败感是在实现目标过程中遭遇挫折时产生的自我体验。成功感与失败感的产生，不但取决于客体的我是否取得成就，还取决于主体的我对客体的我的要求，即期望水平。自我体验往往与自我认知、自我评价有关，也和自己对社会的规范、价值标准的认识有关，良好的自我体验有助于自我监控的发展。

3. 自我监控

自我监控是自我意识的意志成分，主要表现为个人对自己的行为、活动和态度的监测和调控，它包括自我检查、自我监督、自我控制等。其作用表现在发动或制止行为；心理活动的转移；心理过程的加速或减速；积极性的加强或减弱；动机的协调；根据所拟定的计划监督检查行动；动作的协调一致等。自我监控是自我意识中直接作用于个体行为的环节，它是一个人自我教育、自我发展的重要机制，其实现是自我意识的能动性的体现。

二、自我意识的发展

自我意识的发展过程是个体不断社会化的过程，也是个性特征形成的过程。自我意识的成熟标志着个性的基本形成。一般来说，自我意识的发展经过三个时期，每一时期个体的自我意识有其不同的特点。

（一）自我中心期

这是自我意识的最原始形态，称生理自我，从出生 8 个月开始至 3 岁左右成熟。这一时期，从能把自己的动作和动作的对象区分开来，到能把自己这个主体和自己的动作对象区分开来，再到意识到自己心理活动的过程和内容，开始把自己当作一个主体的人来认识。这一阶段自我意识的特点具体表现如下。

（1）新生儿不具有自我意识。婴儿最初能先辨认客体的属性，而后才逐渐认识自己。1 岁前的儿童全然意识不到自己的存在，更不能分辨主客体的区别。

（2）在 1 岁左右，儿童开始把自己的动作同动作对象区分开来，初步意识到自己是动作的主体，但这种意识只是同个别活动相联系，还没有把自我作为一个整体与外界事物区分开来，只是一种自我感觉，不是明确的自我意识。1 岁以后开始认识自己的身体以及身体的各个部位，能够把自己作为客体来认识，学会使用自己的名字，能够用自己的名字来称呼自己。此时，儿童的自我意识已经发展到表象阶段。儿童会使用名字称呼自己，是自我意识发展的巨大飞跃。

（3）在 2 岁以后，儿童逐渐学会使用代词“我”。一般先掌握物主代词“我的”，然后使用第一人称代词“我”来代替自己的名字，这标志着儿童自我意识的产生。

（二）客观化时期

从3岁到青春期，这是获得社会自我的时期。这一阶段个体受社会文化影响最深，增强了社会意识，能客观地评价自己、认识自己，学会摆正自己同社会、同别人的关系。社会角色意识的建立，标志社会自我观念趋于形成。

学前期以后儿童的自我意识进一步发展，主要表现为自我评价、自我体验、自我控制能力的形成和发展，而以自我评价为主要标志。自我评价发生于学前初期，在3～4岁。随着自我评价能力的产生，自我体验产生于4岁左右，自我控制能力产生于4～5岁。

从学前后期到小学初期，学生的自我意识主要是对自己个别的或某些方面的外部行为表现的反映，是获得社会自我的时期。在此期间，小学生的自我意识随年龄的增长从低水平向高水平不断发展，但呈现的趋势不是直线的、匀速的。研究表明，小学一年级到小学三年级处于自我意识的上升时期，小学一年级到小学二年级上升幅度最大，是上升中的主要发展期；小学三年级到小学五年级处于自我意识的平稳发展阶段；小学五年级到小学六年级又处于第二个上升期。伴随抽象逻辑思维的逐渐发展及辩证思维的萌芽，儿童的自我意识更加深刻。

初中开始，学生的自我意识逐渐从外部行为转向自觉地对别人和自己的内在品质、内心世界做出反应，自我意识的发展出现了第二次飞跃并趋于成熟。随着身体的发育、性机能的成熟和知识经验的增长，中学生日益能够自觉地认识和评价自己的个性品质、内心体验或内部世界，从而能够独立地支配和调节自己的活动和行为。

（三）主观化时期

从青春期到成人的发展过程是个体不断社会化的过程，也是个性特征形成的过程，生理和心理上急剧发展变化，促进了自我意识的成熟，个体能够比较全面地认识自己，开始进入心理自我的时期。在这个时候，学生在意别人对自己的评价，希望引起别人的注意，个人逐渐脱离对成人的依赖，并从成人的保护、管制下独立出来，表现出自我意识的主动性与独立性，强调自我的价值与理想。青春期的学生正是在他人的评价与自我认识的对立统一中逐步建立起自我的同一性。这是自我意识发展的最后阶段，自我意识的成熟标志着个性的形成。

三、中小学生自我意识的培养

自我意识是中小学生自我教育的基础，良好自我意识的形成直接关系到中小学生健康个性的形成，教育工作者应遵循自我意识发展的规律，培养中小学生健康的自我意识。

（一）引导学生正确认识自我、评价自我

客观、正确地认识自我是发展自我意识的前提，但学生在中小学阶段对自己的认识评价在很大程度上要依靠别人，特别是依靠教师对自己的评价来认识自己。这就要求教师在评价学生时，必须做到准确、全面、客观，并且可以让学生结组互相说优点、提缺

点，再引导他们对别人的评价进行分析，从而使学生学会在别人的评价和议论中认识自己，并学会分析别人对自己的评价。

教师让学生学会自我评价，可以从以下几方面入手：首先，要学生明白“人无完人，金无足赤”的道理，要引导学生学会正确地对待自己，客观地评价自己，既要看到自己的长处，也要看到自己的短处，要扬长避短、完善自我。其次，要引导学生从偏重于评价别人发展到学会评价自己。中小学生往往自我评价落后于对别人的评价，如有些学生只会看到别人的缺点，却看不到自己的不足，教师要引导学生加强自我批评教育，懂得检点别人，更懂得批评自己，正确对待自己的缺点错误，自觉地进行自我评价，逐步形成自我检查、自我控制的能力。最后，要引导学生从横向（与别人）和纵向（与自己前后）比较来全面评价自己。学会从横向的比较中找到自己的不足，从纵向的比较中看到自己的进步。

（二）引导学生学会悦纳自我，培养自尊与自信

由于中小学生自我评价能力不高，自尊尚在发展中，还不稳固，因此培养、激发、保护他们的自尊是教育工作者的一项重要的职责。研究表明，影响学生自尊的因素是多方面的，就客观因素而言，教师的教学风格、教师的提问方式、教师对学生的期望与态度、师生间的言语和非言语沟通方式及日常的接触、教师采取的教育方式等都对学生自尊发展具有重要的影响。因此，教师要在自己的教育与教学过程中，特别注意发扬学生各自的优点，通过正面的、积极的引导，激发他们的自尊；通过创设不同的情境，使每个学生都能看到自己的能力与长处，以增强自尊；通过开展各种活动，特别是“自我竞赛”活动，将今天的“我”与昨天的“我”进行比较，对他们微小的进步及时表扬，来培养学生的自尊和自信。

（三）帮助学生正确面对成功和失败

成功感是在实现目标过程中取得成就时产生的自我体验，而失败感则是在实现目标遭遇挫折时的自我体验。学生在学习过程中，这两种体验会伴随活动交织出现。由于年龄的关系，中小学生的自我意识中尚未形成健全的自我控制概念，所以在面对成功或是失败时，他们往往表现得失衡，对于成功，他们会沾沾自喜，骄傲自大；对于失败，他们会灰心丧气，自暴自弃。教师要在平时的教学过程中注重对学生的引导，在适当的时候给予合适的批评和夸奖，引导学生正视成功和失败。

（四）引导学生逐步学会自我控制和调节

自我意识的能动性主要体现在自我调控上，离开了自我调控，自我意识就失去了执行能力，最终导致自我意识的削弱。怎样帮助学生提高自我控制和调节能力呢？一是让他们真正认识到这些行为的危害，对自己造成的不利后果。二是经常强化学生对自己行为进行调控的愿望和自觉性，使学生充分认识到自我调控对个体心理和行为发展的必要性和重要性。三是使学生坚信自我调控是可以学会并能养成习惯的，从而使之产生自我调控的迫切意愿。四是多创设能让学生实现自我调控的机会，教会他们进行自我调控的

方法，如自我激励、自我暗示、反躬自省等，以保证自我调控的经常性。五是组织他们参加一些有意义的活动，如长跑、远足等，在活动中磨炼意志和毅力，体会艰辛付出后收获的喜悦。

（五）通过角色互换训练，增强学生社会认知能力

个体是社会中的人，学生不仅应学会对自我生理和心理的认知、体验和调控，也应把自己放在社会环境中，认知自己与社会的关系。作为一种有效训练社会认知技能的方法，社会角色互换可以使个体在自我认知或社会交往中摆脱自我中心的限制，在自我与交往对象之间转换观察问题的角度，将自己与他人的观点进行比较，体验他人的观点，最后得出较为客观的观点或结论。角色互换训练促进个体自我认知、自我评价达到一定的客观程度，有利于学生的社会交往顺利进行。

★ 本章概要 ★

1. 人格是个体在物质活动和交往活动中形成的具有社会意义的稳定的心理特征系统。人格作为个体完整的心理面貌和系统，由个性倾向性和个性心理特征两个子系统组成，分别反映了个性的动力倾向性和特征稳定性。

2. 气质属于个性心理特征子系统，是人的个性心理特征之一，是表现在人们心理活动和行为方面的典型的、稳定的动力特征。我们一般把气质分为胆汁质、多血质、黏液质和抑郁质四种类型，每种类型表现在认识、情感、言语、行动中，心理活动发生时力量的强弱、变化的快慢和均衡程度均有其不同特点。气质无好坏之分，但教师应针对不同的气质类型，有的放矢地给予引导和教育，发挥每个个体气质的优势，弥补其不足。

3. 性格是个性心理中具有核心意义的心理特征。性格是指个人对现实的稳定的态度，以及与之相适应的习惯化的行为方式的心理特征。性格是一个人在后天生活中形成的，是人各种心理特征中能反映人的社会性和精神面貌的重要方面，是个性心理特征中的核心成分。对性格结构的分析一般着眼于性格的态度特征、意志特征、情绪特征和理智特征四个方面。性格的形成会受到遗传与生理、环境、个体的主观能动性及实践活动的共同影响。性格的形成不是天生的，需要后天不断塑造。中小学阶段是性格形成与发展的重要时期，因此探讨用各种途径与方法培养学生优良的性格是教师义不容辞的职责。

4. 自我意识是人对自己身心状态及自己同客观世界关系的意识。自我意识是隐藏在个体内心深处的心理结构，是人的意识发展的高级阶段，是人格结构中的自我认识、评价、协调监督和调控系统。自我意识是由自我认识、自我体验和自我监控构成的。自我意识的发展过程是个体不断社会化的过程，也是个性特征形成的过程，经历了自我中心期、客观化时期、主观化

时期三个阶段。中小学阶段正是从儿童幼稚期向成熟期过渡的阶段，教育工作者应抓住时机，遵循自我意识发展的规律，培养中小学生健康完善的自我意识。

思考题

1. 名词解释：人格（个性）、气质、性格、自我意识。
2. 气质类型有哪几种，它们各有什么特点？
3. 如何针对不同气质类型的学生进行不同教育？
4. 如何培养中小学生良好的性格？
5. 性格可以分为哪些类型？
6. 自我意识的结构包括哪些成分？
7. 中小学生的自我意识发展各有什么特点？

参考文献

高玉祥. 1989. 个性心理学. 北京：北京师范大学出版社.

胡德辉. 2000. 中学生心理健康与辅导. 北京：科学普及出版社.

黄希庭. 1997. 心理学. 上海：上海教育出版社.

黄希庭. 2007. 心理学导论. 2 版. 北京：人民教育出版社.

理查德·格里格，菲利普·津巴多. 2003. 心理学与生活. 16 版. 王垒，王甦，译. 北京：人民邮电出版社.

刘电芝. 2006. 儿童发展与教育心理学. 北京：人民教育出版社.

鲁忠义，牧新义. 2006. 中小学生心理与教育. 石家庄：河北人民出版社.

孟昭兰. 1994. 普通心理学. 北京：北京大学出版社.

彭聃龄. 2004. 普通心理学. 3 版. 北京：北京师范大学出版社.

彭运石. 1990. 自我意识在人格系统中的地位与作用. 湖南师范大学社会科学学报, 19(6)：115-118.

皮连生. 2006. 学与教的心理学. 4 版. 上海：华东师范大学出版社.

王雁. 2002. 普通心理学. 北京：人民教育出版社.

张厚粲. 2002. 心理学. 天津：南开大学出版社.

张玲. 2001. 心理健康研究与指导. 北京：教育科学出版社.

Coon D, Mitterer J O. 2008. 心理学导论——思想与行为的认识之路. 11 版. 郑刚，等译. 北京：中国轻工业出版社.

Erikson E H. 1950. Childhood and Society. New York: W. W. Norton.

Erikson E H. 1968. Identity: Youth and Crisis. New York: W. W. Norton.

Erikson E H, Erikson J M. 1982. The Life Cycle Complede. New York: W. W. Norton.

Jung C G, Long C E. 1917. Collected Papers on Analytical Psychology. Oxford: Bailliere, Tindall & Cox.

Jung C G. 1915. The theory of psychoanalysis. Psychology Review, (2): 29-51, 133.

Shaffer D R . 2005. 发展心理. 6 版. 邹泓，等译. 北京：中国轻工业出版社.

Spranger E. 1928. Types of Men: the Psychology and Ethics of Personality. Oxford: Niemeyer.

Witkin H A, Lewis H B, Hertzman M. 1954. Personality Through Perception: an Experimental and Clinical Study. Oxford: Harper.

第六章　中小学生品德的形成与发展

1997 年，经人介绍，26 岁的北京青年廖丹结识了比他小两岁、在工厂当焊工的河北人杜金领。1998 年两人成婚，两年后儿子出生。之后，夫妻俩的单位先后倒闭，只能到处打零工，去街道办了低保。

2007 年前后，在一家美容院上班的杜金领查出患了尿毒症。2007 年 6 月 30 日，杜金领在北京医院开始住院治疗，透析是当时唯一的治疗方法，每周要透析 2～3 次，每次 420 元，每月医药费就超过 5000 元，让这个并没多少积蓄的家庭很快陷入更艰难的困境。20 多天后，廖丹花光全部积蓄，只能带着妻子出院。医生嘱咐每周必须到医院做两次透析，“不然就没救了”。

花光所有积蓄、山穷水尽之时，2007 年 11 月份，廖丹通过路边刻假章的“小广告”，找人刻了北京医院的收费章，自己在收费单上盖上“章”，然后将收费单交到透析科。“第一次，我真怕，担心被发现。没想到护士瞅了一下就收起来了”。蒙过去的廖丹，随后一次次“悬着心”去伪造收费单。

2011 年 9 月，北京医院升级收费系统，透析科室负责人发现，杜金领一直在接受透析治疗，但收费系统里却缺少 51 次缴费记录，而患者交来的 49 张收费单均系伪造，涉及费用 17 万余元。医院报了警。

2012 年 2 月 21 日，廖丹再次陪着妻子去北京医院透析时，看到走过来的警察，他知道“这一天还是来了”。廖丹被刑拘后，没有人可以带杜金领去透析，以致她几次病危，多亏邻居帮忙叫了救护车才死里逃生。3 月 8 日，廖丹取保候审。同年 12 月 7 日，北京市东城法院对此案进行了宣判，以诈骗罪判处廖丹有期徒刑 3 年，缓刑 4 年，并处罚金 3000 元。

廖丹“刻章救妻”的故事经媒体报道后，无数好心人的善款累计达 50 万元，这 50 万元由相关基金会管理用于杜金领的后续治疗。

2016 年 5 月 16 日，杜金领由于尿毒症引起器官功能衰竭去世。

这是一个真实的故事。你怎样看廖丹“刻章救妻”的故事？学习了本章内容后，你或许能得到一些启发。

第一节　品德概述

一、品德和道德

（一）道德

道德（moral）是一种社会现象，属于社会的上层建筑。人不能离开群体而孤立地生活。一个人生活在社会中，其行动必须顾及别人或自己所属群体的利益，否则就会引起纠纷或冲突。早在原始社会中，人们为了维护部落成员的共同利益，协调彼此的关系，就产生了一些约定俗成的、调节个人行为的准则。道德规范（moral norm）是一种分辨善恶的尺度，它随着社会的发展而发展，随着社会经济基础的改变而改变。自从社会出现了对立的阶级，道德就成了各阶级内部协调关系和维护本阶级利益的手段。

（二）品德

品德（morality），即道德品质，是社会道德在个人身上的体现，是个体依据一定的社会道德行为规范行动时表现出来的比较稳定的心理特征和倾向。例如，某个学生在学习和生活中若是根据学生守则的要求，一贯诚实坦白、明辨是非、遵守纪律、热爱集体，我们便说这个学生有良好的道德品质，这些特征是符合道德规范（学生守则）要求的。

品德与道德是既有联系又有区别的两个不同的概念。

品德与道德有着极其密切的内在联系，二者相互依存、相互促进。品德是社会道德在个体身上的具体表现，是外在的社会道德内化的结果。品德的内容来自社会道德，离开社会道德就谈不上个人品德。同样，社会道德只有通过个体的品德才能真正发挥作用。此外，个人品德也可以转化为社会道德的有机组成部分，从而丰富和发展社会道德。

品德与道德又是两个不同的概念，它们的区别主要表现如下。

第一，道德是一种社会现象，是人们共同生活及行动的准则和规范，用以调节人们的相互关系与行为。道德的作用在于和平地解决和协调人际间的冲突，发展人际间良好的关系。而品德是一种个体的心理现象，是个体遵照一定的道德行为准则行动时所表现出的稳定的特点或倾向。

第二，道德是社会关系的反映，它的发生、发展服从社会发展的规律，而不以个体的存亡或个别人品德的好坏转移。品德属于个性的重要组成部分，它是个性中具有道德价值的核心部分，是稳定的倾向和特征。它的发生、发展既服从于整个社会的发展规律，又服从于个体心理的发展规律。

第三，道德与品德的内容不尽相同。道德是一定社会伦理行为规范的完整体系，而品德是道德在个体上的反映和表现，是道德内化的结果。

第四，道德是伦理学、社会学的研究对象，而品德是心理学、教育学的研究对象。

二、品德的结构

心理学家为了揭示品德的实质，寻找品德教育的有效途径和方法，一直想弄清品德的心理结构。目前这方面的研究已经很多，这里只对我国最流行的品德构成的“四因素论”做出分析。品德包含道德认识、道德情感、道德意志、道德行为四个心理成分，这些成分构成了完整的品德结构，简称为品德的知、情、意、行结构。

（一）道德认识

道德认识，亦称道德观念，是指对道德行为准则及其执行意义的认识。道德认识主要包括这样几个由浅及深的层次：一是对与道德有关的概念、命题的认识和理解。比如，知道“社会主义核心价值观”的含义；理解“贫而无谄，富而无骄”的含义。二是形成道德价值观。道德价值观是人们的道德价值追求目标，以及采取什么方法追求道德价值目标实现的观念系统，是人们处理自己与社会、家庭、职业等的关系时的价值准则。三是形成道德信念，道德信念是指坚信行为规范的正确性并伴有情绪色彩与动力性的观念，它对人的行为起调节和控制作用。上述三者中道德价值观是道德认识的重要成分。培养品德时，必须使学生形成一定的道德价值观，在此基础上，个体才能学会用它来调节控制自己的行为，即形成道德信念。

在人与道德相关的行为中，个人的道德认识往往极为重要。如果一个人做好事时没有“意向”或“理由”这些和道德认识有关的成分，而是无意中做了好事，那么他的行为就称不上是道德的。

（二）道德情感

道德情感是人的道德需要是否得到满足而引起的一种内在体验。它伴随道德认识（道德观念）存在并渗透到道德行为中。换言之，在道德认识和道德行为中往往都有道德情感相伴随。当与道德观念相伴随的道德情感成为推动个人产生道德行为的内部动力时，就成了道德动机。

（三）道德意志

道德意志是指一个人排除内外障碍，自觉地战胜利己的道德动机，以实现一定道德目的的心理过程。它的本质作用就是通过理智的权衡去解决道德情境中道德动机上的冲突。它是支配行为的内在力量。道德意志与道德行为的关系有两种基本情形：在简单的不需要意志努力的道德行为中，一般不需要道德意志；但在复杂的、内心动机斗争激烈的、需要做出意志努力的道德行为中，道德意志不可或缺。在后一种情况下，道德意志促进道德行为，同时反过来在道德行为中才能真正体现出道德意志。

（四）道德行为

道德行为是由某种道德动机驱使而做出的符合一定道德规范要求的行动。它是道德认识、道德情感、道德动机以及道德意志的外在表现。

道德行为是衡量品德的重要标志。看一个学生的品德，主要不是看他认识到了什么，而是看他是否出现了应该具有的行为。道德行为是教育者十分关注的品德成分，因为社会教育、学校教育和家庭教育都希望培养出在品德上“知”与“行”统一的个体。这一点对教学设计非常重要。许多所谓品德教学，其实主要是品德的认知成分或情感成分的教学，而不太重视真正的外显行为训练。因此，德育的教学设计应特别重视道德行为形成这一环节。此外，在新课标三元目标中，“情感态度与价值观”这一目标表述也可能容易使德育忽视行为训练。因为虽然解读这一目标时也强调把“知”“情”“行”有机结合起来，但按其表述，我们看到的只是“知”和“情”方面，而没有看到“行”。所以这种新的德育目标的表述，虽然力图体现新意和与国外接轨，但似乎不很科学和实用。从这个意义上说，德育目标仍沿用“品德教育”的提法也许更好，因为品德是包括道德行为的。

在现实生活中，人的品德不是道德认识、道德情感、道德意志、道德行为的单一存在或简单堆积，这四个成分之间是相互联系、相互制约的，在培养学生的优良品德时，不能忽视任何一个成分。另外，有人提出了品德教育“多端性”的观点，即德育不一定必须从道德认识开始，也可以从其他任何一个构成成分入手，这是因为学生个体以及道德情境往往很复杂，所以将不同构成成分作为德育的开端是科学的、正确的。

善良是什么

第二节　品德发展理论

品德发展的特点是什么呢？许多研究集中在儿童道德判断的发展上，并由此推论品德发展的特点，这些理论统称为道德认知发展理论。这种理论最早由皮亚杰（Piaget，1932）提出，其后由科尔伯格等进一步发展深化。作为道德认知发展理论中的一部分——道德发展阶段理论，也以皮亚杰和科尔伯格的研究最具代表性，他们自 20 世纪 60 年代以来的卓越研究，已使众多研究者接受了道德发展阶段理论（也称“品德发展阶段说”）。

一、皮亚杰的道德发展阶段理论

皮亚杰，瑞士心理学家，发生认识论创始人。皮亚杰认为儿童品德的发展要以认知发展为基础。他认为儿童的或者说是一个人的道德成熟主要表现在两个方面：尊重准则和具有社会公正感。

（一）研究方法

在《儿童的道德判断》一书中，皮亚杰根据理论和大量临床研究的事实，分析了儿童对游戏规则（如玩弹子游戏的规则）的理解及遵守过程，并采用“对偶故事法”这一研究方法，对“儿童的道德判断”进行了深入研究，并提出了道德发展阶段理论，把儿童的品德发展划分为四个阶段。

对偶故事法是皮亚杰研究道德判断时采用的一种方法。利用讲述故事向被试提出有关道德方面的难题，然后向儿童提问。利用这种难题测定儿童是依据对物品的损坏结果还是依据主人公的行为动机做出道德判断。由于皮亚杰每次都是以成对的故事测试儿童，此方法被称为对偶故事法。下面就是其中的一个对偶故事。

（1）一个叫约翰的小男孩在他的房间时，家人叫他去吃饭，他走进餐厅。在门背后有一把椅子，椅子上有一个放着 15 个杯子的托盘。约翰并不知道门背后有这些东西，他推门进去，门撞到了托盘，结果 15 个杯子都撞碎了。

（2）从前有一个叫亨利的小男孩。一天，他母亲外出了，他想从碗橱里拿出一些果酱。他爬到一把椅子上，并伸手去拿。由于放果酱的地方太高，他的手臂够不着。在试图取果酱时，他碰到了一个杯子，结果杯子倒下来打碎了。

皮亚杰对每个对偶故事都提出两个问题：“哪个孩子更不好？为什么”“该怎样惩罚这个淘气的孩子”。

（二）阶段理论

1. 自我中心阶段（2～5 岁）

此阶段的特点是儿童开始能够接受外界的准则，但还不能充分理解准则的程序和意义，活动中常常以“我”为中心。例如，儿童在打弹子游戏中总是自己玩自己的，按照自己想象的玩法（规则）去玩，他人制定的规则对他来说，还不具有约束力。形成这一特点的原因是儿童的自我意识水平还很低，还不能把自己和外在环境区别开来，而是把外在环境看作是他自身的延伸。

2. 权威阶段（5～8 岁）

这一阶段也称作“他律期”。此阶段的儿童绝对地尊敬和顺从外在权威和准则（规则），认为这是一种义务。服从权威和准则的人就是好的；谁违反它就要受到惩罚。此时他们把人们规定的准则看作是固定的、不可变更的，即道德绝对主义，他们认为，任何道德问题，都有“对”和“错”，对的总是意味着遵守规则的。

他律道德阶段的儿童往往根据客观后果，而不是根据行为者的意图判断行为的好坏。例如，妈妈不在家，一个小孩为了帮助妈妈做事，打碎了一盘玻璃杯；另一个为了偷柜上的糖果吃，打碎了一个玻璃杯。让这时期的儿童作判断，往往认为前者错误更大，因为前者打碎了很多的玻璃杯，而不考虑两个小孩的动机。

他律道德阶段的儿童赞成抵罪式的惩罚——为了惩罚而惩罚，而不考虑它与禁戒行为的性质之间的关系。因此，6 岁的儿童可能更赞成用打屁股的方式来惩罚一个打碎玻璃的男孩，而不是让这个孩子用他的零用钱进行赔偿。

他律道德阶段的儿童还相信内在的公正性——违犯社会规则不可避免地要以这种那种方式受到惩罚。例如，一个 6 岁的男孩在偷吃甜饼时不慎摔倒，磕破了膝盖，他就可能认为，磕伤是对他越轨行为的惩罚。这很像宗教中说的，你做了错事，上帝会惩罚你的。

3. 可逆性阶段（8～10 岁）

到 8 岁或 9 岁后，大多数儿童就达到了皮亚杰的第三阶段——道德相对主义，或自律道德。

该阶段的儿童已认识到准则是同伴间共同约定的，不是一成不变的。可逆的本质含义就是可变。此阶段的儿童一般都形成这样的概念：如果所有的人都同意，规则是可以改变的。这标志着品德由他律开始进入自律阶段。因而，在医疗事故中超速行驶的司机不再被认为是不道德的，即使他违犯了法律。

在这一阶段，是非判断的主要根据是行为者欺骗或侵犯社会规则的动机，而不是行为本身的客观后果。因此，10 岁儿童会一致地说，因偷吃果酱而打碎了 1 只杯子（坏的动机）的亨利比在去吃饭时打碎 15 只杯子（好的或中立的动机）的约翰要坏得多。

在决定如何惩罚越轨行为时，道德上自律的儿童通常赞成回报的惩罚——也就是说，处理违规行为时，要使惩罚性后果与“罪行”相符，使破坏规则者能够理解违规行为的意义，以后不再重犯。道德自律的儿童会认为，有意打碎窗户的儿童应该用自己的零用钱来赔偿，并且知道窗户是需要花钱的，而不是简单地接受打屁股的惩罚。自律的儿童也不再相信内在公正，因为他们从经验中知道，违犯这类社会规则常常不会被察觉，也不会受到惩罚。

儿童的品德是从他律向自律按阶段发展的，他律道德出现于 5～10 岁，自律道德在 10 岁后出现。他律道德和自律道德的不同表现见表 6-1。

表 6-1　他律和自律的比较（Shaffer，2005）

他律道德阶段	自律道德阶段
◆给予强制的关系，如儿童完全接受成人的指令	◆给予自主个体间的平等合作与相互认同的关系
◆把规则看成是不可改变的，来源于外部，具有权威性，不可协商的；完全服从于成人或规则就是对的	◆把规则看成是灵活的，彼此都认可的，是可以协商的，与合作以及相互尊重的原则相一致的行为方式就是对的
◆根据要禁止或惩罚的事来定义道德错误	◆依据违背了合作精神而定义道德错误
◆错误的程度是由破坏的数量而定的	◆考虑到犯错误者的想法去评定错误
◆同伴中的侵犯性行为应受到外部权威的惩罚	◆同伴的侵犯性行为应受到受害者方报复性行为的惩罚
◆儿童应该服从，因为是那些权威者指定的规则	◆儿童应服从规则，因大家都关心其他人的权力

4. 公正阶段（11～12 岁）

该阶段儿童的公正观念是从可逆、可变的道德认识脱胎而来的。他们开始倾向于主持公正、平等。皮亚杰认为，儿童有了公正、平等的要求，意味着他们已经有了利他观念，而从可逆阶段发展到公正阶段的主要原因就是利他观念的产生。由于儿童在第二、第三阶段已经知道尊重规则了，此时又有了社会公正感，因此到这个阶段儿童的道德就达到成熟水平了。

儿童公正观念的发展

（三）对皮亚杰道德认知理论的评价

皮亚杰在他的儿童道德判断研究中并没有提出许多教育建议，虽然如此，但是他的研究毕竟为儿童道德、品德发展的研究奠定了重要的基础，特别是他指出了儿童前期道德观念的发展，一方面受到家庭、学校、同伴、宗教等因素的影响，一方面也受到自身认知发展水平的制约，这给人们进行道德教育提供了明确的思路；另外，他提出的儿童品德发展阶段划分以及各阶段的特征也对我们进行德育具有很大的启发作用。

二、科尔伯格的道德发展阶段理论

科尔伯格（Kohlberg，1927～1987），美国道德发展心理学研究的领军人物。科尔伯格的理论体系包括道德发展的哲学、道德发展的心理学、道德发展的研究方法和道德教育的实践策略等有机组成部分。这里我们主要介绍的是科尔伯格的道德发展心理学思想中的道德发展阶段理论。

（一）研究方法

科尔伯格开创了道德两难（moral dilemma）故事法，作为研究道德发展问题的重要研究方法。道德两难故事法是皮亚杰对偶故事的发展，同样也是用情境故事设置道德冲突并提出道德问题，让被试在自己的反应中“投射”内心的观念，反映出个体的道德发展水平。

在研究方法上，科尔伯格不是像皮亚杰那样用“对偶故事法”，而是用他首创的“道德两难故事法”进行研究。道德两难故事都是虚构的，其中一个经典故事是“海因茨偷药救妻”。

“在欧洲，一位患有癌症的妇女快要死了，医生认为有一种药可以挽救她，它是同一城市一位药剂师最近发明的一种镭制剂。该药售价昂贵，药剂师又索取比造价贵10倍之多的药价。病妇的丈夫海因茨向他的每一个熟人借钱才够药价的一半。他对药剂师说，他的妻子快要死了，要求把药廉价卖给他，或者让他延期付款。但药剂师说：‘不行，我发明了这种药，我将用它赚钱。’海因茨是那样强烈地想得到这种药，于是闯入药剂师的仓库，为他的妻子偷窃了药物。这个丈夫应该那样干吗？”

科尔伯格对被试的决策（海因茨应该怎样做）并不感兴趣，而更感兴趣于被试用以确证其决策的理由或“思维结构”。因此，如果一个被试说，海因茨应该偷药救他的妻子，那就必须说出为什么她的生命如此重要。因为她可以为海因茨做饭或熨衣服吗？因为挽救妻子是丈夫的责任吗？或者因为维持生命是人类的最高价值吗？

为了确定一个人道德推理的“结构”，科尔伯格向被试提出以下问题。

（1）海因茨必须去偷药吗？

（2）如果海因茨不爱他的妻子，他还应该去偷药吗？

（3）海因茨应该为一个陌生人去偷药吗？

（4）人们尽其所能去挽救一个人的生命是否具有重要意义？

（5）它是否违背了有关偷窃的法律？那在道德上是错误的吗？

这些问题是要查明个体对顺从和权威的推理及个体对人的需要和权利的推理。

基于儿童和青少年对这类道德困境即道德两难故事的反应，科尔伯格在道德判断的发展方面鉴别出了六个阶段。他将这六个阶段又两两合并划分为三种道德水平：前习俗水平、习俗水平和后习俗水平。

（二）阶段理论

科尔伯格主张，儿童和青少年品德发展由六个具有固定顺序的阶段组成，要达到任何阶段都需要通过前面的阶段，这六个阶段又可概括为三种水平。科尔伯格认为道德成熟的标志是：能做出正确的道德判断；形成自己的道德准则。表 6-2 归纳了这些水平和阶段的含义及其心理特征。

表 6-2　科尔伯格的道德判断发展阶段

三种水平	发展阶段	心理特征
前习俗水平（preconventional level）（0～9 岁）	避罚服从取向（以是否受到惩罚和是否服从为准则）	只从表面看行为后果的好坏。盲目服从权威，旨在逃避惩罚
	相对功利取向（以行为的功用和相互满足需要为准则）	只按行为后果是否带来需求的满足来判断行为的好坏
习俗水平（conventional level）（9～15 岁）	寻求认可取向（以人际和谐为准则或被认可为“好孩子”为准则）	寻求别人认可，凡是他人尤其是成人赞赏的，自己就认为是对的
	遵守法规取向（以尽义务和维护法律秩序为准则）	遵守社会规范，认定规范中所定的事项是不能改变的
后习俗水平（postconventional level）（16 岁以后）	社会法制取向（以社会契约和法律为准则）	认识到行为规范是为维护社会秩序而经大众同意所建立的，应遵守。但如果规范需要改变，只要大众取得共识，社会规范是可以改变的
	普遍伦理取向（以普遍的道德原则和良心为准则）	道德判断以一个人的伦理观念为基础。与个人的良心和人类普遍的道德准则相联系，人类普遍的道义高于一切

总之，科尔伯格道德发展阶段理论主要阐释了如下观点：第一，前一阶段在本质上不同于后一个阶段。第二，六个阶段出现的顺序固定不变，不会超越，也不会逆向发展。第三，每个阶段的出现总体而言与思维发展有关，但具体到每个个体，由于文化背景、交往多寡等不同，出现时间会有早晚之别。第四，从发展水平角度说，通常情况下，0～9 岁儿童大都处于第一种水平，9～15 岁多属第二种水平，16 岁以后，一部分人（约 30%）进入第三种水平。需要说明的是，这里道德判断水平与对应的年龄的划分，只是个约数，不是确定不变的。第五，必须让儿童接触道德环境和道德两难问题，以讨论和展开道德推理练习，从而促进儿童的道德发展。

科尔伯格道德发展阶段理论至少给我们如下启示：第一，儿童道德（品德）发展和认知的发展一样，也是从具体形象向抽象概括过渡的，因此进行德育必须适应儿童的与认知水平相应的道德判断发展水平。第二，道德判断水平的高低，虽然不能完全决定道德行为的选择，但却肯定对道德行为选择有影响和制约作用。第三，科尔伯格提出的道德发展阶段划分以及各阶段的特征，与皮亚杰的儿童品德发展阶段划分总体上有很多共同点，它们揭示了人的品德发展的共同轨迹和规律。有了这样的理论、规律做指导，对德育工作必有很大的促进作用。第四，科尔伯格道德发展的最高阶段是普遍伦理取向，该取向的本质其实就是公正，而皮亚杰的儿童品德发展最高阶段也是公正。虽然他们认为到达公正阶段的年龄不同，或为 12 岁或为 16 岁以上，但处于这一年龄阶段的学生毕竟是有了得到公正对待的内在要求。因此，教育者必须时时、事事、处处公正地对待每个学生，不然很容易引发学生的各种心理和行为问题。

（三）对科尔伯格道德认知理论的评价

科尔伯格的研究对我们深入理解道德思维的发展提供了视角，但是对科尔伯格的发展论也存在一些不同的声音。对于具体的道德问题，个人以不同的方式进行思考，道德思维是“情境相似性”或“情境特异性”的。科尔伯格本人在进行道德教育的实验中也承认，在现实的教学背景下，其所提出的道德发展理论过于复杂，操作性不强。不过，针对两难故事进行小组或者团体的讨论的形式，却能够被广泛地应用。

三、道德行为的社会学习理论

以阿尔伯特·班杜拉（Bandura，1986）和沃尔特·米歇尔（Mischel，1974）等为代表的社会学习理论者主要是对道德的行为成分感兴趣——特别是对人们面对诱惑时的实际行为感兴趣。他们提出，和其他社会行为一样，道德行为可以通过强化和观察学习而获得。

（一）道德行为活动的基本概念

班杜拉等认为只要利用一定的条件与方法，奖励学生的适当行为，就有助于学生良好行为的形成与发展。班杜拉等主要采取实验来研究品德形成问题，在实验研究的基础上，他们提出了 3 个有关道德行为获得的基本概念。

1. 抗拒诱惑

这是社会学习理论的基本概念。他们认为生物界的弱肉强食现象说明有机体为了生存必须在环境中寻求一切满足其生存的东西，如果人类只保持生物性的求生本能的话，就谈不上道德。作为社会的人，要有组织、有规范、有纪律，因为要在社会中求得生存必须学会两种求生的方式：一是满足自己的需求；二是学会如何不违反社会的约定。第二种方式的学习就是“抗拒诱惑”。所谓“抗拒诱惑”（resistance to temptation）就是在具有诱惑力的情境之下，个人能依据社会规范的禁忌，对自己的愿望、冲动等行为倾向有所抑制，使自己在行动上不致做出违反社会规范的行为。抗拒诱惑实际上就是个人将学得的社会规范在生活情境中的运用。如何抗拒诱惑？榜样的作用是十分明显的，如阿隆弗里德（Aronfreed，1968）关于儿童玩具的抗拒诱惑实验。

2. 赏罚控制

运用赏罚的办法培养品德，当行为合乎道德标准时，给予奖赏，以期同样情境重现时能出现同样的行为；当行为不合乎道德标准时，给予惩罚，使学生从害怕惩罚到学会逃避惩罚，从而建立道德。这一基本概念来自行为主义的联结原理，但这一概念并不重视道德行为认知成分。这一种方式同班杜拉后来一再强调的学习中认知成分的重要性是不一致的。

抗拒诱惑实验　　赏罚控制实验　　模仿学习不良行为实验

3. 模仿学习

模仿学习（imitative learning）也称观察学习，这个问题我们已经论述过。榜样学习的关键在于对他影响最大的人所表现出的以身作则的“身教”的作用，当然有些不良行为也可通过榜样学习而养成。

（二）影响社会学习的因素

班杜拉等提出社会学习主要受如下几个因素的影响。

（1）儿童发展状态。随着年龄增加，他们集中注意的时间更长，能运用策略保持信息，并激励自己去进行有关观察行动。

（2）榜样的特征。榜样显示越有能力、有地位、有权威，儿童越容易模仿他们的行为。所以，父母、教师、体育明星、影视明星、各类伟人易于成为儿童模仿的榜样。另外，榜样若与观察者具有相同或相似的特点，如性别、年龄、兴趣爱好、态度、价值观等，也容易使观察者产生仿效的心理倾向。

（3）榜样的行为后果。榜样展示的行为后果如果传递了受人重视或得到赞许和奖励的信息，这样的行为易被模仿。

（4）后果的预期。观察者认为适当的并能导致奖励后果的行为，将易于受到模仿。

（5）目标定向。如果榜样展现的行为符合观察者的目标并有助于达到目标，则易于吸引注意和被模仿。

（6）自我效能感。如果观察者认为他们有能力学习与执行榜样所示范的行为，即具有执行某种行为的自我效能感，那么将注意该榜样并予以模仿。

（三）社会学习理论的应用价值

我们可以由班杜拉的观察学习理论中引申出如下重要的德育与行为习惯的教育原理。

（1）榜样（模型）对人行为的影响极大。

（2）观察者看到的榜样行为的后果是影响其行为的关键因素之一。

（3）强化是影响行为的决定因素，教师可以利用直接强化、替代强化和自我强化（即个人自己控制强化物的强化）这三种形式，引导学生保持良好的行为习惯。

（4）依据影响学生观察的因素，提供或优化各种影响因素，以促进学生品德发展。

第三节　中小学生品德发展的特征与品德教育的方法

一、中小学生品德发展的特点

（一）小学生品德发展的特点

（1）逐步形成和谐的道德认识能力。从小学时期开始，儿童开始逐渐形成系统的道德认识及相应的道德行为习惯，但小学生的道德认知能力具有依附性，同时也缺乏原则性，其发展的趋势是稳定的、和谐的。

（2）道德认识和道德行为从比较协调到逐步分化。一般来讲，年龄越小，言行越一致；随着年龄的增加，逐渐出现言行不一致的分化。

（3）明显地表现出自觉纪律的形成。自觉纪律的形成和发展是小学儿童的道德知识系统化及相应的行为习惯形成的表现形式，也是小学儿童出现协调外部和内部动机的标志。

（二）中学生品德发展的特点

1. 伦理道德发展具有自律性，品德心理中自我意识成分明显

在整个中学阶段，学生的品德迅速发展，处于伦理形成时期。伦理是人与人之间的关系以及必须遵守的行为准则，它是道德关系的概括，伦理道德是道德发展的最高阶段。同时，中学时期学生的自我意识发展迅速，从仿效他人的评价发展到独立进行道德评价，品德心理中自我意识成分明显。

从品德心理形成的过程来看，中学生对于道德认识的理解水平逐步深化，道德观念也向稳定性发展，逐步形成比较明确的道德信念和道德理想。

中学生道德信念的形成要经历一个长期的阶段，表现出阶段性。道德信念的准备时期在 10 岁以前；道德信念的萌发期在 10～15 岁；道德信念的稳定期在 15 岁之后。

中学生的道德行为习惯逐步巩固，已经基本形成了与道德伦理相一致、较稳定的道德习惯。品德结构更加完善，逐渐成为稳定的个性心理结构的一部分。

2. 品德发展由动荡向成熟过渡

1）初中阶段品德发展具有动荡性

初中生道德动机的多变性与稳定性交织在一起，以多变性为主，随年龄增长，总的趋势是向稳定性发展，多变性减少。初中生在活动中，容易被“诱因”引起的欲望所驱使，道德动机简单，情境性动机、情绪性动机、兴奋性动机突出，动机容易发生变化。

随着社会化水平提高，理智性动机发展，兴趣趋向稳定，道德动机向稳定性发展。品德不良、违法犯罪多发生在这个时期。根据研究，初中二年级是品德发展的关键期。

2）高中阶段品德发展趋向成熟

高中阶段或青年初期的品德发展进入了以自律为主要形式、应用道德信念来调节道德行为的成熟时期，表现在能自觉地应用一定的道德观点、信念来调节行为，并初步形成人生观和世界观。

二、品德形成的一般过程

学生品德的形成是社会通过包括舆论和教育在内的各种渠道把道德规范传递给年轻一代的过程，也是学生在群体生活中通过自己的实践由被动到主动地去掌握这些规范并形成道德行为习惯的过程。正像个体品德从他律到自律的发展那样，一种品德的形成过程也经历了从外到内的转化过程，它是社会规范的接受和内化过程，这种内化大致经历了以下三个阶段（冯忠良，1992）。

（一）依从

依从即表面上接受规范，按照规范的要求来行动，但对规范的必要性或根据缺乏认识，甚至有抵触情绪。依从具有一定的盲目性和被动性，个体对规范所要求的行为缺乏足够的了解，只是迫于权威或情境的压力才遵从了规范。因此，依从水平上的规范也是最不稳定的，一旦外部监控和压力消失了，相应的规范行为就可能会动摇和改变。依从是规范内化的初级阶段，也是进一步内化的基础。

（二）认同

认同比依从深入了一层，简单说，它是对自己所认可、仰慕的榜样的遵从、模仿，个体在思想、情感和态度上主动地接受了规范，从而试图与之保持一致，这已不简单是因为外部压力。认同具有自觉性和主动性，虽然学习者对规范的必要性的认识还有不足，但已有明确的行为意图，团体的规范对学习者具有一定的吸引力和感染力。相应地，认同水平的规范已经具有一定的稳定性。认同是规范内化的深入阶段。

（三）信奉

信奉是内化的最高阶段，学习者对社会规范及其价值原则有了深刻理解，并持有积极的情感体验，使之成为自己的一种信念，与原有的价值观念一体化。这时，学习者所做出的规范行为是由自己的价值信念所驱动的，而不是因为外界的压力或控制。当个体按照自己的价值标准做出行动时，就会感到满意和快乐；而当自己做了违背自己的价值信念的事情时，就会感到内疚，受到良心的责问。对规范的信奉具有高度的自觉性和主动性，因而成了稳定的品德。

可见，品德的培养要从道德行为的纪律约束和外部控制开始，但不能仅仅停留在表面化的依从的水平上。品德是学习者作为活动主体所具有的自觉的、自主的品质，而不仅仅是对规范的“亦步亦趋”或“阳奉阴违”。必须引导学生对规范及其价值原则进行思考、分析和判断，促进规范的认同和信奉，否则就没有真正完成品德的建构。

三、中小学生品德教育的主要方法

（一）说服教育法

说服教育法是指在分析学生原有品德状况的基础上，以语言为媒介，通过摆事实、讲道理，使受教育者明辨是非、善恶，从而提高其品德水平的方法，它也叫说理疏导法。说服教育法是我国学校德育中运用最为广泛的方法。不仅我国，像美国的德育也采用说服教育的方式进行正面灌输，只是他们更注意把正面灌输和隐性灌输（借助校园文化建设等隐性教育因素实施德育）结合起来而已。

教师经常应用言语来说服学生改变态度，在说服的过程中，教师要向学生提供某些证据或信息，以支持或改变学生的态度。

教师的说服不仅要以理服人，还要以情动人。一般而言，说服开始时，富于情感色彩的说服内容容易引起兴趣，然后再用充分的材料进行说理论证，比较容易产生稳定的、长期的说服效果。通过说服也可以引发学生产生某些负向的情绪体验，如恐惧、焦虑等，这对于改变作弊、吸烟、酗酒等简单的态度有一定的效果。

教师进行说服时，还应考虑学生原有的态度。若原有的态度与教师所希望达到的态度之间的差距较大，教师不要急于求成，不要提出过高的、不切实际的要求，否则将难以改变态度，而且还容易产生对立情绪。教师应该以学生原有的态度为基础，逐步提高要求。

（二）情感陶冶法

情感陶冶法是指利用或创设一定的、与德育要求一致的、自然真实的教育情境，对学生进行积极感化和熏陶，以培养其道德情感的一种方法。情感陶冶法具有潜移默化的特点，是一种被德育实践反复证明了的非常有效的德育方法。

情感陶冶法一般认为有两个基本含义：一是重视道德情感教育；二是强调通过陶冶促进学生道德情感的发展。作为前者，强调关注学生的态度、情感、信念、情绪，以及由此延伸出来的人际关系和社交技能。作为后者，主张努力营造良好的环境，设置成功的教学情境，使学生在潜移默化中受到熏陶和感染，塑造学生健康疏朗的心情，形成好的品格和行为。

实施情感陶冶法一般采用以下具体做法：一是“以情动情”，用教育者的爱心打动、感化学生；二是“环境陶冶”，即运用现成的具有教育意义的自然环境、社会环境、校园环境、道德情境，或者是人为创设的有关的教育情境，对学生进行品德教育；三是“艺术熏陶”，即运用各种艺术形式如音乐、美术、文学、戏剧等，使学生在欣赏、评论、创作以及演出过程中受到陶冶和教育。

一般地说，情感熏陶法见效比较缓慢，所以它常常和说服教育法、行为实践法同时使用。

（三）榜样示范法

榜样示范法是以正面人物的优良品质和模范行为影响受教育者品德的一种方法。它的理论基础为，榜样是有价值的。在榜样的价值问题上，有两种具有代表性的观点：一是“行为模式”说，它以班杜拉的社会学习理论为基础，强调榜样以其具体活动展示出其所特有的标准性的行为模式，它可以帮助人们通过观察和模仿获得适当的行为模式；二是“人格力量”说，其认为榜样蕴涵着崇高的价值取向及其在这种价值取向下表现出的高尚的思想境界、道德情操，这会对他人产生巨大的精神激励。由此看来，榜样有两种基本价值：示范价值和激励价值。

对榜样（模型）的模仿是一种重要的学习形式。通过模仿，既可以学得行为，也可以改变行为。心理学家还认为，人在一生中不仅许多外显行为来自对别人的模仿，内在的态度和价值观念、道德品质、性格特征也都可以来源于模仿。

榜样教育一般采用以下几种形式：一是以革命领袖、英雄模范人物、历史人物为榜样进行示范教育；二是父母和教师的示范教育；三是以同学或同龄人中的优秀分子为榜样进行示范教育。

榜样的示范作用不是自然而然产生的。正如班杜拉所说，人们总是在生活中选取“功能性刺激”进行模仿；换言之，人们总是要选择自认为有价值的对象、榜样来模仿。因此，树立榜样时必须注意这一点。为使榜样示范法更加行之有效，一般需要做到以下几点：一是榜样要令人信服；二是要增强学生向榜样学习的自觉性；三是要提出向榜样学习的目标要求和学习步骤。

（四）群体约定法

群体约定法是经集体成员共同讨论决定的规则、协定，对其成员有一定的约束力，使成员承担执行的责任。一旦某成员出现越轨或违反约定的行为，则会受到其他成员的有形或无形的压力，迫使其改变态度。教师则可以利用集体讨论后做出集体约定的方法，来改变学生的态度。

利用群体约定法约束青少年的具体操作如下：第一，清晰而客观地介绍问题的性质。第二，唤起班集体对问题的意识，使学生明白只有改变态度才能更令人满意。第三，清楚而客观地说明要形成的新态度。第四，引导集体讨论改变态度的具体方法。第五，使全体学生一致同意把计划付诸实施，每位学生都承担执行计划的任务。第六，学生在执行计划的过程中改变态度。第七，引导大家对改变的态度进行评价，使态度进一步概括化和稳定化。

（五）行为实践法

行为实践法是指在教育者的指导下，通过有目的、有计划的各种实践活动，培养和训练学生优良品德的方法。

行为实践法具有以下重要意义和作用：一是促进了道德认识和道德行为的统一，避免了我们的德育中“知”与“行”脱节的弊端。这一点很重要，因为在品德结构的四个成分中，道德行为是衡量品德有无与高下的最关键的因素。二是反复实践某种道德行为能使道德行为的执行技巧更加熟练，能强化对道德行为的认识和体验，因而能进一步维持和激发学生的道德动机，为以后道德行为的重复和延续做好心理准备。三是反复实践能使道德行为达到稳定和一贯的程度，这恰恰是品德的属性之一和形成的重要标志。

（六）价值辨析法

价值辨析法是指引导个体利用理性思维和情绪体验来检查自己的行为模式，努力去发现自身的价值观并指导自己的道德行动。在价值观辨析的过程中，教师引导学生利用理性思维和情绪体验来检查自己的行为模式，鼓励他们努力去发现自身的价值，并根据自己的价值选择来行事。

价值观辨析理论有很多具体的实施方法和技术，其中最基本的、最主要的技术是针对个体的“辨析反应法”，这是指教师针对学生表现出的态度、志向、兴趣、活动等情形，做出适当而简短的言语反应，如分析、评论等，以使学生对自己说的和做的做进一步的体验、思考、评价，从而达到使学生辨析或形成某种价值观的教育目的。其他的方法还有以下几种：大组或小组讨论；个别或团体作业；假设的或真实的两难问题；排序与选择；敏感性训练和倾听技术；歌唱与美术；游戏活动；个人日记；相互交谈；等等。

价值观辨析

价值辨析法基本上都是诱导性的，其中教师的作用是设计各种活动，采取各种方法和技术来诱发学生、帮助学生陈述、思考，并体会他们的观点。教师也可以有自己的观点，但只是作为一个范例，不是正确的答案。因此，教学过程涉及如下几个基本因素：第一，教师必须诱发学生的态度和价值陈述；第二，教师必须无判断地、无批评地倾听和接受学生的思想、感情、信念和观念；第三，教师必须向学生提问题以便帮助、引导他们思考自己的价值观念。

第四节　过错行为与品德不良的矫正

一、过错行为与品德不良

过错行为是指学生在品行方面经常出现的一些不符合道德要求的行为。学生的过错行为通常表现为恶作剧、故意违反纪律、没礼貌、骂人、打架、撒谎、考试作弊、小偷小摸、损坏公物等。

品德不良行为是指经常违反道德或犯有严重的道德过错行为。学生出现的偷窃、流氓习性、打架斗殴、惹是生非等属于品德不良行为。

过错行为与品德不良行为是两个既有联系又有区别的概念，其联系在于：过错行为是品德不良行为的开端和基础，是品德不良行为的前奏；而品德不良行为是过错行为的继续和发展。其区别在于：第一，过错行为的目的性、有意性差；而品德不良行为受不良道德认识和错误思想支配，动机是有意的，目的是明确的。第二，过错行为具有情绪性和不经常性的特点，而品德不良行为出现的频率高、次数多，具有相对的稳定性。第三，过错行为的后果具有扰乱性，它直接干扰课堂秩序和集体活动，而品德不良行为的后果直接损害他人和集体的利益，而且有较严重的扰乱性和破坏性。

二、过错行为与品德不良产生的原因

学生过错行为与品德不良产生的主观原因是道德观念、道德情感和道德行为习惯出现了偏差；客观原因是受到了来自家庭、社会、学校的不良影响和教育。

（一）客观原因

1. 家庭方面的原因

家庭方面的原因包括父母的溺爱、迁就；父母对子女要求过高，管教过严；父母在教育方式、方法上不一致或凭个人情绪来处理和教育子女的行为问题；父母缺乏表率作用，无视或忽视自己的一言一行所产生的不良后果；家庭成员本身的恶习或家庭结构的剧变；等等。

2. 社会方面的原因

不良的社会风气的浸染，坏人的教唆，不雅读物或影视的腐蚀，享乐生活方式的诱惑，落后非正式群体的影响，等等都滋生着学生的种种不良行为的发生。对于中小学生来说，整个社会都是一所“大学校”，处处都有他们的“老师”（榜样），在商场、影院、公园、游乐场……有时候这种“老师”往往比讲台上的老师有更大的影响和作用。只要社会上存在一些消极的因素，而学校、家庭又缺乏及时的教育，学生就容易为这些消极的因素所影响和感染。

3. 学校方面的原因

学校方面的原因主要指学校管理模式和教师教育观念的偏颇或方法不当，包括管教不严，忽视对学生思想品德的教育；对学生缺乏感情，不了解学生，工作不深入；对学生要求过高或过低或朝令夕改；不能正确对待品行不良学生的“反复”过程或对学生出现的问题睁一眼闭一眼；等等，这些也在一定程度上间接造成或助长了学生的不良品行。

（二）主观原因

1. 缺乏正确的道德观念，道德意志薄弱

学生不理解或不能正确理解有关的道德准则，如把违反纪律视为“英雄行为”，把敢打群架看成是“义气”和“勇敢”。即使具有一定的道德认知，却不能战胜不合理的个人需要，不能抵制不良诱因的影响。

2. 不良行为习惯的支配

习惯的力量是很大的，它会使人在类似的情境中自然而然地采取相应的行为，并因此产生愉快的情绪体验。不良行为习惯如不予根除，任其发展就必然会导致不良品行。

3. 性格上存在某些缺陷

性格是对己、对人和对事的稳定态度和习惯化的行为方式，性格制约着行为。如果学生身上有了执拗、任性、骄傲、自满等消极的性格特点，必然会表现出与之相对应的过错或不良行为。

4. 某些需要没有得到满足

马斯洛需要层次理论揭示了需要的不同层次。中小学生同样具有缺失性和成长性两方面的需要，特别是希望得到群体的关怀和尊重，当这样的需要在学校不能满足时，学生就会转向校外寻求满足，这就有受到社会不良行为和风气影响的可能。

三、过错行为与品德不良的转化过程与教育策略

过错行为与品德不良的转化虽然有这样那样的困难，但还是应抱有信心。因为社会的主要力量是崇尚真善美，唾弃假恶丑。对过错行为与品德不良的转化，在我国现行的教育心理学中，一般将其划分为三个阶段。

（一）醒悟阶段

有些有过错行为与品德不良的学生，是明知故犯，但多数是不懂规则、不知法、不知做人的道理、不知所犯过错的危害性等。因此，对他们都要多讲道理，使其产生是非之心、羞恶之心、自责之心、愧悔之心，有了这些认识和感受，就是开始醒悟了。为了使当事人产生这种醒悟状态，可采用两种方法。

1. 消除疑惧

有过错行为与品德不良的学生其实他们有时也想改，但想到别人可能不接受自己，或真的有了好的表现别人也不认可，于是产生了一种“破罐破摔”的心态，结果往往一错再错，难以自拔。针对这种心理，教师的任务就是要表达宽容和接纳，善于发现和维护学生的自尊心，在班级或社会上营造一种心理氛围，让犯过者感到人们对他们是友好的，是关心他们的，只要他们自己努力改正，人们就承认和接受他们。

2. 引发其他需要

当有过错行为与品德不良的学生开始认识到坚持错误的危害性，并有愧悔、改正之意时，要抓住时机，引发他们的新的其他需要。比如，创造条件使犯过者发挥他们的优点、长处，用这些替代原来的过错行为，从而获得大家的认可和关注，也使他们的自尊心得到满足。

（二）转变阶段

学生醒悟后，不良行为会大大减少，正确行为会大大增多，这说明学生已经进入转变阶段。但转变不等于彻底改变。事实上，从转变到彻底改变的过程中，往往有反复现象存在，这是很正常的。这种反复有两种情形：一是前进中的暂时倒退；二是因教育的失败导致的大倒退。反复固然有不好的一面，但也有好的一面，那就是在反复中学生会有思想斗争，通过这种斗争能增强战胜错误、邪恶的积极力量。

为了帮助学生在反复中使正确的行为选择占上风，至少应注意两点。

1. 切断不良诱因

在有过错行为与品德不良的学生的转化中，为避免不良诱因的强化作用，最好对当事人实行一段“隔离政策”，以避免禁不住诱惑而旧态复萌。比如，一个学生有一个小群体，他们爱打群架，那么由教师或家长控制正在转变的学生断绝与其他成员来往是非常必要的。

2. 故意提供不良诱因

在学生已经改得差不多的时候，可以故意让学生接触不良刺激，因为他们不可能总是生活在真空中。此时，学生面对不良诱因也许会产生动摇，此时需要教育者严格监管、及时发现问题并及时解决，最终使学生在动机斗争中选择正确的行为。只有经过这样的过程，学生才会提高抗诱惑力、增强免疫力，才会真正改变旧我。

（三）巩固阶段

这个阶段是指经过长时间转变，当事人长时间不反复或极少有反复。这个阶段的学生完全以崭新的面貌出现在班级和社会生活中。但到了这个阶段并不意味着万事大吉，还有两点需要注意。

1. 避免歧视和翻旧账

做到这一点需要学校、家庭、社会的方方面面达成共识，对改过者不要歧视，不要去揭他们的“伤疤”；相反，要真心尊重他们，加倍关心他们的心理和行为的变化，关心他们的全面成长。

2. 使犯过者形成完整的自我观念

自我观念也叫自我概念。用罗杰斯的话说就是“个人对自己多方面的、综合的看法”，包括对自己的心理、行为、身体等各方面的看法。这里所说的形成完整的自我观念，就是指要让当事人正视自己的历史，认识到那段不光彩的历史也是自我的一部分，想抹也抹不掉，想不让人家说也做不到。但自己能正视和坦然面对那段历史，能对那段历史负责，这就形成完整的自我观念了。有了这种完整自我观念的犯过者才能有勇气融入集体和社会，与旧我彻底决裂，并以实际行动塑造出完善的新我。

总之，学生的过错行为和品德不良，由于年龄、性格、所犯错误的性质及其严重程度不同，表现方式不同，转化和矫正方法也应是灵活多样的。一般来说，年龄小的学生出现过错行为和品德不良，大都是由于不了解或不理解道德规则，或由于好奇或一时的冲动以及不良行为习惯而产生的，比较容易矫正，对他们应多采用诱导的方法和活动矫正的方法等。对于年龄较大的学生出现过错行为和品德不良行为时，应该首先进行不同形式的说服教育，晓之以理；再采用契约等方式对行为加以约束。无论对哪种学生进行教育，都要注意启发自觉性，激起他们情感上的共鸣，使他们自己下决心痛改前非，才能真正达到教育的效果。

★ 本章概要 ★

1. 品德（morality），即道德品质，是社会道德在个人身上的体现，是个体依据一定的社会道德行为规范行动时表现出来的比较稳定的心理特征和倾向。一般认为品德由道德认识、道德情感、道德意志和道德行为四个成分构成。

2. 认知发展心理学家皮亚杰首创对偶故事法并用来进行道德判断研究。他的研究结果表明，儿童道德判断能力经历自我中心（2～5 岁）、权威（6～8 岁）、可逆性（8～10 岁）和公正（11～12 岁）四个阶段。

3. 科尔伯格用道德两难故事法进行研究，提出儿童道德判断能力发展经历三种水平和六个阶段。三种水平是：通常情况下，0～9 岁儿童大都处于第一种水平即前习俗水平，9～15 岁多属第二种水平即习俗水平，16 岁以后，一部分人（约 30%）进入第三种水平即后习俗水平。但需注意，这里道德判断水平与对应的年龄的划分，只是个约数，不是确定不变的，事实上各教材对此表述一直存在差异。

4. 小学生品德发展的特点：逐步形成和谐的道德认识能力；道德认识和道德行为从比较协调到逐步分化；明显地表现出自觉纪律的形成。

5. 中学生品德发展的特点：伦理道德发展具有自律性，品德心理中自我意识成分明显；品德发展由动荡向成熟过渡。

6. 品德教育的方法很多，主要有说服教育法、情感陶冶法、榜样示范法、群体约定法、行为实践法、价值辨析法。品德不良的转化一般要经过醒悟、转变和巩固三个阶段。

思考题

1. 名词解释：品德、道德认识、道德情感、道德意志、道德行为、说服教育法、行为实践法。
2. 试比较皮亚杰的儿童道德判断阶段理论与科尔伯格的道德发展阶段理论的异同。
3. 品德教育的主要方法有哪些？
4. 中小学生品德发展的特征有哪些？
5. 过错行为与品德不良的转化过程包括哪些主要环节？

参 考 文 献

班杜拉. 2001. 思想和行动的社会基础：社会认知论. 林颖，等译. 上海：华东师范大学出版社.

陈琦，刘儒德. 2007. 当代教育心理学. 北京：北京师范大学出版社.

冯忠良. 1992. 关于行为规范的接受阶段——行为规范及其接受规律探索之二. 中国教育学刊，(03)：1-6, 11.

李伯黍，燕国材. 2004. 教育心理学. 上海：华东师范大学出版社.

莫雷. 2002. 教育心理学. 广州：广东高等教育出版社.

皮连生. 2004. 教育心理学. 3 版. 上海：上海教育出版社.

施良方. 1994. 学习论. 北京：人民教育出版社.

俞国良，辛自强. 2004. 社会性发展心理学. 合肥：安徽教育出版社.

张大均. 2004. 教育心理学. 北京：人民教育出版社.

章志光. 1999. 小学教育心理学. 北京：中国人民大学出版社.

Aronfreed J. 1968. Conduct and Conscience. New York: Academic Press.

Bandura A. 1986. Social Foundation of Thought and Action: A Social Cognitive Theory. Englewood Cliffs: Prentice Hall.

Kohlberg L, Hersh R H. 1977. Moral development: a review of the theory. Theory Into Practice,16(2): 53-59.

Kohlberg L. 1994. Stage and sequence: the cognitive-developmental approach to socialization. In B Puka, B Puka (Eds.), Defining Perspectives in Moral Development (p. 1-134). New York: Garland Publishing.

Mischel W, Zeiss R, Zeiss A. 1974. Internal-external control and persistence: validation and implications of the stanford preschool internal-external scale. Journal of Personality and Social Psychology, 29(2): 265-278.

Piaget J. 1932. The Moral Judgement of the Child. New York: Free Press.

Piaget J. 1965. The Moral Judgement of the Child. New York: Free Press.

Shaffer D R. 2005. Social and personality development. 5th Ed. Belmont: Thomson Wadsworth.

第七章　中小学生学习心理

“书山有路勤为径，学海无涯苦作舟”，这是每个同学都经常听到的忠告，每个人多年的学习经历也证明了学习需要勤奋与刻苦。可为什么在同一所学校、同一间教室、同样的用功学习，而学习效果却是大不相同？学习有没有窍门？提高学习成绩到底有没有捷径？怎样提高学习效率并且能够学以致用？这些问题不只是学生所关心的，也正是心理学家致力探求的。一百多年以来，心理学界对学习的实质、学习迁移、学习策略等方面的深入研究，已经取得了较为丰硕的成果。“工欲善其事，必先利其器”，现在让我们一起看看心理学家已经揭示了哪些学习的规律，为我们提出了哪些好的建议，细心体会并灵活运用到自己的学习实践中来，给自己的学习插上一双腾飞的翅膀。

第一节　学习概述

一、什么是学习

“学习”是大家最为熟悉的词，而学习的实质究竟是什么？心理学家已经争论了上百年。大多数学者认可这样的表述：学习是个体在特定情境下，由经验引起的行为或行为潜能的相对持久的变化。

理解学习的实质，需要把握以下三个要点：第一，学习表现为行为或行为潜能的变化。学习的主体必须产生某种变化，我们才能做出学习已经发生的推论。第二，学习所引起的变化是相对持久的。疲劳、疾病等因素也能够引起个体行为的某些变化，但这些变化是暂时的，通常被排斥在学习之外。第三，学习是由反复经验引起的。这里的经验是相对于遗传和成熟而言的，如青春期中学生的嗓音变化是生理成熟的结果，与经验无关，因此不属于学习。

二、学生的学习

（一）人类学习的一般特点

人类学习的特点是相对于动物的学习而言的，动物的学习是一种生物意义的活动。人类的学习与动物学习有本质的不同，学习不再是简单的适应环境的活动，而具有其社会意义。

首先，人类个体不仅可以通过直接经验的方式获得个体经验，还可以通过与其他社会成员的交往获得社会历史经验。这种间接经验的学习，无论在形式上还是内容上都是丰富的，是动物学习所无法比拟的。其次，人类的学习是以语言为中介的。有了语言，扩大了个体掌握历史经验的可能性；语言的掌握，使个体由低级的以知觉为主的心理功能发展转化为高级的以抽象思维为主的心理功能。最后，人类的学习具有积极主动性。人类是在积极地作用于环境、与周围人的交往过程中进行学习的，因此人们有着强烈的学习动机，主动探索各种有效的学习方法。

总之，人类的学习是在社会生活实践中，以语言为中介自觉积极地掌握社会经验和个体经验的过程。

（二）学生学习的特点

学生的学习是人类学习的一种特殊形式，是在学校教育情境中进行的。相对于一般的人类学习，学生的学习具有以下特点（陈琦，刘儒德，2007）：第一，学生的学习主要是掌握间接经验。人类的认识是从实践开始的，而学生的学习则未必如此，他们可以从学习现有的经验、理论开始，同时补充以直接经验。第二，学生的学习是在教师指导下，有目的、有计划、有组织地进行的。学生的学习是在有限的时间内完成的，并需要达到社会的要求，因此需要教师的指导。教师既掌握所教知识的内在联系，又了解学生学习过程的特点，从而能够在较短时间内，采用有效的教学方法，帮助学生掌握前人的经验并建构起学生自己的认知结构。第三，学生的学习具有一定程度的被动性。学生的学习不仅是为了适应当前的生活环境，更多的是为了适应将来的社会生活的要求。如果学生不能清楚地意识到当前的学习与将来生活实践的联系，就不愿意付出更多的努力。因此，在教学过程中，教师要应用各种方法不断地培养和激发学生的学习动机，提高学生学习的积极性和主动性。

三、学习的分类

心理学家从不同的角度对学习进行区分，进而深入研究不同类型学习的规律。这里介绍一些与学校教育教学关系密切的学习分类。

（一）按照学习内容进行的分类

我国学者（冯忠良，2000）认为，教育系统通过知识、技能的传递来形成和发展学生的能力和体力，通过规范的学习来形成和发展学生的态度和品德。因此主张把学生的学习分为知识学习、技能学习和社会规范的学习三个方面。

（1）知识学习：即知识的掌握，是通过一系列的心智活动来接受和占有知识，在头脑中建立起相应的知识结构。具体讲，知识学习是通过领会、巩固与应用三个环节完成的，每一个环节有其特殊的心智活动。知识学习要解决的是知与不知、知之深浅的问题。

（2）技能学习：通过练习，建立合乎法则的活动方式的过程，包括心智技能学习与动作技能学习。技能学习比知识学习复杂，不仅包括对活动的认识问题，还包括活动或动作的实际执行问题。技能学习要解决的是会不会做的问题。

（3）社会规范的学习：又称行为规范的学习或接受，是把外在于主体的行为要求转化为主体内在的行为需要的过程。社会规范的学习既包含规范的认识问题，又包含执行及情感体验问题。

（二）按照学习结果进行的分类

美国心理学家加涅（R. M. Gagne，1916～2002）提出了学习结果分类，他将学生习得的学习结果用性能一词来概括。性能是学习者后天习得的一种内潜的心理状态或心理品质，其存在是根据学习者外在表现推测出来的。加涅将学生习得的学习结果分为五类。

（1）言语信息：指学生能用言语表达的知识，帮助学生解决“是什么”的问题。可以分为三个小类：符号记忆，包括人名、地名、外语单词、数学符号等的记忆；事实的知识，如知道“北京是中国的首都”；有组织的整体知识，如能写出“影响植物生长的主要因素”。

（2）智慧技能：指学生运用概念和规则办事的能力，是解决“如何做”的问题。例如，小学生学习了长方形的面积公式后能计算课本、课桌的面积；学习英语时态变化规则后，能按要求完成句子的时态转换。

（3）认知策略：指学生在学习过程中调节和支配自己的注意、记忆、思维等内部过程的组织能力。例如，心理学家提出阅读过程中可以采用 SQ3R 方法。这里 S 指浏览全文，略知文章大意（Survey）；Q 指提出问题（Question）；3R 中的第一个 R 是指带着问题阅读课文（Read）；第二个 R 是指对重要的段落进行诵读（Recite）；第三个 R 是指重读课文（Review）。如果学习者能够应用这套方法进行阅读，提高阅读效果，就可以认为学习者掌握了这种认知策略。

（4）动作技能：指学生通过练习获得的，按照一定规则协调自身肌肉运动的能力，表现为平稳而流畅、精确而适时的动作。动作技能学习的实质是通过练习，使操作规则支配学习者的肌肉协调，最后达到自动化。

（5）态度：指学生习得的对人、对事、对物、对己的反应倾向。从行为特征来看，态度表现为趋向或回避、喜爱或厌恶、接受或排斥等。态度是学习的结果，如与人交往中的宽容、乐于帮助他人，学习中的认真刻苦等积极态度，都是可以通过有效的方式培养形成并不断强化。

（三）按照学习方式进行的分类

美国著名教育心理学家奥苏贝尔（D. P. Ausubel，1918～2008）根据学习进行的方式把学习分为接受学习与发现学习。接受学习即以定论的形式把学习材料呈现给学习者，通过新旧知识之间的相互作用，实现对学习材料的掌握。发现学习是由学习者自己从学习材料中发现其意义的学习方式。奥苏贝尔又根据学习材料与学习者原有知识的关系把学习分为机械学习与有意义学习，并认为学生的学习主要是有意义的接受学习。

有意义学习是指将符号所代表的新知识与学习者认知结构中已有的适当观念建立起非人为的和实质的联系。所谓实质的联系，是指表达的语词虽然不同，但意义是等值的，也就是说这种联系不是简单字面上的联系。所谓非人为的联系，是指新知识与原有观念有内在联系，是建立在某种合理的或逻辑基础上的联系，而不是任意的联想。如果学习者并未理解符号所代表的知识，只是依据字面上的联系记住某些词句，则是死记硬背式的机械学习。

有意义学习的产生既受学习材料本身性质（客观条件）的影响，也受学习者自身因素（主观条件）的影响。从客观条件来看，有意义学习的材料本身必须具有逻辑意义，在学习者的学习能力范围之内。一般来说，学生所学习的教材是人类认识世界的概括和总结，都具有逻辑意义。从主观条件来说，首先是学习者认知结构中要有能够与新知识相联系适当的观念；其次是学习者要具有进行有意义学习的心向。学习者必须积极主动地使新知识与有关的已有观念发生相互作用，使新知识获得实际意义。

第二节　现代学习理论

一百多年来，心理学家在探索学习规律的过程中，根据各自的哲学基础、学科背景及研究方法，提出了众多的学习理论。概括来说，学习理论的研究是围绕着对这些问题的回答而展开：学习是如何发生的？学习有哪些规律？学习的过程受到哪些因素的影响？怎样进行有效的学习？基于这样的理解，本节将对最具有影响力的行为主义学习理论、认知学派学习理论、建构主义学习理论、人本主义学习理论进行简要的阐述。

一、行为主义学习理论

行为主义学习理论的核心观点认为，学习是学习者与外界环境相互作用的结果，即形成“刺激—反应”之间的联结。其主要代表人物有美国心理学家桑代克、华生、斯金纳、班杜拉等。其中斯金纳根据动物学习实验中所发现的规律，创立了操作条件作用理论，对教育实践产生了巨大影响。

（一）学习发生的过程

桑代克（E. L. Thorndike，1874～1949）较早地对动物及人类的学习、教学原理和学习迁移进行了深入的研究。桑代克设计了著名的迷箱实验：在猫学习打开迷箱的情境中，猫通过多次尝试与错误，终于在复杂的刺激情境中辨识出一个开门设施（刺激），并做出正确的开门动作（反应）。在相应的刺激与反应之间形成巩固的联系时，就产生了学习。桑代克认为学习的实质在于形成刺激—反应联结，学习过程是盲目的尝试与错误的渐进过程。

斯金纳根据实验研究提出了操作条件作用理论。他在桑代克的迷箱基础上创设了斯金纳箱，箱内安装有杠杆，杠杆与提供食物的装置相连接。实验中，将饥饿的白鼠置于箱内，白鼠在箱内乱跑，偶然按压杠杆，提供食物的装置自动落下一粒食物，以后白鼠按压杠杆这一行为出现的频率迅速上升。在这一实验中，白鼠学会了按压杠杆而获得食物，按压杠杆成为获得实物的手段或者工具，形成了操作性条件作用。斯金纳提出，操作性条件作用与两个基本原则相联系：第一，任何反应如果紧随强化刺激，该反应具有重复出现的倾向；第二，任何能够提高操作反应率的刺激都是强化刺激。操作条件作用强调的是行为及其结果，操作条件作用形成就是有机体把强化刺激和自身所发出的操作反应建立联系的过程。

（二）影响学习的因素

行为主义学习理论涉及学习中的两个重要因素——学习者和环境，但显然环境被置于更优先的地位。行为主义学习理论认为最为核心的学习影响因素是如何安排特定环境中的刺激，并使这一刺激产生预期的行为。

根据操作性条件作用理论的观点，在人类的几乎所有的情境中，学习都可以看作是操作。在斯金纳看来，重要的刺激是跟随在某种特定反应之后的强化物，而不是在反应之前的刺激物。要改变学生的行为，当教师所预期的行为出现后，立即对学生给予强化；再出现，再强化。这样符合希望的行为发生的概率就上升了。

在教育实践中，教师在选择强化物时，要考虑学生的年龄因素，以及各方面的个体差异。教师要注意观察和了解学生的兴趣所在，可以通过问卷调查等方式了解学生的喜好，对不同的学生提供不同的强化物系列。在强化时，可以使用普雷马克原理，即用高频的活动作为低频活动的强化物，也就是用学生喜爱的活动来强化学生参与原本不喜爱的活动。例如，一个学生不喜欢课外阅读，可以让该学生完成一定的课外阅读作业之后去看喜欢的电视节目。

（三）行为主义学习理论提倡的教学模式

行为主义学习理论为教学设计提供了不少相关的教学策略，最为著名的是斯金纳的程序教学。程序教学的基本思想是：强调确定可观察的和可测量的学习结果；预先对学习者做出评估，以确定教学应该从哪里开始；在进入更高层次的学习任务之前，先要掌握前面的东西；确保学习材料组成从简单到复杂的练习序列，并运用强化，形成刺激—反应之间的强有力联系。程序教学的设计应遵循以下原则。

（1）积极反应原则。一个程序教学过程，必须使学习者始终处于一种积极学习的状态。也就是说，教师在教学中使学生产生一个反应，然后给予强化或奖励，以巩固这个反应，并促使学习者作进一步反应。

（2）小步子原则。程序教学所呈示的教材是被分解成一步一步的，前一步的学习为后一步的学习作铺垫，后一步学习在前一步学习基础上进行。两个步子之间的难度相差很小，所以学习者很容易取得成功，并建立起自信。

（3）即时反馈原则。程序教学特别强调即时反馈，也就是让学习者立即知道自己的答案是否正确。一个学生对第一步（学习的前一个问题）能作出正确的反应，便可立即呈现第二步（第二个问题），这种呈现本身便是一种反馈：告诉学生，已经掌握了第一步，可以展开第二步的学习了。即时反馈是树立信心，保持行为的有效措施。

（4）自定步调原则。程序教学允许学习者按自己的情况来确定掌握材料的速度，每个学生可以按自己最适宜的速度进行学习，通过不断地强化，增强进一步学习的内动力。

二、认知学派学习理论

认知学派学习理论的基本观点是：个体的学习不是刺激与反应之间的联结，而是个体对整个学习情境中事物关系的整体认知与了解；强调学习不是被动地形成反应，而是主动地形成认知结构的过程。认知学派关注人类的学习，注重解释学习行为的中间过程，即目的、意义等，认为这些过程才是控制学习的可变因素。认知学派学者众多，研究成果丰富，注重学习理论在学校教育实践中的应用。这里重点介绍布鲁纳和奥苏贝尔的相关研究及其应用。

（一）学习发生的过程

布鲁纳在教育界和心理学界都享有盛誉。他反对以强化为主的程序教学，认为引导学生一步一步学习，只能导致学生的呆读死记，而不能保证学生在新情境中运用这些知识。布鲁纳主张学习者不是被动接受知识，而是主动地获取知识，通过把新知识和已有的知识相联系建构学习者个人的知识体系，即认知结构。布鲁纳通过对学生学习活动的具体过程的研究发现，学生对一门学科的学习包含着三个几乎同时发生的过程：①新知识的获得。新知识可能是原有知识的深化，也可能与原有知识相违背。②知识的转化。学习者将新获得新知识转化为不同的方式，超越给定的信息，从而学习更多的新知识。③知识的评价。学习者核查所用的处理知识的方法是否适合当前的任务，知识的运用是否正确。

奥苏贝尔着重研究课堂教学的规律，提出了认知同化论。奥苏贝尔认为学习是认知结构的重组过程，当学生把教学内容与自己的认知结构联系起来时，有意义学习也就发生了。学习者能否习得新信息，主要取决于他们认知结构中已有的有关观念。这种有意义学习是通过新信息与学习者认知结构中已有的有关观念的相互作用才得以发生的，相互作用的结果导致了新旧知识意义的同化。学习者面对新知识时，必须主动地在原有认知结构中找到与之相关的旧知识，并进行新旧知识的比较，找出相同与差异，最终使旧知识吸收并牢记住所要学习的新知识。

（二）影响学习的因素

布鲁纳强调学习是一个主动的过程，真正对学生的学习发挥作用的是对所学习材料的兴趣，即主要是内部动机，而不是等级、奖赏、竞争等外部动机。布鲁纳提出，要使学生主动地参与到学习中，并且引导学生从其个人方面体验到有能力来处理其外部世界。学生的学习，了解一般的原理原则固然重要，但尤为重要的是培养发展出一种态度，即主动探索新的情境、做出假设、推测事物之间的关系，应用自己的能力解决所面临的问题。

奥苏贝尔同样重视学生学习的主动性。他认为在学校情境中学生的学习动机主要由三种内驱力所组成，即认知内驱力、自我提高内驱力和附属内驱力。认知内驱力是一种要求了解和理解的需要，要求掌握知识的需要，以及系统地阐述问题并解决问题的需要。当学生不断地获得学习的乐趣、成功的体验，感受到知识的力量、学习的价值后，就更加会期待在随后的学习中进一步得到满足，从而逐渐形成认知内驱力。自我提高内驱力是个体因自己的胜任能力或工作能力而赢得相应地位的需要。附属内驱力是一个人为了保持长者（如家长、教师等）的赞许或认可而表现出来的把工作做好的一种需要。

（三）认知学派学习理论提倡的学习方式

布鲁纳主张，学习的目的在于以发现学习的方式，使学科的基本结构转变为学生头脑中的认知结构。发现学习是指学生利用教材或教师提供的情境和条件，通过独立思考探索，从而发现新知识，获得问题解答的一种学习方式。发现学习强调的是学习过程，而不是学习的结果。布鲁纳认为，学生自己亲自发现的知识才是真正属于自己的东西。教学目的不是要学生记住教师和教科书上所陈述的内容，而是要学生亲自参与所学知识的体系建构，自己去思考，培养学生发现知识的能力，培养学生卓越的智力。

发现学习在教学实践中的具体实施灵活多样，一般来说包括以下环节：提出学生感兴趣的问题；使学生对问题体验到某种程度的不确定性；引导学生提出解决问题的各种假设；协助学生收集相关资料；组织学生审查有关资料，得出结论；引导学生验证结论，最终使问题得到解决。

奥苏贝尔认为学生的学习主要是有意义的接受学习，我们在第七章第一节已经做了介绍。有意义学习的实质是新旧知识建立联系，在教学实践中，为了帮助学生把当前的学习内容与原有的知识、经验联系起来，教师可以采用以下教学策略（陈琦，刘儒德，2007）。①举例：从学生的原有经验中找到适当的例子，来说明新学习的知识。②类比：用学生熟悉的事物做类比。③证明：以原有的知识为基础来论证当前的概念、原理，为它们提供理由和证据。④复述：不是重复书本上的原话，而是用自己的话来表达新学习的知识。⑤解释：用相关的知识经验解释新学习的知识，说明自己的理解。⑥推论：从这一知识出发，可以进一步推知什么？⑦应用：应用所学的新知识来解决相关的问题，特别是与生活实际相关的问题以及需要综合运用多种知识的综合性问题。

三、建构主义学习理论

建构主义在20世纪80年代兴起，对当代的教学带来了深远影响。很多研究者都将自己的理论称为建构主义，但彼此间有着诸多方面的差异，同时各种观点之间存在着一定的共识。概括来说，建构主义学习理论将学习作为个体原有经验与社会环境互动的加工过程，更加关注学生如何以原有的经验、心理结构和信念为基础来建构知识，强调学习的主动性、社会性和情境性。

（一）学习的发生过程

建构主义学习理论认为，知识并不是对现实的准确表征，知识只是一种解释、一种假设，并不是问题的最终答案。它必将随着人们认识程度的深入而不断地升华和改写。在具体的问题解决中，需要针对具体问题的情境对原有知识进行再加工和再创造。知识的获得不是教师传授的结果，而是学习者在一定的情境即社会文化背景下，借助其他人（包括教师和学习伙伴）的帮助，利用必要的学习资料，通过意义建构的方式而获得的。因此，学习是一个积极主动的建构过程，学习者根据自己已有的认知结构主动地和有选择性地知觉外在信息，建构当前事物的意义。

由于事物存在复杂多样化，学习者个人的先前经验、认知方式和情感也不尽相同，因此，每个学习者对事物意义的建构也是不同的。学生在日常生活及以往的学习中，形成了丰富的经验。教学要把学生现有的知识经验作为新知识的生长点，引导学生从原有的知识经验中“生长”出新的知识经验。

建构主义学习理论主张学习不是由教师把知识传递给学生，学生也不是简单被动地接收信息，而是在原有知识经验的基础上主动建构知识的意义的过程，这种建构是无法由他人来代替的。学习过程同时包含两方面的建构：一是对新信息的意义的建构，二是对原有经验的改造和重组。这样的知识建构过程有三个重要特征：①学习的主动建构性。面对新信息、新概念和新命题，每个学生都以原有经验为基础建构自己的理解。②学习的活动情境性。知识并不是脱离活动情境的抽象存在，知识只有通过实际活动中的应用才真正被理解。③学习的社会互动性。学习者在学习过程中沟通交流，共同完成学习任务。

（二）影响学习的因素

建构主义学习理论认为学习是学习者在一定的情境即社会文化背景下，借助其他人的帮助主动进行意义建构的过程。因此，建构主义学习理论认为“情境”、“协作”、“会话”和“意义建构”是学习环境中的四大要素或四大属性。

（1）情境。学习环境中的情境创设必须有利于学生对所学内容的意义建构。这就对教学设计提出了基本要求，教学设计不仅要考虑教学目标，还要考虑创设有利于学生建构意义的情境，并把情境创设看作是教学设计的最重要内容之一。

（2）协作。协作发生在学习过程的始终，师生之间、生生之间的协作对学习资料的搜集与分析、假设的提出与验证、学习成果的评价直至意义的最终建构均有重要作用。

（3）会话。会话是协作过程中的不可缺少环节，学习小组成员之间必须通过会话商讨如何完成规定的学习任务。此外，协作学习过程也是会话过程，在此过程中，每个学习者的思维成果都能为整个学习群体所共享。因此，会话是达到意义建构的重要手段。

（4）意义建构。这是整个学习过程的最终目标，所要建构的意义是指事物的性质、规律以及事物之间的内在联系。在学习过程中帮助学生建构意义就是要帮助学生对当前学习内容所反映的事物的性质、规律以及该事物与其他事物之间的内在联系达到较深刻的理解。

（三）建构主义学习理论提倡的学习方式

建构主义学习理论提倡的学习方式是合作学习。自20世纪70年代以来，合作学习受到世界各国的普遍重视，成为当代主流教学理论与策略之一。合作学习在改善课堂内的气氛、大幅度提高学生的学业成绩、促进学生形成良好品质等方面实效显著。合作学习有两大理论基础：一是目标结构理论，二是建构主义学习理论。前者是从动机的角度出发，强调了合作目标对学生从事学业任务的诱因影响，而后者从认知的角度出发，重视合作学习对完成任务效果的影响。合作学习的实施具有以下特征。

（1）以合作促进知识的建构。合作学习是以小组为单位，通过学生的合作，完成学习任务，提高学习成绩的学习过程。这一学习方式最为典型的特征就是协作。合作学习能够培养学生的合作精神、创新精神、竞争意识、平等意识、交往能力、承受能力。在合作讨论中，互相帮助，相互取长补短，使每个人都提高较快，同时也会激发学生学习的积极性，并有效发挥各自的学习潜能，提高学习效率。

（2）突出学生的主体性。合作学习模式将学生置于教学的主体地位，以学生自主地、能动地学习为主，教师处于指导、辅导和引路的地位。这就要求教师在合作学习实施过程中，选择适合学生全程参与的教学过程和教学内容，让学生参与其中，并通过小组合作自主建构知识，形成能力，真正成为教学活动的主体。

（3）发挥教师主导作用。在合作学习中，学生主体的参与合作，需要教师的引导、激励和培养。因此，合作学习既强调学生主体地位，也极其重视教师的主导作用。但教师的主导作用必须立足于学生主体作用的发挥，通过引导与激励学生的认知、情感和动机，为学生的参与创设一个充满民主、和谐、愉悦的教学环境氛围，最大程度地激发学生的主体性，促进学生主动参与合作。

合作学习的五个要素

四、人本主义学习理论

人本主义心理学认为心理学研究应关注完整的人，关注人的高级心理活动，如热情、信念、尊严等，强调人的生命价值，强调个体具有发展的潜能和自我实现的倾向。人本主义心理学的学习理论重点研究如何为学习者创设一个良好的环境，启发学习者从其独特的角度感知世界，发展形成对世界的理解，进而肯定自我，达到自我实现的境界。罗杰斯是人本主义学习理论的代表人物，他根据心理咨询临床经验，提出“患者中心疗法”和自我理论。20 世纪 60 年代后，罗杰斯将自己的理论推广到教育和教学领域，出版了《自由学习》一书，系统地阐述了他的学习和教学观点，提出了“以学生为中心”的教育教学理论。

（一）学习的发生过程

罗杰斯认为，人类的学习是一种自发的、有目的、有选择的并从中得到满足的过程。学习是有意义的心理过程，学生学习的内容应该是学习者认为有价值、有意义的知识或经验。只有当学生正确地了解到所学内容的用处时，学习才成为最好的、最有效的学习。情感和认知是人类精神世界中两个不可分割的有机组成部分，彼此是融为一体的，教育的理想就是要培养既用认知的方式也用情感的方式行事的、知情合一的人，他称之为“全人”（whole person）或“功能完善者”（fully functioning person）。

罗杰斯特别强调学习方法的学习和掌握，强调在学习过程中获得知识和经验，很多有意义的知识或经验不是从现成的知识中学到的，而是在做的过程中获得的。学生通过实际参加学习活动，进行自我发现、自我评价和自我创造，从而获得有价值的、有意义的经验。因此，对于学习者来说，最有用的学习是学会如何学习。在学习过程中获得的不仅仅是知识，更重要的是获得如何学习的方法或经验。

（二）影响学习的因素

首先是强调学习中人的因素。罗杰斯认为，学校和教师必须把学生看作“人”，尊重学习者，相信学生的本性是好的、是积极向上的；相信任何正常的学习者都能自己教育自己，发展自己的潜能，并最终达到“自我实现”。教学的任务就是创设一种有利于学生学习潜能发挥的情境，使学生的学习潜能得以充分地发挥。罗杰斯强调以学生为中心，教师的任务主要是帮助学生增强对变化的环境的认识和加深对自我的理解，而不应该像行为主义学习理论所主张的那样，用安排好的各种强化去控制或塑造学生的行为。

其次是重视心理因素在学习中的作用。教师应该尊重学生的个人经验，充分信任学生能够发展自己的潜能，并使学生产生一种学习的安全感和自信心，消除他们的种种心理上的疑虑，从而促使他们的自我实现的学习动机得以表现出来，成为有效学习的一种驱力。促进学生学习的关键不在于教师的教学技巧、专业知识、课程计划、视听辅导材料、演示和讲解、丰富的书籍等，而在于教学创设的心理气氛因素。教师本人要表里一致，以真诚的态度对待学生，重视他们的情感和意见、看法和意愿；教师还要以身作则，使学生与教师之间及学生与学生之间建立起良好的人际关系，创造一种情感融洽的学习情境。

（三）人本主义倡导的学习方式

人本主义倡导的学习方式是有意义的自由学习。人本主义也强调有意义学习（significant learning），但与奥苏贝尔的意义学习（meaningful learning）是有区别的。奥苏贝尔的意义学习强调新旧知识之间的联系，只涉及理智，而不涉及个人意义。而人本主义强调的有意义学习关注的是学习内容与个人之间的关系，是一种与学习者经验融合在一起的学习。这种有意义学习，可以使学习者的行为、知识、个性以及对未来行为的选择都产生重大的变化。

在罗杰斯看来，有意义的自由学习应遵循以下原则：①人类生来具有学习的潜能，只要条件适当，这种潜能就会发挥出来；②当学生觉察到学习内容有意义，并且与其学习目的之间有关系时，有意义学习便会产生；③学生倾向于拒绝那些引起自我组织变化的学习，尤其是当这种改变带有明显的外部威胁时；④当外部威胁逐渐降低时，学生比较容易觉察和同化那些引起自我组织改变的学习内容；⑤当外部环境对自我的威胁相当微弱时，学生倾向于以辨别的方式来知觉经验，有意义学习就能顺利进行；⑥大多数有意义学习的方式是“做中学”。“做中学”是改进学习最有效的方法；⑦当学生负责任地参与学习过程时，有意义学习就能得到发展；⑧学生的情感和理智全部投入的学习是自动发起的学习，也是最持久、最深刻的学习；⑨当学生以自我评价作为学习的主要依据时，其独立性、创造性和自主性就会得到发展；⑩对经验持续开放，并将自己与变化的过程相结合是现代社会最有效的学习。

第三节　学习迁移概述

一、学习迁移

（一）什么是学习迁移

一般地说，学习迁移是指已经获得的知识、技能、情感和态度等对新的学习的影响。迁移不仅表现为先前的学习对后来学习的影响，也可以表现为后继学习对先前学习的影响，这种影响可以是积极的也可以是消极的。概括来说，学习迁移就是一种学习对另一种学习的影响。

迁移在学校教学中有着重要意义。学习的最终目的并不是将知识经验储存在学生头脑中，也不是仅仅用于解决书本上的问题，而是要应用于各种不同的实际情境中，解决各种现实问题。学生准确有效地提取相关经验来分析、应对现实的问题情境，这实际上就是一个迁移问题，也就是平常所说的学以致用。

（二）学习迁移的分类

学习迁移的表现形式是多种多样的，根据不同的标准可以对迁移进行不同的分类。

（1）根据迁移的影响效果，可分为正迁移和负迁移。正迁移是指一种学习对另一种学习起促进作用。学习中的正迁移较为常见，如学生掌握的圆锥体积的计算公式，就有助于学习三棱锥、四棱锥体积的计算方法。负迁移是指一种学习对另一种学习产生了干扰或抑制作用。例如，掌握汉语语法的学生，在学习英语语法初期，一般会自觉或不自觉地用汉语语法去套英语语法，因而影响英语语法的掌握；又如学会骑自行车后再去学习骑三轮车，已经形成的骑自行车的技巧会干扰学习骑三轮车，这些就属于负迁移。

（2）根据迁移的方向，可分为顺向迁移和逆向迁移。例如，当学习者面临新的学习情境或问题情境时，学习者利用原有的知识或技能获得了新知识或解决了新问题，这种迁移就是顺向迁移；而如果学习者原有的相关知识技能不足以使其学习新知识或解决新问题，学习者需要对原有的相关知识技能进行补充、修正，这种后继学习对先前学习的影响就是逆向迁移。

（3）根据迁移发生的水平，可分为侧向迁移和纵向迁移。侧向迁移是已经习得的概念或原理的简单运用，不涉及解决新问题。纵向迁移是已掌握的概念和原理在新的、需要产生新概念或原理的情境中的运用。例如，学生利用已经掌握的长方形和三角形的面积计算规则解决梯形面积计算问题，需要学生对梯形图进行分割拼补，构造出长方形和三角形，再进行面积计算，这就属于纵向迁移。

（4）根据迁移发生的范围，可分为特殊迁移和一般迁移。特殊迁移指具体知识与技能的迁移，其迁移范围小。一般迁移指原理和态度的迁移，其迁移范围大。基本的原理、基本的态度具有广泛的适用性，能适用于许多表面特征不同但结构相同的情境。

（5）根据迁移发生的自动化程度，可分为低路迁移和高路迁移。低路迁移是指经过充分练习的技能自动迁移，不需要反省性思维。例如，反复练习修理某种设备可以使技能自动迁移到其他设备的修理工作中。高路迁移是指有意识地将在某一情境下习得的抽象知识运用于新的情境。这种应用可分为两种情形：第一，在当前的学习中想到今后的应用。例如，在学习心理学理论时设想将来在教育教学实践中应用这些心理学理论；第二，面对新的问题时，回头思考先前习得的知识在新情境中的应用。例如，在解物理习题时回想数学课上学过的数学原理。高路迁移的关键是有意识进行抽象概括，或精心辨别出不局限于特殊情境、能普遍应用的原理、主要观点、策略与步骤。

二、学习迁移的实质

一百多年以来，许多心理学家从不同的心理学立场出发，或者通过精心设计的实验，或者结合学校教育教学实际，对学习迁移发生的原因、过程以及影响因素等进行研究和说明，形成了众多的关于学习迁移的理论或观点。比较有代表性的有以下几种。

（一）形式训练说

形式训练说以官能心理学为基础，官能心理学认为，人的心理是由意志、记忆、思维和推理等官能组成的，不同的官能活动相互配合就构成各种各样的心理活动。形式训练说假定各种官能如同训练肌肉一样，通过练习得到增强。形式训练说把训练和改进心理的各种官能作为教学的最重要目标，认为官能训练的关键不在于训练的内容，而在于训练的形式；迁移是无条件的、自动发生的。这种观点在历史上由来已久，但并没有科学实验的依据。

（二）共同要素说

桑代克等设计了一系列实验来检验形式训练说，包括知觉、注意、记忆和运动动作等方面。结果发现，经过训练的某一种官能并不能自动迁移到其他活动中。只有当两种活动情境中有相同要素时才能产生迁移。相同要素说由伍德沃斯（R. S. Woodworth，1869～1962）修改为共同要素说，只有当学习情境和迁移测验情境存在共同成分时，一种学习才能影响另一种学习，即产生迁移。这种观点在很大程度上否认了迁移过程中的复杂的认知活动。

（三）经验类化说

经验类化说也称为概括化理论，是由贾德（C. H. Judd，1873～1946）在实验的基础上提出来的。1908 年，贾德进行了著名的水中打靶实验，他把十一二岁的小学生分成两组练习水中打靶，对其中的一组先讲解水的折射原理后进行练习，另一组只是进行尝试练习。两组达到相同的练习成绩后，改变水中目标的深度，继续打靶。学习过原理的一组成绩明显高于另一组。学习过原理的一组能够对靶标的不同深度做出适应和调整，把折射原理应用于不同的特殊情境。贾德认为迁移的发生不在于任务之间的表面相似性，而在于被试是否获得对于有关知识的概括化的理解。

（四）关系转换说

关系转换说的观点是习得的经验能否迁移，并不取决于是否存在某些共同的要素，也不取决于是否对原理的孤立的掌握，而是取决于学习者能否理解各个要素之间形成的整体关系，能否理解原理与实际事物之间的关系。苛勒的小鸡啄米实验论证了这一假说。在实验中，苛勒训练小鸡分辨两种深浅程度不同的灰颜色，当它们选择深灰色时即可得到食物强化。小鸡经过400～600次的练习，学会了在深灰的卡片上找到食物。在接下来的实验中，苛勒增加了一种新的、更深的灰色，结果发现小鸡对更深的卡片做出反应。两种情境确实存在某种共同的东西，但不是共同的刺激要素，而是两种情境之间共同的关系或完形，实验证明了情境中的关系对迁移的作用。

（五）认知结构迁移理论

美国教育心理学家奥苏贝尔所提出的认知结构迁移理论与学校教育实际关系最为密切。在奥苏贝尔看来，一切有意义的学习都是在原有学习的基础上产生的，不受原有认知结构影响的有意义学习是不存在的。也就是说，一切有意义学习必然包括迁移。在有意义学习中，学生原有认知结构的特征始终是影响新的学习与保持的关键因素。

奥苏贝尔提出了影响学习迁移的三个认知结构变量：第一，原有知识的可利用性。当学习新知识时，如果在学生原有知识结构中能够找到适当的可以用于同化新知识的原有知识（包括概念、命题及具体例子等），那么该学生的认知结构就具有可利用性。例如，中学生在日常生活中所观察到的物理现象对于物理学习的可利用性。第二，原有知识的巩固性。原有的知识越巩固，越易促进新的学习。利用及时纠正、反馈、过度学习等方法，可以增强原有知识观念的稳定性。第三，新旧知识的可辨别性。新旧知识的可辨别性是指利用旧知识同化新知识时，学习者意识到新知识与旧知识之间的相同与差别，新旧知识的可辨别性是建立在对原有知识的巩固性基础之上的。

奥苏贝尔认为，“为迁移而教”，实际上是帮助学生形成良好的认知结构。为了促进迁移，教材中必须清晰呈现那些具有高度概括性、包容性和强有力的解释效应的基本概念和原理。在呈现教材时，既要从纵的方面遵循由一般到具体、不断分化的原则，还要从横的方面加强概念、原理乃至章节之间的联系。

三、影响学习迁移的因素

学习迁移受到多种因素的影响，可以概括为客观因素和主观因素两大方面。

（一）影响学习迁移的客观因素

第一，学习材料的性质。包括学习材料的组织结构、逻辑层次以及实用价值等。那些包含着正确的原理、规则，具有良好的组织结构的知识以及能够引导学习者进行概括总结的学习材料，有利于学习者在学习新知识或解决新问题时产生积极迁移。第二，教师的指导。在教学过程中，教师有意识地引导学生发现知识之间的相同点，启发学生进行概括总结，指导学生运用已经掌握的原理分析解决新问题，这些都有利于积极迁移的发生。第三，学习情境的相似性。两种学习情境的相似成分越多，学习者就越能够利用有关的线索，促进学习迁移的发生。

（二）影响学习迁移的主观因素

第一，学习者的智力水平。教学实践表明，具有较高智力水平的学习者能较快地发现两种学习情境之间的相同要素以及要素之间的相互关系，善于总结概括学习内容的原理原则，能够较好地将先前习得的学习策略运用到新的学习情境中。第二，学习者的认知结构特点。认知结构是指个人在以前学习和感知客观世界的基础上形成的，由知识经验组成的心理结构。学习者原有认知结构的质量，如知识经验的丰富性、准确性和组织性等，都对新的学习产生影响。第三，学习者的心理定势。心理定势是由先前的学习所形成的一种特殊的心理准备状态。定势可以引起积极的迁移，也可以造成消极的迁移。心理定势影响迁移的关键是学习者能否具体地分析当前的学习情境，从中辨别出哪些是可以利用已有知识和策略，哪些需要打破已经形成的定势，灵活处理新的情境。

四、促进迁移的教学策略

在教学中，教师要采用有效的教学策略，促进学生学习迁移的发生，帮助他们实现习得经验的概括化和系统化，在有限的时间内学得更好、更快，并在新的情境中，主动应用学得的知识经验，分析解决实际问题。

（一）合理编排教学内容

在教学内容的编排上，要注意在各个教学单元相对独立的前提下，体现出各单元和各部分内容之间的合理内在联系和前后衔接。教学过程中应充分利用教学材料的内在联系，引导学生进行积极的迁移。具体来说，教学内容的编排要符合以下三条原则：结构化原则、一体化原则和网络化原则（冯忠良，2000）。结构化原则是指教材内容的各构成要素具有科学的、合理的逻辑联系，能体现事物的内在关系，如上下、并列、交叉等关系；一体化原则是指在组织教材内容时，既要防止教材中各个要素之间的相互割裂、支离破碎，又要防止相互干扰或简单重复，要使各种构成要素能整合成为具有内在联系的有机整体，从而有利于学生合理知识结构的形成；网络化原则是指教材各要素之间的联系要明确，为迁移的产生提供直接的支撑。

（二）加强基本概念和基本原理的教学

各门学科中的基础知识，包括基本概念、基本原理等具有广泛的适应性，因而其迁移价值较大。大量教学实践证明，在教授概念、原理等基本知识的同时，结合代表性的事例，并阐明概念、原理的适用条件，有助于迁移的产生。在教学过程中，教师还应注意引导学生自己总结出概括化的原理，提高其概括总结的能力，充分利用概念、原理进行迁移。

（三）在教学过程中具体分析教学内容适合何种迁移

迁移是学习的普遍特征，学习迁移的类型多种多样，我们在前面已经进行了较为详细的分析。在教学过程中，教师要有意识帮助学生明确所学内容适合于哪一种类型的迁移，明确地向学生提示所学内容可以应用于哪些情境。

（四）帮助学生形成对待学习和学校的积极态度

教师应结合学生的年龄特点，考虑学生的多方面需要，创设良好的学校环境和氛围，增加学校对学生的吸引力。教师要注意帮助学生形成良好的心理准备状态，避免不良情绪等消极心态产生的消极迁移。当学生应用其所学知识来解决所遇到的学科问题以及生活中的问题时，教师应给予及时的鼓励。引导学生对学习状况进行正确的归因，促使学生形成对待学习和学校的积极态度。

第四节　学 习 策 略

一、什么是学习策略

至今，学习策略还没有一个公认的定义。根据已有的研究，可以归纳为三种观点：①学习策略是学习的程序、方法及规则；②学习策略是学习的信息加工过程；③学习策略是学习监控和学习方法的结合。概括来说，学习策略是指学习者为了提高学习的效率和效果，有目的有意识制定的有关学习过程的复杂方案。

学习策略包括四个方面的特征：第一，学习策略是学习者为了完成学习目标而主动使用的。一般来说，学习者采用学习策略都是有意识的，首先是分析学习任务和自己所具有的各种条件，然后，根据这些条件，制订适当的学习计划。第二，学习策略是有效学习所必需的。所谓策略，实际上是从效率和效果的角度而言的。例如，学生要背诵某篇文章，如果是一遍又一遍地整篇文章重复朗读，需要大量的时间。而如果采用分段记忆、尝试背诵或者是组成学习小组互相检查，就能够提高学习的效率与效果。在实际学习过程中，有时如果只是使用最简单原始的方法而不使用一定的学习策略，很难实现学习目标。第三，学习策略是有关学习过程的。学习策略的使用必然是落实在学习过程的始终。它规定着学习时做什么不做什么、先做什么后做什么、采用怎样的方式等。第四，学习策略是学习者制订的学习计划，由规则和技能构成。严格来说，所有学习活动的计划都是不相同的，每一次学习都有相应的计划。而在实际学习过程中，对于同一类型的学习，存在着基本相同的计划，例如前面介绍的 SQ3R 阅读法等。这些基本相同的计划就是我们常用的学习策略。学习者对学习策略的掌握需要经过一定的练习，才能成为其学习技能。

二、典型的学习策略

（一）认知策略

从学习过程来看，认知策略对人的心理加工过程起控制和调节作用。从学习结果来看认知策略是一种特殊的程序性知识，是学习者加工信息的方法和技术，有助于从记忆中提取信息。常用的认知策略有复述策略、精加工策略、组织策略。

1. 复述策略

复述策略是为了保持信息，运用内部语言在大脑中重现学习材料，将注意力维持在学习材料上的方法。在学习中，复述是一种重要的记忆手段。对于许多新信息，如人名、地名、数字等，要及时多次重复。对于较为复杂的学习材料，复述策略包括边看书边讲述材料，在阅读时做摘录、画线或圈出重点。画线的方法包括圈出新出现的术语、标出定义、标出事件的序号，在重要段落前做标记，用箭头指出句子之间的逻辑关系等。

2. 精加工策略

精加工策略是指将新学习材料与头脑中已有知识联系起来，从而增加新信息的意义的深层加工策略。精加工策略包括对记忆材料补充细节、举出例子、写摘要、做笔记、自我提问、用自己的话进行解释等。

精加工策略通过为知识的建构提供更多的信息、为知识的提取提供更多的途径来增强记忆的效果。一般来说，关于某一事物的信息越多，越容易记住这一事物。例如，学习化学元素“锎”，如果查阅到锎元素是由美国加利福尼亚大学的科学家首先发现，为纪念加利福尼亚大学而用该州的英文名称加元素符号后缀命名，就很容易记住锎的英文名“Californium”及元素符号“Cf”。

听课时做笔记是常用的一种精加工策略，做笔记有助于指引学习者的注意、有助于发现知识之间的内在联系。心理学家指出，做笔记有两步：第一步是记下听讲中的信息；第二步是理解所做的笔记，使记下的信息有意义。如果笔记只停留在第一步，对学习并无多大的帮助。由此，专家建议做笔记时在笔记本每页右边留出三分之一的空白，除了记录知识纲要外，在空白部分随时记下教师所讲的关键词、典型事例，尤其要记下自己的疑问和感想，在课后整理笔记时，补充注解和评语。这些边注、评述或其他标记不仅可以促进学习者的理解，而且可以为学习者以后的复习提供线索。

3. 组织策略

组织策略是指整合所学新知识之间、新旧知识之间的联系，形成新的知识结构。常用的组织策略有：①归类。归类是把学习材料划分为适当的类别，也就是形成较大的记忆组块，使需要掌握的学习内容条理化。②列提纲。在列提纲时，先对材料进行系统的分析、归纳和总结，然后用简要的词语，按照材料中的逻辑关系，写出主要观点。所列出的提纲要具有概括性和条理性。③利用图形。一般经常使用的图形有系统结构图、流程图、模型示意图、网络关系图等。④制作表格。常用的表格一种是一览表，例如学习中国历史，可以按时间顺序，将主要历史人物、历史事件全部展现出来；另一种是双向表，从纵横两个维度列出材料中的主要信息。

（二）元认知策略

元认知

元认知是对认知的认知。具体地说，是个体对于自己认知过程的知识和调节这些过程的能力的认知。元认知策略是个体调节和控制认知行为的方法与规则，是在个体学习过程中随经验的增长而逐渐发展起来的。例如，人们在阅读时监控自己的阅读过程，采用自我提问的方式："这段文字到底讲的是什么""我已经把核心观点记住了吗"。

元认知策略大致可分为三种：自我计划策略、自我监控策略和自我调节策略。

1. 自我计划策略

自我计划策略是指学习者在学习之前对学习目标、学习过程等方面进行规划与安排，包括设置学习目标、浏览阅读材料、提出有关的问题以及分析如何完成学习任务。大量事实证明，成功的学生并不只是听课、做笔记和等待教师布置作业，他们大都是积极的、有计划的学习者，他们会预测完成作业需要多长时间，在写作前获取相关信息，在考试前复习笔记，必要时组织学习小组等。合理的学习计划是顺利完成学习任务和提高学习效率的重要保证。学习者应该能够根据学习内容的特点、自己的学习风格、学习环境等具体情况制订合理的计划。

2. 自我监控策略

自我监控策略指学习者在学习过程中，根据学习目标及时评价、反馈学习活动的结果与不足，正确估计自己达到目标的程度及水平，包括阅读时对自己的注意状态和理解方法进行跟踪、对学习材料进行自我提问、考试时监视自己的答题速度等。这些策略可以帮助学习者及时发现自己在学习中的出现问题。

3. 自我调节策略

元认知策略之自我调节

调节策略与监控策略有关。自我调节策略是指学习者根据对学习活动结果的检查，如果发现问题，则采取相应的补救措施，及时修正、调整认知策略。例如，当学生意识到自己对某一部分材料不理解时，适当放慢速度，重复阅读这一部分；在参加考试时，跳过个别难题，先做较为简单的题目等。能够有效地进行学习活动中的调节，对学习活动进行及时评价是一种重要的策略。学习中的评价是指把学习进程或学习阶段结果与既定的目标加以比较，以确定学习的进展和质量，决定是否进行下一步的学习活动。学习中的评价能够使学习者及时获得反馈，及时发现错误，增强学习的成就感、激发学习积极性。

（三）资源管理策略

资源管理策略可以辅助学习者管理可以利用的环境与资源，有助于学习者适应环境并调节环境以适应自己的需要，从而保持良好的学习状态，提高学习的效果与效率。

1. 学习时间的管理

首先是要统筹安排学习时间。每一个人都应根据自己的学习任务，对时间做出总体安排。对每一天的活动，都要做出切实可行的计划。在制订学习计划时，要注意将学习计划落实在学习成果上。其次是要高效利用最佳时间。要根据自己的生物钟安排学习活动，把握最有效率的时间段。最后是要灵活利用零碎时间。可以利用零碎时间翻阅报刊，扩展自己的知识面，随身携带单词本随时复习记忆，或者是进行同学之间的交流讨论等。学生要注重养成良好的学习习惯，进行有效的时间管理。例如：确定有规律的学习时段，确立切合实际的目标，使用固定的学习区域，分清任务的轻重缓急，学会对分心的事物说“不”，自我奖励学习上的成功。这些良好习惯的养成，有助于提高学习效率。

2. 学习环境的管理

良好的学习环境有助于提高学习效率，同时有助于提升学习兴趣。要注意使环境条件适宜学习活动的进行，例如空气流通、温度适宜、光线明亮、环境整洁等。同时要积极适应现有的学习环境，充分利用有利因素。

3. 努力状态的管理

学习活动的进行，不是一朝一夕的事，需要保持长期的学习热情，保持持久的努力状态。要明确学习是学生的天职，主动克服懈怠，排除干扰，维持自己的意志努力；树立自己的学习楷模，用他们的勤奋与成功来激励自己；选择对自己有感染力的格言警句，不断地进行积极的自我暗示；激发内在动机，选择有挑战性的任务。

4. 学业求助策略

学业求助是指学习者在学习上遇到困难时，向他人请求帮助的行为，这是一种重要的社会支持管理策略。在学习过程中，学生总会遇到各种各样的困难，其中有些困难是自己无法解决的，这就需要学习者主动向他人寻求帮助。首先，正确地看待学业求助。他人的帮助是重要的学习资源，学业求助不是自身能力缺乏的表现，而是获取知识、增长能力的一种途径，是一种重要的学习策略。其次，正确确定学习目标，应该确立学习是以掌握知识、发展能力为目标，而不是以显示能力、赢得地位为目标。这样能够减少学业求助时不必要的顾虑。最后，采用适应性学业求助的方式。心理学家按照求助者的目的将学业求助划分为执行性求助和适应性求助两类。执行性求助是指学习者面临自己不能解决的学习困难时，请求他人“替”自己解决困难。适应性求助是指学习者遇到困难时，借助他人的力量以达到自己解决问题、实现学习目标的目的。学习者要明确学业求助的重点在于获得别人的点拨和提示，而不是要求别人包办解决问题；在遇到自己确实无法解决的学习困难时，再寻求他人的帮助。

三、学习策略的教学

“学会学习”，使学生成为成功的学习者，已经成为重要的教育目标，教会学生学习的关键是对学生进行有效的学习策略训练。优秀教师不仅是结合教学内容教给学生具体的学习策略，而且还要教会学生积极主动地灵活选用有效的学习策略。

（一）学习策略教学的原则

1. 主体性原则

任何学习策略的使用都依赖于学生主动性和能动性的充分发挥。教师在学习策略训练中要向学生阐明训练的目的和依据，指导学生掌握何时、何地与如何使用学习策略，给学生充分地运用学习策略的机会,并指导学生分析和反思学习策略的使用过程与效果，不断提高学生使用学习策略的自觉性。

2. 内化性原则

训练学生不断实践各种学习策略，逐步将其内化成自己的学习能力，并能在新的情境中加以灵活运用。内化过程需要学生将所学的新策略与头脑中原有的策略加以整合，灵活应用学习策略，并能熟练应用，形成良好的学习行为习惯。

3. 特定性原则

学习策略一定要适于学习目标和学生的类型，即通常所说的具体问题具体分析。教师要根据学习者的发展水平，确定哪些策略是最有效的，要考虑学习策略的层次，给学生提供多样的学习策略。

4. 生成性原则

学习策略训练要获得实效，关键在于学习者在学习过程中要利用学习策略对学习材料进行重新加工，生成某种新的东西。例如，写出内容概要、列提纲、图解要点，向同伴讲述所学内容等。学习策略的运用离不开被加工的学习材料本身，学习者在某一领域的知识越是丰富，越能应用适当的加工策略。

5. 有效的监控

有效的监控是指学生应该把注意力集中在学习结果和学习过程之间的关系上，监控自己使用每一种学习策略所导致的学习结果，以便确定所选择策略是否有效。经过这样的监控，学生就能够灵活把握如何使用特定的学习策略。同时，教师要精心设计相似情境的练习和不同情境的练习，明确、具体地要求学生运用特定的学习策略。

6. 个人效能感

个人效能感是指个体在完成某一任务时对自己胜任能力的主观判断。它是影响学习策略选择的一个重要的动机因素。那些能积极使用有效学习策略的学生相信，使用某一学习策略会对自己的学习成绩产生影响。教师要给学生一些机会，让他们体会学习策略的效力以及个人使用策略的能力，从而让学生积极主动使用各种学习策略，提高学习效率和效果。

（二）学生元认知能力的培养

加强对学生元认知能力的培养，是促进学生掌握学习策略的一个重要方面。在教学中，可以采取一些有效措施，提高学生的元认知能力的发展水平。

1. 增强学生对他人及自我认识过程的意识

在教学过程中，教师可以采用出声思维的方法，将自己对某一问题的思维过程展现给学生。例如，教师叙述自己在解决某个问题时，想到哪些策略，哪些是优先选用的，哪些是补救策略，自己是如何调整、转换这些策略的；教师也可以要求某位学生描述自己的思维过程，并引导其他同学对其思维过程进行评价；教师还可以向学生呈现新的学习任务，要求学生报告自己准备解决这一问题的一系列的步骤与方法。

2. 指导学生监控评估自己的理解能力

这一点要求学生在阅读或解决问题过程中，经常给自己提一些问题。例如，“我对作业的要求清楚吗”“这一点我理解得对吗”“这句话除了字面的意思外，还有什么深层次的含义”教师可以用列表的形式为学生提供对某一问题理解程度的判断标准，学生对照检查自己的理解能力。

3. 引导学生写学习日志

写学习日志的目的在于反思自己的学习过程和思维过程，理清思路，提出有价值的问题；引导学生学会自己教自己，将注意力转到自己的学习过程上。学习日志的内容可以灵活多样，主要包括当天学习的主要内容；相关知识点和各知识点之间的联系；对不明确的、有矛盾的问题的思考；将易混淆的知识列表对照，自己举例说明；对自己某一学习活动的评价等。

◑——★ 本 章 概 要 ★——◐

1. 学习是个体在特定情境下，由经验引起的行为或行为潜能的相对持久的变化。

2. 学生学习的特点：学生的学习主要是掌握间接经验；学生的学习是在教师指导下，有目的、有计划、有组织地进行的；学生的学习具有一定程度的被动性。

3. 行为主义学习理论认为学习是学习者与外界环境相互作用的结果，即形成“刺激—反应”之间的联结，最为核心的学习影响因素是如何安排特定环境中的刺激，并使这一刺激产生预期的行为。

4. 认知学派的学习理论强调学习是主动地形成认知结构的过程。布鲁纳主张，学习的目的在于以发现学习的方式，使学科的基本结构转变为学生头脑中的认知结构。奥苏贝尔提出了认知同化论。

5. 建构主义学习理论认为学习是学习者在一定的情境即社会文化背景下，借助其他人的帮助主动进行意义建构的过程。

6. 人本主义学习理论强调学习是有意义的心理过程，强调学习中人的因素，重视心理因素在学习中的作用。

7. 学习迁移是指已经获得的知识、技能、情感和态度等对新的学习的影响。根据不同的标准可以对学习迁移进行不同的分类。

8. 影响学习迁移的客观因素包括学习材料的性质、教师的指导和学习情境的相似性；主观因素包括学习者智力水平、认知结构特点、心理定势。教学应采取有效措施促进学习迁移。

9. 学习策略是指学习者为了提高学习的效率和效果，有目的、有意识制定的有关学习过程的复杂方案。典型的学习策略包括认知策略、元认知策略、资源管理策略。

10. 学习策略的教学应遵循主体性原则、内化性原则、特定性原则、生成性原则、有效的监控和激发个人效能感。还应注重对学生元认知能力的培养。

思考题

1. 名词解释：学习、学习迁移、学习策略。
2. 学生的学习具有哪些特点？
3. 举例说明迁移的种类。
4. 影响学习迁移的因素有哪些？教学怎样促进迁移？
5. 结合自己的学习实际，说明学习策略的应用。

参考文献

陈琦，刘儒德．2007．当代教育心理学．北京：北京师范大学出版社．

董蓓菲．2006．语文教育心理学．上海：上海教育出版社．

冯忠良．2000．教育心理学．北京：人民教育出版社．

鲁忠义，白晋荣．2005．学习心理与教学．石家庄：河北人民出版社．

莫雷．2007．教育心理学．北京：教育科学出版社．

皮连生．2011．教育心理学．4版．上海：上海教育出版社．

斯滕伯格．2012．教育心理学．姚梅林，张厚粲，译．北京：机械工业出版社．

王德强，邢斌．2017．教育心理学．武汉：华中科技大学出版社．

张春兴．2002．心理学思想的流变——心理学名人传．上海：上海教育出版社．

R. M. 加涅．1999．学习的条件和教学论．皮连生，等译，上海：华东师范大学出版社．

第八章　中小学生学习动机的激发与培养

——坚信你的对手一样会感到疲惫。

——当全世界都说在放弃时，告诉自己再试一次；不管作业有多少，都要按时完成，而且要有质量的完成，切记，认真且有思考地完成一套卷，比走马观花地完成十套卷要有效得多。

——现在偷的懒，都是给将来挖的坑；就是到了最疲惫的时候都不要放弃，否则前功尽弃。

——不要轻易放过自己；不要熬夜熬到太晚，上课的 40 分钟利用好，绝对有事半功倍的效果。

——注重保持身体健康，提高学习效率；人生若没有一段想起来就热泪盈眶的奋斗史，那这一生就算白活了。

——别让未来的你，讨厌现在的自己；生活不是等待风暴过去，而是要在风暴中学会展翅翱翔。

——不要害怕困难，困难是给你弯道超车的机会；只有经过地狱般的磨炼，才能拥有创造天堂的力量;只有流过血的手指才能弹出世间的绝唱。

——你有多努力的现在，就有多不惧的未来；一个人应当养成信赖自己的习惯，即使到了最危急的关头，也要相信自己的勇敢与毅力。

——你的壮大，才是你身边人的底气。

以上这些励志的话是河北衡水某著名中学老师激励学生的标语。这个学校学生学习非常努力，达到了废寝忘食、夜以继日的程度，而且每年也都能取得骄人的成绩。很多教育工作者认为这个中学有很多值得我们学习的地方。比如，这个学校的老师是如何激励学生呢？学生又是为什么能这样刻苦学习呢？学习了这一章或许会有答案。

第一节　动 机 概 述

一、需要与动机

心理学研究表明，人类行为的一切动力来自需要，需要是人类行为的源泉。所以，研究动机就要从需要入手。

（一）需要的概念

需要是有机体生理或心理上感到某种缺乏并力求获得满足的一种内部紧张状态。它是有机体自身和外部生活条件的要求在头脑中的反映。

人的需要是复杂多样的，表现形式也是多种多样的，概括起来需要主要有如下特征。

1. 对象性

人的需要不是空洞的，而总是指向某一对象，而且也随着满足需要的对象的发展而发展。人的需要的对象既包括物质的东西，如衣、食、住、行，又包括精神的东西，如信仰、文化、艺术、体育；各种需要彼此之间的区别，就在于需要对象的不同。但无论是物质需要、还是精神需要，都必须有一定的外部物质条件才能满足。

2. 阶段性

人的需要是随着年龄、时期的不同而发展变化的，也就是说个体在发展的不同时期，需要的特点也不同。例如，婴幼儿主要是生理需要，即需要吃、喝、睡；少年时代开始发展到对知识、安全的需要；青年时期又发展到对恋爱、婚姻的需要；中老年时，又发展到对名誉、地位、尊重的需要等。

3. 动力性

需要是人从事各种活动的基本动力。人的各种活动，无论是饮食御寒、学习生活还是发明创造都是需要的推动。人的这种促使个体调动机体的力量来促进机体的内外平衡的需要成为行动的动力。

4. 社会制约性

人不仅有先天的生理需要，而且在社会实践中，在接受人类文化教育过程中，发展出许多社会性需要。这些社会需要受历史的影响，又受阶级性的影响。在经济落后、生活水平低下时期，人们需要的是温饱；在经济发展、生活水平提高的时期，人们需要的不仅是丰裕的物质生活，同时还需要高雅的精神生活。由此可见，人的需要又具有社会性和历史与阶级的制约性。

（二）需要的种类

人们从不同的角度对需要进行分类。

1. 生理需要和社会需要

从需要的起源划分，需要包括生理需要和社会需要。生理需要是保存和维持有机体生命和种族延续所必需的。生理需要包括饮食、运动、睡眠、排泄、御寒、性等需要。生理需要是生而有之的，人与动物都存在，但人的需要是在社会生活实践中产生和发展起来的。人的社会需要因受社会的背景和文化意识形态的影响而有显著的个别差异。

2. 物质需要和精神需要

按需要的对象划分，需要包括物质需要和精神需要。物质需要是指人对物质对象的需求，包括对衣、食、住有关物品的需要，对工具和日常生活用品的需要。物质需要是一种反映人的活动对于物质文明产品的依赖性的心理状态，因此，物质需要既包括生理需要又包括社会需要。精神需要是指人对社会精神生活及其产品的需求，包括对知识的需要、对文化艺术的需要、对审美与道德的需要等。这些需要既是精神需要又是社会需要。

（三）需要的层次

美国的心理学家马斯洛把人的需要按照从低到高的顺序分成五层，他认为人的需要是由低向高逐步发展的，共分五个层次，发展的顺序依次为：生理的需要、安全的需要、归属与爱的需要、尊重的需要和自我实现的需要。他的理论对于理解人的需要，甚至理解人类的行为都有很多借鉴意义，后面我们专门讨论。

对需要的分类只具有相对的意义。如为了满足求知的精神需要就离不开对书、笔等学习工具的物质需要；对食物的需要虽然是生理需要，但其对象的性质又是物质的。因此，不同种类的需要之间是既有区别又密切联系的。

二、与动机相关的其他概念

除了需要，与动机有密切关系的还有兴趣、内驱力、诱因等概念，我们也做如下简要介绍。

（一）兴趣

兴趣是指一个人力求认识某种事物或从事某种活动的心理倾向。个体的兴趣往往与需要有直接或间接的关系。一个人对某种事物感兴趣，就会产生接近这种事物的倾向，并积极参与有关活动，表现出乐此不疲的极大热情。如有的学生喜欢航模，一有空闲时间就拿起航模研究，从中获得乐趣。有的学生喜欢体育运动，一谈起体育便会津津乐道，一遇到重大体育赛事便想一睹为快，对体育节目特别迷恋，这就是对体育的兴趣。人们历来很重视兴趣在学习中的作用，孔子就曾说过："知之者不如好之者，好之者不如乐之者。"爱因斯坦也说过："兴趣是最好的老师。"兴趣使人的探究和认识活动染上强烈的、肯定的情绪色彩，从而能推动这种活动持续开展并达成目标。兴趣能使人们工作目标明确，积极主动，从而能自觉克服各种艰难困苦，获取工作的最大成就，并能在活动过程中不断体验成功的愉悦。

人的兴趣是多种多样的，概括来说可以分为三大类：第一，物质兴趣和精神兴趣。物质兴趣主要指人们对舒适的物质生活的追求（如衣、食、住、行方面）；精神兴趣主要指人们对丰富精神生活的追求（如学习、研究，文学艺术、科学知识）。就中小学生来说，由于人生观和世界观尚未完全形成，无论物质兴趣和精神兴趣都需要师长进行积极的引导，以防止在物质兴趣方面的畸形发展，在精神兴趣方面的消极发展。第二，直接兴趣和间接兴趣。直接兴趣是由有意义事物本身在情绪上引人入胜而引起的，如学生对一堂生动的课、电影、歌曲等的兴趣就是直接兴趣。直接兴趣具有暂时性的特点。间接兴趣是指对某种事物或活动本身没有兴趣，但对其结果感到需要而产生的兴趣，如有的学生对某些课程并不感兴趣，甚至感到乏味，但意识到学好这些课程对将来服务于社会有重要作用，因此刻苦学习，并对此产生兴趣。间接兴趣具有较稳定的特点。直接兴趣和间接兴趣是相互联系、相互促进的，把直接兴趣和间接兴趣有机地结合起来，才能充分发挥一个人的积极性和创造性，才能持之以恒，目标明确，取得成功。第三，个人兴趣和社会兴趣。个人兴趣是个体以特定的事物、活动及人为对象，所产生的积极的和带有倾向性、选择性的态度和情绪。社会兴趣指社会成员对某一领域的普遍兴趣，或社会某一领域对社会成员的普遍需求。

兴趣对一个人的生活和学习有巨大的作用，这种作用主要表现在以下几个方面：第一，对未来活动的准备作用。例如，对于学生来说，对生物感兴趣，就可能激励他积累各种生物学知识，研究各种生命现象，为将来研究和从事生物方面的工作打基础，做准备。第二，对正在进行的活动起推动作用。兴趣是一种具有浓厚情感的志趣活动，它可以使人集中精力去获得知识，并创造性地完成当前的活动。诺贝尔奖获得者，华裔科学家丁肇中教授就曾经深有感触地说过任何科学研究，最重要的是要看对自己所从事的工作有没有兴趣，换句话说，也就是有没有事业心，这不能有任何强迫。正是兴趣和事业心使他获得巨大的成功。第三，对活动的创造性态度的促进作用。兴趣会促使人深入钻研、创造性地工作和学习。例如，中学生对一门课程感兴趣，会促使其刻苦钻研，并且进行创造性的思维，不仅会使其学习成绩大大提高，而且会大大地改善学习方法，提高学习效率。

（二）内驱力

内驱力是在需要的基础上产生的一种内部唤醒状态或紧张状态，表现为推动有机体活动以达到满足需要的内部动力。瑞士心理学家荣格，将其与集体无意识联系起来，强调集体无意识是以“生命驱力”为前提的。其实内驱力就是个体在环境和自我交流的过程中产生的、具有驱动效应的、给个体以积极暗示的生物信号。其实质是一种无意识力量，源于最原始的、积累了整个历史经验的心理体验在人脑中的反映。

人和动物都需保持机体内部环境的相对稳定才能维持生命。这种机体内部相对稳定的状态称作内稳态。若内稳态遭到破坏，如营养物质不足，就会产生求食的需要，驱动求食的行为倾向，以恢复内稳态。支配这种行为倾向并有方向性地、持续地驱动有机体产生求食行为的内部力量也就是内驱力。求食的需要成为激起求食行为的内驱力，还依赖于有机体内外的其他因素。

有机体会产生各种需要，当需要没得到满足时，有机体会产生内驱力，内驱力引起反应，反应导致需要的满足。例如，当摄食需要出现时，内驱力会驱使有机体表现出摄食行为以满足这种生理需要，随着摄食需要的满足，内驱力降低，摄食行为也就停止了。从这个意义上说内驱力和需要基本上是同义的。但从严格意义上来讲，需要指的是主体感受，而内驱力所表现的是作用于行为的刺激。内驱力的作用可以通过行为强度来测量，它本身也可以通过一些外界手段来操纵，因而动机的实验研究中一般都用内驱力的概念。

（三）诱因

诱因是与内驱力相对应的概念。诱因是指能满足有机体需要的物体、情境或活动，是有机体趋向或回避的目标。满足有机体需要的诱因是后天通过个体经验而逐步形成的。例如，同样的摄食需要，有的人会去吃米饭，有的人会去吃面点；同样为满足自尊的需要，有的学生通过取得很好的学习成绩来获得同学的尊重，有的学生则通过讲究穿戴来吸引同学的注意。当有机体在个体活动中把自己的各种需要与能满足其需要的物体、情境联系在一起，这些物体就成为行为的目标。诱因可分为正诱因和负诱因。当个体因趋向或接受它而得到满足的诱因称为正诱因；如果个体因逃离或躲避它而得到满足，这种诱因称为负诱因。诱因可以是物质的，也可以是精神的。例如，对学生而言，教师的表扬是正诱因，斥责是负诱因。人们经常把诱因和目标看作是同义的。

内驱力和诱因相互作用而产生行为的全部过程称作动机作用。一般说来，内驱力决定动机的方向和大小，内驱力既是生理需要产生的紧张状态，又表现为心理上的紧张状态。同时，内驱力和诱因共同影响动机能量大小。内驱力是给动机中“推”的力量；诱因是动机中“拉”的力量；人的动机行为正是在这一推一拉中实现的。

哪种诱因的吸引力最大?

三、动机

（一）概念

动机是引起、推动和维持个体活动并使活动朝某一目标进行的内在动力。有机体的各种行为和活动都是由动机引起的。动机这一概念包含以下内容：动机是一种内部刺激，是个人行为的直接原因；动机为个人的行为提出目标；动机为个人行为提供力量以达到体内平衡；动机使个人明确其行为的意义。

（二）动机的功能

1. 激活功能

动机是个体能动性的一个主要方面，它具有发动行为的作用，能推动个体产生某种活动，使个体由静止状态转向活动状态。如为了消除饥饿而引起择食活动，为了获得优秀成绩而努力学习，为了取得他人赞扬而勤奋工作，为了摆脱孤独而结交朋友等。动机激活力量的大小，是由动机的性质和强度决定的。

2. 指向功能

动机不仅能激发行为，而且能将行为指向一定的对象或目标。如在学习动机的支配下，人们可能去图书馆或教室；在休息动机的支配下，人们可能去电影院、公园或娱乐场所；在成就动机的驱使下，人们会主动选择具有挑战性的任务等。可见，动机不一样，个体活动的方向和所追求的目标是不一样的。

3. 维持和调整功能

动机具有维持功能，它表现为行为的坚持性。当动机激发个体的某种活动后，这种活动能否坚持下去，同样要受动机的调整和支配。动机的维持作用是由个体的活动与他所预期的目标的一致程度来决定的。当活动指向个体所追求的目标时，这种活动就会在相应动机的维持下继续下去；相反，当活动背离了个体所追求的目标时，这种活动的积极性就会降低，或者完全停止下来。有时，人们在成功的机会很小时，也会坚持某种行为，这时，人的长远信念起决定性作用。

（三）动机的分类

人的动机是复杂多样的，动机对于活动的影响和作用也有不同的方面，由此可对动机进行不同的分类。

1. 生理性动机和社会性动机

根据动机的起源，可将动机分为生理性动机和社会性动机。生理性动机是与人的生理需要相联系的，具有先天性。人的生理性动机也受社会生活条件所制约。社会性动机是与人的社会性需要相联系的，是后天习得的，如交往动机、学习动机、成就动机等。

2. 内在动机和外在动机

根据动机的引发原因，可将动机分为内在动机和外在动机。内在动机是由活动本身产生的快乐和满足所引起的，它不需要外在条件的参与。个体追逐的奖励来自活动的内部，即活动成功本身就是对个体最好的奖励，如学生为了获得知识、充实自己而努力读书就属于内在动机。外在动机是由活动外部因素引起的，个体追求的奖励来自动机活动的外部，如有的学生认真学习是为了获得教师和家长的好评等。内在动机的强度大，时间持续长；外在动机持续时间短，往往带有一定的强制性。事实上，这两种动机缺一不可，必须结合起来才能对个人行为产生更大的推动作用。

3. 主导性动机和辅助性动机

根据动机在活动中所起的作用不同，可将动机分为主导性动机与辅助性动机。主导性动机是指在活动中所起作用较为强烈、稳定、处于支配地位的动机。辅助性动机是指在活动中所起作用较弱、较不稳定、处于辅助性地位的动机。在儿童的成长过程中，活动的主导性动机是不断变化与发展的。事实表明，只有主导性动机与辅助性动机的关系较为一致时，活动动力会加强；彼此冲突，活动动力会减弱。

动机还可以分成不同的种类，现列表如下（表 8-1）。

表 8-1　动机的分类

分类标准	动机种类	含义	举例
根据动机起源	生理性动机	以生物性需要为基础的动机	食物、水、躲避危险、空气等
	社会性动机	以社会性需要为基础的动机	劳动动机、成就动机、交往动机等

续表

分类标准	动机种类	含义	举例
根据对象性质	物质性动机	以物质性需要为基础的动机	衣、食、住、行等
	精神性动机	以精神性需要为基础的动机	成就、交往、学习
根据影响范围和持续作用的时间	近景性动机（或短暂性动机）	与具体活动相联系，影响范围小，持续时间短	为了应付考试而学习
	远景性动机（或长远性动机）	与活动的社会意义相联系，影响范围大，持续时间长	周恩来“为中华之崛起而读书”
根据对动机内容的意识程度	无意识动机	行为者意识不到，但决定其活动倾向的动机	定势、习惯等
	有意识动机	行为者能觉察到，并对其内容明确的动机	主动去做好事，有较强的社会责任感
根据动机在活动中的地位和作用	主导性动机	在活动中处于支配地位，发挥主导作用的动机	运动员参加奥运会为获得奖牌是主导性动机，锻炼身体则为辅助性动机
	辅助性动机	在活动中处于从属地位，只起辅助作用的动机	
根据动机的起因	外在动机	由外在条件诱发出来的动机	学生为获得表扬和奖励而学习
	内在动机	由内在条件诱发出来的动机	学生喜欢课程内容
根据动机的正确性或社会性质	正确动机（高尚动机）	符合社会要求的动机	利他行为
	错误动机（卑劣动机）	违背社会要求的动机	损人利己的动机

（四）学习动机

1. 什么是学习动机

学习动机是动机的一种，可以把学习动机界定为激发个体进行学习活动、维持已引起的学习活动，并使行为朝向一定的学习目标的一种内部心理状态。学生的学习过程是在教师的指导下，设立目标，并通过自己的努力，克服困难，达成目标的过程。学习动机与学习活动可以相互激发、相互加强。学习动机可以引起并促进学习活动，学习活动又可激发、增强和巩固学习动机。

2. 奥苏贝尔有关学习动机的论述

美国心理学家奥苏贝尔认为，学习动机主要由三方面的内驱力组成：认知内驱力、自我提高内驱力和附属内驱力。

1）认知内驱力

认知内驱力是学习动机三个组成部分中最重要、最稳定的部分，它大都是存在于学习任务本身之中的。所谓认知内驱力，就是指学生渴望认知、理解和掌握知识，以及陈述和解决问题的倾向。简言之，即一种求知的需要。认知内驱力是一种源于学习者自身需要的内部动机，这种潜在的动机力量，要通过个体在实践中不断取得成功，才能真正表现出来。这是意义学习中最重要的一种动机。它发端于学生好奇的倾向，以及探究、操作、理解和应付环境的心理倾向。这里需要指出的是，这些心理倾向最初都是潜在的动机因素，它们本身既无内容又无方向。这些潜在的动机变为实际的动机因素，一方面是成功学习的结果，学生预期到未来的学习可能会得到满意的结果；另一方面是家庭和社会中有关人士影响的结果。诱发这种内驱力需要激发兴趣，调动学生的好奇心，巧妙创设问题情境，诱发认知冲突，要将学习内容与学生的生活背景、知识背景相联系等。

2）自我提高内驱力

自我提高内驱力是一种通过自身努力，胜任一定的工作，取得一定的成就，从而赢得一定的社会地位的需要。它与认知内驱力的区别在于：认知内驱力的指向是知识内容本身，它以获得知识和理解事物为满足；自我提高的内驱力指向的是一定的社会地位，它以赢得一定的地位为满足。由于在社会中，一定的成就总能够赢得一定的地位，成就的大小决定着他所赢得的地位的高低。所以，取得成就成了赢得地位的前提。又因为成就的取得与能力水平是相称的。这样，对地位的追求就导致了成就的取得和能力的提高，成为自我提高内驱力。由此看来，对地位的追求是动机的直接目标；成就的获得和能力的提高是间接的目标。显然，自我提高内驱力是一种外部动机。

对于学生来说，自我提高的内驱力是成就动机的第二个组成部分。它可以促使学生把学习的目标指向将来要从事的理想职业或学术上的成就，以便赢得一定的社会地位。在学习期间，自我提高的成就动机可以促使学生去追求优秀的学习成绩或较高的排列名次。总之，自我提高的学习动机会使学生变得更加努力，努力地获得好的学习成绩，在同伴中赢得优越的地位。显然，自我提高的学习动机是激发学生努力学习的重要动力源泉。

3）附属内驱力

附属内驱力是指个人为了保持长者或权威的赞许、认可，而表现出来的一种把学习或工作做好的需要。对于学生来说，附属的内驱力表现为，学生为了赢得家长或教师的认可或赞许而努力学习。附属内驱力与自我提高内驱力有明显的不同，主要在于：①两者追求的目的不同。自我提高的内驱力追求的是赢得一定的社会地位；附属的内驱力追求的是长者或权威的认可。②自我提高内驱力以自我能力的提高和学业成就的提高为中介，以展示自己的能力和才干，得到公众的认可为满足；而附属内驱力以满足或达到长者或权威的要求为中介，以得到长者或权威的认可和赞许为满足。③自我提高内驱力所对应的奋斗目标是在客观社会的影响下内化而成的个人确立的目标；而附属内驱力所对应的奋斗目标则是由长者或权威给确定的。④学生在附属内驱力的促使下，从长者或权威的认可和赞许中也会获得一种派生的地位。但这种地位与自我提高内驱力所赢得的一定的社会地位不同。这种派生的地位不是由学生本人的能力或成就水平决定的，而是从他追随和依附的长者或权威所给予的赞许中引申出来的。

附属内驱力有比较明显的年龄特征。在年龄较小的儿童身上，附属内驱力是成就动机的主要成分。随着儿童年龄的增长和独立性的增强，附属内驱力不仅在强度上有所减弱，而且在附属对象上也从家长和教师转移到同伴身上。在青少年时期，来自同伴的赞许或认可将成为一个强有力的动机因素。

（五）动机与学习效率的关系

在一般情况下，动机愈强烈，工作积极性愈高，潜能发挥得愈好，取得的效率也愈大；与此相反，动机的强度愈低，效率也愈差。因此，工作效率是随着动机的增强而提高的。然而，心理学家耶基斯（R. M. Yerkes，1916～1979）和多德森（J. D. Dodson，1879～1955）的研究证实，动机强度与工作效率之间并不是线性关系，而是倒 U 形的曲线关系，如图 8-1 所示。具体体现在：动机处于适宜强度时，工作效率最佳；动机强度过低时，缺乏参与活动的积极性，工作效率不可能提高；动机强度超过顶峰时，工作效率会随强度增加而不断下降，因为过强的动机使个体处于过度焦虑和紧张的心理状态，干扰记忆、思维等心理过程的正常活动。

从任务的难易程度来看，在完成难度适中的任务中，中等的动机强度效率最高；在完成复杂和困难的任务中，偏低动机强度的工作效率最佳；而任务比较简单时，动机强度较高才可达到最佳效率。

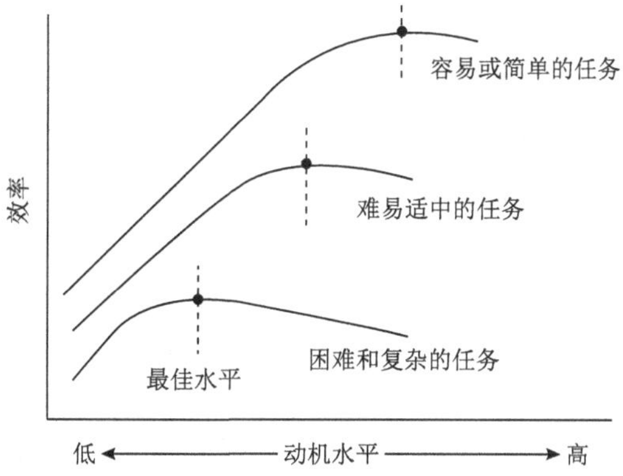

图 8-1　耶基斯和多德森定律

第二节　学习动机理论

学习动机的复杂多样，心理学家从不同的角度解释了人类的学习行为，提出了种种不同的理论观点。

一、强化理论

学习动机的强化理论是由行为主义学习理论家提出来的，以桑代克、斯金纳为代表。他们不仅用强化来解释学习的发生，而且用强化来解释动机的产生。在行为主义心理学家看来，人的某种学习行为倾向完全取决于先前的这种学习行为与刺激因强化而建立起来的稳固联系。强化可以使人在学习过程中增强某种反应重复的可能性。任何学习行为都是为了获得某种报偿，如果学生因学习而得到强化，如取得好成绩、教师表扬等，就会有较强的学习动机；如果学生的学习没有得到强化，如没得到好分数或没受到表扬，则学习动机就会减弱或消失；如果学生的学习受到了惩罚，如遭到同学或教师的嘲笑，则会产生避免学习的动机。因此，在学习活动中，若能合理地增加正强化，利用负强化，就可以激发学生的学习动机，改善他们的学习行为及其结果。

强化理论在学校教育实践中得到了广泛应用，采用奖惩手段维持学生的学习动机效果直观明显。但是，强化理论只重视了外部奖惩因素，忽视了学生学习的自觉性、主动性，因而存在着较大的局限性。主要表现为：①为分数、名次而学，不利于培养学生主动积极的求知热情。②能够得到奖励的学生只是少数，大多数学生得不到奖励，没有成就感。③学生在应付考试的功利主义心态下很难形成良好的知识结构和能力结构，也不利于学生健康人格的养成。

二、需要层次理论

在众多的动机理论中，马斯洛的需要层次理论有着广泛的影响。马斯洛在解释动机时强调需要的作用。他认为人的所有行为都是有意义的，都有其特殊目标，这种目标来源于我们的需要。不同的人有着不同的需要，这些需要会随着时间等因素而变化，需要影响着人们行为的方式和方向。

马斯洛认为人有五种基本需要，分别是生理的需要、安全的需要、归属和爱的需要、尊重的需要、自我实现的需要。它们由低到高依次排列成一定的层次，只有低层次的需要得到适当的满足，高一层的需要才会产生。马斯洛将前四种需要定义为缺失需要，这是生存所必需的，对生理和心理的健康是很重要的，必须得到一定的满足，而缺失需要一旦得到满足，由此产生的动机就会消失。最后一种是成长需要，这不是生存所必需的，但对于人们适应社会来说有着积极意义。成长需要的强度不会因需要得到满足而减弱或消失，反而会持续增加，将一直推动人们去从事满足这些需要的行为。自我实现就是使自己更完备、更完美、能够充分发挥自己的潜能。自我实现的人熟谙自己的内在本性、潜能与能力，了解自己有什么样的需要，自我日趋整合统一，越来越明白自己是怎样的一个人，自己真正向往的是什么，自己的需求、使命是什么。

马斯洛的需要层次理论说明，在某种程度上学生缺乏学习动机可能是某种缺失性需要没有得到充分满足而引起的。如家境贫困使得衣食得不到满足；不能融进群体使得归属与爱的需要得不到满足；教师过于严厉和苛刻，动辄训斥和批评学生，使得安全需要和尊重需要得不到满足等。正是这些因素，成为学生学习的主要障碍。

根据马斯洛的需要层次理论，教师不仅要关心学生的学习，还应该关心学生的生活和情感，要让学生感觉到老师是尊重和喜爱他们的，以排除影响学生学习的一切干扰因素。只有这样，才有可能激发学生的学习热情，才有可能激发学生实现自身价值。

三、成就动机理论

阿特金森（J. W. Atkinson，1923～2003）对成就动机理论做了进一步发展。他认为个人的成就动机是激励个体乐于从事自己认为重要的或有价值的工作，并力求取得成功的内在驱动力。人们在追求成就时存在两种倾向：一种是力求成功的动机；一种是避免失败的动机。根据这两类动机在个体的动机系统中所占的强度，可以将个体分为力求成功者和避免失败者。力求成功者即在其动机成分中，力求成功的成分比避免失败的成分多一些；避免失败者即在其动机成分中，避免失败的成分比力求成功的成分多一些。

成就动机理论的特征是用数量化的形式来说明理论的。追求成功的动机是成就需要、期望水平和诱因价值三者乘积的函数，其公式为：$Ts=Ms\times Ps\times Is$。在这个公式中，Ts 为追求成功的倾向，由以下三个因素决定：Ms 代表对成就的需要，是个体争取成功的相对稳定的倾向；Ps 代表期望水平，是个体在某个任务上获得成功的可能性；Is 代表成功的诱因值，是个体成功地完成某一任务所带来的价值和满足感，其中 $Is=1-Ps$，即当 Ps 值减小时，成功的诱因值增加。例如，个体预期自己做某事成功的可能性较小，但是最后成功了，他将感到异常高兴。

力求成功者的目的是获取成就，对他们来说，中等难度（成功概率为 50%）的任务最有挑战性，有助于他们通过努力来提高自尊心和获得心理上的满足。避免失败者则倾向于选择非常容易或非常困难的任务。因为选择容易的任务可以保证成功，使自己免遭失败；而选择极其困难的任务，即使失败，也可以找到适当的借口，从而减少失败感。

在教育实践中对力求成功者，应通过给予新颖且有一定难度的任务、安排竞争的情境、严格评定分数等方式来激起其学习动机。而对于避免失败者，则要安排较少竞争或竞争性不强的情境，若取得成功则及时表扬予以强化，评定分数时要求稍稍放宽些，并尽量避免在公众场合下指责其错误。

四、归因理论

韦纳（B. Weiner，1935～）认为，个体对自己的行为及其结果有了解的动机，个体解释自己行为结果时的归因是复杂的，这种归因将影响个体的后继行为动机。韦纳通过实证研究对行为结果的归因进行了系统探讨，发现人们倾向于将活动成败的原因即行为责任归结为以下六个因素，即能力、努力程度、任务、运气、身心状态、外界环境等。同时，韦纳认为这六个因素可归为三个维度：第一，内部归因和外部归因；第二，稳定性归因和非稳定性归因；第三，可控制归因和不可控归因。能力、努力程度、身心状态属于内部因素，任务、运气及外部环境属于外部因素；能力和任务两种因素是相对比较稳定的，其余四种都不够稳定。可控性是指个体认为导致其成败的原因是否受个人意志控制，努力程度是受意志支配，是可控的，其他各种因素都是不可控的。韦纳认为，这三个维度对动机有重要意义，因为它们会影响个体的期望和价值评估。例如，如果学生把失败归因于学习内容太难这样的稳定因素，他们就会预期以后遇到同样的内容还会失败。如果他们把结果归因于运气等不稳定的因素，他们就会期望在下一次能取得好的结果。

一般而言，学生通常将成功或失败的原因归因于能力、努力程度、任务与运气等四个因素，而较少归因为身心状态或外界环境。学生最终将自己的成败归因为何种因素，受到多种变量影响：①他人操作的有关信息，即个体根据别人的行为结果的有关信息来解释自己的行为结果的原因。若班级中大部分人都得到高分数，则易产生外部归因，如测验容易、教师给分高；只有少数人得高分，则易产生内部归因，如有能力、学习刻苦。②先前的观念或因果图式，即个体以往的经验或行为结果的历史。若目前行为结果与过去结果具有一致性，则容易归因于稳定因素。如过去因努力而成功者，更容易将成功归因于努力或能力等内部因素。③自我知觉，即个体对自己的能力的看法。自认为有能力者，倾向于将成功归因于能力，将失败归因于教师的偏见、测验不公正等。此外，学生的性格类型，教师或权威对学生行为的期待、奖惩、教育训练等都可以影响学生的归因。

五、自我效能感理论

班杜拉（A. Bandura，1925～）最早提出了自我效能感这一概念。自我效能感是指人们在进行某一活动之前，对自己是否能够成功地从事某一成就行为的主观判断。

班杜拉在他的动机理论中指出，人的行为受行为的结果因素与先行因素的影响。行为的结果因素就是通常所说的强化，班杜拉把强化分为三种，直接强化、替代强化和自我强化。行为的先行因素就是期待，但班杜拉的期待概念也不同于传统的期待概念。传统的期待概念指的只是对行为结果的期待，而班杜拉认为除了结果期待外，还有一种效能期待。结果期待是指个体对自己的某种行为会导致某一结果的推测。如果个体预测到某一特定行为会导致某一特定的结果，那么这一行为就可能被激活和被选择。例如，学生认识到只要上课认真听讲，就会获得他所希望的好成绩，那他就很可能认真听课。效能期待则指个体对自己能否实施某种成就行为的能力的判断，它意味着个体是否确信自己能够成功地进行带来某一结果的行为。当个体确信自己有能力进行某一活动时，他就会产生高度的自我效能感，并去实施该活动。例如，学生不仅认识到注意听课可以带来理想的成绩，而且感到自己有能力听懂教师所讲的内容时，才会真正认真听课。研究表明，能取得好成绩固然是每个学生的理想所在，但力不从心之感却会使人对学习望而生畏。因此，在人们获得了相应的知识和技能、确立了合理的学习目标之后，自我效能感就成了学习行为的决定因素。

自我效能感的形成主要受以下四个因素的影响：①直接经验。学习者的亲身经验对效能感的影响最大。成功的经验会提高人的自我效能感，反之，多次失败的经验会降低人的自我效能感。不断取得成功会使人建立起稳定的自我效能感，这种稳定的自我效能感不会因一时的挫折而降低，并且可能会泛化到类似的情境中去。②替代经验。学习者通过观察示范者的行为而获得的间接经验对自我效能感的形成也有重要影响。当一个人看到与自己的水平差不多的示范者取得了成功，就会增强自我效能感，反之就会降低自我效能感。这种观察学习对自我效能感的影响，是通过两种认识过程实现的。一种是社会比较过程，学习者采用与示范者比较的方式，参考示范者的表现来判断自己的效能；另一种是提供信息的过程。学习者可以从示范者的表现中学到有效解决问题的策略或方法。③言语说服。这是试图凭借说服性的建议、劝告和自我引导，来改变人们自我效能感的一种方法。但这种方法形成的自我效能感不易持久，一旦面临令人困惑或难以处理的情境时会迅速消失。一些研究表明，缺乏体验基础的言语说服，在形成自我效能感方面的效果是比较脆弱的，人们对说服者的意见是否接受，往往是依据说服者的身份的可靠与否及可信度的高低而定。④情绪的唤起。情绪和生理状态也影响自我效能感。高度的情绪唤起、紧张的生理状态均会妨碍行为操作，降低对成功的预期水准。焦虑水平高的人往往低估自己的能力，疲劳、倦怠会使人感到难以胜任所承担的任务。

自我效能感对人的行为的影响，主要表现在以下四个方面：①决定人们对活动的选择以及对活动的坚持性。自我效能感高的学习者倾向于选择富有挑战性的任务，在遇到阻力时能坚持自己的行为。②影响人们在困难面前的态度。自我效能感高的人敢于面对困难，有自信心，相信通过坚持不懈的努力就能够克服困难。自我效能感低的人在困难面前缺乏自信，不敢尝试。③自我效能感影响新行为的获得。④自我效能感影响活动时的情绪。在学校里，具有高自我效能感的学生相信自己能够做出实现目标所需要的行为，相信这些行为会带来所期望的结果。这种自我效能感促使他们付出更多的努力，并坚持完成学习任务。当学生看到自己的学业进步时，他们最初的自我效能感就会得到进一步的充实和提升。

六、自我价值理论

美国教育心理学家科温顿（M. V. Covington，1936～2018）于1984年的研究发现，随着年级的升高，学生的学习动机逐渐降低。学生受教育的时间越长，读的书越多，反而越不喜欢读书。在此基础上他提出了自我价值论。自我价值理论关注人们如何评估自身价值。这个理论吸取了成就动机理论的追求成功需要与避免失败需要的理念，也受到韦纳归因理论的影响。自我价值理论的特点在于对学校教学中的现实问题进行解释，从学习动机的负面着眼，试图探讨有的学生“为什么不肯努力学习”的问题。

科温顿认为，自我价值感是个人追求成功的内在动力，学生自幼就体验到成功使人感到满足，自尊心提高，产生自我价值感。能力、成功、自我价值感三者之间就形成了连锁关系：能力使人成功，成功使人产生自我价值感。学生之所以肯努力学习，追求良好的成绩，是因为他希望从学习成功的经验中提升其自我价值。在现实生活中，学生自己往往视成功为能力的展现，而非努力的结果。将成功归因于能力，可使人感到更大的自我价值，但成功者永远是少数。学生在长期的经验中体会到：付出极大努力后仍然失败时，会感到羞愧和痛苦，而且会因怀疑自己的能力不如别人而丧失自尊心和自信心。反之，未经努力遭到失败，则心理上受到的挫折较小，而且自己还可以用“不努力”来文饰和安慰自己。学生在长期追求成功而不得的情况下，为了维护自我价值或逃避失败的痛苦，就在心理上形成一种应付考试成败压力的对策：既不承认自己的能力差，也不认同努力即可成功，以达到既维护自我价值又可逃避失败的目的。这就是科温顿学习动机自我价值论的中心论点。

科温顿的自我价值理论切中学校教育中的现实问题，教师希望学生学习更加努力，而学生则试图逃避努力（认为努力意味着低能）。教师应指导学生认识学习的目的，培养学生的学习动机，帮助学生在学业上取得成功。

七、成就目标理论

20 世纪 80 年代，德韦克（C. S. Dweck，1946～）等将成就目标的概念引入了动机研究领域，形成了较为完善的成就目标理论。德韦克将成就目标定义为对认知过程的计划，成就目标可以分为掌握目标和表现目标。

德韦克认为人们对于能力的认识，有两种不同的内隐观念。一种是能力实体观，认为人的能力是稳定的、不可改变的特质。按照这种观点，一些人会比另一些人聪明，但是每个人的能力的量都是固定的。另一种是能力增长观，认为能力是不稳定的，是可控制的。随着知识的学习、技能的培养，能力可以得到增长和提高。

持有能力实体观的学生倾向于建立表现目标，他们将学习视为一种手段，通过成绩来表现自己的能力，也就是做给别人看，不太关注对知识的深入理解。这类学生被称作自我卷入的学习者。他们力求在考试中取得好成绩、好名次来显示自己的聪明才智。持有能力增长观的学生则更多设置掌握目标,这类学生积极寻求那些真正锻炼自己的能力、提高自己技能的学习任务，因为进步才意味着能力的增长。他们关心的是学习任务的掌握，而不是与旁人的比较。这类学生的学习是为了个人的成长，被称作任务卷入的学习者，他们会更多地寻求帮助，使用较高水平的认知策略，运用更有效的学习方法。在实际教学中，教师应注重对学生掌握目标的培养。

第三节　中小学生学习动机的激发与培养

保持适当强度的学习动机是学生学习取得好成绩的必要条件。如何有效地激发学生的学习动力，怎样更好地培养学生的学习动机，教师是需要了解和掌握的。

一、动机的激发

（一）激发学习兴趣，进而激发学习动机

学习兴趣是学习动机中最为活跃的心理成分。具有学习兴趣的学生，不是把学习任务看作负担，而是把学习作为内心的满足。这样，学生才有持续的学习动力，从而取得好的学习效果。学习兴趣不是与生俱来的，是通过多种教育机制培养形成的。

爱因斯坦曾指出过：在学校里和在生活中，工作的最重要的动机是工作中的乐趣，是工作获得结果时的乐趣，以及对这个结果的社会价值的认识，启发并加强青年人的这些心理力量，我看是学校最重要的任务。只有这样的心理基础，才能导致一种愉快的心理，去追求人的最高财富——知识与艺术技能。

（二）利用教师期望效应，激发学生的学习动机

教师的期望对学生有着深刻的影响。教师要有效传递对学生的积极期望，把学生看作是对学习有着浓厚兴趣、渴望学习的人，看作是积极的、有着强烈的成长动机的学习

者。教师的这种积极期望能够优化课堂氛围，唤起学生的学习热情，提高学习兴趣。教师要避免传递这样的信息，认为学生不喜欢学习活动，或学生的学习活动只是为了考高分。教师的这种消极看法，也会产生期望效应，会使学生更加感觉学习的枯燥乏味。

（三）创设问题情境，增强教学的吸引力

为了激发学生的学习动机，教师需要增强教学的吸引力。在教学中，教师要注意教学的新颖性和启发性，启发学生的求知欲。实践证明，在正式讲授教学内容之前，提出一些相关问题，引起学生的好奇和思考，是激发学生求知欲的有效方法。这种方法的心理学基础是制造学生的认知失调，刺激探究的需要，引发相应的内驱力。

创设问题情境要求教师熟悉教材，掌握教材的结构，了解新旧知识之间的内在联系；要求教师充分了解学生已有的认知结构状态，使新的学习内容与学生已有水平构成一个适当的跨度。创设问题情境的方式可以多种多样，它既可以用教师设问的方式提出，又可以用作业的方式提出；既可以从新旧教材的联系方面引进，又可以从学生的日常经验引进。

（四）进行归因训练

学生对学习结果的归因影响着以后的学习动机。归因训练的基本假设是，只要学生相信努力能够带来成功，就会坚持不懈地学习。因此，归因训练的关键在于使学生反复体验学习的成败，同时引导他们形成将成败归因于努力与否的归因倾向。归因训练一般分为四个阶段：①了解学生的归因倾向；②创设情境，让学生在活动中取得成败体验，特别是要让学生体验到努力就能取得成功；③让学生对自己的成败进行归因；④引导学生建立积极的归因模式，增强学生对下一次活动成功的期待。申克认为，在归因训练中，一方面要使学生感到努力不够，把失败的原因归因于努力因素，另一方面，要对学生的努力给予反馈，让学生知道自己的努力获得了相应的结果，使他们感到自己的努力是有效的，这样才能使学生坚持努力去获得成就。

同时，教师要注意的是，有些学生在学习上的失利不是仅仅依靠个人努力所能克服的。如果学生感觉已经付出了最大的努力却仍旧不能取得成就，他们就会把失败归因于自己的能力差，认为无论自己如何努力，也不会取得成功，因此就采取逃避努力、放弃学习的行为。心理学上把这种现象称为习得性无助。研究发现，当学生学习失败时，引导他们将失败归因于学习方法的不适当比归因于努力程度不够更能提高学习的积极性。因为把失败归因于学习方法因素，学生既可以维持努力状态，又能促使他们积极寻找更为有效的学习方法，使用各种学习策略和养成良好的学习习惯。总之，归因训练的目的并不在于帮助学生准确找出导致学习失败的真正原因，而在于增强学生学习的信心和积极性，激发学生的努力和讲求学习方法，提高学习效率。

二、动机的培养

（一）了解和满足学生需要，促使学习动机产生

学生的学习动机产生于需要，需要是学生学习积极性的源泉。教师应该通过多种方

法了解和满足学生的需要，再通过一系列强化和训练手段来使学习的要求内化成学生自己的学习需要，这样就能有效的培养学生的学习动机。

（二）帮助学生确立正确的自我概念，获得自我效能感

自我效能感是个体的一种主观判断，它与个体的自我概念有密切联系。要培养学生的自我效能感应从培养正确的自我概念入手。教师在教学中可以通过建立个体化和合作化的奖励机制来激发学生的自我效能感。个体化奖励机制是要求学生作自我比较，即将自己现在的成绩与过去的成绩进行比较，只要有进步即为成功，就能得到奖励。通过增加获得成功的机会增强自信，从而提高自我效能感。合作化奖励机制是强调小组之间的比较，小组共同努力完成一个目标，共同取得成功。组成小组时，教师注意要把课堂表现优秀的和课堂表现较差的学生分在一组，这样就会增加课堂表现较差的学生体验成功的机会，从而增强这类学生的自我效能感。另外可以利用和发挥学生的其他优势来提高其自我效能感。美国著名的心理学家斯滕伯格和加德纳都认为人的智力是多元的，那么促进学生取得学习成功的手段也应是多种多样的。因此，教师应善于发现学生的天赋和不同的智力优势，并引导他们利用自己的这些优势取得学业的成功，建立起积极的自我概念，进而形成有关学习的良好的自我效能感。

（三）利用学习结果的反馈作用

学习结果的反馈就是将学习的结果信息提供给学生。学习结果反馈的作用有两点：一是指导学生自己对学习效果进行自我反馈。比如，让学生在完成作业后，对照答案进行自我核对、改正存在的错误；看书后把书合上，自己在心里默想看过的内容，再翻开书本进行复查。二是由教师向学生提供反馈信息，让学生及时了解自己的学习结果，如告诉学生回答的正误、提供教师的评价。学生了解自己的学习结果，可以强化正确的学习动机，克服不正确的学习动机，从而促使学生进一步努力学习。这就是学习结果的反馈作用。经验表明，学生了解学习结果比不了解学习结果的学习积极性更高，并且进步更快。

（四）正确运用表扬与批评

教师正确的评价及恰当的表扬与批评是激发学习动机的重要手段之一。因为这种表扬与批评是对学生学习态度、学习成绩肯定与否定的一种强化方式。正确运用表扬与批评可以提高学生的认识水平，激发其上进心、自尊心、荣誉感和集体主义精神等。然而，不正确的表扬与批评，则会使学生或是盲目骄傲，或是灰心失望、丧失自信心。表扬能起到推动学习的作用，因而对学生的评价，表扬应多于批评。不过，如果用之不当，过分或过多的表扬会造成学生的骄傲、忽视自己缺点的倾向，并可能导致学生将主要的学习目标置于脑后而片面地追求表扬，从而产生消极的结果。批评当然不如表扬容易受学生的欢迎，适当的批评，尤其是对成绩好的学生的批评也能取得好效果。把奖惩结合起来运用，即在表扬时指出进一步努力的方向，在批评时又肯定其进步，则会收到理想的教育效果。

第四节　意志及其培养

一、什么是意志

（一）概念

与人的动机相联系的另一个很重要的概念就是意志，意志是人类特有的心理现象，也是人的意识能动性的表现。

意志是人自觉地确定目的，并支配行动去克服困难以实现预定目的的心理过程。人的行动主要是有意识、有目的的行动。在从事各种实践活动时，通常总是根据对客观规律的认识，首先在头脑里确定行动的目的，其次根据目的选择方法、组织行动，施加影响于客观现实，最后达到目的。意志总是通过一系列具体行动表现出来。我们把受意志支配和控制的行动称作意志行动。研究意志行动就是要分析心理对行动的调节作用，这样有助于我们积极行动、克服困难、达成目标。

（二）特征

意志行动有如下主要特征。

（1）意志行动是有目的的行动。意志行动总是自觉确定目的和执行计划的行动。人的意志由于具有明确的目的性，所以它才能既发动符合于目的的某些行动，又能制止不符合目的的某些行动。意志行动效应的大小是以人的目的水平的高低和社会价值为转移的。一般说来，高尚、远大、有社会价值的目的其意志表现水平就高。

（2）意志行动是与克服困难相联系的。克服困难的过程也就是意志行动的过程。困难有外部困难和内部困难两种。人的意志坚强与否、坚强程度如何，是以困难的性质和克服困难的程度来衡量的。

（3）意志行动是以随意动作为基础的。人的行动是由动作组成的，动作有不随意动作和随意动作两种。不随意动作是指无预定目的的动作；随意动作则是指有预定目的、受意识指引的动作。有了随意动作，人们就可以根据目的组织、支配和调节一系列的动作，实现预定的目的。随意动作是意志行动的必要组成部分，是意志行动的基础。

（三）意志行动的心理过程

意志行动的心理过程包括采取决定和执行决定两个阶段。采取决定阶段指选择一个有重大意义的动机作为行动的目的，并确定达到该目的的方法。执行决定阶段即克服困难，坚定地把计划付诸实施的过程。意志的调节作用包括发动与预定目的相符的行动，以及抑制与预定目的矛盾的愿望和行动两方面。

1. 采取决定阶段

人的行动主要是有意识、有目的的行动。在从事各种实践活动之前，通常总是根据对客观规律的认识，先在头脑里确定行动的方向和结果，拟定行动的手段、方法、步骤。

这一过程主要包括权衡行动的动机、确定行动目标、选择行动方法并作出行动的决定。例如，学生在进入大学之前，其专业的选择就会经历这些过程。

2. 执行决定阶段

执行决定就是将采取决定阶段做出的决定付诸实施，这是意志行动的关键环节和完成阶段。这个环节之所以关键就是因为无论多么美好的目的、高尚的动机、完美的计划，如果不去付诸实施，就都是空中楼阁。这一阶段的突出特点就是克服困难，意志的品质表现为坚定地执行所定的行动计划。努力克服主观上和客观上遇到的各种困难。如果在执行原定计划时遇到障碍就半途而废，这是意志薄弱的表现。这一阶段也正是考验个体意志品质的时候。

（四）意志行动中的动机冲突

在确定目标时常常会经历动机冲突，这是由于在意志行动中人们常常具有两个以上的目标，而这些目标不可能同时实现，因而引起了意志行动中的目标冲突或动机斗争。人的意志行动通常表现为接近或回避某一目标。据此我们可以把动机冲突分成以下四种类型。

（1）接近—接近型冲突，也称双趋冲突。当两种或两种以上目标同时吸引着人们，但只能选择其中一种目标时，通常出现接近—接近型冲突。中学毕业生填报高考志愿、鱼和熊掌不可兼得时出现的冲突就是接近—接近型冲突。在实际生活中，两种目标的吸引力不可能完全相同。当两种目标的吸引力比较接近时，内心冲突就比较大，解决也比较困难。

（2）回避—回避型冲突，也称双避冲突。当两种或两种以上的目标都是人们力图回避的事物，而他们又只能回避其中一个，不得不接受其中一个目标时，就产生回避—回避型冲突。回避—回避型冲突常常由于人们接受了其中一种目标而得到解决。例如，学习不好的学生，既有厌学情绪，又害怕受到老师或家长的责罚就是双避冲突。一般说来，人们具有的较高层次的目标对解决回避—回避型冲突发挥了调节和支配的作用。

（3）接近—回避型冲突，也称趋避冲突。这种冲突是在同一物体对人们既有吸引力，又有排斥力的情况下产生的。在这种情况下，人们在接近的同时，又故意回避它，从而引起内心的冲突。例如，孩子愿意跟随爸爸、妈妈外出，但同时又怕受到约束；学生愿意选修一些新的难度较大的课程，但又担心考试失败。这些情况下引起的冲突都是接近—回避型冲突。

（4）多重接近—回避型冲突，也称多重趋避冲突。在实际生活中，人们的接近—回避型冲突，常常出现一种更复杂的形式，即人们面对两个或两个以上的目标，而每个目标又分别具有吸引和排斥两方面的作用。人们无法简单地选择一个目标，而回避或拒绝另一个目标，必须进行多重的选择，由此引起的冲突叫多重趋避冲突。由于对各种利弊、得失的考虑，产生了多重接近－回避型冲突。解决这种冲突要求人们对各种可能性进行深入的思考，因而要花费较长的时间。

二、意志的品质

个体的意志是有差异的，既有表现方式的差异又有发展程度的差异。人们常把构成人意志的比较稳定的诸因素的总和称为意志品质。这也被认为是个性的组成部分。意志品质主要包括自觉性、果断性、坚持性（坚韧性）和自制性四个方面。

（一）自觉性

意志的自觉性是指是否对行动目的有明确的认识，尤其是是否认识到行动的社会意义，主动以目的调节和支配行动方面的意志品质。自觉性是意志的首要品质，良好的自觉性表现为贯穿于意志行动的始终。自觉性强的人能够广泛地听取别人的意见并进行取舍，独立地确立合乎实际的目标，自觉地克服困难、执行决定，并能够对行动过程及结果进行自觉反思和评价。与自觉性相反的意志品质是易受暗示性与独断性。易受暗示性的人，行动缺乏主见，没有信心，容易受别人左右，因而会随便改变自己原来的决定。独断性的人则盲目自信，拒绝他人的合理意见和劝告，一意孤行，固执己见。易受暗示性与独断性的人都是缺乏对事物自觉、正确的认识，分不清是非曲直，而去遵循盲目的倾向。

（二）果断性

意志的果断性是指一个人是否善于明辨是非，迅速而合理地采取决定和执行决定方面的意志品质。果断性强的人，当需要立即行动时，能迅速地作出决断对策，使意志行动顺利进行；而当情况发生新的变化，需要改变行动时，能够随机应变，毫不犹豫地做出新的决定，以便更加有效地执行决定，完成意志行动。与果断性相反的意志品质是优柔寡断和草率决定。优柔寡断的人遇事犹豫不决，患得患失，顾虑重重；在认识上分不清轻重缓急，思想斗争时间过长，即使执行决定也是三心二意。草率的人则相反，在没有辨明是非之前，不负责任地作出决断，凭一时冲动，不考虑主、客观条件和行动的后果。优柔寡断和草率决定都是意志薄弱的表现。

（三）坚持性（坚韧性）

意志的坚持性是指在意志行动中能否坚持决定，百折不挠地克服困难和障碍，完成既定目的方面的意志品质，这最能体现人的意志。坚持性强的人能根据目的要求，坚持不变，直至达到目的。在遇到困难时，能激励自己树立起克服困难的信心，始终如一地完成意志行动。所谓“锲而不舍，金石可镂”，是意志坚持性的表现。凡是有成就的人，都有极强的意志的坚持性。与坚持性相反的意志品质是顽固执拗和见异思迁。顽固执拗的人对自己的行动不作理性评价，执迷不悟，或者是明知不可为而为之。见异思迁者则是行为缺乏坚定性，容易发生动摇，随意更改目标和行动方向，这山望着那山高，庸庸碌碌，终生无为。

（四）自制性

意志的自制性是指能否善于控制和支配自己行动方面的意志品质，也称作自制力。自棉花糖实验：
有关自制力的经典实验

制性强的人，在意志行动中，不受无关诱因的干扰，能控制自己的情绪，同时能制止不利于自身达到目的的行动，坚持完成意志行动。与自制性相反的意志品质是任性和怯懦。任性的人自我约束力差，不能有效地调节自己的言论和行动，不能控制自己的情绪，行为常常为情绪所支配。怯懦的人胆小怕事，遇到困难或情况突变时惊慌失措，畏缩不前。

三、学生良好意志品质的培养

意志品质作为学生学习活动的保证和身心发展的重要条件，不是生来就有的，特别是良好的意志品质，更需要在后天教育和实践活动中有目的地加以培养。培养良好的意志品质是教师的重要任务，也是素质教育的基本要求。我们可以从以下几方面来培养。

（一）加强世界观和人生观教育，确立正确的行动目的

自觉目的性是意志行动的重要特征，学生意志品质的发展都建立在一个正确而合理的行动目的的基础上。为此，学校应该对学生加强科学的世界观和正确的人生观教育，使他们勇于探索人生的意义和价值，学会明辨是非，分清善恶、荣辱。只有这样，才能使他们既具有崇高的人生目标，又能在日常生活和学习中确立有意义的行动目的。例如，我国著名的数学家陈景润在中学时代一位数学老师的启迪下，立志要摘取哥德巴赫猜想这颗数学王冠上的明珠，为中国人争光。在以后的十几年中，他不顾政治运动的冲击和生活条件的简陋，埋首于数字和草稿纸中，夜以继日地进行推导、演算，终于取得了重大突破，得到了世界数学界的认可。

（二）通过组织实践活动，加强学生意志锻炼

坚强的意志是在克服困难的实践活动中磨砺出来的。在学校教育中，日常的学习、劳动和课外活动，都需要为达到一定的目的付出艰辛和努力，这正是培养学生良好的意志品质的最好途径。特别是学习活动，更需要一种锲而不舍的顽强的学习毅力。所以，教师应该科学、严谨地组织学生的学习活动，合理安排班集体的劳动和课外文体活动，使每个学生融入其中，全身心地投入。当学生形成了良好的学习习惯和劳动习惯，他们的意志品质也必然发展起来。

（三）发挥教师和班集体的影响，给予必要的纪律约束

学生意志品质的形成离不开周围的人和环境的影响。特别是在学校教育中，教师和班集体发挥着不可忽视的作用。除了父母之外，学生对在学校生活中与自己朝夕相处的教师有一种特别的信任和尊重，并不自觉地去模仿其言行。因此，培养学生良好的意志品质，教师自己首先在工作中要表现出目标明确、处事果断、兢兢业业、不畏困难的作风。俗话说，“身教重于言教”，教师的行为榜样对学生意志品质的培养有特殊的效果。

学生所在的班集体是其成长的重要环境，在具有良好班风的集体中，同学之间互帮

互助，注重集体的利益，也为自己是集体的一分子而自豪。当学生建立起对集体的义务感和荣誉感时，就会为了集体的目标和利益，去努力学习，热心支持集体活动。在此过程中，独立、坚强、果敢、自制等意志品质也得到培养。当学生能够自觉遵守集体的规章制度，不做违反纪律的事，这本身就是最好的意志锻炼。

（四）教师应启发学生进行意志的自我锻炼

学生的意志品质形成还必须学生自己调动主观能动性。随着学生自我意识的增强和自我评价能力的提高，他们也应该会逐渐意识到自己意志品质的缺点和不足，这样就会主动接受意志教育。这也为教师启发学生进行意志的自我锻炼提供了条件。在教育实践中，教师要帮助学生学会使用一些行之有效的方法和途径来进行意志品质的自我锻炼，如用格言、座右铭警醒自己，用杰出人物的事迹对照、监督自己的言行；同身边的榜样相比较，找出差距，迎头赶上；制订作息计划和学习计划，并严格执行；自己设计一些加强意志锻炼的活动，并努力实践；每天坚持记日记，反思自己的言行和思想，发现缺点，及时改正等。

（五）指导学生根据自身的特点，选择相应的自我培养方法

不同的人意志品质有不同的特点，中学生应根据自己的意志特点设计相应的锻炼方法，才能达到较好的效果。例如，有的人对待苦累繁杂的工作都能坚持完成，但却惧怕看病。有不少人吃苦耐劳，能任劳却不能任怨，也受不得批评。有的人在学习上能孜孜不倦，刻苦努力，但对生活上的许多细节，却缺乏耐心。所以，培养学生的意志品质，应指导学生设计相应的锻炼方法，克服自身弱点，成为意志品质坚强的人。

★ 本章概要 ★

1. 需要是有机体生理或心理上感到某种缺乏并力求获得满足的一种内部紧张状态。它具有对象性、阶段性、动力性、社会制约性。

2. 从不同的角度可以把需要分为生理需要和社会需要、物质需要和精神需要。

3. 动机是引起、推动和维持个体活动并使活动朝某一目标进行的内在动力。它有激活、指向、维持和调整三个主要功能。与动机密切相关的概念还有兴趣、内驱力、诱因。

4. 从不同的角度可以把动机分成不同的种类，如生理的与社会的动机、精神的与物质的动机、有意识的与无意识的动机、内在的与外在的动机等。

5. 激发个体进行学习活动、维持已引起的学习活动，并使行为朝向一定的学习目标的一种内部心理状态称作学习动机。美国心理学家奥苏贝尔认为，学习动机主要由三方面的内驱力所组成：认知内驱力、自我提高内驱力和附属内驱力。

6. 心理学家从不同的角度解释了人类的学习行为，提出了种种不同的理论观点，主要的动机理论有：强化理论、需要层次理论、成就动机理论、归因理论、自我效能感理论、自我价值理论、成就目标理论。

7. 学生学习动机的激发可以从以下几方面入手。第一，激发学习兴趣进而激发学习动机；第二，利用教师期望效应，激发学生的学习动机；第三，教师可以通过创设问题情境，增强教学的吸引力；第四，通过对学生进行归因训练来激发学生的学习动机。

8. 教师不但要激发学生的学习动机，还应该着力培养学生的学习动机，学生学习动机的培养方法有：第一，了解和满足学生需要，促使学生学习动机的产生；第二，帮助学生确立正确的自我概念，获得自我效能感；第三，教师可以利用学习结果的反馈作用来培养学生的学习动机；第四，教师能正确运用表扬与批评来培养学生学习动机。

9. 意志是与人的动机相联系的另一个很重要的概念。它是人类特有的心理现象。意志是人自觉地确定目的，并支配行动去克服困难以实现预定目的的心理过程。人的行动主要是有意识、有目的的行动。意志有三个基本特征，第一，意志行动是有目的的行动；第二，意志行动是与克服困难相联系的。第三，意志行动是以随意动作为基础的。

10. 意志有四个基本品质，即自觉性、果断性、坚持性和自制性。

11. 我们可以从以下几方面来培养学生良好的意志。第一，加强世界观和人生观教育，确立正确的行动目的；第二，通过组织实践活动，加强学生意志锻炼；第三，发挥教师和班集体的影响，给予必要的纪律约束；第四，教师应启发学生进行意志的自我锻炼；第五，指导学生根据自身的特点，选择相应的自我培养方法。

思考题

1. 名词解释：需要、兴趣、内驱力、诱因、动机、学习动机、意志。
2. 需要、兴趣、内驱力与动机的关系是怎样的？
3. 动机的功能与种类是什么？
4. 有关学习动机的理论有哪些？
5. 如何根据归因理论来指导学生的学习？
6. 如何激发学生的学习动机？
7. 意志的品质有哪些？如何培养学生良好的意志品质？

参考文献

鲁忠义，牧新义. 2006. 中小学生心理与教育. 石家庄：河北人民出版社.
罗伯特・斯莱文. 2004. 教育心理学. 7 版. 姚梅林，等译. 北京：人民邮电出版社.
全国十二所重点师范大学联合编写. 2008. 心理学基础. 2 版. 北京：教育科学出版社.

王德强, 邢斌. 2017. 教育心理学. 武汉: 华中科技大学出版社.
姚本先. 2005. 心理学. 北京: 高等教育出版社.
张春兴. 2005. 现代心理学. 1 版. 上海: 上海人民出版社.
中公教育教师资格考试研究院. 2012. 教育知识与能力(中学). 北京: 世界图书出版公司.

第九章　中小学生知识和技能的学习与教学

在学习生涯中，同样的老师教授同样的课程，同学们的学习时间也是相似的，为什么有些同学能很好地掌握学习内容，对所学知识点能够灵活运用、举一反三，并在测验中取得满意的成绩，而有些同学则对学习的内容模糊不清，在解决测验及实际生活中遇到的问题时无法顺利检索并运用所学内容，效率低下？有研究者曾对专家与新手的知识结构进行了研究，也许能带来启示。图 9-1 是具有博士水平的物理学专家和学过一门物理课程的大学新生对于“斜面问题”的知识结构（Chi Glaser, Rees, 1982）。请仔细观察这二者的特点，我们能从专家和新手在知识结构的整体逻辑层次，知识结构中各节点的内容深度等方面发现二者存在哪些区别吗？

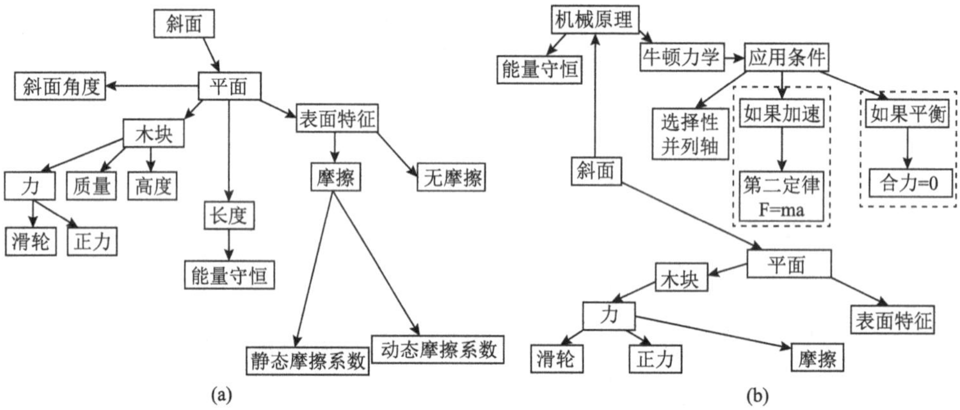

图 9-1　新手（a）与专家（b）有关“斜面问题”的知识结构

专家与新手在知识结构上的差异将显著影响他们解决问题的能力。从图 9-1 可知，对于同样一则物理学问题，新手的知识结构中更多的是较为浅层的描述性质的概念，如“斜面角度”“质量”“高度”等，并且概念之间的逻辑层次并不分明，浅层概念团簇在一起，仅有一处深层的原理内容（能量守恒），还被安置在了相对底层的位置（“长度”的下级位置），因而整体结构混乱；相反，专家的知识结构中有鲜明的逻辑层次，原理、条件及具体概念之间构成严密的上下级关系，相对抽象的原理位于上层，而具体的描述性概念置于下层。并且专家的知识结构中还包含了解决相应物理问题的程序性知识（图中虚框内）。正因为专家与新手在知识结构上存在这种差异，可想而知，当面对同样的斜面问题时，他们解决问题的速度和准确性就会出现巨大的差异，新手无从下手，效率低下，而专家则能快速发现问题的本质，有针对性地从知识结构中提取若干知识，逐一攻克，游刃有余。那么如何能像专家一样，建立完善的知识结构，灵活运用各项技能？这就是本章涉及的主要内容。

第一节　知识的学习与教学概述

一、知识

（一）知识的定义

知识是个体头脑对客观世界的主观反映。从狭义上讲，知识一般指以语言、文字、符号为载体所传递的信息，如各学科中的概念、原理、规则、样例等。从广义上讲，知识则是指主体与环境相互作用过程中获得的信息及其组织。知识既包括个体通过直接经验和间接学习所获得的各种信息，也包括在获得和使用这些信息的过程中所形成的各种技能和能力。这种知识既可以以语言文字、音像制品等媒体形式存在于个体之外，也可以以概念、命题、表象或图式等形式存在于个体头脑内部。

通过知识的定义可以理解到，知识的含义非常广泛。一般常把知识看作是课本和教师教授内容的指代，但实际上，知识不单指教育教学的内容，更涉及人们在生活实践中所需要的各种信息。可以认为，知识是人类一切经验的增长、改变及重组的要素。因此，学校教育一直非常重视学生知识的获得和积累。教学的最终目的也是使学生将知识灵活运用于生产生活，以解决问题，从而更好地适应不断发展变化的环境。

（二）知识的分类

谈起知识的分类，人们通常会以学科作为划分标准，将知识分为语文知识、数学知识、音乐知识、体育知识等。而根据知识的定义，这种分类方式仅涉及知识的狭义层面。现代认知心理学家则从信息加工的角度出发把知识分为两类，即陈述性知识和程序性知识（Anderson，1983）。

陈述性知识（declarative knowledge）也叫描述性知识，是关于事物及其关系的知识，包括事实、规则、态度、观念等。陈述性知识主要用于分辨事物，回答“是什么”的问题。例如，回答“中国有多少省份”“什么是光合作用”“电和磁有什么关系”等这些问题时，都涉及了陈述性知识。它是个体有意识地提取先前的记忆与经验，进而可以直接陈述出来的知识。

程序性知识（procedural knowledge）也叫操作性知识，是关于怎样做的知识，包括经过学习从而实现熟练自动化的行为及操作步骤等。程序性知识主要用于完成心智操作及动作操作，回答“怎么办”的问题。例如，在解决诸如“12×21=？”“如何安装及运行程序”“怎样打篮球”等问题时，都涉及了程序性知识。策略性知识是一种较为特殊的程序性知识，它是关于认识活动的方法和技巧的知识。例如，“如何有效记忆”“如何明确解决问题的思维方向”等。程序性知识往往不需要努力的意识提取，而更依赖于通过练习所达到的熟练自动化的认知状态，与传统意义上的技能相类似。

陈述性知识和程序性知识是根据知识的状态和表征（representation）方式的不同而对知识进行的分类。二者的区别主要表现为以下几点。

（1）从功能上看，陈述性知识用于解释概念、说明事物的特性、分辨事物之间的关系；程序性知识则用于解决实际的问题，包括推理、运算等认知操作的问题及动作技能的问题。

（2）从内部心理表征上看，陈述性知识主要以命题和命题网络的形式进行表征；程序性知识主要以“如果……则……”形式表现的产生式和产生式系统进行表征。

（3）从外部表现上看，陈述性知识可以通过主观报告的方式来表现；程序性知识需要通过具体的心智、行为操作来表现。

（4）从提取速度上看，陈述性知识的提取需要有意识的检索回忆，因而相对较慢；程序性知识的提取更为自动化，速度较快。

（5）从习得与遗忘速度上看，陈述性知识常通过复述与记忆习得，因而习得速度较快，但同时遗忘速度也较快；程序性知识需要通过反复的练习与训练习得，因而习得速度较慢，但是一旦习得，其遗忘速度也较慢。

知识表征

虽然陈述性知识和程序性知识之间存在着区别，但是二者也有必然的联系。陈述性知识的获得是程序性知识学习的基础，而程序性知识的获得也为获取新的陈述性知识提供了可靠的保证。

二、知识学习

（一）知识学习的标准

检验知识学习的较好方法是考察学习者在问题情境中是否能有效利用相关知识解决问题，而学生对知识的学习只有实现概念化、条件化、结构化、自动化和策略化之后才能真正促进问题的解决（张庆林，杨东，2002），因而可以将这些条件作为知识学习的标准。

1. 概念化

知识的概念化是指学生将学习的知识信息在头脑中转化为实质性的科学概念。有时候，学生虽然能通过阅读、听讲、观察等方式在短期内接受并记住目标知识，但这并不一定表示这些知识实现了概念化。例如，通过机械地复述，可以使知识暂时地保留在记忆中，但由于缺乏对知识的深刻理解，使得这些知识无法被概念化，也就无法纳入学习者已有的认知结构当中，最终导致其不能被灵活运用，甚至很快遗忘。促进知识概念化的根本措施是训练学生在学习时将新学的知识与头脑中已经存在的相关知识建立起内在的实质性的联系。

2. 条件化

知识的条件化是指掌握知识的运用条件，即把知识的运用方法和运用条件结合起来进行理解掌握，在头脑中形成一个“如果……那么……”的认知结构。在知识的学习过程中，学习者不仅要理解和识记知识本身，也要掌握知识的运用条件、适用范畴。只有将所学知识进行条件化，才能对知识进行灵活的运用，进而在面对问题时能够顺利地在已有认知结构中检索到相应的知识。通常所说的“死学”就是知识条件化的典型反例。例如，通过“题海”战术且不加总结概括而学习的知识只能用于解决相应的应用题，当将这些知识换一种变式进行考查，或者将这些知识联系到实际生活情境进行考查时，学习者便会无所适从，而这样的知识也就是僵化的知识。为了避免知识的僵化，有必要促使学习者将知识本身与知识的运用条件相结合，进而实现对知识的深刻理解，使其条件化。

3. 结构化

知识的结构化是指将相关知识点组织为一体，形成一个有层次、有逻辑的结构化系统，做到纲举目张。在学习知识的过程中，学习者都是先从各个知识点的掌握开始。在这个过程中，如果仅注重知识点的学习，忽视了各知识点之间的区别与联系，以及知识点和知识点之间的逻辑关系，那么学习者头脑中对这些知识点的理解只是单纯的堆砌。知识点之间的孤立也使得学习者无法综合运用相应的若干知识解决更广义层面的问题。实际上，无论是在学习还是生活中，我们所遇到的问题都不是某个或某几个知识点能够解决的，知识学习的最终形态是在学习者头脑中形成一个稳定的、有逻辑上下级关系的结构化系统。只有将知识结构化为一个完整的体系，才能提高知识应用时的检索效率，才能更好、更快捷地解决实际问题。

4. 自动化

知识的自动化是指在对知识进行熟练掌握的基础上，能够在需要时快捷地检索并运用知识，而且这样的过程达到了自动化的程度。知识自动化的必要前提是对知识的熟练掌握，虽然有少数知识能够在特定情况下通过顿悟被深刻理解，但是在绝大多数情况下，学习者只有通过对知识进行反复的练习和训练，并进行分析总结才能做到对知识的熟练掌握，实现知识的自动化，这也是常说的“熟能生巧”。此外，实现知识自动化后的一个最大收益是，自动化的知识会以知识组块的形式储存在头脑中，这会使其在运用时占用较少的工作记忆容量，从而节省出更多的空间用于同时进行其他认知操作。例如，专业司机可以同时做到换挡，掌控方向盘，监视仪表器，因为对于他而言，这些操作知识已经做到了自动化，在驾驶车辆的过程中，这些操作不会占用专业司机过多的认知资源，因而司机可以分配更多认知资源去观测路况，避免各种驾驶危险。而对于新手司机而言，对汽车的各种操作知识都是非自动化的，因而其在驾驶汽车时，有限的认知资源无法兼顾各个环节，导致其手忙脚乱，更无法敏锐地把握路况。同理，在学习中也有类似情况，学优生和学困生的解题能力、解题效率的差异在很大程度上是由知识熟练程度的差异所导致的。

5. 策略化

知识的策略化是指学习者运用学习策略和思维策略指导自己高效地学习。无论是知识的理解、知识的记忆还是知识的应用，学习者都应该不断运用自己的元认知能力去监督、协调、管理自己的学习状态，有策略性地控制学习步伐，知识才能够被高效掌握。有的学生在解答习题时会遇到思考瓶颈，百思不得其解，但这个时候如果一经他人点拨，便能顿悟解题方法。这样的学生通常具备解决问题的基本知识，却不能将这些知识有效利用，主要问题就在于缺乏分析问题、解决问题的一般思维策略。针对这类学生，适当的思维策略训练就可以有效地提升其运用知识、解决问题的能力。关于策略化的问题，本书第七章第四节有详细的介绍，此处不再赘述。

（二）陈述性知识的学习

美国教育心理学家奥苏贝尔认为陈述性知识的学习涉及新的知识被认知结构中起固定作用的观念（与新知识相关的旧知识）所同化，因此可以根据新旧知识之间的关系区分出三种不同的同化过程，即下位学习、上位学习、并列结合学习。

1. 下位学习

下位学习又称类属学习（subordinate learning），是指新学习的知识在逻辑层次和概括水平上从属于已习得知识时的学习情况。例如，当学习者先前已经掌握了四边形的相关知识后，再去学习平行四边形的知识，这就是一种下位学习。由于平行四边形是四边形的一种特例，在学习者先前已经习得了四边形的知识后，只需把平行四边形归属于四边形当中，这样既通过先前的四边形知识辅助理解了平行四边形的概念及特征，又通过平行四边形的知识加深并扩充了四边形的概念。

根据知识间的类属类型又可以进一步将下位学习分为派生类属学习（derivative subsumption）和相关类属学习（correlative subsumption）。派生类属学习是指当新的学习材料作为学习者认知结构中已有旧知识的特例，或作为已有旧知识的证据或例证而加以理解的学习过程。在这种情况下，新知识只是旧知识的派生物，新知识的意义可以直接从具有更高包容性和概括性的相关旧知识中推衍出来，或者蕴含其中，因而新知识的学习相对比较省力。例如，学生在学习正方形、长方形、三角形时已形成轴对称图形概念，那么在学习圆时，“圆也是轴对称图形”这一知识点被纳入或类属于原有的轴对称图形概念，新知识就很快获得了意义。学生能通过借助原有轴对称图形的知识去发现圆具有轴对称图形的一切特征。这种类属作用的结果，不仅使新知识获得了意义，而且使原有的旧知识得到充实或证实。相关类属学习是指新的学习材料并未完全蕴含在已有旧知识的框架内，新知识的学习有助于扩展、修饰或限定学习者已有的旧知识，使旧知识更为深刻化、精确化的学习过程。在这种情况下，新知识并未完全从属于旧知识，也不能被旧知识所代表或包含，在学习过程中需要仔细分析新旧知识间的上下级关系，经过复杂的概括活动才能牢固掌握，因而学习起来相对复杂和困难。例如，学生通过学习“无机物”的性质掌握了“化合物”的概念后，这时所理解的“化合物”知识并不全面，当学习新的知识“有机物的性质”时，将新的命题类属于原有的“化合物”概念中，结果使得新的知识获得了意义，而原有的“化合物”知识也相应得到了扩展和深化。

上述两种类属学习的主要区别在于原有概念或命题在新知识的学习之后是否发生

本质属性的改变。在派生类属学习中，新知识纳入原有的旧知识中，使原有知识得到证实或说明，但其本质未变；在相关类属学习中，新知识的学习同时也引起了相关旧知识的扩展、改进和精确化。

2. 上位学习

上位学习又称总括学习（superordinate learning），是指新学习的知识在包容层次和概括水平上高于原有知识的学习情况。上位学习遵循从具体到一般的归纳概括过程，通过若干个比较具体的样例，进而习得一个较为概括的概念、原理。例如，儿童在了解鼠、狗、象、鲸鱼等概念后再学习“哺乳动物”这个概念；学生在学习了正方体、长方体等形体的体积计算公式后，再学习一般柱体的体积计算公式，都属于上位学习。

3. 并列结合学习

并列结合学习又叫类比学习（combinatorial learning），是指新学习的知识与学习者已掌握的旧知识之间不存在上、下位关系，但两者存在某种相似性或对应关系时的学习情况。并列结合学习由于新旧知识之间没有明显的从属关系，因而比上位学习、下位学习要复杂、困难得多。在进行并列结合学习时，教师或学习者应当积极寻找同新知识相类似的旧知识，进而通过对新旧知识进行直观展现、综合比较、辨析异同，借助旧知识的相关性使新知识得以习得和巩固。例如，在学习物理学中“电”的概念时，可以借助学习者先前习得的“水的压力”的相关知识，将电流比作水流、电压比作水压、电阻比作水阀，通过对水流的形象观察，帮助学习者理解相对抽象的电流的特点。在这种情况下，虽然新旧知识之间不存在类属关系，但是二者之间仍然具有某些相关与联系，根据新旧知识间的相关性，借助旧知识所发挥的固定作用使新知识获得意义。

奥苏贝尔对于陈述性知识的分类反映了其同化论的教育思想。同化论的核心是相互作用观，它强调学习者认知结构当中已有旧知识的作用，更强调学习者对于新旧知识进行连接比较的积极主动的意向，即有意义学习的心向。这种知识学习的分类方式带来的启示是，作为学习者，在学习新知识时，永远不要忽视先前所掌握的相关旧知识，这些旧知识往往为新知识的学习起到固定点的作用。通过新旧知识之间的连接、辨析与整合，能够帮助学习者更好地理解新知识的意义，同时巩固原有知识，使学习者的认知结构更为系统化、稳定化。同时，作为教育者，在教授新知识时，应充分提供学习者已经掌握的相关知识作为起固定作用的素材，使学习者认识到新旧知识之间的联系，以及认知结构的系统性，促进学习者保持一种有意义学习的心向，在学习新知识时，积极主动地将其与先前知识相联系，进而对新知识的认知加工突破表面的、浅层的、机械的状态，从而上升到深刻的、实质性的意义层面。

从语言理解
看知识意义的建构

（三）程序性知识的学习

程序性知识的学习实质是掌握一套心智操作或动作操作的规则，而这套规则首先需要以陈述性知识的形式被学习者理解与记忆，然后学习者需要在练习中将规则从陈述性描述的状态转化为程序性形式，最终再通过大量的练习与运用，使其逐步实现自动化，并最终形成稳定的程序性知识。因此，可将程序性知识的学习分为两个阶段。

1. 陈述性知识阶段

对于程序性知识的学习首先需要对这些知识在语言层面上进行理解与记忆，即掌握程序性知识的陈述性描述。例如，教师告诉学生汉字的一般书写规则是“从上到下，从左到右”、三角形面积的计算公式是“底乘高除以 2”。在教学过程中，学生习得的程序性知识就是它的陈述性形式，因此可以认为程序性知识的前身是陈述性知识，而程序性知识的学习过程在一定程度上也要遵循陈述性知识的学习规律。但是，此时的程序性知识仅停留在语言描述层面，还缺乏足够的操作练习使这些语言描述转化为能够指导心智及动作活动的规则，因而程序性知识的学习还需要进入下一个阶段。

2. 程序化阶段

当程序性知识通过陈述性描述被学习者理解记忆后，就要继续通过充分的变式练习，使其从陈述性形式转化为可以应用到实际操作中的程序性形式，以便在执行相关的心智、动作活动时摆脱对陈述性知识的依赖。程序性知识的学习目的是使学习者能够迅速地执行一套规则或程序，以解决面对的心、身操作任务。而如果程序性知识仅停留在陈述性描述阶段，则对这些知识的调用需要经过检索、回忆等认知过程，并且这种描述性质的知识也很难与身心操作相结合，这些都大大降低了程序性知识发挥作用的效率。因此，程序性知识的学习必然需要从“形而上”的描述阶段转化为相对具体、实际的程序性阶段。而这种转化过程的必要条件则是大量的变式练习。通过练习，可以促进陈述性描述转化为具体操作，并且使转化过程在速度和准确性上逐步提高，直到成为高度灵活、纯熟、自动化的程序性知识。例如，在对三角形面积的计算公式进行了语言层面的理解记忆之后，学生需要练习运用这一知识对各种三角形的面积进行计算，最终完成从陈述性描述向程序性知识的转化。此后，学生再遇到计算三角形面积的问题时，就无须再回忆“底乘高除以 2”的描述，而是去迅速计算三角形的底和高的长度，并进行二者间的乘除运算以求得面积。

三、知识的记忆与巩固

知识学习的直接目标是对知识的记忆与巩固。计算机科学的发展使得心理学一度将人脑比作电脑，因而将知识的记忆与巩固过程类比计算机的存储过程，进而提出信息加工模型以对人类记忆进行解释。该模型包括三个主要成分：一是信息存储库。保持信息或知识的记忆储存系统，相当于计算机用来存储信息的磁盘，包括感觉记忆、短时记忆和长时记忆。二是认知加工过程。认知加工过程是指对信息存储库中的信息进行加工，并将信息从一个存储系统转移至另一个存储系统的心理活动，相当于计算机中用来发布指令、转换信息的各种程序，包括注意、选择性知觉、复述、组织编码和提取等。三是元认知。元认知是对认知过程的认知，包括个体拥有的有关认知过程的知识以及对认知过程的控制。在信息加工的过程中，元认知对信息的存储状态、转移过程起到监督、调控的作用。

如果将知识的记忆与巩固流程以信息加工模型的视角进行分析，其可涉及如下几方面内容。

（一）知识的储存：感觉记忆、短时记忆、长时记忆

1. 感觉记忆

感觉记忆是接收知识信息的第一个驿站。学习者通过感知觉捕获外界的知识信息，并将它们短暂存储于感觉记忆这个信息存储库中，在这里，知识信息并没有得到深度的认知加工，而是与其在外部世界相似的形式驻留。感觉记忆的存储容量与人们的感知觉广度相关，换句话说，人们能看到、听到多少刺激，就能在感觉记忆中储存多少相应的知识信息，因此可以认为感觉记忆的容量近乎无限。但是，由于感觉记忆中并未涉及足够的认知加工内容，因此其保持时间相当短暂，有研究认为，感觉记忆存储的视觉信息（图像记忆）在 1 秒左右，听觉信息（声音记忆）在 2 秒左右就会被遗忘，因此感觉记忆也叫作瞬时记忆。

2. 短时记忆

当外界信息在感觉记忆中进行短暂储存后，学习者通过选择性知觉，会将其所认为重要的知识信息从其他信息中过滤出来，进而转入短时记忆中进行深度加工处理。短时记忆中信息的保存时间虽比感觉记忆长，但仍然短暂，其更主要的特点在于短时记忆的存储容量相当有限，一般认为是 7±2 个组块。虽然短时记忆的组块数目是有限的，但是组块所包含的信息量却因人而异，相对于新手，专家可以将若干相关联的信息组成一个组块，这无形中增大了短时记忆的存储容量，使得专家可以同时进行多项认知操作，提高认知效率。作为第二个信息储存库，短时记忆被用来存储处于意识加工活动中的信息，如人们正在知觉、思考的对象信息都是存放在短时记忆中的，而当人们停止这些认知加工活动时，这些信息也相应地从短时记忆中消失。因此，短时记忆也叫做工作记忆。作为中间桥梁，短时记忆连接着感觉记忆和长时记忆，知识信息既可以通过感觉记忆进入短时记忆（即选择性知觉的过程），也可以通过长时记忆进入短时记忆（即回忆提取），而这两种情况也经常会同时发生，这恰恰反映了前面提到的有意义学习的过程。例如，在学习知识时，学习者从感觉记忆接收的信息中选择其所认为的新知识进入短时记忆，同时还会从长时记忆中搜索相关联的旧知识进入短时记忆，进而与新知识发生联系，最终使新知识获得意义。

3. 长时记忆

短时记忆中储存的知识信息当获得了足够的复述、精细加工和组织编码后就会进入长时记忆当中。由于长时记忆中的信息可以得到较长时间的保存，甚至终生不忘，同时长时记忆的存储容量非常大，没有限度（到目前为止，科学仍然无法探测人类记忆容量的极限），因此作为最终的信息存储库，长时记忆中存储着人们所掌握的一切知识信息。然而这其中绝大部分的知识处于未被激活状态，当需要这些知识时，

它们才可能被激活，进而从长时记忆中提取，进入短时记忆，并从短时记忆中输出有关反应。

（二）知识的遗忘

记忆的过程永远伴随着遗忘。感觉记忆中短暂存储的大量知识信息如果没有获得选择性知觉就会瞬间消退；短时记忆中的信息如果超过 7±2 个组块，或者未得到足够的复述精加工以进入长时记忆也会迅速遗忘；长时记忆中的知识长久未被激活，它们就会变得逐渐模糊，互相混淆，最终被遗忘。这些记忆的遗忘特征从另一方面提示我们，对新知识的精加工、对已掌握知识的复习、运用与巩固是稳定认知结构，促进新知识的转化、旧知识的激活、运用以至长期保存的必要条件，而在学习新知识的过程中，经常将其与已掌握旧知识建立联系则是维持旧知识处于激活状态、新知识获得精细加工的有效途径。

此外，记忆的遗忘规律也为我们巩固知识、防止遗忘提供了启示。例如，艾宾浩斯的“遗忘曲线”提示我们，遗忘的进程遵循“先快后慢”的特点，因此在对新知识的学习之后，进行及时的、相对高强度的复习是十分必要的，而随着对新知识巩固程度的增加，复习的频率和强度则可以逐渐减弱。再者，遗忘的“系列位置效应”也提示我们，由于前摄抑制和倒摄抑制的存在，在学习新知识的过程中，可以把比较难的内容安排在学习开始和快要结束时，以便于加深印象与理解，免受前摄抑制和倒摄抑制的影响；把简单的内容安排在学习的中间阶段，虽然这会使其受到两种抑制效应的干扰，但由于简单的知识内容相对更易理解与习得，因此对其抑制效应相对较弱。

（三）知识学习的调控：元认知

我们在学习策略的一章中了解到，元认知是对认知的认知。知识的学习过程中，除了对知识的理解与记忆这些环节本身，学习者还需要不断对学习的状态与效果进行监督管理，这就涉及元认知的作用。例如，元认知能力较高的人就是通常所说的“会学习”的人。这类人会时常关注自己的学习状态：在学习过程中他们会及时发现自己是否走神，是否感到疲劳以至无法对知识进行深入理解，是否仅对新知识进行机械的认知而没有深层的意义加工，同时他们还能运用适于自己的学习方法对新知识进行精细加工；在学习结束后，他们会及时对自己的学习效果进行反思，能准确地认识到刚刚学习的知识中有哪些重难点，有哪些内容似乎尚未被清晰地理解或记忆，同时他们还能运用适于自己的复习方法进行知识巩固。这些对知识掌握过程的监督、评价和改善都属于元认知的范畴。

元认知成分在知识的学习过程中发挥着举足轻重的作用。影响学习效果的因素除了教材的特征、教师的教法这些外在因素外，更为关键的往往是学习者的内在因素，而学习者的元认知能力正是这种内在因素的集中体现。在学习过程中，能够充分发挥元认知作用的人往往学习效率较高，他们能够运用元认知能力对自己的学习过程进行科学的、适于自己规划的监督和反馈，从而大大加强认知活动的目的性、自觉性和灵活性，使学习达到“事半功倍”的效果。同时，根据现代智力理论（如斯滕伯格的三元智力理论），元认知能力也是智力的核心成分，元认知的发展能够促进智力的发展，并且有助于主体性的发展，使学习者能够积极主动地进行学习活动并提高和保持学习热情，从而获得良好的学业成就。

记忆的加工层次观

四、知识的教学策略

通过前面对于知识学习的介绍可知，知识学习的有效途径就是学习者在接受新知识时，能够积极主动地将其与已掌握知识相联系，使相关旧知识处于激活状态，新知识获得深层的意义加工，认知结构不断在稳定的状态下得到扩展。因此，有意义学习的教学过程对于学习者的知识获得能够起到巨大的促进作用，下面列举几项有助于意义学习的知识教学策略。

（一）动机激发策略

充分的学习动机是知识学习的先决条件。学生学习动机的激发直接影响其在学习新知识时对原有知识的利用程度及对新意义的主动建构水平。为此，应当将学习动机的激发与维持贯穿于整个教学过程中。首先，利用学习目标激发学习动机。在教学开始时，教师首先提示学习目标，并将目标与新知识的应用价值联系起来，进而可以唤起学生的关注和重视，促进学生将新知识的学习内化为自身认知的需要，产生远景性的、积极的学习动机。其次，创设积极的教学情境，调整和维持学生的学习动机。随着学习时间的推移，学生的学习效率可能发生浮动，进而影响学习动机。因此，教师应时常关注学生的学习状态，为维持良好的学习动机提供有利环境。教师教授的新知识要能引起学生的注意并选取适当的难度，既要源于学生的知识背景，又需要学生付诸一定努力才能掌握。同时，教师要使学生相信，积极努力地建构知识的意义必然会带来成效。在学生掌握知识意义后，教师应及时给予积极反馈，使学生认识到新知识的价值，体验成功学习所带来的自我效能感。

（二）注意策略

注意策略是指充分利用注意特征，维持学习者对有关学习信息保持高度觉醒或警觉状态的教学策略。在知识的记忆与巩固部分谈到，大量信息首先以视听等感觉痕迹的形式短暂存储于感觉记忆当中，但是如果没有得到足够的选择性知觉，这些感觉痕迹则会迅速衰退。因此，在教学过程中，有必要不断通过各种注意手段，维持学生对于各种关键知识信息的指向与集中。首先，教师应确保在学习新材料时能让学生回忆起相关的先前知识，利用对先前知识的回忆比较，促进对新知识的持续注意。其次，教师要帮助学生识别并注意重要的信息，这可以通过情境设计、板书、重复等多种方式来实现。借助多媒体、教具模型、生动讲解等多种手段进行直观教学，创设问题情境、适当提问、反馈等手段都能很好地提高学生的学习兴趣，维持学生对知识信息的注意。但需要说明的是，以上教学手段的使用要得当，如果作为辅助教学的展现内容过于丰富，则会使呈现的信息过多，令学生眼花缭乱，忽略重点，从而适得其反。

（三）组织者策略

组织者策略是将分散的、孤立的知识组织成一个整体并表示出它们之间的关系的方法。虽然积极主动地建立新旧知识之间的联系对巩固旧知识、掌握新知识发挥了重要的作用，但是在现实情境中，学生往往会忽视认知结构中已有知识的作用，或是不会恰当利用这些旧知识来同化新知识，这就导致对新知识的意义获得出现困难。为此，奥苏贝尔提出了先行组织者（advanced organizer）的教学策略。先行组织者是先于学习任务本身呈现的一种引导性材料，它要比学习任务本身有更高的抽象和概括水平，并且能清晰地与认知结构中原有的观念和新的学习任务关联。在正式授课前，设置的导入环节即可看作一种先行组织者。在对新知识讲解前，首先通过概括、启发性的语言对新知识进行介绍，或者将相关旧知识与新知识进行比较说明，进而为新知识提供一个认知框架，帮助学习者辨析新旧知识之间的异同，这都可看作一种先行组织者。组织者策略不仅有利于学生准确发现和建立新旧知识间的联系，也有利于对新知识进行组织和系统化。

（四）认知结构优化策略

知识的获得、存储及应用都依赖于学习者认知结构的组织性和系统性。因而在教学环节中应有计划地引导学生对所学知识进行归类、组织和系统化，进而实现认知结构的优化。对学习者认知结构的优化既要体现于对新知识的教授环节，又要体现于对已掌握知识的巩固复习环节。大量研究表明，与组织不良的材料相比，学习和记忆组织良好的材料要容易很多。在教授复杂概念时，可以首先将材料进行良好的组织。通过列提纲、运用概念网络模型等方式，将各要素间的联系以图形、图表等视觉形式呈现给学生。这样做可便于学生理清知识间的逻辑关系，促进学生对知识的意义性加工。此外，在巩固复习阶段，可运用提问技术，引导学生不时地停下来评估自己对所学知识的理解程度；教师还可通过示例、布置作业等形式指导学生养成自主生成知识网络的习惯，对所学习的知识进行归类总结，做到纲举目张，使新旧知识融会贯通，进而构成灵活的认知结构。

（五）迁移与应用策略

知识学习的最终目标是对知识的迁移与应用，因而在教学过程中应注重对学生知识迁移能力的培养。除了在第七章第三节中提到的促进迁移的教学策略外，在教学环节中综合运用正例和反例、在练习环节中为学生提供丰富多彩的变式等途径都可以促进学生对知识的应用，使知识不局限于课本上的文字描述，而是灵活迁移到相关问题情境中。此外，知识教学也不应只针对作业和测验这种有限的迁移，更应考虑到知识在跨章节、跨学科中的应用，以及知识对学生能力培养和解决实际问题的作用，使学生将具体学科的知识进行更为广泛的迁移，真正做到“为迁移而教”。

第二节　技能的获得与培养概述

一、技能

（一）技能的定义

在《心理学大辞典》中，技能被定义为个体运用已有的知识经验，通过练习而形成的智力动作方式和肢体动作方式的复杂系统。这一定义指出存在智力动作方式和肢体动作方式两种类型的技能，并强调了已有知识经验及练习对于技能形成的重要作用。

我国心理学家皮连生将技能定义为：技能是在练习的基础上形成的按某种规则或操作程序顺利完成某种智力任务或身体协调任务的能力。这一定义同样指出两种类型的技能，一类执行智力任务，另一类执行身体协调任务。此外，该定义强调了技能的规则性和程序性，提出技能是遵循某种规则或操作程序顺利完成任务的能力。我国心理学家冯忠良提出，技能是通过学习而形成的合法则的活动方式，同样也强调了技能是合乎法则的。

通过对以上技能定义的分析可以知道，技能是指个体运用已有的知识经验，通过练习而获得的合乎法则的智力活动方式或身体活动方式。技能的两种活动方式分别称为认知技能和动作技能，认知技能帮助顺利完成智力任务，动作技能帮助顺利完成身体协调任务。

（二）技能的特征

为了更清楚地了解技能，需要了解技能的特征，将其与一些混淆概念区分开。

第一，技能不是本能行为，而是通过学习形成的行为。本能是先天的、固有的反应方式，是通过遗传获得的无条件反射，不需要后天学习。而技能是个体在生活实践中通过学习形成的活动方式，是学习和练习的结果，是后天习得的反应。例如，眨眼反射是本能行为，是不需要后天学习的对外界刺激的反应。而骑自行车是通过后天学习获得的行为，是通过练习而固定下来的技能。

第二，技能是活动方式本身，区别于程序性知识。技能属于动作经验，是由一系列动作及其执行方式构成的。而知识属于认知经验，程序性知识虽与活动动作的执行密切相关，但它仍只是一类专门叙述活动规则和方法的知识，它只是解决活动的依据，而不是活动方式本身。例如，在“骑自行车”这项活动中，程序性知识说明如何进行肌肉运动，技能则是实际骑自行车的动作，是把程序性知识转化成相应的活动方式。

第三，技能是合乎法则的活动方式，不同于一般的随意运动。技能是由一系列动作组成的，技能中的活动方式不是任意的动作组合，各动作的构成要素、执行顺序和执行要求都符合活动的内在规律，遵循一定的客观法则，不是一般的随意动作。合乎法则的熟练技能具有以下五个基本特性。一是流畅性，即各动作的顺序在时间上是流畅的、不间断的。二是迅速性，即快速地做出准确的反应。三是经济性，完成某种活动所需耗费的能量较小。四是同时性，即可以同时执行熟练活动的不同成分，或者可以同时进行两个无关的活动。五是适应性，稳定而灵活，能够在各种变化的条件下完成活动。除了合乎法则，技能也是一种合理的活动方式。技能的动作系统中的每一个动作都是合乎动作程序的必要的动作，无目的的或不必要的动作，不能称为技能。

第四，技能是通过有意识地反复练习形成的动作系统，与习惯不同。技能的动作系统符合一定的客观法则，帮助顺利完成智力任务或操作任务，与任务密切相关，人可以利用技能，也可以不利用技能来完成任务。习惯虽然通常也是一套动作系统，但是习惯不一定是合乎法则的动作，不一定有特定的目的，与任务没有必然的关系。此外，技能有高低之分，但无好坏之分；而习惯无高低之分，但有好坏之分。例如，围棋专家和围棋新手，在围棋领域的技能方面即存在高低之分，但并无好坏之分。儿童饭前便后洗手的行为就是一种习惯，这种习惯性行为并无高低之分。

二、技能的类型

从技能的定义可以看出，技能包括肢体动作方式和智力动作方式两种类型，肢体动作方式通常称为动作技能或操作技能，智力动作方式通常称为智力技能或认知技能。

（一）动作技能

1. 定义

动作技能，也称操作技能，这种技能通过身体协调性行为来完成目标任务，指的是一系列实际动作以合理的方式组成的操作活动方式。动作技能是通过练习而巩固下来的自动化的、完善的动作活动方式。它主要是借助于骨骼肌的运动和与之相应的神经系统部分的活动而实现的对器械的操作或外显的肌肉反应。例如，骑自行车、打乒乓球、唱歌、跳舞等均是动作技能。

2. 特点

动作技能具有物质性、外显性、展开性等特点。首先，动作的对象是物质性客体或骨骼肌肉，所以从动作技能的对象来讲，动作技能具有物质性。其次，动作的执行通常是通过肢体运动或外部肌肉运动完成的，所以从动作执行的角度来讲，动作技能具有外显性。最后，动作结构必须切实执行，只能加快速度，而不能合并或省略，所以从动作结构角度来讲，动作技能具有展开性。

3. 分类

动作技能从不同的角度可以分为不同的种类。根据动作是否连贯，分为连续性动作技能和非连续性动作技能；根据动作技能与环境的关系，可以分为闭合型动作技能和开放型动作技能；根据动作的精细程度及肌肉运动的强度不同，可以分为精细型动作技能和粗大型动作技能；根据操作对象的不同，可以分为工具型动作技能与非工具型动作技能。

1）连续性动作技能与非连续性动作技能

连续性动作技能是以连续的一系列不间断动作完成目标任务。例如，游泳、滑冰、骑自行车等，这些技能所包含的动作基本是连续而流畅的，没有明显的停顿，动作通常持续时间较长，动作过程重复较多，动作常以周期式的方式进行。

非连续性动作技能有明显的动作开始和动作结束的标记，通常以突然爆发的一系列动作完成目标任务。例如，跳高、射击、掷标枪等，这些技能所包含的动作大多持续时间相对短暂，动作以非周期的形式完成目标任务，各动作之间重复较少。

2）闭合型动作技能与开放型动作技能

闭合型动作技能受外界环境的信息影响较小，主要依靠内部的、由本体感受器输入的信息来提供反馈并调节动作。闭合型动作技能大多数是个体的活动方式，如游泳、跳水、射击等。闭合型技能一般具有相对固定的动作模式，通过个体反复练习和内部调整达到对技能的掌握，与外界环境的关系不密切。

开放型动作技能需要通过感知外界环境提供的信息来反馈并调节动作，正确地感知和应对周围环境的信息，是开放型动作技能运动调节的重要因素。开放型动作技能大多数是包含多人的活动方式，如打篮球、排球、乒乓球等。开放型动作技能需要根据来自环境的信息调整动作以完成目标任务，与外界环境关系密切。

3）精细型动作技能与粗大型动作技能

精细型动作技能的动作活动幅度较小，但动作精巧、协调，主要由小肌肉的运动来实现，如射击、打字、弹钢琴等。

粗大型动作技能的动作通常需要肌肉运动的强度较大，需要的活动空间大，动作幅度较大，通常是运用大肌肉群，甚至需要全身肌肉的参与，如跑步、游泳、打篮球等。

4）工具型动作技能与非工具型动作技能

工具型动作技能指的是通过操纵一定的器具、工具或机械等对象来完成目标任务的动作系统，如打字的操作对象是键盘，绘画的操作对象是画笔。

非工具型动作技能指的是没有明显的操作对象，仅仅表现为肌体的一系列骨骼肌肉的运动，如跳舞、游泳、滑冰等技能，均没有明显的操作对象。

（二）认知技能

1. 定义

认知技能又称为智力技能。它是一种借助于内部语言在人脑中进行的动作方式或认知活动方式。它包括感知、记忆、想象和思维，但以抽象思维为主要成分，所以有时也叫思维技能，如写作构思的技能、语言翻译的技能、速算的技能等。

2. 特点

认知技能具有观念性、内隐性、简缩性等特点。

首先，从动作对象的角度来讲，认知技能具有观念性。认知技能的操作对象是客体在人脑中的主观反映，即人脑对客观事物的主观表征，通过操作这些主观表征来完成目标任务。所以，认知技能是对头脑当中的信息或知识进行加工或改造的活动方式，具有观念性。

其次，从动作的执行角度来讲，认知技能具有内隐性。认知技能是在头脑内部借助心理表征或内部言语来完成目标任务的活动方式。这种活动方式通常没有明显的外部特征，不容易从外部觉察到，只能通过其作用对象的变化来判断活动的存在，所以认知技能具有内隐性。

最后，从动作结构的角度来讲，认知技能具有简缩性。认知技能是通过内部操作完成的，内部操作过程可以省略、简缩，所以认知技能的动作可以合并、省略和简化，具有简缩性。

（三）动作技能和认知技能的关系

动作技能和认知技能是构成技能的两种类型，它们既有区别，又有联系。

1. 动作技能和认知技能的区别

（1）活动的对象不同。动作技能属于实际操作活动的范畴，其活动的对象是客观具体的，表现为外在的骨骼和肌肉的运动，是可以被观察到的。而认知技能的活动对象是头脑中的映象，属于观念范畴，不具有相应的物质形式，是不易被观察到的。

（2）活动的执行方式不同。动作技能的执行通常是通过肢体运动或外部肌肉运动完成的，具有外显性。认知技能是在头脑内部借助心理表征或内部言语来完成目标任务的活动方式，这种活动方式通常没有明显的外部特征，具有内隐性。

（3）活动的结构不同。动作技能的动作系统包含一系列动作，动作结构必须切实执行，不能合并或省略，具有展开性。认知技能是通过内部操作实现的，可以高度省略和简缩，难以观察到活动的全部过程。

（4）活动的要求不同。动作技能要求学习者掌握一系列的动作，而认知技能要求学习者掌握思维方法。

2. 动作技能和认知技能的联系

动作技能和认知技能都需要通过学习和练习才能形成，都存在由不熟练到熟练的过程。在一项具体的任务中，通常需要两种技能协同活动。一方面，动作技能通常是认知技能形成的最初依据，认知技能的形成大多是在外部动作技能的基础上，逐步脱离外部动作而借助于内部语言实现的。例如，心算的技能是在手动演算的基础上发展而来的。另一方面，认知技能通常是动作技能的支配者和调节者，动作技能的获得和表现常需要认知技能的指导，尤其是复杂的运动技能，往往需要学习者智力活动的参与。

分析某种技能属于认知技能还是动作技能，关键需要分析其活动方式的主导部分。例如，舞蹈、体操等技能虽然也受到人的思维的调节支配，但主要是肌肉骨骼的动作，因此属于动作技能。而写作、运算等技能虽然也包括肌肉和骨骼的运动，但主要是人脑内的思维活动，因此属于认知技能。

三、动作技能的形成与教学

动作技能的形成，即动作技能的学习过程。在实践中，动作技能通常是由一系列动作构成的复杂的动作系统，人们通过学习和练习，逐步掌握这种动作系统，即动作技能。心理学家关于动作技能的形成提出了不同的学习阶段理论。

（一）动作技能的形成阶段

1. 三阶段模型

费茨（P. M. Fitts，1912～1965）和波斯纳（M. I. Posner，1936～）将动作技能的形成分为三个阶段，即认知阶段、联系阶段、自动化阶段。

1）认知阶段

在学习动作技能的开始阶段，首先要学习与它有关的知识，即程序性知识，在这一阶段，学习者通过指导者的言语讲解或观察他人示范的动作模式，或自己按照操作说明或要求，对所学技能的对象、动作系统、动作结构进行分析、了解和领会。学习者要将组成某种动作技能的活动方式反映到头脑中，形成动作映象，了解动作技能中包含哪些动作，清楚动作顺序，并对自己的任务水平进行估计，明确如何能够做到这些动作。

2）联系阶段

在这一阶段，学习者把在认知阶段获得的程序性知识及动作系统表征转变为动作，学习者通过练习，把局部的、个别的动作联系起来，形成比较连贯的动作，但动作之间联系尚不紧密，随着练习时间或次数的增加，动作之间的联系逐渐紧密，动作更加流畅。

3）自动化阶段

这一阶段，学习者经过大量的练习，所学习的动作技能的各个动作在时间和空间上逐渐联合成为一个有机的整体并巩固下来，各个动作的相互协调已达到自动化。这时的动作已程序化了，动作完整流畅，意识对动作的控制作用减小到最低限度。

2. 四阶段模型

我国心理学家冯忠良先生根据动作技能学习过程中的动作特点，将动作技能的形成分为四个阶段，即操作定向阶段、操作模仿阶段、操作整合阶段、操作熟练阶段。

1）操作定向阶段

操作定向阶段是动作的认知阶段，是学习者了解动作结构与动作程序的要求，在头脑中建立起动作活动的定向映象的过程。这一阶段学习者的主要任务是掌握动作活动的程序性知识，在头脑中建立动作的定向映象。

程序性知识的学习，使学习者把动作的各种要点以表象的形式储存于大脑之中，成为调动和控制动作方式的依据。定向映象的建立使学习者在实际的动作执行中，受到该映象的调节，完成动作系统。

2）操作模仿阶段

操作模仿阶段是将定向阶段形成的动作映象进行实际的模仿操作，再现出特定的动作或行为模式。模仿的实质是将头脑中形成的目标映象以外显的实际动作表现出来。

模仿是形成操作技能的重要环节。模仿可以检验已形成的动作定向映象，使其更加完善，有助于目标映象在技能形成过程中发挥更有效的作用。同时，模仿可以加强个体的动觉感受，通过模仿，个体可以获得初步的动觉体验，有利于准确的动觉体验的产生。

在这一阶段，学习者的动作具有如下特征：一是，在动作品质方面，动作的稳定性、准确性、灵活性较差；二是，在动作结构方面，各个动作要素之间的协调性较差，各要素相互干扰，相互衔接不连贯；三是，在动作控制方面，个体动觉控制水平较低，动作主要靠视觉控制，常表现为对动作顾此失彼；四是，在动作效能方面，其完成某一操作任务的效能较低，完成一个动作往往比标准速度要慢，要花费较大的体力与精力来从事某项活动，个体经常感到疲劳、紧张。

3）操作整合阶段

操作的整合就是把模仿阶段习得的动作固定下来，并使各动作成分相互结合，成为定型的、一体化的动作。学习者通过融合前一阶段习得的动作，使各个动作成分变得协调，动作结构逐步趋于合理，动作的初步概括化得以实现，个体对动作的有效控制也逐步增强。

在这一阶段，学习者的动作具有如下特征：一是，在动作品质方面，学习者的动作可以表现出一定程度的稳定性、精确性和灵活性；二是，在动作结构方面，动作的各个成分趋于分化和精细化，整体动作趋于协调连贯，各动作成分间的相互干扰减少；三是，在动作控制方面，动觉控制逐渐取代视觉控制而发挥主导作用，肌肉运动感觉变得较清晰准确，成为动作执行的主要调节；四是，在动作效能方面，动作效能有所提高，疲劳感和紧张感降低，心理能量的非必要消耗减少，但没有完全消除。

4）操作熟练阶段

操作的熟练指各个动作在时间和空间上彼此协调起来构成一个连贯的稳定的动作系统，形成的动作方式对各种变化的条件具有高度的适应性，不会因外界条件的变化而影响动作方式，动作的执行达到高度的完善化和自动化。完善化是指能够准确地完成整个动作系统；自动化是指动作的执行过程不需要高度的意识控制，可以将注意分配于其他活动。

在这一阶段，学习者的动作具有如下特征：一是，在动作品质方面，学习者的动作对各种变化的条件表现出高度的灵活性、稳定性和准确性，在各种变化的条件下都能顺利完成动作；二是，在动作结构方面，各个动作之间的干扰消失，衔接连贯，高度协调；三是，在动作控制方面，动觉控制增强，不需要视觉的专门控制和有意识的活动，视觉注意范围扩大，能准确地觉察到外界环境的变化并调整动作方式；四是，在动作效能方面，心理消耗和体力消耗降至最低，紧张感、疲劳感减少。

（二）动作技能的训练要求与教学

动作技能的教学需要符合动作技能的训练要求，动作技能的形成受知识经验及相关理论、讲解与示范、练习等因素的影响，动作技能的训练包括准确的示范与讲解、必要而适当的练习、充分而有效的反馈三个方面。

1. 准确的示范与讲解

动作示范是指做出可供学习者学习的标准动作，这是学习者动作定向的基础。准确的示范有利于学习者形成正确的动作映象，并不断地对动作映象进行调整，最终形成准确的定向映象，进而在实际执行动作系统时可以调节动作的执行。

言语讲解在技能学习过程中有重要的作用。教师在进行讲解和指导时，要注意言语的简洁、概括与形象化。讲解的内容包括学习动作技能的目标，动作技能的动作系统，学习程序或步骤，注意事项，等等。

示范与讲解相结合，有助于学习者做出正确的动作。通过准确的示范，学生形成准确的动作映象；通过言语讲解，有助于学习者把自己的动作与示范的动作进行对照，习得正确动作，校正错误动作。

2. 必要而适当的练习

为使动作技能达到熟练程度，即能够准确、稳定、灵活、协调、连贯地完成动作系统，需要必要而适当的练习。练习能够促使技能改进和完善，通过练习，可以加快技能获得的速度，提高技能的精确度，促使动作之间的连贯性增加。然而，练习的效率受很多因素的影响，教师在教学过程中需要合理地利用各种影响因素，促进学习者动作技能的学习与发展。

1）明确练习的目标和要求

明确的练习目标是影响练习效率的重要因素。练习并不是对动作进行机械重复，而是有目的地通过反复操作以改进动作系统的过程。明确练习的目标和要求，可以增强学习动机，提高学习的自觉性和积极性。并且，确定练习的目标，可以使学习者保持较高的学习动机和学习热情；可以使学习者对练习的结果产生积极的期待；可以为学习者自主检查和校正练习的结果提供依据。

2）合理应用整体练习和分解练习

动作技能的练习可以包含整体练习和分解练习两种方法。整体练习法是把某种技能的动作系统当作一个完整体来掌握，不仅学习每个动作，还着重学习动作间的联系和关系，并且从始至终对整套动作系统进行练习。分解练习又称局部练习，是指在练习时，把动作技能分解为某些单个或局部的动作单位，首先对这些局部的动作单位进行练习，然后合并这些局部动作单位，逐渐达到对整体动作系统的练习。简单的技能通常采用整体练习法，如对于跳远的练习一般是整体练习。复杂的技能大多先采用分解练习法，练习到后期采用整体练习法以对整体动作系统进行掌握。例如，对于游泳的练习，一般是先分解练习，对于局部动作熟练掌握之后，再进行整套动作的练习。

3）恰当安排集中练习和分散练习

练习时间的分配包括集中练习和分散练习。集中练习是指集中较长时间进行连续不间断的练习，每次练习中间不安排或安排很短的休息或停顿；分散练习是指每次练习之间间隔一定的时间，安排适当的休息或停顿。

练习的时间分配通常对应于练习方法的选择。集中练习中间几乎不间断，容易产生疲劳和厌倦，而分散练习由于间隔时间的安排，可以避免疲劳和厌倦。集中练习对应整体练习法，一般适用于简单的动作技能，整套动作花费的时间较短，这种情况下采用集中练习，效果较好。分散练习对应分解练习法，通常适用于复杂的动作技能，复杂的动作技能花费的时间较长，而且通常需要分解为多个动作单元，这种情况下对每个动作单元进行分散练习，效果较好。

动作技能的形成与保持需要足够的练习次数和时间，但是练习并不是越多越好，每次练习的时间以及各项练习之间的时距等都会影响练习的效率。为了达到更好的练习效果，需要合理组织练习活动，科学安排练习次数和练习时间，恰当地安排每次练习之间的时距，正确掌握练习速度，保证练习质量。

4）注意克服练习中的“高原现象”

技能的形成需要经过一定的练习，但并不是随着练习时间变长，技能熟练程度会一直提高。

在刚开始学习的阶段，动作技能水平随练习而提高。随着练习次数的增加，动作活动的速度加快，准确性提高，这是动作技能学习的一般趋势。简言之，在大多数情况下，动作技能在练习初期进步较快，以后逐渐减慢。这是由于在刚开始学习动作技能的阶段，学习者的学习兴趣较高，注意力比较集中，来自其他方面的干扰也较少。到学习的中间阶段，即练习到一定时期，技能水平达到一定程度时，即使练习很用心，有时候成绩提高也不大，这一阶段动作技能水平出现暂时的停顿或者下降。在教育心理学中把练习过程中出现的这种或长或短的停顿期叫作“高原现象”。

高原现象产生的原因主要有以下几方面：一是，感觉机能和中枢机能对动作的控制和调节作用减弱，提高练习成绩的新的活动结构尚未形成。二是，学习初期使用的练习方法不再适用于学习中期的练习，一段时间内无法突破原有的方法定势。三是，心理上和生理上的疲劳导致学习动机强度减弱，兴趣降低，对学习产生厌倦等消极情绪。四是，面临技能学习中的难点，缺乏继续提高的勇气和信心。五是，也有可能在这段时间内正在进行潜在学习，学习效果在一定时间内未能反映在成绩上。

除了高原现象，动作技能的发展还存在起伏现象。在练习过程中，动作技能发展的总趋势是随着练习时间的增加而提高，但在某一小段时间内，动作技能也存在时而上升，时而下降的波动现象，这种现象即动作技能发展的起伏现象。通常所学习的动作技能越复杂，这种起伏现象越明显。

学习者经过努力，突破原来的定势，找到适合新一阶段的练习方法，克服消极情绪，重新建立信心之后，即可突破“高原现象”，此后练习成绩可以继续提高。由于学生的个性特点、学习态度、努力程度、练习方式等存在个体差异，所以动作技能的水平会存在个体差异，对此教师需要分析差异产生的原因，因材施教。

3. 充分而有效的反馈

反馈是指学习者知道自己的学习结果并据此对其学习的方法和目标做出相应的调整。反馈在动作技能学习过程中具有非常重要的作用，通过反馈，学习者可以看到自己练习的成果，增强练习的信心，提高练习的兴趣；同时反馈可以使学习者对自己的动作有正确的认识，根据反馈对自己的动作进行调整和校正，及时改正错误动作，巩固正确动作，经过反复练习和反馈，使动作达到预定的目标，最终形成动作技能。

动作技能反馈包括内部和外部两种类型。内部反馈即操作者自身的感觉系统提供的感觉反馈，是个体通过自身的视觉、听觉、触觉、动觉等获取的反馈信息。例如，掷标枪时，肌肉用力的大小、肢体运动的方向就是内部反馈。外部反馈即操作者自身以外的人和事给予的反馈，是教师、教练、示范者、录像、计算机等外部信息源对学习者的动作结果及其动作过程的反馈。例如，教练对舞蹈学习者动作的反馈指导，即外部反馈。在动作技能学习的初期阶段，外部反馈起主要作用，随着动作技能水平的提高，动作反馈由外部反馈逐步转向内部反馈，内部反馈在动作技能学习中的作用逐渐增大。

充分的反馈指的是对学习者的动作中存在的问题进行全面的反馈，有效的反馈指的是反馈信息能够被学习者利用并依据反馈信息改进动作。教学过程中进行全面有效的反馈，需要注意以下方面：一是，在反馈内容方面，教师要考虑到所给出的反馈信息能否使学习者的注意指向应改进的动作方面。有效的信息可以使学习者在后续的练习中将注意力集中于要改善的某一动作或某些动作上。二是，在反馈频率方面，不必对每次练习都进行反馈，在几次练习以后给予全面的、总结性的反馈信息是非常有效的，能够帮助学习者对练习方式进行调整。三是，在反馈方式方面，从学习早期阶段的外部反馈，随着练习时间的增加，逐渐过渡到内部反馈，使学习者从依赖于外部反馈信息，逐渐转变为依靠内部动觉体验信息，进行自我反馈。

四、认知技能的形成与教学

（一）认知技能的形成阶段

由于人类认知活动的复杂性，关于认知技能的形成，心理学界尚无定论。我国心理学家通过教学实验，提出认知技能的学习包含三种要素，即物质的观察活动，这是获取信息的主要方式；物质形式的操作活动，这是训练抽象思维、促进认知活动内化的有效途径；言语表达活动，这是认知技能内化的工具。据此，我国心理学家提出认知技能的形成包括三个阶段，即原型定向、原型操作、原型内化。教师的教学需要符合认知技能形成和发展的规律。

1. 原型定向

原型指那些被模拟的某种事物或过程。由于认知技能具有观念性、内隐性与简缩性的特点，所以在认知技能学习的初期，必须借助一定的物质形式，使这种认知活动“外化”为原型。这种外化的原型有两种形式，一种是物质活动，即运用实物的教学；另一种是物质化活动，是物质活动的一种变形，是指利用实物的模象，如示意图、模型、标本等进行的活动。原型定向阶段是借助实物或模型进行认知活动的阶段。在这一阶段，教师需要给学生提供认知技能的范本，即外化了的智力活动的实践模式，或“物质化”了的智力操作活动程序。

原型定向就是了解认知活动的实践模式，了解“外化”或“物质化”了的认知活动方式或操作活动程序，了解原型的活动结构（动作构成要素、动作执行次序和动作的执行要求），从而使学习者知道该做哪些认知操作，该怎样去完成这些认知操作，明确认知活动的方式，即定向。原型定向阶段是学习者掌握程序性知识（即如何进行操作活动的知识）的过程。在这一阶段，学习者有两方面重要任务：首先，要确定所学认知技能的实践模式（操作活动程序）；其次，要使这种实践模式的动作结构在头脑中有清晰的反映。在此阶段，教师需要通过示范及讲解使学生了解认知活动的结构，即了解构成活动的各个动作及动作之间的执行顺序，并了解动作的执行方式，对活动形成完整的映象。

2. 原型操作

原型操作，即学习者依据认知技能的实践模式，以外显的操作方式执行在头脑中建立的活动程序和计划。在这一阶段，活动的执行方式是物质的或是物质化的。在物质的活动执行方式中，动作的客体是实际事物，是对象本身。在物质化的活动执行方式中，动作的客体不再是对象本身，而是它的模型或替代物。这两种活动执行方式都是对原型的操作。

在教学过程中为了使认知技能在操作水平上顺利形成，教师需要做到以下几点。

（1）要使心智活动的所有动作以完全展开的方式呈现。学习者需要依据活动的原型，把构成活动的所有动作依次按照一定的顺序做出，不能遗漏或缺失。而且每个动作完成之后，要及时检查动作的方式是否正确完成，对象是否发生了应有的变化。在展开的活动中，学习者可以确切了解活动的结构，在头脑中建立起完备的动作映象，同时获得正确的动觉经验以确保活动方式的稳定性。

（2）要注意变更活动的对象，通过将认知技能应用于不同的变式，使学习者掌握认知技能的本质，有利于认知技能的内化。

（3）要注意活动的掌握程度，并适时向下一阶段转化。当学生能连续多次正确而顺利地完成有关动作程序时，应及时转向内化阶段，以免活动方式总停留在展开水平，阻碍认知技能学习的速度。

（4）为了使活动方式顺利内化，动作的执行应注意与言语相结合，一边进行实际操作，一边用言语来标志和组织动作的执行。

通过原型定向，学习者获得了程序性知识；通过原型操作，学习者获得了充分的动觉映像，为原型内化奠定了基础。

3. 原型内化

原型内化即认知活动的实践模式向头脑内部转化，由物质的、外显的、展开的形式转变为观念的、内潜的、简缩的形式的过程。在这一阶段，认知技能的动作从原型中的物质性客体或外显形式转向头脑内部，借助言语作用于观念性对象，从而对事物的主观表征进行加工改造，并使其发生变化。原型内化阶段，在教学过程中需要注意以下方面。

（1）动作的执行应遵循由出声的外部言语到不出声的外部言语，再到内部言语的顺序。

（2）在原型内化的开始阶段，活动应在言语水平上展开，此后依据活动的掌握程度，再进行缩简，省略一些不必要的动作成分或合并有关的动作。

（3）注意变更活动对象，使活动方式得以进一步概括，以便技能可以广泛应用于同类课题。

（二）认知技能的训练要求与教学

为提高认知技能训练的效果，必须依据认知技能的形成规律，采取有效措施。在教学活动中，需要注意以下几点。

1. 激发学习的积极性和主动性

学习者自身的学习积极性和主动性对于完成学习任务具有重要的作用。学习的积极主动性取决于学习者对学习任务必要性的认识及体验。由于认知技能内潜性的特点，学习者较难体验到其必要性。因而，在认知技能的教学活动中，教师应采取适当措施，以激发学习者的学习动机，提高其学习的积极性。

2. 注意原型的完备性、独立性和概括性

认知技能的培养以所建立的原型定向映象为基础，因此建立完备、独立而具有概括性的原型定向映象对于认知技能的学习具有非常重要的作用，可以影响认知技能学习的速度和效果。完备性是指对活动结构了解全面而且清楚，不能模糊和缺漏。独立性是指应从学生的已有经验出发，让学生独立地来确定或理解活动的结构及其操作方式，而不是教师给予学生现成的模式。概括性是指不断变更操作对象，提高活动原型的概括程度，使之具有广泛的适应性，提高其迁移价值。

3. 适应培养的阶段特征，正确使用言语

认知技能是借助于内部言语而实现的，因此言语在认知技能学习中具有十分重要的作用。言语在认知技能形成的不同阶段具有不同的作用。在原型定向与原型操作阶段，言语的作用在于标志动作，并组织活动的执行。在原型内化阶段，言语的作用在于巩固形成的动作表象，并使动作表象得以进一步概括，从而向概念性动作映象转化。因此，在认知技能学习的不同阶段，教师要注意指导学生正确使用言语。

4. 注意学生的个别差异

教师在集体教学中应注意学生的个别差异，充分考虑学生所面临的主客观条件，并针对学生存在的具体问题采取有针对性的辅助措施，以求最大限度地发展学生的认知技能。

思维导图

★ 本 章 概 要 ★

1. 知识是客观世界的主观反映，是个体头脑中的一种内部状态。

2. 从信息加工的角度可以把知识分为两类，即陈述性知识和程序性知识。前者是关于事物及其关系的知识，主要用于分辨事物，回答“是什么”的问题；后者是关于怎样做的知识，主要用于完成心智操作及动作操作，回答“怎么办”的问题。

3. 知识学习的标准有概念化、条件化、结构化、自动化和策略化。

4. 陈述性知识的学习类型包括下位学习、上位学习和并列结合学习；程序性知识的学习过程包括陈述性知识阶段和程序化阶段。

5. 知识的记忆与巩固涉及知识的存储、知识的遗忘，以及元认知对其的调控。

6. 知识学习的重要条件是学习者积极主动地建立新旧知识间的联系，从而使新知识获得意义。相应地，知识的教学策略有动机激发策略、注意策略、组织者策略、认知结构优化策略及迁移与应用策略。

7. 技能是指个体运用已有的知识经验，通过练习而获得的合乎法则的智力活动方式或身体活动的运动方式，分别称为认知技能和动作技能，认知技能帮助顺利完成智力任务，动作技能帮助顺利完成身体协调任务。

8. 动作技能具有物质性、外显性、展开性等特点。认知技能具有观念性、内隐性、简缩性等特点。

9. 我国心理学家将动作技能的形成分为四个阶段，即操作定向阶段、操作模仿阶段、操作整合阶段、操作熟练阶段。将认知技能的形成分为三个阶段，即原型定向阶段、原型操作阶段、原型内化阶段。

思考题

1. 什么是知识？知识可以分为哪几类？
2. 举例说明陈述性知识和程序性知识，二者的学习过程有什么区别和联系？
3. 如何确定学习者对知识的掌握程度？
4. 知识的记忆与巩固过程为我们的学习带来哪些启示？
5. 如何促进学生对知识进行有意义的学习？
6. 什么是技能？技能有什么特征？
7. 动作技能和认知技能有何异同？
8. 动作技能的形成可以分为几个阶段？
9. 动作技能的教学需要注意哪些事项？
10. 认知技能的形成可以分为几个阶段？
11. 认知技能的教学需要注意哪些事项？

参考文献

莫雷. 2007. 教育心理学. 北京: 教育科学出版社.
皮连生. 2011. 教育心理学. 4 版. 上海: 上海教育出版社.
王惠萍. 2011. 教育心理学. 北京: 高等教育出版社.
张庆林, 杨东. 2002. 高效率教学. 北京: 人民教育出版社.
章志光. 2002. 心理学. 3 版. 北京: 人民教育出版社.
朱滢. 2016. 实验心理学. 4 版. 北京: 北京大学出版社.

Anderson J R. 1983. The Architecture of Cognition. Cambridge: Harvard University Press.
Chi M, Glaser R, Rees E. 1982. L5 expertise in problem solving. Advances in the Psychology of Human Intelligence, 1: 7-75.
Slavin R E. 2016. 教育心理学: 理论与实践. 10 版. 吕红梅, 姚梅林, 译. 北京: 人民邮电出版社.

第十章　中小学生心理健康与教育

今年 14 岁的小青是位性格内向的女孩，正在读初二。她平时不爱说话，和同学交往也不多。在上小学四年级的时候，她的爸爸妈妈离婚了，小青跟着妈妈生活。小青的妈妈是位下岗工人，靠在夜市上摆地摊卖些小商品养活这个家。小青已经很久没见过爸爸了，爸爸会每个月寄来 150 元钱作为小青的抚养费。妈妈对小青要求很严格，她认为只有小青好好学习，考上大学，才是家里唯一的希望。

小青很懂事，学习也一直不错。直到三个月前的一天，在语文课上，张老师正在声情并茂地为大家讲《陋室铭》时，全神听课的小青突然觉得张老师看了自己一眼，这让她感到很害羞，还伴有一阵莫名其妙的心慌。从那一天起，小青就特别害怕与张老师有目光接触。上语文课的时候她总是低着头，或者拿课本遮住自己的脸。她发现自己上课经常走神，自己也不知道自己在想什么。后来，她开始怕看到其他老师和同学的眼神，怕他们看自己。这让她很苦恼，更加不愿和同学接触。之后的月考成绩一次比一次差，从原来的班里七八名到现在的三十多名。小青很着急，为这事苦恼极了。

小青到底是怎么回事？她的烦恼是怎么引起的？

在生活中，人们常会用“神经病”“变态”等词语来开玩笑或借以说明他人心理有问题。心理有问题者是“神经病”或“变态”吗？

“郁闷”“烦着呢”是很多学生爱说的口头语，这意味着心理不健康吗？

心理健康对我们的意义是什么？心理健康会帮助我们成功吗？

在本章，我们将会了解到心理健康是什么，对中小学生实施心理健康教育有哪些途径和方法，以及中小学生常见心理问题的心理学解释。

第一节　心理健康概述

如果时光能够倒流，我们回到 20 世纪七八十年代的中国，会发现周围的人普遍还不知道“心理学”是什么。若是交谈中提到谁“心理不健康”，则可能在暗指那人有生活作风问题或者是“精神病”，而若谈及去做“心理咨询”，则是很不体面的事。随着我国心理学科研和应用的不断发展和普及，到了 21 世纪的今天，越来越多的人开始了解心理学并重视起自己和他人的心理健康的问题，心理有问题找心理咨询师已逐渐成为人们的共识。

一、心理健康的概念及意义

心理健康是指个体各种心理活动协调一致、心理内容与客观现实和谐统一、人格相对稳定的心理状态。作为一种状态，心理健康不只是静态的，它也是动态的。从静态的角度看，健康心理是一种心理状态，它在某一时段内展现着自身的正常功能。从发展角度看，健康心理是在常规条件下，个体为应对千变万化的内外环境，围绕某一群体的健康常模，在一定范围内不断上下波动的相对平衡过程。

关于人群中心理健康者的多寡问题，心理学上有两种看法：一个是众数原则，一个是精英原则。众数原则为多数心理学者所支持，他们认为大多数人的心理是健康的，只有少数人因其心理不健康而难以适应周围环境。精英原则主要被人本主义心理学者所支持，他们认为只有充分发挥了自我潜能、自我实现了的人才是心理健康的，这些人的潜力和才能得到充分发挥和表现，个性充分发展，以及人格和谐。毫无疑问，人群中符合精英原则的心理健康者是占少数的。这两种看法其实是各有偏重的，众数原则强调人对其周围环境的适应，精英原则更强调人在适应环境的基础上的发展。

人本主义心理学先驱马斯洛

美国管理学家彼得·德鲁克（P. F. Drucker，1909～2005）曾提出木桶效应（cask effect），讲的是一只木桶若想盛满水，必须每块木板都一样平齐且无破损，如果这只桶的木板中有一块不齐或者某块木板下面有破洞，这只桶就无法盛满水。现在我们把这个效应再扩展一下，如果哪一块木板不够长，木桶盛的水肯定不满。那么，假若木桶的底有漏洞呢？

如果将我们的各项能力比作木板的话，那么我们的心理健康就是木桶的底。如果没有心理健康，任何能力的发挥都会受到局限，因此心理健康是我们全面发展的重要基础和支持。

每个人一生中都在做着两件事，即适应和发展。适应是指我们与自己、与周围的人和事和谐相处，发展是指在适应的基础上更大地发挥自己的潜能。心理健康在我们完成这两类任务中起着保障作用。其中，适应是和谐发展的基础和前提。适应问题多和情绪问题有关，多涉及负性情绪的体验。发展问题多和能力问题有关，多涉及知识和技能的学习和施展。情绪问题的基础是自我中心，能力问题的基础是个人品质。优秀的个人品质能帮助个体提高能力，并且均来自对自我中心的克服。适应不良会阻碍发展的过程和结果，并反过来导致更大的不适应，产生恶性循环。良好的适应会令发展的过程和结果更加和谐，并反过来引起更好的适应，产生良性循环。彻底去掉自我中心，做到天人合一是成佛、成道的境界，是很难的。作为想完善和成就自己的普通人，致力于让自己的自我中心尽可能少一些应是我们的成长目标。自我中心不是说去掉就能去掉的，需要认识、领悟、实践相结合，这个过程是波浪式前进、螺旋式上升的。因此，心理健康在个体不同人生境界的表现是不一样的，但其实质都是个体与自己、他人和世界的和谐。

良好的心理健康状态，可以使个体在积极乐观的心境下，专心致志做好每一件事；可以使个体在遇到困难挫折的情况下，能积极应对而依然保持人格的稳定和内心的和谐；可以使个体与他人和世界保持良好和谐的关系。

二、心理健康者的特征

很多人格心理学家对心理健康者进行过研究和描述，综合起来，我们看到心理健康的个体通常会有以下特征。

（一）积极的人生态度

每个人的一生都有喜怒哀乐的各种经历，心理健康者会按人生的本来面目去对待。他们随时准备着面对生命中的各种状况，欣然接受成功、坦然面对失败。他们对未来充满希望，并通过踏实努力来尽自己所能使希望得以实现。他们知道任何人的一生都会遇到各种挫折和困难，但同时相信人生也因此更加充实和丰满。他们不回避问题，总是直面矛盾，因为这是解决问题的最佳途径。

（二）对世界和自我是客观与开放的

心理健康者总是客观面对自己和世界。只有客观面对自己，知道自己的长处和短处、优点和缺点，我们才能真正认识自己，既不高估自己也不低估自己，并进而接纳和悦纳自己。只有客观认识世界，我们在与世界互动的时候才有更多的把握和控制。

心理健康者对待过去、现在和未来的各种经验（尤其是否定性经验）具有开放性的态度。每个人的过去经验都可能有三种命运，即被接纳、被歪曲和被拒绝。自我封闭的人则难以接受自己过去的否定性经验，他们可能会歪曲或拒绝承认曾经有过的体验，而这可能成为个体心理问题或心理疾病的起因。只有开放地面对自己的过去经验，才能接纳自己和悦纳自己，个人的人格才得以统合。对自己过去经验的开放是对自己当前和未来经验开放的基础。

案例 10.1　客观开放地面对自己的经验

小李，18 岁，男，高三学生。该同学自小家教极其严格，父母认为除学习外的其他所有活动都是影响学习的。这可以由长期以来父母只允许他每天最多看十分钟电视这一“规矩”反映出来。小李上初三时，某课间回头看了本班一名女同学一眼，随即严重自责，认为这影响了学习。从此开始对自己的眼睛余光敏感，最初是不敢回头看该女同学，渐次发展到不敢看同桌和老师。一年来病情严重，因不敢与包括家人在内的任何人对视而前来咨询。在对该同学的治疗中，其反复否认自己看该女生是因为喜欢她。对这一经验的否认和压抑构成其心理问题的基础。

案 例 分 析

对于进入青春期的学生而言，对异性产生好感是很正常的。小李因为严格的家教而否认自己对该女同学喜欢的经验，继而压抑自己的情感，致使被压抑的能量向异常方向转化，形成心理问题。

（三）在爱自己的基础上爱他人

在人际交往中，爱自己是爱他人的基础。就像我们饥饿的时候很难顾及餐桌礼仪一样，我们对自己的爱不足的时候对他人的爱将是形式大于内容的。我们对自己的爱一方面来源于儿时父母和他人对我们的爱，使我们对自己的爱得到强化；另一方面是对自己价值的确认，也即通过我们的能力来证明我们的尊严。当我们的内在需要得到满足的时候，自然就会产生对他人的爱。这种爱是利他的，个人会因为付出而得到极大的内心满足。

（四）具有责任感

责任感是个人为自己、他人和世界积极考虑的一种社会性情感，以理性为基础。对个人而言，做事情既要考虑眼前的得失，又要考虑长远的利益，这是对自己负责任的态度。当眼前利益与长远利益冲突的时候，心理健康者倾向于关注长远利益以保证自己成功，这在一定程度上需要对眼前的诱惑进行克制。当和他人及世界进行交流和互动的时候，心理健康者在考虑自己利益的同时还兼顾交往对象的利益，从而使自身与他人和世界达成一种和谐状态。《论语·卫灵公》中载："子贡问曰：'有一言而可以终身行之者乎？'子曰：'其恕乎！己所不欲，勿施于人。'"（子贡曾经问过老师孔子，有没有哪句话可以令人受益终身？孔子说那应该是将心比心吧，自己不想要的也不要强加于人）在《论语·述而》中说，"子钓而不纲，弋不射宿"（即用鱼钩钓鱼而不是一网打尽，不射杀已经归巢的鸟），讲的就是人与周围世界的和谐问题。

（五）懂得欣赏和审美

心理健康者对人生和所生存的世界有着永不衰退的欣赏力，并且留意生活中的美。他们不只努力学习和工作，他们还投身于生活之中，发现美、欣赏美，享受生活。他们会发展出各种兴趣爱好以娱乐身心，从而做到张弛有道。一颗爱美之心使人容易感到满足，并且可以减少面对生活时的慌乱。

（六）具有幽默感

幽默感是一种超然的处世态度，是我们面对冲突与挫折时的润滑剂。"世事洞明皆学问，人情练达即文章。"（《红楼梦》）。当我们对人生有一定的洞察时，幽默感便会油然而生。"孤云出岫，去留一无所系；朗镜悬空，静躁两不相干。"（《菜根谭》）只有跳出世界看世界，我们才能获得一种超然的态度。

弗洛伊德认为幽默具有四种特性：某种释放性的东西；一些庄严和高尚的东西；拒绝现实要求；实现快乐原则。他同时认为幽默不是屈从的，而是反叛的。幽默不仅表示了自我的胜利，而且表示了快乐原则的胜利。

（七）人格内在和谐

心理健康者各项心理内容是协调的，他们在认识自己的基础上悦纳自己。他们承认和接纳自己的各项不足并做到不以物喜、不以己悲。他们因自己的独特存在而欣喜，因内在的和谐而专心于各项工作。他们会直接面对自己的问题而不是逃避，因此他们善于处理各种矛盾并能很好地调整自己的情绪。

除了上述特征之外，很多人格心理学家还认为心理健康者投入到工作中的能力、创造力、高峰体验等方面的特征也同样重要。

三、心理正常与心理异常

在人群中，毫无疑问，大多数人是心理正常的。一个正常的心理活动需具备以下功能：第一，保障人顺利地适应环境、健康地生存发展；第二，保障人正常地进行人际交往，在家庭、社会团体、机构中正常地肩负责任，使社会组织正常运行；第三，保障人正常地反映、认识客观世界的本质及其规律性。

在现实生活中，心理正常的个体在完成上述功能时的表现是不一样的，有人完成得好一些，有人完成得差一些。对于心理正常者而言，还分为心理健康者和心理不健康者。心理健康者没有或很少有心理问题，或心理问题在其能力控制范围内。心理不健康者不是心理异常，而是有心理问题的心理正常者。

就像身体会生病一样，我们的心理也可能会生病，然而在临床上对个体心理正常与异常的判断并不容易。在生活中，我们可能认为奇装异服、奇谈怪论者是心理异常的，或者觉得标新立异、与众不同者是心理异常的。那么，在临床上，我们通过什么标准来判断一个人的心理活动是正常或异常呢?

（一）心理正常与心理异常的判断标准

由于心理活动的复杂性，判断心理活动的正常与异常是一件困难的事情。首先，异常心理活动和正常心理活动的差别往往是相对的，我们难以找出一个绝对的标准判断哪些心理活动是异常的。比如，单纯从兴奋的角度，我们很难指出一个人兴奋到什么程度就是躁狂状态了。其次，心理活动受多方面的因素影响，遗传、生化因素、社会文化、经济状况、家庭教养方式、个性特点等都会对人的心理产生影响。不同的判别者对这些因素所起作用的看法是不同的，他们的判别方法也是不同的。这就使得对于特定的心理活动的判别标准难以统一。

尽管在心理正常与异常的判断上没有完美和客观一致的标准，但李心天（1991）对此提出了四个标准。

1. 内省经验的标准

这一标准涉及两个方面，即病人的内省经验和判别者的内省经验。病人的内省经验指的是当个体感觉到自己情绪低落、烦躁、焦虑或不能控制自己某些行为的时候，会去寻求医生的帮助。判别者的内省经验是指判别者根据自身的活动经验对心理活动的正常与异常进行判断。

这一标准的好处就是简便易行。问题是由于相关专业知识的欠缺，有些人可能将异常心理活动当成正常，或将正常心理活动当成异常。比如，精神病人在发病期会不承认自己有病，面临月经初潮而又没有相关知识的少女可能会觉得大祸临头。对于判别者来说，由于这一标准的主观性，对同一个体心理活动的判断会各不相同。比如，对一个焦虑的个体，有些专业人士可能认为该个体心理异常符合广泛性焦虑症的标准，但也有专业人士则可能坚持认为该个体的焦虑在正常心理的范围。

2. 医学标准

根据医学诊断手册，符合其临床诊断标准的个案将被诊断为心理异常。目前通常有三种诊断手册可供我国临床工作者参考，即世界卫生组织制定的《国际疾病分类》（International Classification of Diseases，ICD）（精神与行为障碍章节属于其第五章）、美国精神病学协会制定的《精神疾病诊断与统计手册》（The Diagnostic and Statistical Manual of Mental Disorders，DSM）和我国中华医学会精神科学会制定的《中国精神疾病分类方案与诊断标准》。目前，我国医院精神科使用的官方诊断标准是 1992 年发布的 ICD-10，预计第 11 版 ICD 将于 2018 年发布。

这一标准比较客观且被临床工作者广泛采用，但这些诊断手册不可能概括所有的心理异常，而且由于心理活动的复杂性，这些诊断手册对异常心理活动的描述和分类研究依然有待深入。

3. 统计学标准

这一标准来源于对正常心理特征的心理测量，它是以全体人群中具有某种特征的人数分布为依据的。在人群中，某种心理特征的人数分布多为常态分布。根据统计学标准，居中间的大多数人为正常，居两端的少数人为异常。也就是说，判断某个人的心理活动是否异常以其偏离平均值的程度为依据。这一标准也认为心理的正常与异常是连续的，许多异常心理现象在正常人身上也多少会有表现，但不像心理异常者身上表现得那么强。

这一标准多为心理测量者使用，比较客观且可操作性强。其不足是：首先，把偏离平均值多少作为正常和异常的分野是人为的；其次，用单一统计结果来标志复杂的心理活动未免片面；最后，一些心理特征很难数量化，就像我们很难算出来一个人的道德感是多少、嫉妒心是多少。这使得对这些心理特征的统计很难实现。

4. 社会常模与社会适应的标准

这一标准以社会常模为体，以社会适应为用。也就是说，一个人的行为首先要符合大多数人的行为模式，其次还要与他人和社会相处和谐。这一标准比较容易让人理解。其不足是一个群体的行为模式可能会随着时代的变化而变化，如缠足在旧社会是正常现象，在现在则是陋习。此外，在不同地域人们对待某种行为模式的态度也是不一样的，如同性婚姻在一些国家如荷兰是合法的，在另一些国家则是非法的。

综上所述，我们会看到，没有哪一种标准是普遍适用的。事实上，临床工作者在工作中会综合使用这些标准，以判断病人的心理异常状况。

（二）心理正常的分类

郭念峰（2011）将心理正常分为心理健康和心理不健康两类，并根据心理问题的严重程度将心理不健康分为一般心理问题、严重心理问题和神经症性心理问题。其中具有一般心理问题、严重心理问题的正常人是心理咨询或学校心理辅导的对象，神经症性心理问题必要时要考虑寻求精神科专业心理治疗的帮助。

1. 一般心理问题

一般心理问题是由现实因素激发，持续时间较短，情绪反应能在理智控制之下，不严重破坏社会功能，情绪反应尚未泛化的心理不健康状态。比如，刚入学的学生，短时间内由于不适应新环境而产生的想家、不接近同学等问题，即属于一般心理问题。随着对新环境的熟悉，这种问题会慢慢消失。

2. 严重心理问题

严重心理问题是由相对强烈的现实因素激发，初始情绪反应强烈，持续时间较长，内容充分泛化的心理不健康状态，如上高一的 16 岁男孩小朱，从小学习就很上进，上学以来学习成绩一直很好。父母对他的学习也充满了期望。小朱以年级第十名的优异入学成绩考入本地一所重点高中。在第一次期中考试的时候，小朱发挥失误，成绩降到年级第三百多名。小朱非常自责，觉得对不起父母、对不起老师，也觉得在同学面前没有面子。因两个月来上课不能集中注意听讲、睡觉不踏实并伴有噩梦而到学校心理辅导室寻求帮助。小朱同学的问题即属于严重心理问题。

3. 神经症性心理问题

神经症性心理问题的特点是：问题表现与现实处境没什么关系，通常涉及生活中不太重要的事情且没有明显的道德色彩；问题程度还没严重到被诊断为神经症或精神病；可能是神经症的早期阶段。例如，本章开始的案例“小青的烦恼”即属于神经症性心理问题。在临床上要对神经症性心理问题密切观察，因为其处于心理疾病的边缘状态。

（三）心理异常的分类

心理异常表现为行为异常，是指个体行为不符合其发展、文化和社会的常模，引起自身和他人的情绪痛苦或影响了其日常功能。心理异常不是意志问题，通过锻炼心理异常者的意志是解决不了问题的。心理异常者有其独特的病因、症状表现和病程、转归等，不是思想教育工作或心理辅导工作所能帮助的,需要专业人士借助专业知识给予其帮助。在中小学生中，一旦发现心理异常者，需要介绍其到相应机构去寻求帮助。

在病因方面，生物—心理—社会综合分析模式认为，任何心理异常的产生，都可能是生物、心理、社会—文化三个方面共同作用的结果，它们之间相互制约、相互联系、相互影响。当然它们对心理异常的作用不会是均衡的，可能有时这个因素起主要作用，有时那个因素起主要作用。

在临床上，通常以《精神障碍诊断与统计手册》作为心理异常的诊断标准。对于中小学教师来说，这些标准复杂难记，而且也没必要完全了解。张伯源和陈仲庚（1986）对心理异常的分类简单易记，在教学工作中是比较实用的一个分类。此外，关于心理正常与心理异常的区分及其干预手段，郭念峰（2011）曾做了一个简单分类，很有参考意义（表 10-1）。

表 10-1　心理正常与心理异常的区分及干预手段

<table>
<tr><td>分类</td><td colspan="2">心理正常</td><td>心理异常</td></tr>
<tr><td rowspan="2">细类</td><td>心理健康</td><td>心理不健康</td><td rowspan="2">神经症，癔症，性心理异常，人格障碍，精神病等</td></tr>
<tr><td>心理和谐者</td><td>一般心理问题，严重心理问题，神经症性心理问题</td></tr>
<tr><td>干预手段</td><td colspan="2">心理辅导、心理咨询</td><td>心理治疗、药物治疗</td></tr>
</table>

第二节　中小学生心理健康的影响因素

沃建中（2000）在全国教育科学“九五”规划教育部重点课题“中小学生心理素质建构与培养研究”中，对北京、河南、重庆、浙江、新疆等地区 16 472 名中小学生的心理健康状况进行了广泛的调查研究。研究发现，小学生心理基本健康的比例是 79.4%，有异常心理问题倾向的比例是 16.4%，有严重心理行为问题的比例是 4.2%；初中生心理基本健康的比例是 82.9%，有异常心理问题倾向的比例是 14.2%，有严重心理行为问题的比例是 2.9%；高中生心理基本健康的比例是 82.7%，有异常心理问题倾向的比例是 14.8%，有严重心理行为问题的比例是 2.5%。此外，小学生主要存在“孤独”“考试焦虑”“敌对”等情绪问题；初中生和高中生的突出问题是师生关系和亲子关系差，并存在“交往焦虑”“过敏性”“考试焦虑”“敌对”等严重的情绪问题。王极盛（2000）对两万多名中学生心理健康状况的调查表明，中学生的心理健康问题有强迫（33.2%），偏执（24.8%），敌对、不友好（23.1%），人际关系过敏（31.4%），抑郁（32.6%），不同程度的焦虑（28.6%），学习压力（36.6%），适应不良（34.6%），情绪（35.7%），心理不平衡（33.4%）。总趋势是高中生比初中生问题偏多，女生的心理问题比男生多，女生有更多的强迫现象，人际关系更加敏感，更抑郁、焦虑，感到更多的学习压力，情绪更不稳定。以上研究表明，中小学生群体中的大多数是健康的，但少数学生存在明显的心理问题，个别学生的心理问题还相当严重。

中小学生的心理健康受遗传与生理、心理和个性、家庭、学校和社会文化等各方面的影响。了解中小学生心理健康的影响因素是对其进行有效心理健康教育的基础，也是教师和家长因材施教的根据。

一、遗传与生理方面因素

（一）生物遗传

虽然人的心理活动内容是不能直接遗传的，但作为心理活动载体的大脑和神经系统，与遗传因素的关系却十分密切，遗传是个体心理健康发展的物质基础。据家谱分析、血统研究、孪生子研究、收养或寄养家庭的研究等证明，遗传机制对人类行为和神经特征、气质类型、智力状况、躯体感受等发展有重要作用。根据流行病学调查和临床观察，精神发育不全、癫痫发作、精神分裂症、躁狂抑郁症等多种神经和精神疾病存在显著的家族关联性。例如，对精神分裂症患者亲属的患病率调查显示，发病率与血缘关系远近显著相关，血缘关系越近，患病率越高。又如，患多动症的学生，其父母中的某一方往往幼时曾有同样的问题。

（二）身体发育

进入青春发育期后的中学生会发现自己的身高、体重增加很快，成人感得到加强，并愈发关注自己的体貌特征和身体状况。生理缺陷、长相不佳、体弱多病会影响他们的自我评价。例如，有的学生因自我评价过低，从而丧失自信和自尊。第一性征的发展和第二性征的出现，带给中学生一些不同以往的内心体验。例如，一些女生因月经初潮而大惊失色，一些男生因为遗精而担心自己的健康。

（三）生理健康

严重的躯体疾病或生理机能障碍，如病毒性肝炎、心绞痛、胃病、肺炎、哮喘、严重贫血等，会引起个体人格的异常改变，甚至造成精神失常。以内分泌机能障碍为例，当一个人出现甲状腺功能亢进（简称甲亢）时，往往出现敏感、暴躁、易怒、冲动、自制力减弱等心理异常；当肾上腺素分泌过多时，会引发躁狂症，而当肾上腺素分泌不足时，则可能出现抑郁症等。因某种慢性疾病引起的长期脑供血和供氧不足、头晕、发烧、乏力等症状，不仅会阻碍个体认知活动的正常进行，而且会影响个体的自我评价，损害其个性的正常发展。

各种久治不愈的心身疾病，如神经性皮炎、瘙痒症、偏头痛、心动过速、胃和十二指肠溃疡等，会带给患者持续的恶劣心境，损害其身心健康。

二、心理和个性方面因素

（一）自我认识

积极的自我认识会使中学生产生积极愉快的内心体验，使他们自信、勇敢、乐观，易于接纳他人，并在遇到挫折时不气馁；消极的自我认识则使他们感到自卑，觉得自己不如别人，在学习和生活上表现退缩，容易自我封闭。对自己认识得越清楚，就越能控制自己与他人和世界的互动，在进行自我评价时就越容易做到实事求是。

（二）心理冲突

青春期的到来使中学阶段成为心理冲突、心理困扰最多的时期。首先是性发育迅速成熟与性心理相对幼稚的矛盾。中学生“早恋”和冲动性的异性交往行为是其性心理发展还不成熟的表现。其次是情感要求释放与外部表露内隐的矛盾。中学生情感丰富，需要适当释放，但他们却不愿意公开表达自己的感情。他们善于隐瞒乃至否认自己的情感，他们可能会喜欢上诗词的托物言志的意境或尝试写朦胧的诗来曲意地表达自己。最后是自我意识迅速增强与社会成熟相对落后的矛盾，也即认同危机。他们会思考“我是谁”的问题，为想做的和该做的之间的距离而苦恼。一方面，成人感的增强使他们渴望独立自主和被他人尊重和承认；另一方面，社会生活经验不足，人生观、世界观尚在初步形成中，经济能力缺乏等是该矛盾的主要表现。

（三）个性特征

个性是一个人心理活动稳定的表现特征，对个体的心理健康影响巨大。不同的个性特征，对于同一社会事件的认知和应对方式不同，因而出现的情绪反应强度和持久性差别也很大。个性外向的人，虽然情绪反应比较强烈，但反应的深刻程度却不大，因此相对地较易恢复心理平衡。内向者的情绪反应深刻而持久，恢复心理平衡的过程长。神经质的人，可能对一点小事就产生强烈的情绪反应；而抑郁质的人对别人可以引起情绪反应的事件却显得迟钝或无动于衷。

汪国真的诗《热爱生命》

三、家庭方面因素

家庭环境对中学生身心健康影响巨大。相关研究表明，不良家庭环境因素容易造成家庭成员的心理行为异常。这些因素主要有以下方面。

（一）非常态家庭

如单亲家庭的孩子可能会因缺乏母爱或父爱，内心常常有一种失落感。他们可能因羡慕双亲健全的家庭而产生自卑，易表现出敏感、沉默、冷漠、孤僻倾向。又如，当家庭主要成员变动，如父母死亡、父母离异或分居、父母再婚时，孩子可能因此受到很大的心理打击，有些孩子的个性会在短时间内出现很大改变。

（二）家庭环境不良

家庭环境不良主要有两种情况：一是家庭关系紧张，如父母不睦、家庭气氛冷漠、婆媳矛盾冲突频繁等；二是父母行为不检点，品德不良、社会声望不好。前者会使孩子感到厌恶、担忧，从而渐渐形成孤独、懊丧、烦躁、孤僻的性格，有时甚至离家出走；后者会使孩子感到自卑、压抑，在他人面前抬不起头来，表现为沉默、独处、不善交往，甚至出现自暴自弃或反社会行为。

（三）父母教养方式不当

美国心理学家鲍伦德（D. Baumrind，1927～）经过大量的调查研究后，将父母教养方式分为三种：威信型父母、专制型父母和宽容型父母。威信型父母管教方式的特征是：父母为子女所制定的规范，不仅合情合理，而且以身作则，能够说到做到；对子女行为规范的要求、对价值标准的解释，前后一致，能使子女易知易行；亲子之间如果遇到争执，父母不以独裁专断的方式处理，而是以说理的方式让子女表达意见，最后的决定让子女心悦诚服。专制型父母的特征是：子女在家庭中的一切活动都由父母安排决定，子女只能无条件地服从；有关行为的是非对错标准，全部由父母独裁决定，子女只能无条件地遵守；子女的行为如有偏差，父母就会做出惩罚，也不必给子女解释、理由。宽容型父母管教方式的特征是：对孩子的行为表现，父母不刻意制定规范；对子女的愿望与要求，父母也不刻意进行限制；在子女的能力培养上，父母也不刻意要求和规范，而改以接纳的态度，让孩子随其兴趣与个性自由发展。

鲍伦德认为，在现代社会里，威信型父母的管教方式是最有利于儿童健康成长的。这就像园丁栽培花木一样，除了除虫、除草、灌溉、浇肥之外，要想花木茁壮成长，适时适度地修剪，也是必要的。专制型的父母因为过分地管束而束缚了儿童的发展，宽容型父母却因较少管束而不能培养子女适应现代社会的能力。鲍伦德的建议，不仅仅是有说服力的理论，而且被实际的调查研究所证实，由威信型父母管教出来的孩子，是同年龄儿童中最优秀的一群。

（四）意外事件及其他因素

父母改变工作岗位、负债、遇窃、失火、家人生病等会影响家庭经济状况，使家庭面临巨大压力，父母对待子女的态度和行为较以往不同，孩子的心理可能因此受到冲击并改变对一些事的看法。

此外，亲子关系、家中是否具有独立私密空间、父母职业等因素对学生心理也有一定影响。

四、学校方面因素

学校是学生学习、生活的主要场所，学校教育条件、学习条件、生活条件、校风、班风、师生关系、同伴关系等因素对学生的身心健康影响很大。其中较突出的有以下三点。

（一）学生课业负担过重

学生的课业负担过重，已成为我国中小学教育中普遍存在的问题。无效重复、繁重枯燥、过深过难的学习、以排名次为重要表现形式的升学竞争影响学生的学习兴趣和动机，使部分学生厌学、惧学情绪严重。为了应试而大幅缩减活动课、选修课的比例，使学生学习生活变得更为单调，学习压力无法释放，兴趣爱好无法发展。

（二）教师行为风格

一些教师常常把工作和生活中的不良情绪带进课堂，使课堂气氛变得十分压抑；一些教师偏爱成绩好的学生，歧视后进生，使后进生情绪低落、学习不积极；一些教师不尊重学生、不保护学生的自尊心，动不动就让学生在公开场合挨批评、作检讨；等等。教师的这些不良行为风格对学生心理健康影响很大。

（三）学校心理健康教育的实施程度

在一些学校，心理健康教育工作没有受到足够的重视。教师在学科教学中教育观念陈旧、教育方法落后，不能把握目前中学生的心理特点，不能体现心理健康教育的理念，造成师生情感对立，学生感到心理压抑、精神紧张。学校没有开设心理健康教育方面的课程，没有专职心理辅导老师。部分学校虽然开展了心理健康教育活动，但仅仅停留在表层，未能渗透到教育、教学活动的各个环节，致使心理教育的实效较差。

五、社会文化因素

对于个体心理的发生发展而言，社会文化营造了一种氛围和环境。社会文化对个体心理的影响是潜移默化的，甚至是不知不觉的。社会文化通过各类传媒影响着个体。良好的社会文化对个体心理的发展是起积极作用的；相反，不良的社会文化会给个体心理带来消极的影响。

（一）不良价值观的影响

不良价值观，如崇尚享受、金钱至上，宣称读书无用的“反智主义”和“反知主义”等，一方面会使学生产生攀比心理，重视物质享受，不思进取；另一方面会使学生产生厌学心理，认为读书无用。

（二）错误地强调“自我”

当前社会文化较以往更加强调个体的价值和尊严。自我价值的提升和实现，是每一个健康的个体都在追求的。这是一种自我人格完善的需求，涉及能力的提高和胸怀的扩展。真正的自我实现都是离不开个体虚心学习、踏实肯干的，是离不开吃苦的。如果没有培养出谦虚谨慎的品质和吃苦精神，个体就会出现对“自我”的错误强调，比如注重外表、奇装异服、哗众取宠甚至追求“另类”刺激。这样做或许会引起他人对自己的暂时关注，但由于没有真正的实力支撑，这样做所带来的“价值感”只能是昙花一现。长此以往，易导致学生自我中心严重，产生各种适应问题，如内心空虚、颓废、抑郁、离家出走甚至吸毒或自杀。

（三）传媒的影响

网络时代下的年轻人，电脑、手机成了他们与世界沟通不可或缺的工具。在网络上每天都可以接触到大量的信息，这些信息泥沙俱下，如果不加引导和限制，中小学生很容易使中小学生受到不良影响。此外，对网络游戏和网络交往的沉迷既会给学生带来学业的冲击，也可能使学生现实人际关系淡化。

第三节　中小学生心理健康教育的途径与方法

2012 年 12 月，我国教育部印发的《中小学心理健康教育指导纲要》（2012 年修订）中提到：“中小学心理健康教育，是提高中小学生心理素质、促进其身心健康和谐发展的教育，是进一步加强和改进中小学德育工作、全面推进素质教育的重要组成部分。中小学生正处在身心发展的重要时期，随着生理、心理的发育和发展、社会阅历的扩展及思维方式的变化，特别是面对社会竞争的压力，他们在学习、生活、自我意识、情绪调适、人际交往和升学就业等方面，会遇到各种各样的心理困扰或问题。因此，在中小学开展心理健康教育，是学生身心健康成长的需要，是全面推进素质教育的必然要求。”

学生心理健康教育的实施可以通过学校、家庭、社区三条途径来实施，学校是主导，以学校为中心，通过对家庭教育的指导，协调社区（社会）的各种有利资源，充分发挥各种医疗、咨询和教育机构的作用，相互支持和协作，共同实施好心理健康教育，促进学生的健康成长。

一、对全体学生实施心理健康教育

（一）加强学校领导和教师对心理健康教育的重视

心理健康是幸福人生的基石。在学生的学习活动中，良好的心理健康水平可以帮助学生更好地适应学校环境、更好地建立人际关系、更好地参与课上课下的各种学习活动。中小学生身上出现的各种学习问题背后都受其心理健康状态的影响，中小学校的领导和教师对学生心理健康问题应该引起足够重视，并应加强对学生心理健康的相关知识与方法的教授，以使中小学生心理健康教育在本校得以有效实施。

（二）聘任专职心理辅导教师

学生的一些轻度心理问题通过自身调整并结合老师和同学的帮助是可以得到解决的，但相对严重的心理问题则需要寻求专业心理辅导老师的帮助，因此学校应该聘任专业心理辅导教师为学生提供专业帮助。就像救火，专业消防人员懂得对不同种类的火险采用哪种方式灭火更有效，而非专业人士虽然救火热情很高，但其灭火行为未必奏效。

（三）开设专门的心理健康教育课程

开设专门的心理健康教育课程，根据学生心理发展特点组织教学内容和相关活动。以丰富多样的讲授方式和团体心理活动，引领学生积极参与和主动思考。应将心理健康教育课程设置成学校的常规课程，不同年级的课程内容要与学生该阶段发展实际和该阶段所学其他各科内容联系起来，如开设适应课程，帮新生更快地适应新学校的生活；开设异性交往课程，以帮学生学会如何与异性交往。

理性-情绪想象技术

（四）在学科教学中渗透心理健康教育

心理健康教育不只是专职心理健康教师的责任，也需要所有教师的密切配合。只有将心理健康教育融合进各科教学中，才能增强心理健康教育的效能。课堂教学中蕴藏着巨大的心理健康教育因素，学科教师可根据教学内容的特点适时、适度地把心理健康教育渗透在教学中，开发学生智力和情感，激励学习动机，使其保持良好的心理状态。

（五）在学校日常活动中渗透心理健康教育

营造真正以学生为中心的温馨、和谐的校园氛围，使学生在学校获得爱、尊重和价值感。课前、课中和课后老师与学生的平等交流，有利于协调师生关系，培养学生人际交往的能力。教师充分放手让学生组织各种早会、班会、周会及各种课外活动，教师以参谋的身份出现，充分发挥学生的主动性和积极性，发挥学生的特长，锻炼其各种能力，使学生获得成就感和自信心。学校要既重视学生学业成绩，又重视学生能力的全方位发展，通过组建各种兴趣小组，让每一位学生都能够找到适合自己兴趣和特长的团体，使学生在团体中发展自己的兴趣，获得归属感、信心和友爱精神。

（六）与家长、社会资源配合，做好学生心理健康工作

建立家长课堂，向学生家长普及心理健康知识；强调家校结合以提高孩子心理健康水平的重要性；加强家长对孩子心理发展特点的认识；告诉家长学会理解孩子、尊重孩子并做到真正从心理上关心孩子；教授家长与孩子沟通的技巧与方法。利用社会资源，聘请相关专家向全校师生和学生家长做心理健康教育讲座，加强大家对学生心理健康的重视。

二、心理辅导方法

即使通过有效的学生集体教育，仍然会有个别学生由于种种原因存在一些心理健康问题，对这部分学生进行心理辅导是学校心理健康教育的有效辅助途径。心理辅导是学校主要面向学生实施的个体心理咨询工作，对实施者有很高的专业要求。但是，作为教师，不仅是知识的传授者，而且也应该是学生心理的保健者。所以，学习一些心理辅导的基本方法，有助于提高自己工作的科学性和实效性，有利于学生的心理健康教育。

（一）放松技术

放松技术有很多种，利用放松技术可以使人从紧张、焦虑、抑郁等不良情绪中有效地解脱出来。放松技术还可以配合其他方法（如系统脱敏法）使用，以达到针对性更强的效果。很多放松技术是通过生理的放松来达到心理放松效果的。

腹式呼吸法是一种简便的放松方法。我们通常的呼吸方式为胸式呼吸，即用胸廓的收缩与扩张来带动呼吸，这种呼吸方式的特点是比较快，但深度不够。腹式呼吸是在呼吸的时候保持胸部不动，吸气的时候腹部鼓起来，呼气的时候腹部瘪下去，以腹部推动膈肌的运动来完成呼吸。做腹式呼吸的时候可坐可卧，要保持呼吸均匀和细长，以每分钟少于十次呼吸为宜。

腹式呼吸可通过按摩腹腔的内脏使副交感神经兴奋，进而使人快速进入身心放松的状态。

（二）消退法

当某种行为得不到强化的时候，其频率就会下降。对于一些不良行为撤销强化，从而使其减少或消失的方法就是消退法。

在课堂上，有些学生会搞一些小动作引起同学、教师的注意，这时教师往往会批评、指责这些学生。事实上这些批评反而会强化学生的反常行为，在这个时候，对“捣乱”行为的不理睬，会使这种行为因得不到强化而消退。

（三）行为契约法

行为契约法其实就是行为合同，是在合同相关各方都同意的情况下签署的行为改变方案。行为契约法在督促学习、建立良好习惯等方面有良好的效果。建立行为契约有两个要求，一是要将合同参与方的各种责、权、利写清楚，二是各合同参与方要认真切实履行自己的合同职责。如以下例子。

关于纠正赵强做作业马虎的合同

1. 赵强每天做作业因马虎做错的题数多于 10 个时，由第二天晚饭后洗碗筷作为惩罚。

2. 赵强每天做作业因马虎做错的题数等于 10 个时，可以看 5 分钟动画片作为奖励；低于 10 个后，每少一个可以增加 5 分钟的看动画片时间。

3. 第二天的作业如有反弹则取消前一天的奖励。

4. 当赵强第一次连续一周作业没有因马虎做错的题时，除可以看 50 分钟动画片外，还可以获得一个篮球作为奖励。

5. 赵大强（赵强爸爸）负责监督本合同规定的各项约定并执行奖惩。

6. 合同有效期：本学期。

签字：赵　强　赵大强

（四）角色扮演法

角色扮演法多用于处理人际关系方面的问题，也就是设定一定的情境与主题，让学生扮演一定的角色，练习某种行为方式或者体验某种情境下的心理，并最终将此应用于实际生活。

具体操作时，角色扮演可以是集体参与的，即由老师编写心理剧，设定主题、目标，并对各角色进行解释，由学生揣摩和表演角色，老师做指导或参与表演其中一个角色。也可以个别表演，由学生扮演生活中的自己，老师扮演其家长、同学等。还可以让学生轮换扮演两个角色，其中一个角色由空椅子代替，让学生练习同想象中坐在空椅子上的人物谈话。或者让学生按照老师为其撰写的草稿扮演角色。比如，让回避退缩性格的学生扮演敢说敢做、主动的角色。

（五）系统脱敏法

美国心理学家沃尔帕（J. Wolpe，1915～1997）提出的系统脱敏法是一种应对焦虑的方法，又叫作交互抑制法。利用这种方法主要是诱导个体缓慢地暴露出导致焦虑的情境，并通过心理的放松状态来对抗这种焦虑情绪，从而达到消除焦虑的目的。

在应用时从能引起个体较低程度的焦虑或恐怖反应的刺激物开始进行治疗。一旦某个刺激不会再引起求治者焦虑和恐怖反应时，施治者便可向处于放松状态的病人呈现另一个比前一刺激略强一点的刺激。如果一个刺激所引起的焦虑或恐怖状态在求治者所能忍受的范围之内，经过多次反复的呈现，求治者便不会再对该刺激感到焦虑和恐怖，治疗目标也就达到了。

采用系统脱敏法进行治疗包括三个步骤，我们以考试焦虑为例来说明。第一步是与考试焦虑者一起由轻到重建立引起考试焦虑的等级，如引起其最轻焦虑的首先是考试前第五天，此时感觉焦虑即将来临，则定考前第五天为第一级；其次是考前第四天，感觉变得紧张，手心出汗……以此类推。第二步是让考试焦虑者学会全身肌肉放松。第三步是要求考试焦虑者在放松的情况下，想象某等级的情境来进行脱敏治疗。

假如我们从考试焦虑者身上取出心率信号来观测，那么脱敏过程就如图 10-1 所示。图中 A 段是指考试焦虑者治疗开始时的心率，这时让其放松，放松后的心率为 B 段。放松一段时间后，让考试焦虑者想象第一个等级也就是考试前五天的情境，要想得越逼真越好，这时的心率会因为紧张而升高，如 C 段所示。五分钟后让考试焦虑者停止想象，转入放松状态，这时心率会慢慢降下来，如 D 段所示。五分钟后再让其想象那个情境，心率会因紧张再升上去，如 E 段所示，但会比 C 段低一些。如此反复直到心率不再有明显变化（脱敏成功），如 F 段所示。这样，第一等级的脱敏就成功了。再依次进行其他等级的脱敏，直至考试焦虑者对考试不再感到焦虑。

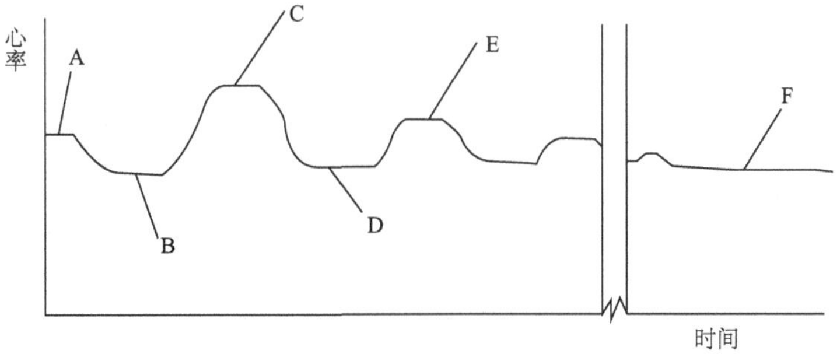

图 10-1　系统脱敏法示意图

A. 初始心率；B. 放松后心率；C. 想象紧张事件时的心率；D. 再次放松；E. 第二次想象；F. 脱敏成功

在实际操作中，可能某一等级总是达不到理想效果，这有两种可能：一是与上一等级跨度太大，这时需要再细分一下这两个等级；二是上一个等级还没成功脱敏，这时需要重复做上一等级，直到没有明显的心率变化。

（六）理性情绪疗法

理性情绪疗法（rational-emotive therapy，RET）是美国心理学家埃里斯（A. Ellis，1913～2007）创立的一种心理治疗的方法。他认为我们的情绪并不是由我们遇到的事件引起的，而是由我们对该事件的解释和评价引起的。我们之所以有负性的情绪反应，是由我们对刺激事件的不合理信念造成的，心理治疗就是通过辩论，改变这些不合理的信念，使之转变为合理的观念。

埃里斯总结出常见的不合理信念有：我必须被每一个认识的人喜欢；我必须有能力去获得胜任和成功；有些人很坏，他们的行为必受惩罚；如果事非所愿，那太可怕了；不愉快的事为外在环境造成，个人无法控制；与其面对现实不如逃避；要对危险和可怕的事，随时随地加以警惕并不断注意其发生的可能性；我必须依赖一个比自己强的人才能生活得好些；一个人的过去决定现在且这种影响永难改变；我必须应该关心他人并为他人的问题发愁；人生中的每个问题都应有一个唯一正确的答案。

常见的认知曲解

第四节　中小学生常见心理问题分析

中小学生的心理问题不仅会影响他们的学习成绩，如果持续得不到解决还可能影响其人格的健康发展。教师如在学生中发现心理异常者，应首先与学生家长联系和沟通，按本章第一节所述相关内容建议其带孩子去有关部门进行诊治。如果发现学生有心理问题则可建议其去学校心理辅导教师那里接受专业辅导。无论学校是否设有专业的心理辅导机构，作为教师都有必要对学生常见的心理问题有所了解，以利于在力所能及范围内对其施以积极影响和因材施教。

一、自卑感

奥地利心理学家阿德勒（A. Adler，1870～1937）认为自卑感是人格发展的动力，自卑感驱使人产生对优越的渴望。他认为自卑感源于个人生活中所有不完全或不完美的感觉，包括身体的、心理的和社会的障碍，不管这些障碍是真实的还是想象的，因此可以说我们每个人都有不同程度的自卑感。阿德勒认为我们可以通过补偿来弥补自己的不足。正如鲁迅先生所说，不满是向上的车轮。因为意识到自己的各种不足，我们才尝试各种努力去弥补。

补偿有两条基本途径：其一是觉察到自己的不足后集中力量发展其功能。例如，体弱者通过加强体育锻炼来增强体质。其二是承认自己的某种不足，发展自己的其他功能以弥补该不足。例如，失明者通过发展听觉或触觉来进行弥补。如果人通过极大的努力将自己原先的弱点变成自己的优势，就叫做过度补偿，如古希腊有个叫狄摩西尼的人，原来有口吃的毛病，他便口含石子对着大海演讲，经过艰苦的训练终于成为一位伟大的演说家。但如果一个人的自卑感过于沉重，可能令他心灰意懒，表现为退缩、没有自信。

此时，自卑感便成了阻碍个人积极成长的障碍力量和破坏力量。

中小学生的过度自卑，源于长期得不到肯定，从而缺乏成就感。面对过度自卑的学生，第一，应帮他们正确认识自卑，不夸大自卑；第二，教他们每天对自己进行积极暗示（如早上对自己说“我今天会很棒”，遇到问题时对自己说“我能行”）；第三，在教育教学情境中，适当多给他们鼓励和表扬；第四，培养团结友爱的班级气氛，鼓励同学与他们交往。

二、厌学

厌学的学生主要表现为对学习不感兴趣、逃避学习，一提起学习就烦躁不安甚至发火。他们对老师和家长有抵触情绪，严重者可能出现逃学或辍学行为。造成学生厌学的原因可能有如下几点。

1）学校教育中的失误。对待学习，每个人最初都是有兴趣的，但大量的考试、“填鸭式”的枯燥教学、教师滥用惩罚、课业负担过重、学习难度大、教师缺乏对学生的尊重和关爱，都可能造成学生产生厌学情绪。

2）家庭教养方式不当。家长只注重孩子的学习成绩而不关注他们的心理需求，经常打骂孩子，会使孩子产生逆反心理和对学习的厌烦情绪。有的家长只关注孩子物质上的满足，有什么问题给钱了事，则使孩子对学习产生轻视心理。

3）学习成绩差。很多学生对学习不感兴趣是因为学不会而造成学习成绩下降，在学习上产生不了成就感而产生厌学情绪。

4）社会不良风气的影响。社会上流行一些不良风气，如“拜金主义”“享乐主义”“读书无用论”，则是造成孩子厌学情绪的社会诱因。

对待厌学的孩子，教师应与家长一起分析原因、研究对策。相关教师应改善自己的教学态度和方法，建立和谐的师生关系，培养轻松、有趣的教学氛围。家长应反思自己的教养方式，多从孩子的角度考虑问题，带着尊重与孩子沟通。在学习上，立足于孩子当前的实际情况，以“小步子”和“跳一跳够得着”的原则为其设立实事求是的学习目标，培养其学习信心和兴趣。

三、网络成瘾

网络成瘾是近年来社会讨论的热点，很多学生沉迷于网络游戏而不能自拔。学生在网络游戏中过关斩将，或单兵或团队，不亦乐乎。仔细分析我们就会发现，他们其实是在用另一种方式对待生活。

网络游戏给玩家带来的是虚拟的满足感、成就感和交往的乐趣。试想，如果能吃到真正的大饼，谁还会画饼充饥！也就是说，如果网络成瘾者能在现实生活中得到快乐、满足、成功和交往的喜悦，他们肯定不会迷恋网络上的虚拟世界。

学校应多组织团体的文娱活动，建立各类兴趣小组，让学生享受到现实的乐趣。教师关心每一个学生，家长静下心来多倾听孩子，让其感受到自己的存在和价值。教师和家长将孩子身心健康发展放在第一位考虑，是对待网络成瘾学生切实可行的原则。

四、考试焦虑

考试焦虑是学生对考试情境的一种紧张、担忧的反应。一定的紧张水平可以使学生将精力积极投入到学习中，对于考试是有利的。紧张水平过高则形成考试焦虑。

考试焦虑的学生在考前注意力不集中、学习效率低、焦虑、抑郁、睡眠质量降低、食欲不振；考试期间高度紧张，遇到难题会产生慌乱；考试后紧张状态难以松弛下来。

（一）正确认识动机与学习效率的关系

在学习活动中，并非动机越强，学习效率越高。动机与学习效率之间的关系符合叶克斯-多德森定律，即倒“U”曲线的关系（详见第八章第一节）。大的考试，如中、高考对于大多数学生而言都属于困难任务，动机水平越高反而会影响考试的发挥，因此如果在大考面前能具备举重若轻的心态则可令考生的学习效率得到最大的发挥。

（二）认知矫正

江光荣和赵汉俊（1994）在理性情绪疗法基础上提出一套自助性认知矫正程序，以缓解中学生考试焦虑，取得较好效果。该程序包含如下步骤。

1）检查自己的担忧。要求学生把自己有关考试的担忧写出来。

2）对担忧进行合理性分析。分析自己所担忧的事项哪些是合理的，哪些是不合理的，从而找出认知错误。

3）与担忧质辩。要求学生针对担忧的不合理处，用事实、常理予以驳斥，并对不合理的担忧作“危害分析”。

4）得出合理的反应。

（三）尝试成功经验

调整学生的学习目标，使之与学生能力水平相适应；让高焦虑学生在具有高度结构的学习情境中学习；创造条件，让学生尝试成功经验，并对其成功行为给予强化鼓励。

★ 本 章 概 要 ★

1. 心理健康是指个体各种心理活动协调一致、心理内容与客观现实和谐统一、人格相对稳定的心理状态。心理健康者拥有积极的人生态度、对世界和自我是客观与开放的、在爱自己的基础上爱他人、具有责任感、懂得欣赏和审美、具有幽默感、人格内在和谐。

2. 虽然判断心理正常与否很困难，但学者还是总结出了内省经验的标准、医学标准、统计学标准和社会常模与社会适应的标准。

3. 心理正常的人可能是心理不健康的，表现为一般心理问题、严重心理问题和神经症性心理问题。不同的心理异常者应寻求相应机构的帮助。

4. 中小学生的心理问题受遗传与生理、心理和个性、家庭、学校、社会文化因素的综合影响。了解中小学生心理健康的影响因素是对其进行有效心理健康教育的基础，也是教师和家长因材施教的根据。

5. 学生心理健康教育的实施可以通过学校、家庭、社区三条途径来实施，学校是主导，以学校为中心，通过对家庭教育的指导，协调社区（社会）的各种有利资源，共同对学生实施心理健康教育。学习一些心理辅导的基本方法，有助于教师提高自己工作的科学性和实效性，有利于学生的心理健康发展。

6. 自卑感对人的影响不单纯是负面的，它也可以作为人们前行的动力。对自卑感严重的学生，要注意对其肯定和成就感的培养。对待厌学的孩子，教师要首先反思自己的工作方式方法，与家长配合，在对学生尊重的基础上培养其学习信心和兴趣。学校、家长要积极培养学生现实中的乐趣以帮助网络成瘾的孩子。要教会考试焦虑的学生正确认识焦虑与学习之间的关系，在教学各环节应创造条件让学生尝试成功体验。

思考题

1. 名词解释：心理健康、行为异常、行为契约法、角色扮演法。
2. 心理健康的个体有哪些特征?
3. 尝试分析一下寝室成员的心理健康水平。
4. 中小学生心理问题受哪些因素影响?
5. 探讨一下如何在你曾就读的高中开展心理健康教育。
6. 如何应对考试焦虑?

参考文献

陈国明. 2002. 心理健康教育指导. 宁波: 宁波出版社.
德博拉·C. 贝德尔. 2016. 变态心理学. 3 版. 袁立壮, 译. 北京: 机械工业出版社.
高玉祥, 程正方, 郑日昌. 1985. 心理学. 北京: 北京师范大学出版社.
郭念峰. 2011. 心理咨询师(基础知识). 北京: 民族出版社.
贺银瑞. 2005. 现代学校心理辅导. 石家庄: 河北人民出版社.
黄希庭. 2002. 人格心理学. 杭州: 浙江教育出版社.
黄希庭. 2015. 心理学导论. 北京: 人民教育出版社.
江光荣. 2012. 心理咨询的理论与实务. 2 版. 北京: 高等教育出版社.
江光荣, 赵汉俊. 1994. 中学生考试焦虑及其辅导. 教育研究与实验, (2): 47-50.
李心天. 1991. 医学心理学. 北京: 人民卫生出版社.
刘华山. 2001. 学校心理辅导. 合肥: 安徽人民出版社.
刘维良, 齐建芳. 2000. 中小学心理健康教育. 北京: 华文出版社.
麦克尔·E. 卡万纳格. 1990. 心理咨询. 黎明, 等译. 哈尔滨: 黑龙江教育出版社.
汪国真. 1990. 年轻的思绪——汪国真抒情诗抄. 王萍编. 北京: 文化艺术出版社.
王极盛. 2000. 让父母远离困惑. 北京: 当代世界出版社.

沃建中. 2000. 中小学生心理素质教育的探索. 北京: 科学出版社.
吴汉荣. 2003. 医学心理学. 武汉: 华中科技大学出版社.
西格蒙德・弗洛伊德. 1987. 弗洛伊德论美文选. 张唤民, 陈伟奇, 译. 上海: 知识出版社: 141-147.
张伯源, 陈仲庚. 1986. 变态心理学. 北京: 北京科学技术出版社.
张庆林. 2006. 心理发展与教育. 重庆: 重庆出版社.
张源昌. 1985. 中国医学百科全书神经病学. 上海: 上海科学技术出版社.
中华医学会精神科分会. 2001. CCMD-3 中国精神障碍分类与诊断标准. 3 版. 济南: 山东科学技术出版社.
周宗奎. 2007. 青少年心理发展与学习. 北京: 高等教育出版社.
Coon D, Mitterer J O. 2007. 心理学导论——思想与行为的认识之路. 11 版. 郑刚, 等译. 北京: 中国轻工业出版社: 563-569.

第十一章　学校群体心理与管理

群体状态或支配群体的力量与野蛮状态相近似，或者说是向这种状态的回归。正是通过获得结构稳定的集体精神，种族才使自身在越来越大的程度上摆脱了缺乏思考的群体力量，走出了野蛮状态。

——古斯塔夫·勒庞（Gustave Le Bon）

第一节　学校群体心理概述

一、群体概述

（一）群体

群体是个体之间以特定方式组合起来进行活动并且彼此互动的共同体。群体虽然是由个体组成的，但并不意味着达到一定人数或者聚在一起的人们就构成心理学意义上的群体，如喜欢观看某个电视节目的人、围在路边看热闹的群众。要判别是否构成群体，主要标准是看它是否有共同的需要和目标，并以此进行活动，是否有一定的组织结构，是否有一套成文或不成文的规范，是否有心理上的相互依存关系。学校中的班级、篮球队、社团，社会生活中的家庭等都属于群体。从群体的规模看，可以小到两个人，如夫妻，也可以成千上万，如一个学校、一支部队等。著名社会心理学家勒庞说："尽管我们不会看到整个民族集聚在一起，可当受到某些影响时，它也会变成一个群体。"就心理学研究的群体来看，一般是指由两个人到几十个人组成的群体。

（二）群体心理与个体心理

群体心理是当个体成为某个群体成员之后，所表现出的共同价值取向、行为倾向以及心理状态，如模仿、从众、互动、情绪感染等。学生在加入某个群体之后，就会在价值倾向上维护自己的群体声誉，积极参与该群体的活动，并且从心理上认同自己的成员身份。这些群体心理都是以个体心理为基础的，每个个体虽然带着自己的心理加入到群体中，由于受到群体目标、群体规范、群体互动的影响，会对群体的心理有选择地接受。个体心理也会影响群体心理，尤其是群体组织结构中关键人物的心理，会对群体心理有重要影响。

二、群体的心理功能

群体一方面具有对个体的心理功能，以实现满足个体的心理需求；另一方面具有对组织的功能，即群体实现任务的执行和成就的创造。班级作为一个群体，也具有群体的心理功能。学校群体能使学生获得归属感、认同感，同时对学生符合学校群体规范的行为给予心理支持，以完成对学生心理与行为的塑造。以下仅对学校群体的心理功能进行论述。

（一）归属功能

个体一旦确定自己是属于某个群体的，就会消除孤独与怯懦，获得安全感。儿童和青少年到了上学年龄，就渴望进入学校，成为学生，而一旦因故辍学，离开了学校，会感到痛苦，原因是失去了对学校群体的归属感。对于教师来说也是如此，学校给予教师归属感，在他们进入学校和自己所在的部门后，就感到踏实、温暖。

（二）认同功能

认同是指人们对于其所喜欢的对象的某些思想和行为的赞同和模仿。个体对群体的认同，使个体自愿接受群体的影响并与之融为一体。学生认同自己的学校和所属的群体时，就会对一些事情与问题同学校群体保持共同的看法和评价。认同功能不仅使得学校能够更好地保持其内在的完整性，而且使学校更容易实现其教育人、塑造人的目标。

（三）支持功能

当学生的思想、观点、情感、行为等得到学校群体的肯定与鼓励时，个体就获得了一种支持的力量，就会增强其进一步努力的信心，成为其前进的动力。没有一个学生不希望从学校群体中得到肯定、鼓励、支持，而且学习困难的学生更渴望从学校尤其是班级中获得支持，以摆脱困境。因此，学校尤其是班级要充分发挥群体对个体的支持功能，对每一个学生从情感、社会交往和学习策略等方面给予关心与帮助，这对学生身心的健康成长是非常重要的。

（四）塑造功能

学校群体对师生的归属、认同与支持功能其实都对师生行为进行了改造，也因此学校群体最终实现了人才培养或人格塑造的功能。与其他社会群体相比，学校群体作为一种教育群体，具有其他群体无可比拟的塑造功能。现代社会一切有成就的人，都经受过学校群体的塑造，都曾感受到这种功能的强大而深远的影响（黄希庭，1997）。

三、群体的心理效应

（一）从众心理

在许多情况下，个体会由于真实的或想象的群体压力，而不由自主地在认知和行为上倾向于同群体内的多数人相一致，这种现象称为从众（conformity）。每个群体都有自己的规范，它代表着群体内众人认可的行为标准。例如，学生听课时不能随便说话、考试时不能作弊、骑车上马路不能闯红灯等。个体如果不与大家的行为保持一致，就会感受到来自他人的压力，以致出现内心冲突，因此个体会从众。也正由于个体从众，个体才能适应群体社会的生活。

谢里夫（M. Sherif，1906～1988）于 1936 年利用“自动效应”（automatic effect）证实了从众效应的存在。所谓“自动效应”是指个体在黑暗的房间观察一个静止的光点时，会产生光点在运动的错觉。个体在估计所感受到的光点移动的方向和距离时，存在着个体差异，有人判断的范围大，有人判断的范围小。谢里夫在实验中让个体先独自进行判断，然后将几个人集中在一起，并要求他们依次做出判断，目的在于考察个体行为是否会受到他人影响。结果发现，在群体状态下，被试所做出的判断越来越倾向于同他人保持一致，而且是不自觉地就会这样做。20 世纪 50 年代，美国心理学家阿希（S. E. Asch，1907～1996）也采用一个巧妙的视觉判断实验，这个实验再次证实了从众效应，并且成为心理学的经典研究之一。

阿希从众实验

（二）社会助长与社会懈怠

1. 社会助长

社会助长（social facilitation）是指因他人在场而增强个体动机性行为水平的心理现象。这里所说的他人在场包括两种情况，一种情况是有他人参与共同活动，另一种情况是有他人旁观。例如，在学校运动会上，如果几个人同组竞赛，或者有人在一旁呐喊助威，那么运动员的成绩就好些，而如果没有他人在场，只有自己一个人在跑，成绩就会差些。这种效应最早是由美国心理学家特里普利特（M. Triplett，1861～1931）提出的，他曾对美国自行车手联合会竞赛委员会 1897 年赛季的官方自行车比赛记录进行了分析后发现，车手个人计时赛成绩总是比有朋友陪伴时的成绩慢，而后者又比真正比赛中的成绩稍微慢一些。为了解释这些差异，特里普利特设计了一项实验任务（通过摇动卷轴，缠绕钓鱼线），可以独自进行，也可以与他人竞赛。结果显示参加者（9～17 岁的 40 名儿童）通常在竞赛中比独自一人工作更快。这项原创性的研究引发了大量的后续研究。后来人们发现，如果工作有一定难度，有他人在场反而抑制个体活动效率，这种现象被称为社会抑制（social inhibition），也称社会干扰。例如，学生在考场上答题时，最不愿意有人在旁边观看自己答试卷。

他人在场到底何时会产生促进作用，何时会产生抑制作用呢？扎琼克（R. Zajonc，1923～2008）于 1965 年提出了优势反应强化理论，很好地解释了这一难题。他将其他人视作一个唤醒源，他人在场导致个体动机水平或唤醒水平的增加。他区分了个体的两种反应，即优势反应和非优势反应。所谓优势反应是指那些相当熟练，不假思索就可以表现出来的动作。例如，别人对我们微笑时，我们也会报之一笑。而非优势反应是指日常生活中少见的，个体必须经过努力学习才能做出的行为反应。扎琼克认为唤醒水平的提高会增加优势反应，而对非优势反应会产生抑制作用。

2. 社会懈怠

社会懈怠（social loafing）是指个人与他人在一起完成任务时，不如独自工作时效率高的现象。这一现象是法国工程师瑞琼曼（M. Ringelman，1861～1931）在1913年最早发现的，他让农业学校的学生或独立或在规模不等的群体中牵拉测力器并记录其力量时发现，虽然拉的人数越多力量越大，但是力量和群体的大小不是成比例增长的。在群体状态下，每个人只会使出个人状态下能力的75%。到底是“人多力量大”，还是“人多磨洋工”呢？后来人们研究发现，当个人知道自己在群体中的努力程度是可以被鉴别出来时，当群体按照个人努力程度给予报酬时，当感到任务艰巨而个人有责任多做贡献时，社会懈怠现象就可以有效避免。由此可以看出，个体的责任感无疑是最重要的。从管理的角度来说，要想在学校群体中少出现社会懈怠现象，就必须在激发每个人的责任感和成就感的基础上，做到职责分明、奖惩分明。

从上面的论述可以看到，了解社会助长和社会懈怠产生的原因并据此采取对策，无疑将有利于学校群体的建设。

（三）去个性化现象

有时候，个人在群体压力或群体意识影响下，会导致自我导向功能的削弱或责任感的丧失，产生一些个人单独活动时不会出现的行为，这叫做去个性化（deindividuation）。去个性化现象是现实生活中常见的现象，如起哄、球迷闹事、聚众斗殴中都存在去个性化现象。一旦个体处于去个性化状态，会表现出无自制性、行为与内在目标不一致、自制力降低，从而产生一些个人单独活动时不会出现的重复的、冲动的、情绪化的，有时甚至是破坏性的行为。例如，在很难找出行为者是谁的情况下，集体宿舍楼出现乱倒污水、乱扔垃圾等，都属于去个性化现象。去个性化概念最早由法国社会学家勒庞提出，后来由费斯廷格（L. Festinger，1919～1989）、津巴多（P. G. Zimbardo，1933～）做过后续研究，其中津巴多的贡献尤为突出。

津巴多去个性化实验

何以会导致出现去个性化现象呢？一般在下列情况下容易出现去个性化现象。

1. 匿名效应

匿名（anonymity）是产生去个性化现象的诱因。由于匿名，人难以辨认个体的真实姓名和身份。当群体成员认为自己是群体中的匿名者，谁也不知道他是谁以及他在干什么时，他就很可能随意行事、为所欲为、不受规范的约束。因此，对学校来说，为了预防去个性化的不良影响，应该尽量消除学生匿名的条件，如强调学生要戴校徽、穿校服，就是提高可辨性、减少匿名性的教育措施之一。

2. 责任分散

责任分散（responsibility sharing）的心态是产生去个性化现象的另一个原因。一个学生砸碎体操房的玻璃，若被别人发现了，受惩罚与赔偿都是这个学生一个人的事情，这是所谓一人做事一人当。但是，如果是五个学生一起砸，那么责任完全由一个人承担的可能性就相当小，因为责任、错误人人有份，大家都要承担，个体甚至可以把责任推给别人。这种责任分散的心态若加上匿名情境，就可能使一些不谙世事的青少年做出一些有破坏性的错事来。学校教育工作中应该注意这种潜在的责任分散心态，并警惕不法分子将利用一部分学生的这种潜在心态，破坏学校教学秩序和社会秩序。

3. 自我意识因素

去个性化现象的发生虽然有情境因素，但是个体自我意识水平的高低是决定去个性化行为会不会发生的关键因素。当一个人能清楚地意识到自己的角色，意识到个人对自己、对他人、对社会的责任，意识到自己对群体中发生的事情应该保持而不能失去评价感时，就能做正确的自我导向。即使外界的去个性化诱因十分强烈，他也不会赞赏或加入带有破坏性的去个性化行为的行列。因此，教育工作者对于匿名因素的隐患、责任分散的心态，固然应该高度重视，但工作的重点仍应放在提高学生的自我意识上。其中，尤其应该注意的是增强学生的道德意识。在外部存在着比较明显的去个性化诱因时，教师必须以关心和爱护的态度，给自控能力较差的学生以适当的提醒，使之不至于以对错误群体行为的认同而取代自我认同。当然，一贯守纪律、有责任心的学生，在自我意识水平下降的情况下，也是有可能出乎意料地做出去个性化行为的。所以，无论是对哪种学生，提高他们的自我意识水平，特别是提高他们对自我的道德评价水平，都是很重要的。

（四）群体极化

1. 群体极化的含义

群体是个体为完成共同目标而组织在一起的，因此群体经常会面临决策情景，如学校群体从班级到全校，从学生群体到教师、领导群体，经常需要进行决策活动。从常识上来讲，一般可能认为群体决策的意见、结果大体上与群体内成员的平均意见相吻合。另外，“集思广益”一词也往往会使我们相信群体决策是对其成员意见的合理性整合。但是，心理学研究发现，个体在参与群体讨论时，由于受群体气氛的影响，会出现支持极端化决策的心理倾向，这是群体极化效应（group polarization effect）。如果群体成员中冒险激进者居多,则群体所做出的决策就会比个人决策更为冒险激进,这称为冒险偏移(risk shift）。如果群体成员中谨慎保守者较多，则群体所做出的决策就会比个人决策更为谨慎保守，这称为谨慎偏移（cautious shift）。群体极化表现为群体成员中，原有的倾向性意见得到加强，由原来接近平均水平加强到具有支配性地位。群体决策往往比个人决策更具有冒险性的现象更为常见,这是人类社会共同的现象。试想，一位学生要推翻目前航模设计方案，重新设计新方案，而推倒重来完成任务的可能性有 1∶10、2∶10、3∶10、4∶10、5∶10、6∶10、7∶10、8∶10、9∶10、10∶10 十种情况，我们愿意选择哪种情况？如果我们和身边的人一起讨论，又会选择哪种情况呢？其结果很可能是一起讨论时成功率较低也愿意推倒重来，而自己选择时则会保守一些，没有较大的把握是不会推倒重来的。

群体极化研究

2. 冒险偏移的原因与预防

冒险偏移在群体决策中较为常见，原因有以下几方面，一是个体往往假定群体是鼓励冒险的。如果自己在决策上显得谨慎，会被别人视为胆小、保守；二是责任扩散。群体背景下个人的责任意识下降，会变得敢于尝试平时不敢做的行为；三是文化价值倾向的影响。在人类的文化中，斗牛、蹦极、攀岩等高冒险性行为往往会吸引人目光，赢得赞赏，被认为是具有英雄气概的象征，从而使人们倾向于鼓励冒险。学校群体中的许多事情，大的如学校发展目标，小的如对犯错误学生的处理等，没有教师和学生参与讨论、参与决策是难以尽如人意的。但是，群体极化效应提示我们，追求决策的一致性固然必要，但是也应该预防一致偏离。貌似一致，实则偏离会给实际教育教学工作带来不良的甚至严重的后果。

冒险偏移的预防可以从以下几个方面入手。第一，鼓励每个成员踊跃发言，鼓励质疑，鼓励不同意见的表达。第二，问题讨论可以分两个阶段进行，先分组讨论，后全体讨论。第三，可以邀请群体外的教师或学生参加讨论，听取局外人的批评和建议，也可以事先推举群体成员之一扮演批评者角色，向群体所作的决策提出批评。

第二节　班级管理心理

学生的心理需要是班级管理的出发点，良好的师生关系是班级管理的基础。那么，学生在学校中会有哪些心理需要？教师如何与学生建立良好师生关系？本节内容围绕这些问题展开。

一、班级的概念

（一）什么是班级

班级是学校为实现一定的教育目的，将年龄相同、文化程度大体相同的学生按一定的人数规模建立起来的教育组织。班级是学校进行教育和教学活动的基本单位，是学生学习、生活、发展的直接环境，同时也是学生实现社会化发展的重要场所。班级是人类历史不断发展的产物。最早使用“班级”一词的是文艺复兴时期的著名教育家埃拉斯莫斯。

（二）班级中的非正式群体

根据群体的构成原则，可以划分为正式群体和非正式群体。正式群体是由正式文件明文规定而构成的群体，其群体成员有固定的编制，明确的权利、义务和职责分工。非正式群体是没有正式文件规定而构成的群体，其成员以某种共同利益、观点、爱好为基础，以感情为纽带。班集体作为一个正式群体，其内部或多或少都会有非正式群体，班级非正式群体往往是情投意合的学生自发形成的友伴群体。

根据班级非正式群体与班集体在价值观念和行为取向方面的一致程度，可以把非正式群体区分为积极型和消极型。非正式群体对正式群体和学生个体既有积极影响，也有消极影响。教师在管理非正式群体时，要注意：第一，要摸清非正式群体的性质；第二，对积极的非正式群体给予鼓励和帮助，以引导他们产生更多符合班级目标的行为，提高班集体的声誉和办事效率；第三，对消极的非正式群体给予适当的引导和干预。教育者一方面要对其进行教育引导，控制该群体在班级中的消极影响，另一方面要认真分析其成员加入该群体的原因，对症下药，施以宽严相济的教育，使其成员重回学习与生活的正轨。在非正式群体的教育过程中要区别对待该群体中处于不同角色地位的成员，尤其是要做好针对群体中“领袖式”人物的教育工作，从而更为有效地影响整个群体。

二、学生的心理需要是班级管理的起点

（一）学生的心理需要

需要是个体在生活中感到某种欠缺而力求获得满足的一种内心状态。亚伯拉罕·马斯洛是美国著名社会心理学家，他提出的人本主义心理学，是与精神分析心理学和行为主义心理学相并列的“心理学第三势力”。马斯洛于 1968 年提出著名的“需要层次理论”，认为人的需要可以分为五个层次：生理的需要、安全的需要、归属与爱的需要、尊重的需要、自我实现的需要。后来，马斯洛又提出在尊重需要与自我实现需要之间，还有两种需要，即求知需要与审美需要。

在本书第八章第二节“学习动机理论”部分，我们学习过“需要层次理论”。对于学生来说，热爱学习、追求进步，属于求知与自我实现的需要。根据马斯洛需要层次理论，只有当低层次需要得到满足或者部分得到满足，高层次需要，即求知与自我实现需要才出现。因此，在班级管理中，学校和教师要重视学生生理的需要、安全的需要、归属与爱的需要、尊重的需要，从而促进学生的健康发展。

点灯——在班级中满足学生归属与爱的需要

根据马斯洛的需要层次理论，学生在某种程度上缺乏学习动机，可能是由于某种低层次需要没有得到充分满足而引起的。教师应意识到，低层次需要未得到充分满足，可能成为学生学习和自我实现的主要障碍。教师要关心学生的心理需要，促进学生自我实现。

（二）发现学生需要的方法

学生的需要具有动态的、发展的特征，因此发现学生需要的具体方法既要多种多样，又要灵活。

1. 考察关于学生需要的各种理论及相关的研究成果

这个方法有利于教师从一定的理论角度出发，了解并理解学生的不同情况。另外，还有利于教师摆脱存在的某些偏见，可以使教师变得更开放、更宽容，考察问题更全面。例如，某教师在学习了马斯洛需要层次理论之后，对某位因遭遇校园欺凌而厌学的学生，

多了几分理解，从满足该生在校学习的“安全需要”出发，增强学生在校的安全感，从而改善和提高学生的学习动力。

2. 主动询问学生的需要

每个人都是世界上最了解自己的人，学生本人远比他人知道有什么因素可以使自己舒适、振奋、快乐。尽管学生与成人相比，生活阅历浅，对行为与后果之间的关系了解较少，但学生确实知道哪些环境因素能引发自己的舒适感、安全感、归属感；哪些因素会导致自己的不适感、抵制感以及随之而来的畏缩或攻击行为。如果一个教师着眼于创建一个促进学生学习的环境，那么合理的办法就是教师有计划地促使学生主动地提供关于学习环境的看法，主动询问学生需要什么才能使自己更开心，更能好好学习。

3. 观察和留意学生学习和生活中的细节

大多数的心理需要都会通过外显的言行体现出来，虽然心理需要是看不见的，但是外显的言行则是可观察的，尤其是学生在行为中无意表露出来的细节，往往更能反映学生的内心需要与愿望。通过细心地观察学生在各种情况下的行为，教师可以洞悉在哪些方面还未能满足学生的需要。教师必须真正走进学生的生活，与学生交朋友，用自己的心灵去体验学生的情感、学生的需要。

三、良好的师生关系是班级管理的基础

为了让学生学得轻松、有效而快乐，让学生始终保持对教育的渴望，始终保持对学习的兴趣，良好的师生关系是至关重要的。“亲其师，信其道。”教育经验也告诉我们，学生往往是先喜欢教师，再喜欢该教师所提供的教育。因为当一个学生喜欢某位教师后，对该教师所给予的教育影响会产生很大的接纳感，会带着良好的情感来正面理解教师的语言，接受教师的要求，并且会积极地、努力地学习来回报教师，获取教师的赞赏。所以，做一个让学生喜欢的教师，建立并维持和谐、温馨的师生关系是提高教育活动、管理活动效能的关键所在。

毋庸讳言，良好的师生关系需要教师和学生的共同努力，需要教师和学生之间的相互理解和支持，需要师生之间的沟通与对话。而良好师生关系形成的决定性因素不是学生，而是教师。影响师生关系形成的因素包括以下几个方面。

（一）教师的专业素质

中国自古重视师德，司马迁的《史记》中有：“桃李不言，下自成蹊。”教师教育学生做人，自己就得会做人，成为学生学习的榜样。北京师范大学作为一所师范类的高等学府，培养出大量的教育工作者，“学为人师，行为世范”的校训诠释出教师既要重视专业知识与技能的提高，同时要德才兼备，做学生行为的楷模。

模范班主任
“潜水镇学生”

教师给学生一杯水，自己就要备有一桶水。学识渊博、治学严谨、有真才实学的老师，自然容易受到学生的喜欢和敬仰，成为学生学习的

表率。教师的学识非常重要，另外，教师有自己的“绝活”，也容易赢得学生的喜爱。

（二）教师的教育热情与爱心

1. 热情与爱心是教育工作的前提和基础

无论是学生、家长还是教师，都认为教师素质最重要的、排在前面的三个方面为：热爱学生、诚实公正、有敬业精神；善于与孩子沟通；具有教学技能和教学策略。“热爱学生”被排在首位，可见其重要的地位。全国知名的优秀班主任任小艾一次在广东做报告时，曾提及教师职业的伟大之处，她给出一个理由，即教育行业之外的人，只是爱自己的孩子，这是谁都能做到的，但教师职业之所以伟大，就是教师不仅要爱自己的孩子，还要爱别人的孩子。因此，教师必须要有“爱心”。关于优秀教师的“爱心”案例有很多，很让人感动。

知名中学教师李镇西的“爱心”故事

2. 正确认识班级管理中的爱心

爱心是教育工作的前提和基础，但爱心不能成为学生管理、教育影响的关键因素。原因如下：第一，很多父母很爱孩子，很多教师也很爱学生，但是就是教育不好子女和学生。所以，教育是一门科学，仅仅拥有爱心是不够的。第二，认为单纯凭借爱心就能教育好一个孩子，其实是低估了教育的复杂性。高尔基曾经说过：爱孩子是母鸡也会做的事，可是要善于教育他们，这就是国家的一桩大事了，需要才能和全部的生活知识。第三，把教育的关键归结为“爱心”的话，会造成许多教师将工作失败归结于自己“爱心”的缺乏，不从“教育能力”上来探究失败的原因，不但不利于教师的成长，还给许多老师造成心理压力，觉得自己的爱心、道德上有所欠缺。其实，绝大多数的教师都是有爱心的，他们所遇到的教育困境，不是爱心缺乏，而是对班级管理知识经验的缺乏。

（三）教师的管理风格

调查表明，在教师的三种管理类型（专制型、放任型、民主型）中，学生喜欢民主型的教师，因为这样的教师能够让学生感到轻松愉快、感到自由自在。民主与严格要求其实并不矛盾，著名教育学家马卡连柯（A. C. Макаренко，1888～1939）说过：只有更多地尊重学生，才能更多地要求学生。

（四）教师的学生观

教师的“学生观”指的就是教师对自己的教育对象的基本看法。每个教师都有自己的“学生观”，只不过有的教师对此没有很认真地、深刻地思考过，不一定很自觉、很明确罢了。而它却支配着教师的行为，决定着教师的教育态度和相对应的教育方式。

1. 对学生抱有积极的期望，赞赏学生

教师应当对学生抱有真诚的期望。心理学有个著名的“皮格马利翁效应”。远古时候，塞浦路斯国王皮格马利翁喜爱雕塑。一天，他成功塑造了一个美女的形象，爱不释手，每天以深情的眼光观赏不止。看着看着，美女竟活了。美国心理学家罗森塔尔（R. Rosenthal，1933～）于 1968 年做过一个实验，他在一所学校中对学生进行一般能力测验之后，随机选取一些学生，对教师撒谎说，这些学生很有发展潜力，前途远大。半年之后，当罗森塔尔重新回到学校的时候，却发现他当初的谎言成为现实，那些他随机选出来的学生果然各方面茁壮成长，甚至智力水平都有所提高。罗森塔尔认为，正是他向教师宣传这些学生有潜力，教师才有意无意中对这些学生的发展有所期待，而这种期待却真的将学生的潜能激发出来了。这就是教育上有名的教师期望效应，也称为罗森塔尔效应，或借用古希腊神话，称为皮格马利翁效应。罗森塔尔效应启示我们：作为教师，在教育学生时务必要懂得给予信心、给予肯定，让学生发挥自身的优势。

古人说：数子十过，不如奖子一功。教育应贯彻激励和表扬为主的原则。对于学生来说，得到老师的赞美是最好的奖励。教师要相信每一位学生都是有能力的人，乐于挖掘每一位学生的优势潜能，并给予充分的肯定和欣赏，树立学生的自尊和自信。具体表现为赞赏每一个学生的独特性、兴趣、爱好和专长；赞赏每一个学生所取得的哪怕是极其微小的成绩；赞赏每一个学生所付出的努力和所表现出来的善意；赞赏每一个学生对教科书的质疑和对他们自己的超越。

赞美、表扬的形式要多样化。对于小学生来说，拍拍肩膀、拍拍脑袋、拥抱，都可以起到表扬的作用。对于处于青春期的中学生来说，当着朋友的面表扬，非常有效；最好不要在同学面前大声训斥，真正触动学生的往往是集体的舆论，学生最不愿意的就是其在班级集体心目中的形象受损。当着家长的面表扬孩子，家长、教师高兴，孩子更高兴，这是三方共赢的好办法。

2. 善于发现学生优势，因材施教

美国哈佛大学心理学家加德纳（H. Gardner，1943～）在 1983 年提出了多元智力理论，认为智力的内涵是多元的，由七种相对独立的智力成分构成：①言语智力，指的是阅读、写文章以及日常会话能力。一些职业，如作家、诗人、记者、演说家、新闻播音员，多使用该智力。②逻辑—数学智力，指的是数学运算与逻辑思考的能力，如做数学证明题及逻辑推理。一些职业，如数学家、科学家、会计师、工程师、电脑程序设计员，多使用该智力。③空间智力，指认识环境、辨别方向的能力，如航海家、飞行员、雕塑家、画家、建筑师等，多使用该智力。④音乐智力，指感知多种音乐形式，并运用音乐表达思想感情的能力。一些职业，如乐队指挥、作曲家、乐师、音乐评论家、制造乐器者和善于领悟音乐的听众，多使用该智力。⑤运动智力，指个体控制自身肢体、运用体态动作和表情来表达思想感情和解决问题的能力。一些职业，如运动员、舞蹈家、外科医生和手艺人，多使用该智力。⑥社交智力，指与人交往合作，觉察、体验和解读他人的情绪、情感和意图并能据此做出适当的反应的能力。一些职业，如成功的教师、社会工作者、演员或政治家，多使用该智力。⑦自知智力，指自我认知、自我反省的能力，包括知道自身的长处、动机、目标和感情等。一些职业，如哲学家、心理咨询师等，多使用该智力。1999 年，加德纳又提出第八种智力，即认识自然的智力，指的是认识自然环境与人类生存的关系，以及爱护生态环境的能力。一些职业，如植物学家、猎人、生态学家、庭园设计师，多使用该智力。

多元智力理论打破传统的将智力看作是以言语智力和逻辑—数学智力为核心的整合的能力的认识。八种智力的每种智力都是一个单独的功能系统，八种智力在不同的人身上组合的方式不同。每个学生都有成才的潜力，教师的任务是挖掘学生的这种潜力。任何一个学生，哪怕是在学习上最笨、生活中最调皮的学生，或许这方面智力不高，但是其他智力不一定差。教育者应该看到学生的优势智力，有针对性地教育学生，使他的特长发挥出来。教师要主动、自觉地为每一位学生设计“因材施教”的方法，以配合其智力发展的特点，促进其优势才能的展示和发展，实现其个人价值。

另外，教师可以帮助学生发现和建立其优势领域和弱势领域之间的联系，以此为切入点，引导学生有意识地将其从事优势领域活动时所表现出来的智力特点和意志品质迁移到弱势领域中去。

（五）教师要重视给学生留下的第一印象

人与人第一次交往中留下的印象，在对方的头脑中形成并占据着主导地位，是一种先入为主的心理效应，这种效应即为首因效应，也叫做“第一印象”。第一印象往往非常深刻，我们可以通过第一印象，来管理自己在别人心目中的印象。因此，教师应当重视与学生的第一次见面，充分准备第一堂课，备课除了备知识，还要备学生，提前下点功夫，多研究学生的档案。如果一名教师，在刚刚接触学生不久，就能流利地叫出学生的名字，让学生既“惊”又“喜”，这会让教师收到意想不到的效果，也容易让教师走进他们的心灵世界，从而成为他们的朋友。另外，对于那些“调皮捣蛋分子”也能起到一种“威慑”的作用：“老师这么厉害，对我的名字如此熟悉，是不是对我的‘案底’也了如指掌啊？”需要注意的是，第一印象并非总是客观、正确的，所以教师不应凭借第一印象盲目给学生贴标签。

（六）教师应适当注重自己的外在形象

教师的外在形象会影响教师在学生心目中的地位。1992 年，心理学家进行了一项研究，发现教师认为长得好看的小孩比不好看的小孩更聪明。“美的就是好的”这种心理效应是普遍存在的，学生也一样，形象好的教师比较受欢迎。当然，这并不是说外形不漂亮的人就不能当教师。这种心理效应给我们的启示就是教师应当适当注重自己的外在形象。对于中小学生来说，教师尤其得注重自己的外在形象。

什么样的打扮才算美?

第三节　班集体心理与建设

一、班集体的形成与发展

（一）班集体的概念

班集体是按照班级授课制的培养目标和教育规范组织起来的，由具有明确的奋斗目标、坚强的领导核心及良好纪律和舆论的班级学生所组成的活动共同体。

班集体与班级的含义不同，简单来说，班集体不是学生的简单集合。苏联教育家马卡连柯认为，集体是活生生的社会有机体，它之所以是有机体，就因为那里有机构、有职能、有责任，有部分之间的相互关系和相互依赖，如果这样的因素一点也没有的话，也就没有集体了，所有的只是随随便便的一群人罢了。班集体是班级发展的高级形式，是不会自发形成的，而是需要全班学生和教师、班主任，以及各学科教师的共同努力。有的班级可能要经过几年的时间才能建立起班集体来，有的班级到毕业时仍是一个散漫的班级，始终未能形成班集体。虽然每个班集体都会各具特色，但每个班集体必然具有超过所有成员作用总和的作用力。

（二）班集体的基本特征

一个优秀的班集体往往具备下列标志或者特征。

1. 具有共同的奋斗目标和为实现这一目标而组织的共同活动

班级的共同目标是形成班集体的首要条件。几十个学生聚集在一起，如果说没有共同的目标就无法形成团结友爱的集体。相反，在优秀的班集体中，每个学生都会了解和拥护班集体的目标，并深刻体验到集体力量和协作精神，认识到自己在班集体中的价值。共同的奋斗目标是班集体发展的方向和动力，当班级成员具有共同的目标时，群体成员的认识、行动才会保持一致。

班级活动是建立、巩固和发展班集体的基础，是班级目标达成的过程。一方面，班级没有活动就会死气沉沉，班级成员感觉不到集体的存在，也就不会关心集体，就更谈不上为集体的荣誉而奋斗了；另一方面，班级活动还是加强学生之间了解和增进友谊的重要手段，是学生自发的社交需要得以满足的良好途径。从某种意义上说，班级活动既是班集体的生命力的体现，又是班集体生命活力长青的条件，因此班集体需要有计划、有节奏地经常开展班级活动，更要与集体目标相关联，还要有针对性。

2. 具有健全的组织机构和坚强的领导核心

当学校组织班级时，班主任被任命为班级的领导者，成为班级的一员。但班主任毕竟不是随时随地都与学生在一起，所以由学生组成的班级领导、管理机构就必不可少，班级领导集体包括班干部（班委会、小组长和各学科代表）以及班级团队干部等。班干部、团队干部开始可以由教师指定，当学生们都互相熟悉以后则应当由学生选举产生，这两个领导机构都需要得到学生、老师和学校的正式承认。班干部、团队干部在班级活动中起着核心的作用，他们依据集体的目标组织班级学生的活动，使学校的教育目标在班级得以彻底贯彻和实现，协调集体目标与班级学生个人目标，团结同学，使班级具有凝聚力。在一个良好的集体中，如果班干部和团队干部管理富有成效，就能很好地维持班级的正常秩序，督促同学遵守纪律，解决班里出现的问题，保证教学活动与教育活动的顺利进行。

3. 具有严格的组织纪律和健全的规章制度

健全的集体还受到相应的规章制度的约束，并把取得集体成员认同、为大家自觉遵守的行为准则作为完成共同任务和实现共同目标的保证。班级管理离不开规章制度。俗话说“没有规矩，不成方圆”，健全而科学的班级管理制度是班级工作走向科学化的客观需要，是班集体形成和发展的标志，是做好班级工作的重要保证。班级制度包括成文的制度与不成文的制度两个方面。班级组织制度主要指成文的制度，如国家规定的学生守则、学校规定的课堂纪律、考勤制度、卫生公约等。再如某班的每日教育制度，包括每日一题、每日新闻、每日英谚和每日格言。具体为，数学、物理及化学的每日一题写在教室后面的黑板上，以便学生及时巩固所学的理科知识。每日新闻安排在每天晚自习之前，每天由一位同学播报当天的重大新闻。通过每日新闻活动，可以扩展学生的视野和心胸，了解天下大事，培养世界情怀。每日英谚由英语课代表搜集，每天一条，写在前面黑板的右角。每日格言由每天的值日班长送给大家，写在教室后面的黑板上。而不成文的制度主要是指班级的传统、舆论、班风等。

4. 具有健康的舆论和良好的班风

集体舆论是集体中形成的为大多数成员赞同的意见和思维取向。健康的舆论是影响学生发展的巨大精神力量，对学生有潜移默化的作用。班风是班级中多数成员所表现出的共同思想和行为倾向，包含情绪状态、言行习惯、道德面貌等，它是经过一定时间的相互影响而逐渐形成的，是班集体形成的重要标志。

5. 学生的个性得到充分发展

班集体的形成虽然强调共同的奋斗目标和集体的规章制度，但并非以压制学生的个性为代价。一个班级，几十个学生一定会有不同的兴趣爱好，也会有不同的学习方式和审美情趣，必然也有不同的人生目标与理想追求。

（三）班集体的形成过程

健全的班集体不是自发产生的，而是班主任、班级任课教师和全班学生按照一定的教育目的和任务，按照一定的工作计划和要求，齐心协力逐步建设形成的。班集体形成的过程，是班集体各要素从量变到质变的过程。从班集体的形成过程看，一般来讲，主要经历以下几个阶段。

1. 初建期的松散群体阶段

班级组建之初，同学之间、师生之间都很陌生，班级共同的价值目标和行为规范尚未形成，自我管理机制尚未建立，处处依赖班主任的决策和指挥，学生自身无自律性的要求。这一时期是班主任工作最繁忙的时期，也是班主任工作能力经受考验的关键期。

2. 形成期的合作群体阶段

这一时期的班级学生在经历一段时间的共同学习与生活后，通过各种活动，班级成员之间彼此开始熟悉，并产生了一定的人际关系，形成了各种小团体或小交际圈。班中开始涌现出一些热心集体工作的积极分子，通过班主任指定或者选举，组建起班干部系统，在班主任的指导下发挥组织管理的作用。虽然初步形成了班级核心，但班级的行为规范尚未变成全班同学的共同需要，集体舆论没有形成，班级奋斗目标尚未成为全班同学的共同追求和行动的动力。

3. 成熟期的集体阶段

这一阶段的班级已有明确的、共同认可的奋斗目标，并逐步内化为班级成员的个人目标；班级已形成了稳定的领导核心，班干部各司其职，独立而有计划地开展工作；学生已有了较强的自我教育能力，班级形成了良好的舆论氛围和民主团结的班风；班级有严格的组织性与纪律性；班主任已开始成为班级领导者，主要任务在于根据学校教育计划，加强班集体的特色化建设，同时根据对每位学生的充分了解，为学生提出发展规划建议，促进学生的个性发展。

二、班主任及其在班集体中的地位和作用

（一）班主任的概念

班主任是学校中全面负责一个班学生的思想、学习、生活等工作的教师，是班级的组织者、领导者和教育者，是学校办学思想的贯彻者，是联系班级任课教师和学生团队组织的纽带，是沟通学校、家长和社会的桥梁。

（二）班主任的地位和作用

1. 班主任是班集体建设的设计者

班集体是学校施加教育影响，学生进行各种活动的基本单位，也是学生在校生活的最重要的集体。班集体是班级发展的高级阶段。一所学校里有许多班级，但不一定都是已达到高级阶段的班集体。班主任是班级管理的核心，是班级的总设计师。建设好班集体是班主任的一项重要工作，也是班主任最基本的任务。班集体的形成涉及班级目标的确定、班干部的选拔和培养、班级活动的开展、行为规范的内化、正确舆论的形成等问题。

2. 班主任是班集体的领导者

班主任按照学校教育目标的要求，带领班级全体成员，完成班级管理任务。班主任对班级的领导方式分为权威型、放任型、民主型。权威型领导方式的特征是命令、权威和疏远。在权威型模式下，当教师在场时，学生的学习成绩高于教师不在场时，说明学生是在教师的权威下才努力学习的。放任型领导方式的特征是无序、随意和放纵。在放任型模式下，学生的学习成绩在教师不在场时反而更好，这主要是因为学生中具有领袖才能的人，出面进行组织的结果。民主型领导方式的特征是开放、平等和互助。在民主型模式之下，学生的学习努力程度比较适中，学习成绩比较稳定。

3. 班主任是协调班集体人际关系的主导者

班集体教育力量是由多方面人员力量构成的教育整体，除学校领导外，任课教师、少先队组织、学生家长都是十分重要的教育力量。只有协调并发挥好这些力量，才能保持教育方向的一致性、教育要求的统一性、教育活动的协调性。班主任是协调各方面教

育力量的桥梁和纽带，这主要表现在三个方面：第一，协调学校内部各种教育因素之间的关系，包括协调与任课教师之间的关系、协调与学校各级领导之间的关系、指导和协助共青团、少先队工作。第二，协调学校教育与家庭教育之间的关系。第三，协调学校教育与社会教育之间的关系。

（三）班主任的素质要求

班主任的素质要求主要可以概括为三个方面：思想道德素质、专业素质、身心素质。

1. 思想道德素质

坚定、正确的政治方向，忠于人民的教育事业，关爱学生、品德高尚、作风正派、为人师表。

2. 专业素质

爱岗敬业，具有符合素质教育要求的教育观和较强的教育教学能力，以及组织管理能力、教育科研能力。具有较强的团队协作能力和较强的人际沟通能力，善于与学生、学生家长以及各任课教师进行沟通、协作。

3. 身心素质

身体健康，勤于锻炼身体，能够胜任班主任工作的辛苦。勤于思考、勇于探索，具有自信、乐观向上的人格品质；善于进行自我调节，保持心理健康。

三、班集体建设的策略与途径

（一）建立班集体的目标

集体的目标并不是个体目标的重叠部分，也不是众多目标的简单相加。集体目标是各种不同目标整合的结果。班集体的目标在宏观层面上来看，它又是学校教育目标的子目标，因此必须与学校教育目标保持高度的统一。同时，班集体的目标也要为每位成员所理解和接受，使其成为个人目标的有机组成部分，并使学生个人的目标能在集体目标实现的同时得以实现，使每一个学生都能得到最好的发展。

在制定目标的过程中，首先，班主任应认识到学生自我独立意识较强的特点，让每个学生充分参与，以增强学生的参与意识和集体责任感。其次，班主任要注意结合本班的特色，融思想性、针对性、可行性和鲜明性于一体。既要树立长远目标，又要有步骤地提出更加贴近实际的近期努力目标，在此基础上逐步接近长远目标，以增强对长远目标的信念。最后，班主任要根据阶段目标设计班级教育系列活动。制定班集体发展目标的时候，班主任还应使目标具有明确性（specific）、可衡量性（measurable）、可接受性（acceptable）、现实性（reality）和时限性（timed）等特征。

（二）培养班集体的核心队伍

一个好的班集体，必须有一批团结在班主任周围的班干部，形成一个团结、有工作能力、让人信任的班委会。

1. 班干部的选拔

班干部的选用方式主要有任命制、选举制、轮换制等。

1）班干部任命制

班干部任命制，即班主任推荐和任命班干部。这种形式在班级刚刚组建时比较多见，小学一年级、初中一年级和高中一年级这些新班，班主任往往会选择以任命的方式建立班委会。一般来说，班干部的选用要经历一个从“教师指定”到“民主选举”的过程。

2）班干部选举制

班干部选举制一般是建立在班级工作已经走上正轨、学生之间有了一定了解的基础之上，由学生推举班级品学兼优、有能力的学生作为班干部。

3）班干部轮换制

班干部轮换制是根据一定的规则、通过民主选举或自由竞选等形式结合起来选出班干部，以后定期改选。

2. 班干部的培养

班干部定下来之后，并不意味着班主任可以对班级管理当“甩手掌柜”。虽然班干部本身有一定的管理能力，但管理本身毕竟是一项复杂的工作，许多管理能力需要学习才能获得，所以教师也需要培养班干部。对于班级管理的许多问题，对教师而言，可能是常识，但对学生来说往往是知识，所以教师要有耐心地把相关知识传授给学生。

班主任与班干部一起努力，共同把班级活动搞好。例如，某学校组织“拔河比赛”，本来应由班级新选出来的体育委员负责组织，但是体育委员从来没有参加过甚至没有看到过真实的拔河比赛，对比赛的方法、技巧一窍不通。这时候，同学们也七嘴八舌，意见多多，搞得体育委员焦头烂额，不知如何是好。这时，班主任老师应该及时把体育委员叫到办公室，告诉其一些拔河比赛的注意事项，并建议由其牵头开一个班干部会议，大家一起商量如何把比赛搞好。随后的活动就开展得有声有色了。

（三）形成积极的班集体规范

班级是社会的一部分，实际上就是一个小社会。因此，规范是不可或缺的。积极的班级规范是班级良性运转的保障机制。制定班级规范，确定禁止的行为、受约束的行为；同时也意味着支持和保护允许的行为，使学生的行为获得了自由，这如同自由和法制的关系一样，正因为法制健全，自由才有了保障。

提高学生对班级规范的接受和执行的可能性，有以下几个方面：第一，学生必须参与制定班级规范；第二，规则必须被清楚陈述，学生对一些笼统的规则会难以把握，如“举止适当”之类的规则。第三，由于行为标准是针对校内环境而制定的，因此它可能会与学生在校外的经历有些冲突，所以要对学生的行为进行监控，定期召开讨论会以确信他们的行为与班级规范标准相一致；第四，当学生得知他们的父母和伙伴等其他人都认可了这些规则时，他们在遵守规则时，会做得更好。

当班级制定出一套合理的规则，并承诺遵守这些规则后，下一步就是帮助学生识别和监控他们的行为。对小学生来说，有一个办法非常有效，就是让学生表演规则中所描述的行为。每个学生既要表演适当的行为，又要表演不适当的行为。当他们表演的行为适当时，其他同学可以举手表示认可；相反，可以不举手，表示不赞同。这项活动能增进学生对规则的理解。对中学生而言，也有一个对规则准确理解的问题。在理解之后，关键在于执行。执行的过程主要是靠学生的自觉，靠教师的鼓励和提醒，当然监督和评价也是非常必要的。教师要给学生改正错误行为的机会，学生改正本该规范的行为如同订正作业一样。规则执行严格，不规范的行为会逐渐减少；反之，如果执行不严，开始或许对学生还有约束作用，到后来就会成为一纸空文。

再好的规则也不能适合未来发生的所有的事情，社会是在前进着的，规则在执行的过程都会出现新的解决不了的问题，因此规则的改进，即规则自身的完善，也是事物发展的必然要求。英国历史学家阿克顿说过：好的制度使人变好，坏的制度使人变坏。就教育而言，好的教育制度能够发现和培养更多的真正优秀的学生，而坏的教育制度，尽管也花费了同样的人力和物力，但其结果往往适得其反。好的制度除了公平、公正、合理外，还要考察它的实效性，一项制度如果难以执行，或者执行中产生了更大的问题，则可以考虑是否要对它进行改进了。

（四）组织形式多样的班集体活动

班级活动是在班主任的引导下，为了实现教育目标，促进班级建设，有目的、有计划地举行的各种活动。具体包括课外活动、社会实践活动、校内外其他集体活动。

1. 课外活动

课外活动是指在课堂教学之外，由学校组织指导或由校外教育机关组织指导的，用以补充课堂教学，实现教育方针要求的一种教育活动，是根据受教育者的需要和自己的努力以及教育教学的需要，在教育者的直接或间接指导下，来实现教育目的的一种活动。

课外活动的种类主要有科技活动、文学艺术活动和体育活动。课外活动的形式可以分为全班性的集体活动、小组活动、个人活动。课外活动的组织要求坚持自愿的原则，鼓励和发挥学生的独立性与创造性。相应地，班主任应具有科技、音乐、美术、体育等某方面的基本知识和基本技能，如对音乐、美术作品的鉴赏知识，识谱、合唱指挥和简单绘画的技能（包括会写美术字、能够设计和画黑板报、墙报），了解各种体育比赛的裁判方法、队列训练的方法，可以制作科技小制作，等等。

2. 社会实践活动

中小学的社会实践形式主要有到工矿、农村、部队、学校进行社会考察、体验生活、参加劳动、军事训练，也包括走访各类典型人物。组织和指导社会实践必须具有明确的目的性和针对性，要掌握组织社会实践的方法，做好实践活动前的具体准备工作，在突发事件发生的时候，能够妥善地进行处理。

3. 校内外其他集体活动

校内外其他集体活动，包括日常思想教育活动和各种社会公益活动。组织这类活动，必须要根据学生的思想热点或带有倾向性的问题来确定活动的主题，并根据内容选好活动的形式，同时引导学生积极参与，使活动的过程成为学生接受教育的过程。

（五）培养正确的集体舆论和良好的班风

集体舆论通过感染与熏陶的方式，使学生明辨是非、美丑与善恶，对集体成员具有约束力。班级中正确的舆论持久地发生作用，就会形成良好的班风。良好的班风一旦形成，将成为巨大的教育力量，成为影响班级成员的积极因素。而良好的班风的日渐巩固和长久保持，就形成了传统。优良的班风和传统，是班级成员长期努力的结果，是班级精神和灵魂的积淀，它可以深入学生的心灵深处，具有引导、鼓励、催人奋进的作用。它会使班级成员对班集体产生自豪感、荣誉感，从而自觉履行和维护优良的班风和传统，进一步促进班集体的成熟和发展。

★ 本 章 概 要 ★

1. 群体是个体之间以特定方式组合起来进行活动并且彼此互动的共同体。群体并不是一定数量个体的简单相加。

2. 个体会由于真实的或想象的群体压力，而不由自主地在认知和行为上倾向于同群体内的多数人相一致，这种现象称为从众。

3. 美国心理学家特里普利特首次提出了社会助长，社会助长是指因他人在场而增强个体动机性行为水平的心理现象。如果工作有一定难度，有他人在场反而抑制个体活动效率，这种现象被称为社会抑制，也称社会干扰。法国工程师瑞琼曼最早发现社会懈怠现象，社会懈怠是指个人与他人在一起完成任务时，不如独自工作时效率高的现象。

4. 个人在群体压力或群体意识影响下，会导致自我导向功能的削弱或责任感的丧失，产生一些个人单独活动时不会出现的行为，这叫做去个性化。导致去个性化效应的原因有匿名效应、责任分散和自我意识因素。

5. 个体在参与群体讨论时，由于受群体气氛的影响，会出现支持极端化决策的心理倾向，这是群体极化效应。群体极化效应往往表现在群体决策比个体决策更为冒险激进。

6. 班级管理应当立足于学生的需要，从学生需要出发，以良好师生关系为基础，通过班主任的工作和班干部群体的积极配合，为实现班级目标开展各种班级活动，最终形成良好的班风和班级规范，从而建设成为优秀的班集体。

思考题

1. 群体具有哪些心理效应？
2. 请谈一谈教师如何做，能够有助于建立良好的师生关系？

3. 学生在学校中会有哪些心理需要？
4. 优秀班集体往往具备哪些特征或标志？
5. 班集体形成过程有哪几个阶段？
6. 班主任在班级中的地位和作用是怎样的，需要具备哪些素质？
7. 请谈一谈班集体建设的策略与途径有哪些？

参 考 文 献

迟毓凯. 2012. 学生管理的心理学智慧. 上海: 华东师范大学出版社.
黄希庭. 1997. 心理学. 上海: 上海教育出版社.
勒庞. 2016. 乌合之众: 大众心理研究. 杨森, 译. 北京: 民主与建设出版社.
鲁珀特·布朗. 2007. 群体过程. 胡鑫, 庆小飞, 译. 北京: 中国轻工业出版社.
鲁忠义. 1998. 心理学. 北京: 科学技术文献出版社.
鲁忠义. 2009. 心理学. 北京: 科学出版社.
彭聃龄. 2012. 普通心理学. 4 版. 北京: 北京师范大学出版社.
齐学红. 2006. 今天, 我们怎样做班主任. 上海: 华东师范大学出版社.
中公教育教师资格考试研究院. 2017. 国家教师资格证考试教育知识与能力专用教材. 北京: 世界图书出版公司.
Langlois J H, Roggman L A, Rieser-Danner L A. 1990. Infants' differential social responses to attractive and unattractivefaces. Developmental Psychology, 26: 153-159.

第十二章　课堂管理

杨扬在初中一年级时对数学很感兴趣，成绩优良。可是升入初中二年级后数学成绩迅速下滑，老师找他谈话，他说："我讨厌数学课。"原来他不喜欢新的数学老师，一上数学课就不高兴。经过班主任一再询问，他才说出他不喜欢数学课的原因，原来有一次数学课，当老师讲解时，杨扬情不自禁地插了嘴，引得全班同学的哄堂大笑，同时班里的调皮男生也说了几句，老师批评了杨杨，杨扬说："我又不是故意的，再说说话的又不是我一个，为什么单批评我？"数学老师当时就火了："就没见过你这样的学生，做错事情还挺有理，这样的态度以后的数学课就别上。"杨扬说："不上就不上，有什么了不起。"班主任虽然事后做了不少协调工作，但杨扬后来上数学课一直打不起精神来，对数学课失去了兴趣。

教师在课堂上如何"管"学生，如何进行纪律管理，如何处理偶发事件，如何处理师生关系……本章将从课堂气氛管理、课堂纪律管理、课堂学习中的师生冲突管理三方面谈谈课堂管理问题。

第一节　课堂管理概述

课堂管理是学校教育管理的重要组成部分。良好的课堂秩序和氛围是高效率学习的基本保障，并能促进教学质量的提高。如何进行课堂管理，是教育学家、教育心理学家以及广大的教育实践工作者共同关注的问题。

一、课堂管理的概念和目标

课堂管理贯穿于教学过程的始终，是课堂教学过程的重要组成部分，是开展教学活动、完成教学任务、实现教学目标的保证。

（一）课堂管理的概念

课堂管理是对课堂教学各个环节的运作进行计划、决策、组织、指挥、监督和调节，也是指教师在教学活动中主导建构有效的学习环境，促进学生积极参与教学活动，从而实现预定教学目标的过程。

课堂教学是学校最基本的教学组织形式，教师是教学活动的组织者与管理者，学生是学习的主体。教师在教学过程中，不仅传授知识，还必须进行组织管理工作，组织学生的注意力，引发学生的学习兴趣，促使学生积极参与教学活动。同时，教师还有责任创设良好的学风班风，管控好纪律和问题行为，使学生积极主动地参与学习，充分发展每个学生的聪明才智。

（二）课堂管理的目标

课堂管理具有两个基本目标：建立良好的学习环境和促进学生的学习。

课堂管理的首要目标是为教学活动建立良好的学习环境，维持课堂教学的正常秩序，使教学活动能顺利地进行。课堂教学是一种有组织、有领导、师生共同进行的教与学的群体活动。在教学过程中，有时难免会遇到一些问题或干扰，如有的学生上课时玩游戏机，有的学生做怪相引起同学发笑，有的学生精神不振、睡觉，等等，这些情况如不及时处理或排除，就会造成课堂秩序的混乱或冲突，造成课堂纪律的涣散。为了保证教学任务的完成，维护集体的利益，教师在讲授知识的同时，必须随时对课堂教学进行管理，及时地预见和排除影响课堂教学正常进行的各种不利因素。

课堂管理的第二个目标是调动学生学习的积极性，启发其自觉，以促进学生的学习。学习是一项艰巨的劳动。教师在课堂教学中，应引导和维持学生的注意，明确学习的任务，激发学生学习的兴趣，缓解紧张和焦虑的气氛，使学生在比较宽松、和谐的环境中进行学习，课堂上不仅要有学生的问与答，而且要使学生的静心聆听与积极思维同时进行，使课堂气氛处于严肃中不乏轻松，紧张中也有欢乐。课堂管理的基本目标是调动学生学习的自觉性，使他们养成勤奋好学、积极向上、互相帮助的好学风。这种好学风，对学生的问题行为会起到积极的预防作用。

总之，课堂管理就是教师运用管理学的知识和技能，建立起良好的课堂教学环境，促进学生学习的积极性和自觉性，以便保证教学任务的顺利完成。

二、课堂管理的效能

基于积极促进、预防为主的观念，现代课堂管理有以下几个方面的效能。

（一）了解学生的需要

课堂管理不是靠简单的监督和控制可以达到目的的。了解学生的心理需要是课堂管理的心理依据。教学的目的、内容和方法只有与学生的需要相适应，才能更好地启发学生学习的自觉性，学生也才能有效地完成学习任务。

（二）建立积极的师生关系和同伴关系

教师与学生彼此之间具有较大的兼容性，相互产生积极主动的促进作用，学生主动接纳教师的指导，接纳各项教育措施的管理，教师的行为可对学生产生潜移默化的影响，教师的教学活动也才能高效地顺利开展。

学生群体，不论是正式的班集体、团队组织，还是非正式的友伴群体，对学生的学习动机、态度及价值观都有很大的影响。积极向上的同伴关系对于促进学生的学习效率及形成良好品德都具有重要的意义。所以，课堂管理要建立和形成课堂良好的师生关系和学生的同伴关系，以满足学生最基本的心理需要。

（三）实施有效的教学措施，促进最佳学习

教师要有明确的适合学生心理需要、学业程度的教学目标，并使教学目标成为学生的需要。教师还必须给学生提供有效的指导，使用难度适当的教材和良好的教学方法，使学生对学习内容本身感兴趣。这样，学生才会迅速地、主动地投入学习。同时，教师还应对学生的学习结果进行评价，以鼓励学生不断获取学业成就，增强他们对学习的兴趣和积极性。

（四）建立教室常规

教室常规是保证教学能顺利进行的行为准则。例如，发言之前要先举手，等老师同意后，才开始发言。建立教室常规是使全体学生认识到在教学活动中必须遵守的行为准则，形成良好的课堂学习行为，预防违纪行为。在制定教室常规时，必须使全班每一位学生了解规则的意义，同时还应考虑到执行的现实性，使团体规则真正有效。

三、影响课堂管理的因素

（一）学校因素

学校领导的管理风格、学校的管理制度等因素对教师课堂管理有着直接的影响。学校如果采取民主管理方式，学校的气氛是比较宽松、和谐、积极向上的，那么教师就能够发挥自主性和创造性，敢于发表意见，敢于根据课堂的具体情况进行教学改革，学校中大部分的课堂学习气氛就会是活跃的、良好的；而学校如果采取监督式的、权威的、专制的领导方式，学校领导与教师之间的关系紧张、冷淡，在这种学校气氛下，课堂管理的气氛也会比较紧张，学习氛围也就比较沉闷。学校的管理风格直接影响教师的思想和情绪，而教师必然会把这些情绪带入课堂。

（二）教师的管理风格

教师是课堂管理的核心，教师的管理风格对课堂管理有直接的影响。民主式管理和监督式管理对课堂管理有着不同的影响。民主式管理尊重学生、理解学生、相信学生，注意创造自由空气，鼓励学生发表意见，不专断，也不放纵，课堂气氛轻松活跃。而监督式管理刻板冷淡、程序性强，只注重于集体讨论的进程，师生关系是一种对立状态，课堂气氛消极平静。

教师的管理风格是由教师的专业水平、个人素质、工作能力、教学态度、组织管理经验等综合形成的。工作认真负责、教学严谨、尊重学术、意志顽强的教师，往往能赢得学生的尊重，并获得学生课堂上的积极配合。教师对教育事业的情感和兴趣也影响教师管理风格的形成。

（三）班级因素

1. 班级规模

班级的大小是影响课堂管理的一个重要因素。通常情况下，课堂管理的难度与班级的大小成正比，班级越大，管理的难度越高。首先，班级的大小会影响成员间的情感联系。班级越大，学生之间相互交往频率就越低，情感纽带的力量就越弱。其次，班内的学生越多，学生间的个别差异就越大，课堂管理所遇到的阻力越大。再次，班级的大小也会影响交往模式。班级越大，学生间相互交往、了解的机会就越少，班集体的凝聚力就越不容易形成，良好的行为规范就越不容易树立，对课堂管理技能的要求也就越高。最后，班级越大，内部越容易形成各种非正式群体，而这些群体又会影响课堂教学目标的实现。所以，班级的大小适中才有利于教师进行课堂管理，提高教学质量，督促每个学生圆满地完成学习任务。

2. 班级性质

影响教师课堂管理的另一个情境因素是班级本身。不同的班级往往有不同的群体规范、不同的凝聚力和风格。用固定不变的课堂管理模式对待不同性质的班级显然是不合适的，教师应该在深入了解的基础上，掌握班级集体的特点，运用促进和维持的高度技巧，获得理想的管理效果。

（四）学生的定型期望

定型期望是指人们对某一职业或职务类型的人，在行为表现、动机和意向方面的期望。例如，人们对教师的定型期望，一般认为，教师是人类灵魂的工程师，教师应为人师表，一切行为应符合比较高的道德标准。学生对教师的课堂教学行为同样会怀有一种定型期望，他们希望教师以某种方式进行教学和课堂管理。学生的这种定型期望对课堂管理是会产生影响的。学生在学习的不同时期，会对教师有不同的定型期望，如果教师的行为表现与学生的定型期望不一致，学生就会产生不满。所以，教师要时刻了解学生对自己的期望，尽量使自己的行为方式、管理方式等与学生的期望相一致、相协调，这样才能使师生关系更融洽、更和谐一致，从而取得更好的课堂管理的效果。

第二节 课堂气氛管理

一、课堂气氛的内涵与类型

课堂气氛是指师生在课堂上围绕教学活动进行互动过程中所形成的心理氛围。课堂气氛既包含教师的心理状态，也包含学生的心理状态；既与教师的教学水平以及威信有关，也与学生的素养有关；既与已经形成的班风有关，也与特定的班级结构有关；既与教学内容有关，也与教学行为的互动性有关（宋广文，刘凤娟，2010）。课堂气氛是影响课堂行为和教学质量的重要因素，它一经形成就会形成一种社会压力，从而使置身其中的教师和学生不由自主地受其影响（吴晓义，2007）。师生如能有意识地去营造良好课堂气氛，在课堂上形成“和谐共生”的状态，则有助于教学达到最佳效果。

从学生思维活动状态及情感体验角度，可以将课堂气氛分为四类（表 12-1）：智力紧张、情绪轻松型；智力紧张、情绪紧张型；智力轻松、情绪紧张型；智力轻松、情绪轻松型（宋广文，刘凤娟，2010）。

表 12-1　学生在不同课堂气氛下的表现

学生表现 / 气氛类型	注意力	想象力	反应速度	兴趣	情绪	对教师的态度	课堂纪律
智力紧张 情绪轻松	集中	很强	快	浓	轻松、愉快、有安全感	乐于配合、有亲近感	好
智力紧张 情绪紧张	集中	较强	较快	一般	压抑、紧张、易疲劳	能配合	好
智力轻松 情绪紧张	不集中	一般	慢	冷淡	胆怯、易焦虑	被动配合	好
智力轻松 情绪轻松	不集中	差	慢	冷淡	随意	不配合甚至对抗	差

课堂气氛是由教师的知识结构、情感态度、人生信仰、价值观念和思维方式等因素构成的复杂整体，它在一定程度上决定了教学主体生存和发展的基本方式。教师可以通过创设一种充满勃勃生机和生命活力的课堂气氛，扩展学生的学习、生活和思维空间，使学生感受到学习及其成长的乐趣，培养学生的批判精神和创新能力。

二、教师的领导方式与课堂气氛

教师的领导方式直接影响着课堂气氛的形成。利皮特和怀特（Lippitt，White，1952）曾对领导方式进行了研究，他们把领导方式分为权威型、民主型和放任型。权威型领导方式，课堂中的一切由教师作决定，学生没有自由，只是听从教师的命令，教师完全控制学生的行为。民主型领导方式，教师在教室里以民主的方式教学，重视集体的作用。教师的要求、活动及工作步骤交给学生集体讨论，然后提出课堂目标，确定可选择的步骤，让学生自己分配工作，对学生的表现给予客观的表扬与批评。放任型领导方式，在教学中仅给学生提供各种材料，要求学生完成作业，教师采取一种不介入的、被动的姿态，不提供任何计划和建议，在学生解答问题时也不提供帮助，给学生以充分的自由。调查表明（宋广文，刘凤娟，2010），学生普遍欢迎的是民主型领导方式，最讨厌的是放任型领导方式。随着学生年龄的增长，对权威型的讨厌程度也有所增加。可以从教学计划、学习方式、努力程度、教室秩序和课堂气氛等方面对不同的教师领导方式进行比较（表 12-2），了解教师的领导方式在学生学习管理中的作用。

表 12-2 教师的领导方式比较（Lippitt，White，1952）

教学的各方面	权威式	民主式	放任式
教学计划	教师决定一切学习计划并控制学生行为	师生共同设立学习目标，拟定学习计划	无指导，完全自由活动，常有干扰
学习方式	在教师的控制下，学生表面上学习，实际上不一定生效	学生一齐讨论，提出评判，求得结果，成效卓著	教师不指导学生，遇到困难即行停顿
努力情况	教师督促学生努力学习，当面有效，离开就不行了	努力求达目标，学生自己负责学习，不论教师是否在场	学生任意学习，不知努力的方向，效率很低
教室秩序	形式主义的学习，表面似守秩序，实际因循苟且	学生按计划行动，互助合作，秩序良好	有时生动活泼，有时吵闹混乱，缺乏纪律
课堂气氛	着重个人学习，无社会化的行为，气氛严肃	师生友好，大家愉快，学习有兴趣，成功有信心	大家喜怒无常，时而兴高采烈时而犹豫丧气

三、营造良好的课堂气氛

课堂气氛在很大程度上是教师通过教学艺术与方式方法营造出来的。教师可通过创设积极的课堂心理条件，提升课程运作能力，发掘积极的心理品质，营造良好的班风，消除不良心态，产生师生情感共鸣等策略来营造积极健康、生动活泼的课堂气氛。

（一）创设积极的课堂心理条件

课堂气氛是师生在课堂上共同创造的心理、情感氛围，是在课堂教学中，教育者、受教育者和教育情境相互作用的结果。教师作为教学过程中的主导者，要想营造良好的课堂气氛，必须对良好课堂气氛的心理构成有清晰的认识，并从一开始就要注意从各方面入手创设积极的课堂心理条件。

1. 帮助学生形成开放的心态

正因为不同的课堂气氛能带给学生不同的心理感受，进而影响学生课堂学习的积极性和主动性，甚至学习效率和学生的心理健康水平，所以营造积极的心理氛围应以学生的心理结构处于开放的激发态为前提，主要包括三个方面：第一，亢奋不失冷静。亢奋是一种昂扬、活跃、向上的心理态势，其外在表现形式往往是积极思维、热烈探讨、求新求异、互相争辩。当这种态势在课堂教学中处于主导地位时，师生双方对问题的指向易于趋向一致，教学过程开始良好运转。第二，信赖不感情用事。信赖是一种双向的信息交换。课堂教学中教师的信赖是学生峰回路转、渐入佳境的前提，学生的信赖是教师左右逢源、取得成功的结果。第三，适度紧张。心理学研究表明，就促进大多数学生的学习而言，应当把紧张程度控制在中等水平，过高、过低的紧张不利于学习效率的提高。课堂心理氛围同样必须遵循适中的原则，一方面是快节奏的，充满着不断的竞争，你追我赶，不甘落后；另一方面又是轻松、活跃、愉快取代了呆板、固执，学生个体渐进入熟悉的学习情境之中，出现思维的高效率。

2. 真诚对待学生，信任学生

教师要传授给学生知识与做人的道理，最重要的是言传身教。师生间的交往，需要教师真诚、表里如一，如实表达自己的观点、想法、感情，这样才能让学生敢于甚至乐于与教师交往。学生如果能够真切地体会教师的良苦用心，就能形成一种无形的心理氛围，师生在和谐的环境中就能和谐相处。

在课堂教学中，教师还要充分信任学生。学生能够通过教师的言行，深刻感受到来自教师的爱，这样就会更加努力地投入其中，为了不辜负教师的希望而奋发向上。教师为了了解学生就要走进他们的内心世界，像家长一样全方位地理解并关心他们，为其着想。

3. 全身心投入课堂教学

学生在课堂学习中的心理状态是课堂心理气氛的重要形成条件，积极的课堂心理气氛有利于积极健康、生动活泼的课堂气氛的形成，这直接影响学生的学习效率。因此，在课堂教学中，教师要全身心投入课堂教学。

教师不仅要注意学生的言语行为，从他们的表情、目光、动作和姿势等方面了解学生，更要仔细观察学生的非言语行为，从中了解学生的心理状态，消除不良心理状态，激发学生良好心理状态的产生。课堂教学是一个互动的过程，教师应充满热情，利用乐观的心态、丰富的语言和肢体语言，以及不断创新的教学方法来激发学生产生和保持良好的心理状态。

（二）提升教师的课堂运作能力

教师要创造良好的课堂气氛，必须具备课堂运作的能力。课堂运作是教师在课堂教学过程中对各种活动的运行和操作，课堂运作强调课堂中有效的管理与有效的教学之间的紧密联系。课堂运作能力是通过教师的一系列课堂管理能力实现的。教师要实现良好的课堂运作，应该掌握一些技能和方法。

1. 与学生“同在”

与学生“同在”，即定时监控课堂，让学生意识到教师随时随地与其“同在”，教师能够捕捉到学生不恰当行为的微妙信息并将其消灭在萌芽状态。

2. 学会兼顾

高效率的教师能够同时做几件事情，如在检查课堂作业时，能够用眼睛的余光注意到其他学生；在满足个别学生的需要时，不会干扰全班活动的进行。

3. 保持上课的连贯性和兴致

教师要认真备课，上课时给学生提供连贯的“信号”。教师在解决个别学生纪律问题时不应影响上课，这样可以减少不良行为的“传染性”，避免引发更大的混乱而打断课的连续性。

课堂教学时间管理的策略

4. 课堂作业的多样化和挑战性

教师给学生布置难度适宜且具有一定挑战性的课堂作业，可以吸引学生的注意力和兴趣。作业的形式应多样化，可以提高学生的兴趣，满足求知的欲望，而且要有一定的挑战性，让学生必须经过一定的努力才能完成。

（三）发掘教师积极的心理品质

在课堂管理过程中，教师积极的心理品质是一种无形的号召力，为课堂建设注入活力。

1. 教师的亲和力

教师的亲和力是教育工作者在教书育人各个环节中的思想感情、语言行为与被教育者的融合程度，是教师在言传身教等育人行为中所体现出来的让学生感受到的亲切感及信赖感，是教师道德素养的基本要求，是教师热爱教育事业、热爱学生的具体体现。教师亲和力具体表现有微笑、热情、赞扬、鼓励和关怀等。教学活动是一个双边活动，在这个活动中，教师亲和力强，学生对教师的亲切感及信赖感不断提升，学生对教师的接纳度就会不断加强，学生就能在受教育的过程中感受到教育磁场的和煦春风、浓浓爱意及整体力量，从而不断汲取知识营养和激发向上的精神。

2. 教师的威信

教师的威信是指教师具有一种使学生感到尊敬和信服的精神感召力量（宋广文，刘凤娟，2010）。有威信的教师让学生感到心悦诚服、亲切而不失威严，对教师所授知识及其思想观点深信不疑；让学生感到安全，敢于提出问题，大胆表达自己的观点；其表扬让学生感到骄傲与自豪，对学习产生更大的信心与激情；对于其批评，学生也会欣然接受，并将其作为鞭策自己的动力。相反，对于缺乏威信的教师，很多学生自觉或不自觉地流露出轻视、不信任，有的学生甚至会在课堂上故意捣乱，影响他人学习，干扰教师的工作，破坏课堂纪律。

3. 教师的期望

期望是人们在对外界信息不断反应的经验基础上，或是在推动人们行为的内在力量需求基础上，所产生的对自己或他人行为结果的某种预测性认知。教师如果能充分了解每个学生的认知能力和人格特征，形成对每个学生恰如其分的期望，就可能对学生产生良好的自我实现预言效应，促使学生向好的方向发展，并形成和谐的课堂气氛。否则，如果教师对学生带有偏见，看不到他们的优点而形成低期望，学生在这种期望的影响下，就可能自暴自弃，学习成绩越来越差，并严重影响课堂气氛。这种期望效应产生的基本过程，以及它对学生行为和课堂气氛影响的机制，基本上是一致的。

教师的期望可以通过言语或非言语的方式传达给学生。教师在课堂可以有意识地将自己的期望以言语传递给学生，让学生感到自信，以改善课堂气氛，提高学生的学习效率，促进教学顺利进行。非言语式期望可以通过对学生的期待、信任、赞许等眼神来实现。但要注意，多对学生给予正面的期望而且要适度，过高易让学生感到“高不可及”，过低则会使学生认为自己没用，影响其价值感。也要根据学生发展变化的情况调整期望水平，用发展、变化的眼光去看待和期望学生，随时注意每一个学生的表现和积极变化，并及时调整自己心目中的学生形象和期望。

教师怎样才能形成对学生的正确期望?

4. 教师的移情

移情又叫同理心，是指在人际交往中，当一个人感知对方的某种情绪时，自己也能体验相应的情绪，即设身处地地以对方的想法去体察其心情。在课堂管理中，教师要有体察学生情感的能力，将自己置于学生的位置，才能准确地观察学生，体验其情感，使自己在情感上和理智上都能处于学生的地位，多为学生着想。如果教师总是以自我为中心，习惯于向学生提出单向要求，就容易产生认知障碍。因此，同理心好比是师生间的一座桥梁，它可将教师和学生的意图、观点和情感联结起来，进而创造良好的课堂气氛。教师要相信每一个学生都有自己的天赋、才能、兴趣和力量，相信每一个学生都能成为有用的人，对那些缺少天赋或生理有某些缺陷的学生、因学习差而抬不起头的学生、因失败而产生挫折心理的学生，因犯错误而受到惩罚的学生，教师要给予同情、热情而诚恳的帮助，这样师生间就容易产生情感共鸣，对于形成和谐的课堂气氛也是很重要的。

（四）营造良好的班风

班风是由班级成员之间及成员与各群体之间在情感、认识、行为、道德规范等方面相互影响而形成的一种集体氛围。班风反映着一个班级学生的精神面貌，影响着班级整体学习风气，在一定程度上对学生行为起着舆论与心理导向的作用，产生一种群体压力和活力。班风如何，往往体现在课堂气氛中。一般情况下，良好班风会推动良好课堂气氛的形成；反之，不良班风会对不良课堂气氛的形成起到推波助澜的作用。

（五）消除不良心态，产生师生情感共鸣

教师要善于观察、了解学生的心理状态，自觉激发学生的良好心理状态，有意识消除学生的不良心理状态。首先，教师应从学生非言语行为中了解学生的心理状态，即从学生在课堂学习时的表情、目光、动作、姿势等方面，观察、了解其心理状态。针对学生的状态，及时提出表扬、赞赏，使学生的心态始终是积极的、兴奋的。其次，教师应满腔热情地激发学生产生和保持良好的心理状态。最后，课堂教学中要不断消除和克服学生学习中出现的不良心理状态。这可从两个方面入手（徐小兵，2008）：一是分析产生不良心理状态的原因；二是要消除课堂教学中，师生双方在认知、情感、动机、兴趣、注意、意志、性格、师生关系等方面的心理障碍。

第三节　课堂纪律管理

一、课堂纪律

（一）课堂纪律的含义

课堂纪律是指为了维持正常的教学秩序，协调学生行为，不干扰教师上课，保证课堂目标的实现而制定的要求学生共同遵守的课堂行为规范。课堂纪律是对学生课堂行为

所施加的准则与控制，它包括教师试图鼓励学生对课堂任务进行合作和参与而采取的一系列行为和活动的组织技术。它不仅约束、控制着学生有碍学习的不良行为，而且引导学生从事积极的学习活动，从而增进学习的效果。

课堂纪律的维持与教师的威信、领导作风、班级人数的多少、学生年龄特征、班风等因素都有密切的联系。

（二）课堂纪律的类型

根据课堂纪律形成的原因，可以将课堂纪律分成四种类型。

1. 教师促成的纪律

教师促成的纪律应该包括结构的创设和体贴。教师的指导、监督、惩罚、规定、限制、奖励、操纵、组织、安排日程和维护标准等都属于结构的创设。而体贴则包括同情、理解、调解、协助、支持、征求和采纳学生的意见等，这对儿童、青少年纪律的形成是不可缺少的。

刚入学的学生往往需要教师给予较多的监督和指导，需要教师为他们的学习和工作设置一个有结构的情境，即组织一个良好的集体结构。即使是比较成熟的青少年学生，也需要教师为他们的行为提供指导。所以，在课堂管理中，教师促成的纪律是不可缺少的。

2. 集体促成的纪律

从入学开始，学生便开始了真正的集体生活，同辈人的集体在学生社会化方面起着越来越大的作用。他们开始对同学察言观色，以便决定应该如何思考、如何信仰和如何行事。为了得到群体的认同，开始参照群体准则、行为规范来规定自己的言行，如学生加入团组织后，在遵守校规校纪方面也会表现得更加模范。

3. 任务促成的纪律

每一项任务都有其特定的纪律，学生接受任务的过程，就是接受纪律约束的过程，如课堂讨论与各项学习各有不同的纪律。任务促成的纪律是以个人对活动任务的充分理解为前提的，学生对任务的理解越深刻，就越能把眼前的行动与任务联系起来，越能使自己的行为服从于任务的需要。

4. 自我促成的纪律

随着社会化程度的提高，自制能力的增强，外部的纪律控制逐渐被个体内化成为个体自觉的行为准则，学生自觉地遵守正确的班级社会规范，养成良好的守纪习惯，自律便出现了。自律的建立，标志着人们已经达到了成熟水平。

二、课堂结构

学生、学习过程和学习情境是课堂的三大要素，这三大要素的相对稳定的组合模式就是课堂结构，它包括课堂情境结构与课堂教学结构。

（一）课堂情境结构

1. 班级规模的控制

班级授课制是目前普遍实行的教学方式。班级规模是一个十分重要的学习资源，它影响教学的空间组织形式、师生交往的机会、学生参与课堂活动的机会，影响到课堂教学的个别化，以及课堂的纪律问题。为此，班级的规模要有适度控制。

2. 课堂常规的建立

课堂常规是每个学生必须遵守的最基本的日常课堂行为准则，它们赋予学生的课堂行为以一定的意义，使学生明白行为所依据的价值标准，具有约束和指导学生课堂行为的功能，从而使课堂行为规范化。课堂常规因学习科目的不同相应地也有变化，如音乐课的一个常规是培养认真倾听的习惯，体育课则是有行动整齐迅速的常规培养。课堂常规的培养，要常抓不懈，持之以恒，以便促使学生养成良好的学习习惯，促进学生的健康成长。

3. 学生座位的分配

学生座位的分配，一方面要考虑课堂行为的有效控制，预防纪律问题的发生；另一方面要考虑促进学生间的正常交往，形成和谐的师生关系，并有助于学生形成良好的人格特征。在分配学生座位时，老师更应该关心人际关系的影响。例如，按学生的性别、学习能力、性格搭配安排座位。学生座位不应是固定不变的，教师要适时调整学生的座位。

（二）课堂教学结构

课堂教学结构能使教师满怀信心地按照教学设计，有条不紊地进行教学。

1. 教学时间的合理利用

学生在课堂中的活动可以分为学业活动、非学业活动和非教学活动三种类型。在通常情况下，用于学业活动的时间越多，学业成绩便越好。

2. 课程表的编制

课程表是使课堂教学有条不紊进行的重要条件。首先，它的编制应尽量将核心课程安排在学生精力最充沛的上午第1～3节课，将技能课安排在下午。其次，将文科课程与理科课程、形象性学科与抽象性学科交错安排，避免同类刺激长时间地作用于大脑皮层的同一部位而导致学生疲劳和厌烦心理的产生。

3. 教学过程的规划

教学过程的规划是维持课堂纪律的又一个重要条件，不少纪律问题是因教学过程的规划不合理造成的。

三、课堂问题行为

（一）课堂问题行为的性质

问题行为是指不能遵守公认的正常行为规范和道德标准，不能正常与人交往和参与学习的行为。课堂问题行为是指在课堂教学中发生的，违反课堂规则，妨碍及干扰课堂活动的正常进行或影响教学效率的行为，简言之就是学生在课堂上制造问题的一种行为。这些问题通常包括对教师与学校的对抗态度（如骂人、发脾气），破坏课堂纪律（如随意走动、干扰别人、惹是生非），不参与课堂活动（如上课不专心、懒散、做小动作），以及课堂退缩行为（如畏畏缩缩或虚怯胆小），等等。

在判定课堂问题行为时要考虑到以下几点：第一，普遍性——这种行为是否为该年龄阶段学生普遍发生的问题行为。第二，延续性——这种行为是否每次都会延续很长时间，能不能自行消失。第三，针对性——这种行为是否只针对某一门课或某几门课。比如，有的学生在数学课上常表现出问题行为，而在语文课或其他的课上很少表现或不表现问题行为。第四，指向性——该问题行为是指向自己，还是指向其他同学，或者是正在上课的教师。第五，时间——在课堂上发生的时间。某个学生的某个课堂问题行为在一节课的什么时候发生，是上课一开始就发生，还是在中途发生或是在快下课时才发生。第六，频率——这种行为在某一节课上是否经常发生。

（二）课堂问题行为的类型

从分类学的角度，按课堂问题行为的性质、范围、主体和表现将其划分为以下几类。

1. 故意的和非故意的课堂问题行为

根据课堂问题行为本身性质的不同，可将其划分为故意的和非故意的课堂问题行为。在课堂教学过程中，明知存在特定的课堂教学规范，明知某种行为不合规范，却偏偏要违背特定的规范行为，是故意的课堂问题行为；知道存在着特定的课堂教学规范，其行为原本也打算在规范的要求内进行，但实际进行中由于各种原因而使行为违反了规范要求，则为非故意的课堂问题行为。故意的课堂问题行为是对课堂教学规范的公然蔑视，在性质上比非故意的问题行为要严重、恶劣得多。

2. 局部性的和全局性的课堂问题行为

按照课堂问题行为是否发生在全局范围及是否对全局产生影响，分为全局性的与局部性的课堂问题行为。前者是在课堂教学的全局或整体范围内产生，影响整个课堂教学的行为，具有规模大、范围广、影响普遍的特点。后者则是在某一范围内产生并只影响该范围的行为，其规模小、影响面窄。全局与局部是相对的，两者相互影响，相互发展，如果处理不及时，局部性的课堂问题行为也可以发展成全局性的。

3. 学生课堂问题行为和教师课堂问题行为

由学生引发的课堂问题行为，即学生课堂问题行为。如今的学生聪明好奇、接受能力强、获得信息快、对新事物很敏感，但世界观尚未形成，社会辨别能力有限、好冲动、讲义气、易盲从，因而在学生这个主体中，容易产生与课堂教学目标相背离、妨碍课堂教学功能正常实现的负面行为——问题行为。而由教师所引发的课堂问题行为则为教师课堂问题行为。教师作为一个特殊的社会群体，从整体上看，其素质比一般社会群体要高，但面临新的社会挑战时，有的教师不能很好地调整自己的心态与行为，有的教师表现出了比较突出的素质上的缺陷，有的教师经不住物质的、经济的种种诱惑，这些都有可能影响教师的课堂教学，导致教师产生妨碍课堂教学功能实现、影响课堂教学目的达到的问题行为。

4. 品德型、能力型和情绪型的课堂问题行为

按照课堂问题行为的表现形式，可以将其划分为品德型、能力型和情绪型。品德型课堂问题行为是指行为主体不能遵守社会行为准则或群体行为规范而产生的问题行为。能力型课堂问题行为则指行为主体由于受自身知识水平及能力的影响，难以适应课堂教学的要求而引起行为主体的一些不稳定的外部言行表现。情绪型课堂问题行为是指行为主体在课堂教学中因无法控制自身情绪的变化或由自己的不良性格所引起的问题行为。

学生课堂问题行为表现的年龄差异

（三）引发课堂问题行为的因素

课堂问题行为的出现是外部因素和内部冲动共同作用所致。从外因上说，问题行为的出现是家庭、学校和社会的不良影响作用的结果，如受家庭过分呵护照顾的学生往往以自我为中心，在与同学的交往和班集体活动中表现不热情、不配合、闹情绪等。从内因上说，课堂问题行为的出现与学生的内在素质、成熟水平、认识能力有关，如个别成绩较差的学生因为学习上遇到的各种困难，他们不是正向面对困难、奋起直追，而是为舒缓内心的紧张、自卑，寻求发泄，所以出现说话、挑衅等违反纪律的行为。概括而言，课堂问题行为的主要影响因素集中在学生自身、同伴和教室等。

1. 学生自身因素

学生自身因素主要包括心理发展的问题，如适应不良、厌烦、挫折与紧张、寻求注意与获得地位（杨敦宏，2007），建立自我同一性时期的冲动与理智的矛盾，渴望交流与自我封闭的矛盾等（温小利，2014）。除此之外也包括生理发展的问题，如神经发展迟缓或神经功能障碍造成的注意力缺损多动障碍，导致学生注意涣散、活动过度、冲动任性（袁莎，2008）。部分学生沉湎于网络游戏，学习精力分散、睡眠失调，导致课堂学习不专心（付建军等，2011）。

2. 同伴因素

同伴关系也会影响学生的课堂行为，如其他同学制造麻烦、同学之间的相互影响、同伴关系紧张等。当学生受到周围同学的影响或激惹时，就会出现问题行为。有的课堂问题行为（如嘲笑和打架）直接源于同伴间紧张的关系。

3. 教师因素

影响学生课堂问题行为的教师因素包括要求不当、滥用惩罚手段、缺乏自我批评精神、教学内容与方法不当（杨敦宏，2007），也包括专业基础理论知识不扎实、业务能力差、事业心不强、功利主义（袁莎，2008），以及缺乏与学生进行平等交流等（王桂平等，2005；温小利，2014）。

4. 学校因素

课堂氛围会对学生课堂问题行为产生影响。课堂氛围与学生课堂攻击行为具有相关性，积极的课堂氛围可以减少课堂攻击行为，而消极的课堂氛围会持续增加学生的攻击行为。此外，学校的基础设施差，教学资源匮乏；课程设置不合理等因素都会影响学生的行为。国外研究表明，公立学校中留学生、家庭收入低、家庭成员受教育水平低的学生课间活动时间更少，课间活动较少的学生，其课堂行为表现也越差。学校应保证每天的课间活动至少 1 次，时间至少为 15 分钟。

学校过分注重学生的分数，教学方法、教学环节设计较为单一、呆板，学生信心、兴趣都会受影响。另外，不当的"赏识教育"也会使部分学生责任意识迷失，导致课堂行为失序。

5. 家庭和社会因素

家庭因素包括家庭结构（单亲、独生子女、有隔代老人）、家庭氛围（父母双方是否和睦、性格是否乐观向上）、家长教育方式（民主型、专制型、溺爱型）等。此外，家庭的社会经济地位，以及家长要求学生参加课外学习的时间等都会影响学生的课堂问题行为。过多的课外学习会使学生上课时容易走神；家长忙于谋生，缺乏时间监督孩子的学业，学生在课堂上容易出现懒散、厌学等问题；而家长表现出的暴力、粗俗语言，学生也会模仿，带到学校中去。

学生课堂问题行为的产生还受到社会方面等复杂因素的影响，包括社会风气、媒体导向等。媒体对教师的负面报道，使个别学生和家长不尊重教师，出现问题时倾向于将责任归为教师方面。教师权威感的流失影响教学的掌控力。微博、微信等社交软件的广泛使用，使部分自控力较弱的学生容易分心，从而出现问题行为。

（四）课堂管理中问题行为的调控

1. 先行干预策略

在课堂管理中，教师应该着力营造积极的学习环境，通过建立起良好的规范来预防课堂问题行为产生。教师根据先前制定的规则或计划及时处理学生出现的问题行为，这就是先行干预策略。先行干预策略主要聚焦于引起问题行为之前的一些事件。通过实行先行干预策略，建立结构化、有序的课堂环境，消除或改变问题行为的诱发事件，从而避免问题行为的出现。

先行干预策略一般包括以下几个方面：第一，和学生共同拟订课堂计划。一方面便于学生了解课堂上应该做些什么，另一方面也会帮助教师了解自己的课堂是否在控制范围之内，便于管理。制订计划的过程应由学生和教师共同完成。第二，确立行为规则。一般在学期初，由教师和学生经讨论后制定。这些规则的内容要合理，符合学生的心理发展水平，保证大多数学生经过努力后能够达到要求。在确定行为规则时还要明确奖励和惩罚的标准。符合规则的行为要及时强化，而违反规则的行为要通过惩罚让学生学会对自己的行为负责。第三，营造良好的课堂环境。课堂物理环境要整洁有序，让学生有秩序感。应充分利用教室里的器材和资源，避免学生因资源不足产生问题行为。合理安排学生座位，尽量让性格相异的学生相邻，便于互相学习。同时，教师应创设良好的心理环境，师生之间的平等沟通，让学生感觉到安全、放松，从而减少冲突的发生。

先行干预策略的优势在于：第一，能够有效阻止问题行为的发生；第二，反应迅速，当引起问题行为的事件被消除或改变时，问题行为迅速减少；第三，能够改善教学环境，当与问题行为有关的诱发事件减少或消除时，学生的良好行为会随之增加，课堂环境得到改善，这会增强学生的课堂参与和学习动力。

2. 反应性策略

教师的轻微反应主要针对学生在课堂中出现的程度较轻的不良行为，如小声说话、递纸条、心不在焉等，教师的反应可以是非言语性的，如有意忽略、提醒、接近控制、接触控制等，也可以是言语性的，如强化他人的好行为、叫名字、幽默技术、说出教师的感受、言语责备等。

教师的中度甚至重度措施主要指各种形式的惩罚，包括收回积极强化物或期望刺激，也包括增加厌恶刺激。常采用的方式有收回特权、写检讨书、隔离、滞留、叫家长、到校长室、情境性过度矫正和积极练习性过度矫正，以及体罚等。惩罚可以控制行为，但并不能教给学生好行为，惩罚本身并不能解决问题，其强制性也会给学生带来不同程度的负面影响，故只有在必要时才可使用。

3. 严明纪律策略

这种方法以管理理论为基础，强调个体的发展由可观察到的行为和引发积极行为支持或强化这些行为的外部刺激解释，儿童的发展是成人有组织的环境因素影响的结果。以此观点为基础，强调教师应该鲜明而坚定地主张自己在明确和执行学生行为标准过程中的权力，这些权力包括建立适合学习的班级规则和程序的权力，坚持学生对自己要求的遵从和促进学生积极发展的权力，以及在教育过程中得到学校管理者和家长帮助的权力。学生也有相应的权力，他们需要在表现出积极行为时得到教师的支持，在犯错时得到教师的指导，明确告诉他们应该怎样、不应该怎样。为了满足教师和学生双方的需要，教师必须学会以一种自信的方式与学生交往，即对学生行为表达清晰而具体的期望和要求，并把这些期望和要求转化为一系列规则，只要规则是合理的，就要求学生必须遵守，否则便会受到程度不同的惩罚。

4. 现实疗法策略

现实疗法是一种用于矫正学生不良行为的方法，控制理论则是现实疗法在课堂纪律领域中的进一步发展。该理论以领导理论为基础，强调儿童的发展是内外影响、相互作用的结果，个体的行为是为了满足自己的需要，每个人都有满足需要的独特方式，个体的各种社会的或心理的问题就是由于个体在满足需要时选择了错误的行为导致的。个体的需要（爱、控制、自由和快乐）被满足，他们便没有理由再制造麻烦，教师的任务是帮助学生学会以合理的方式满足自己的需要、平衡自己的各种需要，以及协调自己和他人的需要可能会产生的冲突。

在现实疗法中，矫治学生问题行为有四个基本步骤（王桂平等，2005）：第一，让学生明确自己的错误行为；第二，让学生认识到错误行为的各种可能后果；第三，对错误行为及其后果作价值判断；第四，制订计划，消除错误行为，要求学生坚持计划并承担不坚持的后果。在控制理论中，强调说明学生在满足需要的过程中对自己的行为承担责任。通过班级会议、合作学习等形式预防和减少纪律问题的发生。

5. 积极行为支持策略

积极行为是指可以使个体在生活的各个方面获得成就感和满足感的行为，而所有可以增加个体积极行为的方法称为“支持”。积极行为支持是通过提高个体的行为技能，重新构建个体的环境来提高个体的生活质量，减少问题行为。

积极行为支持关注改变个体的生活方式；关注对个体行为的功能性评估，确定问题行为产生的原因；主张改变环境中导致问题行为出现的各种影响因素，重视多元干预；是一种在自然的日常生活中，改善个体生活质量的干预方法，强调生态效度和社会效度；提倡积极预防，一方面教给个体适应性行为，另一方面改变和改善个体的生活环境，减少不良行为产生的可能性；减少惩罚的使用。

学校积极行为支持的三级干预模式为：第一，初级干预。面向所有学生，营造良好的教育教学环境，教授学生适应性行为并进行强化，使学生掌握适应性行为。第二，二级干预。针对初级干预无效的学生，对他们除了要做初级干预的支持外，还要使用一些群体性的干预策略（如代币等）对学生进行干预。第三，三级干预。这是个别化的行为干预，对象是存在“严重行为危机”的学生。

6. 学生自我管理策略

学生自我管理是指学生自觉地对自己的心理和行为进行控制和约束，学生能够独立自主地学习、自觉监督自己的行为并延伸到课堂之外，从而使问题行为得到实质性改变。通常包含如下元素：目标设定、自我监督、自我评价、自我指导，以及策略学习。目标设定是指学生选择需要改变的目标行为，并对自己的目标行为进行规划，诱发积极的表现。自我监督是多次观察和记录行为的过程。自我评价指的是学生将他们的表现和先前设定好的标准进行比较，如果学生达到了先前制定的标准，则会获得奖励。自我指导指的是用自我陈述的方法来指导自己行为的技术。在完成任务之前，学生先用自我陈述的方式来明确自己的行为目标，指导自己真正去实践目标行为。策略学习是指研究者教给学生一系列步骤程序，说明学生独立解决自己的问题，达到理想的改进效果。

对于学生课堂中的问题行为，应以预防为主，引导和促进学生端正学习态度，帮助学生适应课堂环境，逐渐减少问题行为的发生。

第四节　课堂学习中的师生冲突管理

课堂学习中师生冲突产生的原因比较复杂，解决策略也因冲突的形式和内容有所区别。

一、课堂学习中的师生冲突

师生交往互动在课堂上会表现出各种冲突，师生冲突是在课堂互动、教师和学生之间由于目标、情感、利益等方面的差异而产生的言语、行为及心理上的对抗（王晓丽等，2010）。

（一）一般性冲突和对抗性冲突

按冲突发生、发展的先后顺序以及剧烈程度，师生冲突可分为一般性冲突和对抗性冲突。

一般性冲突，一般不影响课堂教学，仅是课堂中的小插曲。师生对立不严重，教师可以通过自己的权威地位控制整个局面。学生的表现往往是消极应对教师合理的教育教学要求，往往是上课讲话、做小动作、搞恶作剧等。如果不重视对一般性冲突原因的诊断，教师的威信就会大大降低，严重影响到教师的教学质量。一般性冲突处理得当，就会有利于激发学生群体的活力，处理不当则容易转化成对抗性行为冲突。

对抗性冲突，程度一般较激烈，影响到整个课堂教学，甚至导致终止课堂教学。教师不能以自己的特殊地位控制局面，往往表现为行为失控。学生在这个过程中也往往怀有强烈的抵制情绪，若不控制，双方僵持下去将会产生恶劣的后果，有时会出现过激言语或行为。对抗性冲突对师生关系造成深重的破坏性影响。

（二）显性冲突和隐性冲突

根据冲突的表现形式，可以把师生冲突分为显性冲突和隐性冲突。

显性冲突表现为公开的对抗行为，而隐性冲突则主要表现为一种紧张的状态，师生之间可能没有面对面的交锋，教师可以用漠不关心、不尽职尽责来表达自己的不满，而学生可能用不抵抗的消极态度来抵制教师的要求，虽然没有直接的言语与行为对立，但是双方的态度和情绪上的对立，使双方在互动过程中呈现出一种明显的不和谐的氛围。

隐性冲突是师生冲突中主要的表现形式。它是一种内向性的退缩行动，互动的一方由于权力、地位、价值观等不同于互动的另一方，而从心理上产生的抵制与对抗行为，可能是情境性的，也可能是持续性的。隐性冲突通常表现出沮丧、忧郁、冷漠、排斥、压抑与痛苦，个体心理上的厌恶与生理上的痛苦并存，心理上产生攻击与压抑之间的冲突。这类冲突会严重影响互动一方的身心健康和人格发展。由于这类冲突不易被觉察和识别，很难得到针对性解决。

（三）现实性冲突和非现实性冲突

根据冲突的起因，将师生之间的冲突分为现实性冲突和非现实性冲突。

现实性冲突是由于某种要求得不到满足或者追求某种目标没有达到而产生的冲突。现实性冲突是有着直接的目标指向的，冲突是一种为了实现自己的要求或者目的的手段。在现实性冲突的情境中，存在着手段替代性，即在各种争斗的形式之间进行选择的可能性，其关键在于对于各种手段的工具适应性的评价。冲突并不是唯一可以解决问题的手段。

非现实性冲突起因于至少其中一方释放紧张状态的需要，没有确定的冲突对象，冲突不是由于对立双方竞争性的目标引起的，而是以表达敌对情绪，发泄不满本身为目的。非现实性冲突具体的冲突对象可以转换、偶然选择，但发泄手段却不能替换。学校师生冲突多表现为非现实性冲突。

非现实性冲突的发生与情绪有关，是一方或双方为发泄不满、释放紧张情绪的需要引发的。例如，一位刚受到校长训斥的教师可能会把学生作为发泄对象；一位学生因考试失败或失利而在课堂上把教师作为其发泄对象，找“替罪羊”往往是一种非现实性冲突。师生之间的这种非现实性冲突由于转移了冲突的原初对象，回避冲突的现实根源，将无法解决的问题以宣泄的方式寻找另一个突破口表达出来，而情绪宣泄就是冲突的目的，这也是有时候师生会认为对方不可理喻的原因之一。

二、课堂学习中师生冲突的成因

（一）教师心理因素

在课堂教学中，主要有教师处理冲突的态度、教师对待学生的态度、教师的威信等几个方面。

1. 教师处理冲突的态度

教师在面临冲突时，是选择回避还是对冲突抱有开放的态度，直接影响冲突的走向。教师应当在尊重学生基础上处理和化解冲突，避免对学生身心造成伤害。

2. 教师对待学生的态度

公平对待和尊重学生是教师立足的根本，教师尊重学生会赢得学生的尊敬。对学生不正确的态度会导致学生对教师不信任，故意和老师作对，挑起冲突，还有学生会因为不喜欢教师而对其所教科目失去兴趣和信心，从而影响学习和发展。

3. 教师的威信

教师是知识与能力的权威，学生愿意服从有能力教师的指导。如果教师能力有所欠缺，教师就会失去学生的信赖，产生对抗情绪，甚至引起冲突。教师对威信的掌握要适度。在小学阶段，学生倾向于服从威严型的教师；到了高中阶段，学生比较服从于知识渊博的教师。

（二）学生心理因素

1. 需要得不到满足

学生的需要得不到满足，主要是学生的认知需要不平衡及情感需要得不到满足。

2. 情绪波动

学生的情绪波动强度大或持续时间过久，超过个体的承受能力，而个体又不能正确应对，则可能引起情绪紊乱、心理失衡和适应不良，从而造成个体行为失常，引发冲突。

3. 认知方式的差异

认知方式可以分为沉思型和冲动型两种，大部分人都是介于这两种方式之间，但处于两个极端的学生在课堂中会带来更多的课堂冲突行为。

4. 行为偏差和品行障碍

一般行为偏差大多数属于正常心理发展过程中的暂时性偏异，通常都会随年龄的增长而自行消失，如孤僻、爱发脾气、害羞等问题。反复出现违反与年龄相应的社会道德准则或纪律、侵犯他人或公共利益的行为，并妨碍了个人的正常学习或生活时，就是发生了品行障碍。

5. 学习疲劳

学生学习时不可能一直保持兴奋，教学活动没有引起学生的注意，学生没有积极思考，注意力易涣散，产生学习疲劳，导致课堂群体内隐性冲突。

三、课堂学习中师生冲突的应对策略

课堂教学中避免不了因方法、强度等不适而造成班级失去秩序的情况。课堂冲突并不一定只有负面功能，师生一般性冲突有利于维护现行制度和秩序，促进群体的良性互动。但如果冲突冲击到核心价值，那么这种冲突就会具有消极的功能。一旦发生课堂冲突，师生就要面对现实，冷静地分析产生冲突的主客观原因，不断总结经验教训，以改善行为方式和改变教学的方法来应对与化解冲突，尽量减少冲突的消极影响。

（一）提高教师的人格魅力

教师的人格魅力主要来源于以下几个方面。

（1）教师关注所有学生的需要、给予学生积极的期望。学生的需要只有在得到教师的认可时才能成为其发展的动力。学生所有的活动都是为了满足自身的某种需要，教师肯定并接纳学生合理的需要，甚至在学生合理需要满足的过程中向学生提供一些帮助，能使学生产生一种被重视感和被尊重感，并因而产生一种被接纳感和安全感。积极的情感体验促进其积极自我观念的形成和发展，使学生更加自尊、自信、自爱。

（2）教师公正地对待每一个学生，对学生一视同仁，尊重学生的个性发展，善于移情和换位思考，觉察体验学生的学习困难，宽恕学生的无知和犯错误，为学生提供良好的学习方法，与学生共同商讨对策；在处理学生问题时，同样的事情同等待遇，不同的事情不同的待遇。教师要在尊重每一个学生的基础上，肯定他们都具有某种程度的成功愿望，给每一个学生恰如其分的评价。

（3）教师具备高超的教育教学能力和管理技能，熟谙教学规律，遇到冲突，善于克制自己的情绪，不带情绪进课堂，不断提高自身修养，善于进行教学反思，化解冲突和矛盾，营造融洽的课堂氛围，这些都有利于将冲突消灭在萌芽状态。

（二）提高课堂管理水平

在课堂中，对学生的管理应关注学生的内在体验，并且也只有经过学生内心体验并认同的制度规范，才对学生有持久的约束力。首先，修正不合理的规范制度。在学校中，教师拥有制度的权力，学生处于听从的地位，正如任何不受约束的权力有可能无限扩张一样，教师的权力也有着滥用的趋势。正是在课堂规定方面，教师许多过分的要求，导致学生的反抗。其次，学生参与规则的制定。在规则的制定过程中，以学生为主体，通过师生之间、生生之间的平等对话交流、共同商谈，形成自愿遵守的行为规范。学生通过参与规则的制定，能够清楚地明白什么行为属于违纪行为，会招致怎样的惩罚。最后，通过师生商讨，学校教师能够了解到学生对于惩罚的态度。

（三）建设性地处理冲突

引导学生恰当地表达分歧与不满。当学生公开地表达不满情绪时，可能引发冲突；当学生不满的情绪被长期压抑与累积时，可能引发恶性冲突。这需要教师所创设的课堂情境有利于分享彼此的观点与情绪，以化解分歧，避免冲突；也需要提升课堂对冲突的容忍度，允许学生恰当地表达分歧与不满，不压制、不回避，避免因不满情绪的长期压抑与累积而引发恶性冲突。

培养学生管理冲突的能力，如在教学过程中纳入可供学生讨论的议题，通过讨论，教会学生如何透过沟通、协商的过程，学习管理日常生活中所面对的冲突；还可以设计冲突化解的课程，教给学生冲突化解的历程与技巧；另外，可以通过发生在实际生活中的真实冲突，教给学生与人沟通的技巧，学会心理置换，学会宽容他人；等等。

（四）综合干预引发冲突的消极心理

正确诊断学生易发冲突的原因，从心理上弄清某种问题行为表现的心理机制，进行综合的心理干预。学校、班主任、任课教师、家长之间要形成合力，关心和了解学生的心理变化。平时应注重指导，在师生之间形成良好的态度、合作的氛围，保持整个群体的正面互动和发展，减少冲突机会。教师应充分认识冲突的心理成因，化解学生的心理矛盾，以免心理矛盾引发非现实性冲突，导致冲突激化。重点是指导学生自我心理调节，控制情绪激化，避免师生冲突发生。教会学生不但要学会自我宣泄、转移注意、避免心理困扰，而且要正确认识自我。对于常见的情绪障碍，重点易发冲突倾向的行为，要有针对性地预防，必要时要寻求专业干预。

★ 本章概要 ★

1. 课堂管理是对课堂教学各个环节的运作进行计划、决策、组织、指挥、监督和调节，也是指教师在教学活动中主导建构有效的学习环境，促进学生积极参与教学活动，从而实现预定教学目标的过程。课堂管理具有两个基本的目标：建立良好的学习环境和促进学生的学习。

2. 课堂管理的效能是了解学生的需要，建立积极的师生关系和同伴关系，实施有效的教学措施，促进最佳学习，建立教室常规。

3. 学校因素、教师的管理风格、班级规模、班级规模及班级的性质，以及学生的定型期望是影响课堂管理的主要因素。

4. 课堂气氛是指师生在课堂上围绕教学活动进行互动过程中所形成的心理氛围。可分为四类：智力紧张、情绪轻松型；智力紧张、情绪紧张型；智力轻松、情绪紧张型；智力轻松、情绪轻松型。教师的领导方式直接影响着课堂气氛的形成。利皮特和怀特把教师领导方式分为权威型、民主型和放任型。

5. 营造良好的课堂气氛应该创设积极的课堂心理条件、提升课堂运作能力、发掘积极的心理品质、营造良好的班风、消除不良心态，产生师生情感共鸣。

6. 课堂纪律是指为了维持正常的教学秩序，协调学生行为，不干扰教师上课，保证课堂目标的实现制定的要求学生共同遵守的课堂行为规范。课堂纪律是对学生课堂行为所施加的准则与控制。根据课堂纪律形成的原因，可以将课堂纪律分成四种类型，教师促成的纪律、集体促成的纪律、任务促成的纪律、自我促成的纪律。

7. 学生、学习过程和学习情境是课堂的三大要素，这三大要素的相对稳定的组合模式就是课堂结构，它包括课堂情境结构与课堂教学结构。

8. 问题行为是指不能遵守公认的正常儿童的行为规范和道德标准，不能正常与人交往和参与学习的行为。课堂问题行为是指在课堂教学中发生的，违反课堂规则、妨碍及干扰课堂活动的正常进行或影响教学效率的行为，简言之就是学生在课堂上制造问题的一种行为。引发课堂问题行为的因素有：学生自身因素、同伴因素、教师因素、学校因素、家庭和社会因素等。

9. 课堂管理中问题行为的调控可以采取先行干预策略、反应性策略、严明纪律策略、现实疗法策略、积极行为支持策略、学生自我管理策略。

10. 师生冲突是在课堂互动、教师和学生之间由于目标、情感、利益等方面的差异而产生的言语、行为及心理上的对抗。课堂学习中师生冲突的成因有教师心理因素（教师处理冲突的态度、教师对待学生的态度、教师的威信）和学生心理因素（需要得不到满足、情绪波动、认知方式的差异、行为偏差和品行障碍、学习疲劳）。

11. 课堂学习中师生冲突的应对策略有提高教师的人格魅力、提高课堂管理水平、建设性地处理冲突、综合干预引发冲突的消极心理。

思考题

1. 名词解释：课堂管理、课堂运作、课堂气氛、问题行为。
2. 课堂管理的效能有哪些?
3. 影响课堂管理的因素有哪些?
4. 如何创造良好的课堂气氛?
5. 引发课堂问题行为的因素有哪些?
6. 课堂学习中师生冲突的应对策略有哪些?

参考文献

陈列，靳玉乐. 2008. 初中课堂时间管理的问题与改进. 中国教育学刊，(4)：45-48.
付建军，邹光伟，蒋真理. 2011. 高中生课堂不良学习行为的分类干预研究. 中国教育学刊，(8)：24-27.

黄希庭. 2010. 心理学. 上海: 上海教育出版社.
李德全, 杨正强. 2014. 论课堂教学时间管理策略. 课程·教材·教法, 34(3): 26-31.
柳国辉. 2014. 教师课堂时间管理的误区与有效超越. 中国教育学刊, (7): 39-41.
石艳. 2004. 隐性冲突: 一种重要的师生互动形式. 湖南师范大学教育科学学报, 3(2): 67-70.
宋广文, 刘凤娟. 2010. 试析良好课堂气氛形成的条件. 中国教育学刊, (9): 55-58.
王桂平, 史晓燕, 郭瑞芳, 等. 2005. 国外关于课堂纪律问题的研究述评. 外国教育研究, 32(6): 77-80.
王晓丽, 等. 2010. 中学教师师生冲突外显态度和内隐态度的比较研究. 教育学报, 6(4): 71-76.
温小利. 2014. 高中生课堂问题行为的成因分析及应对策略研究. 新课程, (12): 119.
吴晓义. 2007. 国外积极课堂气氛形成理论及其对我国的启示. 外国教育研究, 34(9): 31-36.
杨敦宏. 2007. 初中学生课堂问题行为的形成原因及其应对策略. 教育理论与实践, S2: 87-88.
袁莎. 2008. 中学生课堂问题行为的归因分析与矫正策略研究. 长春: 东北师范大学.
张彩云, 吴珂. 2015. 中小学生课堂问题行为干预研究的新进展. 中国特殊教育, (1): 68-73.
张彩云, 武浩. 2016. 中小学生课堂问题行为研究述评. 心理与行为研究, 14(3): 420-425.
Lippitt R, White R K. 1952. An experimental study of leadership and group life. In T M Newcomb, E L Harley (Eds.), Readings in Social Psychology (p. 315-330). NY: Holt .

第十三章 教学心理

你在家乡的一所中学找到了新的工作。到学校后，你发现学生的同质性很高，他们大多数都来自城市的富裕家庭。事实上，学校还有一个特殊教育班，这个班里的孩子有严重的学习问题或发展问题。在你进入教室，真正从事教学后，你才发现学生的阅读能力、家庭收入和学习能力都参差不齐。班里有好几个学生都读不完一篇完整的文章，作文也写得乱七八糟。

想一想，针对班里的不同学生，你应该怎样实施教学？针对班里的不同学生，如何进行教学设计？如果你已经实施了教学，那应该如何来评估教学的好坏？

第一节 教学心理概述

一、教学心理的概念

教学心理是研究教学情境中知识与技能习得规律的一个学科。教学心理学（instructional psychology）自1969年提出以来，一直受到西方心理学界尤其是西方教育心理学界的重视，出现了以教学心理学为研究取向的教育心理学和以学与教为研究取向的教育心理学。20世纪70年代末，教育心理学家格拉塞主编的《教学心理学的进展》丛书的问世，总结了此前该领域研究的成果，推动了教学心理学的理论和实证研究。20世纪80～90年代教学心理学在西方心理学界（特别是美国心理学界）受到空前重视，许多有国际声望的心理学家，如加涅、奥苏贝尔等，从狭小的实验室走向了广阔的课堂，研究学校教学情境中主体的心理活动现象、特征、效应和规律，使教学心理学不仅成为一个崭新的研究领域，而且成为教育心理学的一个重要分支和最具活力的研究领域。

二、教学心理的研究内容

当今教学心理研究涉及的内容主要包括三大方面：教学设计、教学环境、教师心理。本书第十四章将系统介绍教师心理，教学环境目前的研究还没有那么丰富，这里着重对教学设计进行阐述。

（一）关于教学设计方面的心理学问题

教学设计方面的心理学问题主要包括确定教学目标；组织教学；分析教育对象；选择教学的方法、策略及手段。

（二）关于教学环境方面的心理学问题

1. 教学的物理环境方面的心理学问题

教学的物理环境，如教室、温度、声音、颜色、光线等对教学过程是有影响的，因此有效的教学对声、光、色、空间等物理变量有一定的要求。

2. 学校人际关系

学校人际关系既指学生和学生之间的群体关系，也包括学生和教师之间的师生关系。这些关系是形成教学环境的某种心理气氛的重要来源。

3. 控制教学过程中的问题行为

学生的问题行为，既有人格方面的，又有品行方面的，既会影响本人的学习，又会妨碍教师的教学，是严重影响教学环境的消极因素，必须予以正确处理和控制。

（三）关于教师心理方面的问题

教师心理方面研究的主要内容有：教师的社会角色；教师的人际关系，包括教师与学生、与家长、与教师、与管理人员的关系；教师的教学风格；教师的心理素质，包括教师的机智、能力和人格特点等；还有教师的成长和威信；等等。

三、教学心理研究的意义

（一）从教育的历史使命来看

“面向现代化，面向世界，面向未来”和全面推进素质教育，是教育的历史使命，同样也是教学的历史使命。要实现三个“面向”及素质教育，说到底就是必须做到“科学化”的问题。教学心理研究则是促进并保证教学科学化的一条重要途径。因此，学习和掌握教学心理这一应用性分支学科，不仅必要而且重要。

（二）从教学心理学的学科性质来看

教学心理学是一门揭示教学心理现象和规律的应用性学科，了解和把握这些心理现象和规律，能使学校教师和管理者更有成效地做好教学工作。“工欲善其事，必先利其器。”教学心理学这一利器能使学校教师和管理者在“善”教学之“事”的过程中游刃有余。

（三）从教师负担的重要职责来看

教学过程中，教师教的活动对学生学习所起的导向作用不容低估。它是学生获得良好学习效果的一个重要且必要的条件。教师要承担起自己的职责，必须遵循教学心理的规律，如对教学任务做科学分析，对教学传播媒介做恰当选择，有针对性地运用教学模式，科学地安排教学环境，创建良好的班级集体和人际关系，有效控制问题行为，等等。

第二节　教学设计概述

一、教学设计

（一）教学设计的含义

教学设计作为有效教学的基础，是教学心理研究的重要领域。虽然教学设计的说法早已有之，但是至今人们对教学设计的概念界定仍然存在一定的分歧。在实践领域，许多教师把教学设计看成是备课，也就是制定教学环节、安排教学内容、选择教学方式的过程，而忽略了对教学主体——学生的分析。在理论界，研究者基于不同视角和研究取向，对教学设计提出了不同的界定。有的侧重从教学设计的形态描述出发，认为教学设计是系统规划教学、形成教学方案的过程；有的则侧重于对教学设计的功能和本质判断，将教学设计视为预先筹谋教学的系统方法、操作程序或技术。

综上，教学设计是教师在教学之前根据教学目的和学生特点，对教学的目标、内容、方法、媒体、程序、环境，以及评价等要素进行系统谋划，形成教学方案的过程。教学设计具有以下三个主要特征。

1. 教学设计的主要功能是导教和促学

教学是教师有目的地帮助学生获得知识和技能，形成良好态度和行为的复杂过程。科学可行的教学设计，能够使教师减少教学的盲目性和失控性，避免教学的低效性，提高教学的稳定性和效率。同时，教师的教学设计总是针对特定学生的，教师在制订教学计划时不仅要考虑自己的教学行为，也应该考虑针对不同学生的不同学习需求，为其提供有针对性的学习设计，对其进行有目的的指导，直至所有学生达成教师预设的学习目标。

2. 教学设计是将组成教学的诸要素进行系统性谋划的过程

教师期望通过对教学活动诸要素进行优化组合，创设一种高效率的、高吸引力的教学活动，主要包括制定合理的教学目标，确定教学内容，选择正确的教学方法和教学手段，合理安排教学程序，精心创设教学环境。

设计一门课之7问

3. 教学设计的结果是形成教和学的计划和方案

教学设计的直接结果就是针对“教什么”“如何教”“如何学”形成教和学的双重计划。虽然教师的教学设计风格和所采用的教学模式可能不一样，但任何形式的教和学的计划都必须严肃而圆满地回答上述三个问题。

（二）教学设计的原则

1. 系统性原则

教学设计是一项系统工程，由很多子系统和环节组成，每个子系统和环节按照一定的层次结构排列，前后子系统和环节相互影响、互相制约。根据教学设计的程序性特点，教学设计中应体现出其程序的规定性及联系性，确保教学设计的科学性。在教学过程中，教师进行教学设计的一个重要任务就是安排好各个教学环节，把自己的教学规划为具有一定逻辑顺序的行为系列，以减少教学时间和资源的浪费。

2. 最优化原则

教学设计的终极目标就是要整合所有的教学环节，在有限的时间内，发挥最大的作用，达到高效率的教学效果。为了达到这一目的，一方面，教师要考虑如何系统地安排教学环节和程序，即从分析和设置教学目标开始到选择教学方式、方法和媒体，再到对教学目标进行检测和评价，这些教学环节必须相互承接和呼应。另一方面，教师还应综合考虑所有影响教学的因素，如学生的特点、教学环境、教材和教具等。只有将它们有机地整合到教学设计整体中，才能达到最优化设计的要求。

3. 教学目标和内容设计的可接受性原则

在教学设计的所有要素中，教学目标起着至关重要的作用，教师要确保确立的教学目标不仅是学生应该掌握的，而且是学生能够接受的知识、技能和态度。教学目标设定的合适与否，直接决定着最终的教学效果。一般来说，教师所确定的教学目标要符合学生的认知发展水平，教学内容的难度和呈现方式要以学生的现有发展水平为基础，遵循最近发展区的原则。目标设置的难度过大或过低都不利于学生的学习与发展。

4. 教学手段设计的多样性原则

教学手段设计的多样性是指教学活动的组织形式、教学方法及教学媒体的选择和运用，应依据教学任务、学生的特点及各种教学方法和媒体的特点，灵活加以选择，相互弥补、相互配合，使教学获得最佳效益。

美国教育心理学家迪克和凯里的教学设计模式

二、教学目标设计

教学目标是关于教学将使学生发生何种变化的明确表述，是指在教学活动中所期待得到的学生的学习结果。在教学过程中，教学目标起着十分重要的作用。教学活动以教学目标为导向，且始终围绕实现教学目标而进行。课堂教学目标就是课堂教学过程中的教与学的互动目标。新课程倡导的课堂教学目标有三个维度：知识与技能目标，过程与方法目标，情感、态度与价值观目标。通常在没有特殊说明的情况下，实际上指的就是课堂教学目标。

教学目标的功能主要有三方面：一是确定教学范围、教学内容、教学重点和难点，引导学生自主、积极地参与到教学过程中；二是确定教师所采取的教学步骤、教学环节及每个步骤或环节将采取的教学活动可以指导教师有条理地去完成教学计划或任务；三是明确学生要达到的学习要求或水平，为教师本人及教育监督者提供检测的标准和依据。

（一）教学目标的分析

一般来说，目标分析首先从提出问题入手，其次以解决问题为目标收集各方面的资料，最后在分析这些信息的基础上，制定教学活动的目标体系。具体来说，目标分析过程可归纳为六个步骤。

（1）了解问题，确定目的。了解现实教学活动与期望之间的差距，明确教学活动的问题所在，从而确定教学设计的目的。通常教学设计者可以通过调查、访谈来发现问题。例如，通过对中学校长、教师的访谈调查，了解中学教学的问题所在，从而确定教学设计的目的。

（2）确立目标。围绕这个目的，按照布卢姆或加涅等的目标分类体系，建立一系列具体的教学目标。

（3）提炼目标。按照一定的标准，对目标进行选择和排列，区别主要目标、核心目标与次要目标、支持目标，并明确它们之间的关系。

（4）排列目标。将目标进行排列。

（5）再次提炼目标。再次对目标进行提炼，确保目标的价值。一方面，将已经确定的目标一一与现实教学活动进行比较，确定两者之间的差距，从而确保目标的必要性与可行性；另一方面，将已经确定的目标与前面确定的教学设计的目的进行对照，确定二者之间的相关性，以保证每个目标确实是围绕某个共同的目的而设计的。

（6）再次排列目标。对目标进行最后的排列，形成教学设计的目标体系。

（二）教学目标的表述

如何科学地表述教学目标以保证所制定的教学目标明确、具体、有效是教学目标确立应解决的重要技术问题。持行为主义观点的学者认为，目标是学习者身上所发生的可以观察和测量的变化。行为目标就是指用可观察的行为表述的教学目标。另外，持认知观的学者强调认知目标，认知目标是指运用高水平思维操作术语表述的教学目标，认知目标强调思考和理解，常使用理解、再认、创造和应用这些术语。因此，对于教学目标的表述也形成了行为观、认知观及二者相结合的方法与技术。

1. 行为目标表达技术

美国著名心理学家马杰（Mager，1984）提出了教学目标和行为目标技术。马杰主张，教学目标陈述“学生能做什么以证明他的成绩和教师怎样能知道学生做什么”，一个表述得好的行为目标应该包括三个要素：一是表述行为，二是表述条件，三是表述标准（表 13-1）。

表 13-1　马杰教学目标行为观表述举例（Mager，1984）

要素	中心问题	举例
表述行为	明确学生应该做什么	记住 10 个生字
表述条件	明确学生将在什么条件下完成这些任务	下节课之前完成
表述标准	明确什么样的行为表现才表明学生掌握了教学内容	在测验中得 8 分以上

有的研究者认为还应该增加对教学对象的表述。据此，在确定教学的行为目标时，

应清楚地表述四项内容：教学对象的表述、行为的表述、条件的表述、行为标准的表述。这项技术被称为教学目标表述的 ABCD 技术，举例如表 13-2 所示。

表 13-2 教学目标陈述的 ABCD 技术举例

教学目标的要素	中心问题	举例
教学对象	明确哪个年级的学生	小学二年级
行为	明确学生应该做什么	书写 d、b、g、p
条件	明确学生将在什么条件下完成这些任务	英文练习本
行为标准	明确什么样的行为表现才表明学生掌握了教学内容	每个字母一笔写成，流畅美观

2. 内外结合表达技术

格伦兰（Gronlund，1970）提出了教学目标表述的内外结合观，认为可以先用描述内部过程的术语陈述概括的教学目标，然后用可观察的行为做例子，使这个目标具体化（表 13-3）。例如，教师可以先用记忆、理解、创造、欣赏、热爱或尊重等，来陈述概括的教学目标，然后用可观察的例子将这个目标具体化。

你是怎样向学生说明学习目标的？

表 13-3 内外结合表达技术的目标制定（Gronlund，Brookhart，2009）

一般目标	具体例子
理解一个科学概念	1. 学生使用自己的语言来描述概念
	2. 举例说明该概念
	3. 基于概念提出假设
	4. 描述在给定情境中，应该如何验证假设
	5. 设计具体实验实现上述目的

三、教学内容设计

教学内容的设计是教学设计的重头戏，包括教学内容的选择标准、教学内容的组织原则、不同知识类型的教学设计和不同课型的教学设计等内容。

（一）教学内容的选择标准

一般来说，教科书是教学内容的主体，但仅仅依靠教科书来安排全部教学内容是不够的。如何选取那些最重要、最值得学习的内容呢？在遵循课程标准的基础上，在选定教学内容时，应特别注意下面六条标准。

1. 科学性

科学性是选择教学内容最重要的标准。科学性指的是教学内容观点明确、论据充实、表述规范，甚至连字、词、句和标点符号也无错误。特别是针对中小学设计的教学内容，更要精益求精，不得有半点马虎。

2. 基础性

基础性是指精选基础知识、基本规律为教学的主干内容。所谓基础知识、基本规律就是“保证知识得以开展的主要的构架”，是教学内容中必须透彻理解的部分，且能独立完备地辐射出众多结果来的基底知识。这就是说基础知识、基本规律应同时具备两个特征：一是处于知识体系最底部的知识，是需透彻理解的知识；二是能引申出众多迁移结果的知识。例如，小学数学中“求一个数的几分之几是多少”这样的应用题实际上是分数乘法意义的直接应用。

3. 发展性

发展性是指教学内容涵盖了培养学生能力的显著成分与价值，通过教学能显著地促进学生发展。从培养能力出发，在教学内容的选择上，一方面应该注重知识的实用价值，但另一方面也要通过知识培养能力。前者普遍得到重视，后者往往容易忽略。根据发展性标准，那些对培养学生的能力特别有效、有用的内容，尽管实用性不够强，也应列出学习的重要内容。例如，平面几何内容虽然在生活中实际作用不大，但是它对学生逻辑思维能力的培养有特殊的作用，是其他材料不可替代的。

4. 可接受性

可接受性是指立足于目标，结合学生的已有水平，把高难度和量力而行有机结合起来，使内容的难度恰好落在学生通过努力就可以达到的潜在能力的“最近发展区”上。根据皮亚杰的理论，教学内容具有可接受性可以从两方面考虑：一是设计的内容刚好适合儿童的思维发展的年龄特征；二是设计的内容恰当高于儿童的现有思维发展水平。例如，若概率内容放在高中，一般用排列、组合来介绍；若放在初中，则可用树形图等浅显的方法来介绍；若放在小学，则可用事物发生的可能性来介绍。

5. 时代性

时代性是指教学内容在体现人类知识的精华时，也能反映科学发展的最新成果，体现现代社会甚至未来社会所要求的知识，具有鲜明的时代特点。随着科学技术的日新月异，一些陈旧的内容已逐渐被新的具有时代性的内容所替代。另外，时代性也体现在能反映现代社会及未来社会的发展及要求上，如我国小学教材就增加了保险、税收、利率等内容。高中数学可以考虑增加概率、微积分等内容，以适应现代社会及未来社会的发展需要。

6. 多功能性

多功能性是指同一内容可以达到多种教学目标。例如，数学教材重在传授数学知识，培养学生的智能，但同时也兼有培养学生思想品德的作用。教师要注意发掘，以便收到“一石二鸟”或“三鸟”的教学效果。

（二）教学内容的组织原则

合理地组织教材内容，主要应遵循以下三个原则。

1. 知识序和认知序相结合

知识序是指学科知识内在的逻辑性、系统性、连贯性和关联性，如每个学科知识的各个概念和各个原理之间都具有这种内在联系。认知序是指学习者认知的发展也有内在的程序性和连贯性，如从已知到未知、从感知到理解、从巩固到应用、从具体到抽象、从易到难等。

遵循知识序和认知序相结合原则组织教材，通常的做法有：第一，以学生思维发展的年龄特征为起点来组织教学内容，如低年级小学生应尽可能通过直接的经验来学习，而大学生可以通过语言符号学到大量知识；第二，从简到繁、由近到远、由具体到抽象、由简单技能到复杂技能来组织教学内容；第三，以智力活动形成阶段来组织教学内容，如由外部的、物质的、展开的活动来揭示新知识，帮助学生由外部的、物质的、展开的操作活动过渡到内部的、压缩的心智活动；第四，以旧中有新、新中有旧来组织教学内容，使新知识有“固着点”，能较快地同化到已有的知识结构中。

2. 网络化

网络化是指知识之间的纵横联系交错，相互沟通。从纵向看，知识脉络要清楚，上下位联系应环环相扣，对重难点内容要前有铺垫，后有延伸、发展。从横向看，不仅要注意本门学科同层次知识间的相互联系、贯通，也要注意临近学科间的相互联系。比如，编写小学数学低年级应用题时，就应考虑与小学语文识字同步。

3. 最优化

最优化原则是指通过教学内容的合理、最佳组织，使学生能在最短的时间内获得最佳的学习效果。在进行教学内容组织时，除考虑各部分最优之外，还要充分考虑到各种制约因素的协调，把握各部分内容上下左右的衔接，才能达到整体最优化的效果。

（三）不同知识类型的教学设计

进行教学设计可以从对所教的知识类型来加以鉴别，根据所教知识类型的特点来进行合理的设计。现代认知心理学把知识概括为陈述性知识、程序性知识和策略性知识三种。根据这三种知识的特点，可以进行不同侧重的教学设计。

1. 陈述性知识的教学设计

陈述性知识是指个人具有的有关“世界是什么”的知识。检验的标准是看学生能否回答“是什么”的问题。根据陈述性知识的特点进行教学设计时，需要注意以下几点。第一，确定教学目标应以学生回忆知识的能力为中心，要求学生口头或书面进行叙述学到的有关知识，以此检查他们是否具备了这种能力。第二，设计教学内容要注重确立新旧知识之间的联系，找准联系点。第三，确保学生把新旧知识联系起来，找到新知识的增长点。第四，使学生学会控制自己的知识理解过程，即发展学生的元认知能力。

2. 程序性知识的教学设计

程序性知识是关于“怎么办”的知识。根据程序性知识的特点进行教学设计时，需要注意以下几点。第一，明确判断教学目标是否达到的标准是学生面对各种不同的概念与规则的运用情境，能顺利地进行识别、运算和操作。第二，把作为教学内容的概念或规则放入相应的知识网络中进行讲解与练习。第三，概念的讲解与练习要注意正反例的运用。第四，如果教学内容是规则，应着重引导学生将新习得的规则广泛用于新情境。第五，对于那些由一系列产生式组成的较长的程序性知识，应考虑练习内容与时间的分散与集中、部分与整体的关系，一般先练习局部技能，然后进行整体练习。

3. 策略性知识的教学设计

策略性知识是关于“如何学习”的知识，也是程序性知识的一种。根据策略性知识的特点进行教学设计，需要注意以下几点。第一，确立策略性知识的地位。第二，教学内容应结合陈述性知识和程序性知识的教学，突出学习方法的教学。第三，教师要学会如何教策略性知识，要善于将内隐思维活动的调节、控制过程展示出来，使学生能够效仿。

（四）不同课型的教学设计

不同的教学内容、不同的教学目的，就要使用不同的课型。就课型而言，有新授课、讨论课、复习课、视听课、诊断测评课等。而在众多的课型中，前三类是主要的课型。下面就这三类主要课型的教学设计进行初步探讨。

1. 新授课

新授课是教学中传授新知识的一种重要课题。其教学组织应把握以下主要环节：第一，让学生明确本次课的教学目标并形成相应的心理定势，激发学生的学习动机；第二，回顾学习过的已有相关知识，为新知识找到生长点；第三，自然地引出新教学内容；第四，揭示新的教学内容的重点、难点，并解决疑问；第五，安排新学内容的迁移练习，练习安排时要先易后难，先具体后抽象，先局部后综合；第六，应给学生及时反馈和评价。

2. 讨论课

讨论课是教师组织学生就某个中心问题发表自己的看法，进行相互学习的一种课型。其教学组织应主要把握以下几点：第一，在课堂讨论准备环节上，应针对教学内容的重点、难点或具有不确定性、不一致性的论题，一般给出一到两个题目即可，题目难度应面向大多数学生；第二，在课堂讨论环节，教师要发扬民主，激励发言，给讨论的展开提供各种必要支持，要使讨论紧紧围绕讨论中心，避免在枝节问题上纠缠不清，要注意套路中出现的普遍或典型的看法，善于发现讨论中出现的争论焦点，善于引导讨论以便使得问题变得明朗；第三，在讨论结束时，教师要有明确的结论，要针对学生讨论中存在的问题进行讲解，把学生理解不深刻、不正确的问题给予补充、纠正与深化，起到画龙点睛的作用。

可视化教学内容设计的五大原则

3. 复习课

复习课是巩固知识的一种重要课题。教师通过复习要达到既查漏补缺，又加深学生对所教内容的理解，为后继学习打下良好基础的作用。组织复习课应主要把握以下几点。第一，同一材料以不同形式呈现，用不同例子讲解；第二，复习时应提高针对性，着重在重点、难点以及学生容易出错的地方下功夫；第三，复习时应对知识进行系统梳理，形成网络，加深学生对知识的认识与理解，注意引申迁移。

四、教学方法设计

在教学设计中，确定了教学内容、教学目标后，就要重点考虑教学方法的设计了。教学方法的设计是影响教学成败、决定教学目标能否实现的一个关键因素。教学方法设计的关键在于科学地选择和有效地运用教学方法和教学媒体。

（一）教学方法选择的影响因素

1. 教学目标的要求

根据教学目标来选择教学方法主要体现在两个方面。第一，特定的目标要求特定的方法来实现。在选择教学方法时，教师首先要考虑它与教学目标的协调性，表 13-4 揭示了二者的关系。第二，教学目标的多层次化要求教学方法的多样化。要保证教学目标的全面实现，教学中往往要选用几种方法，并把它们有机结合起来。

表 13-4 教学目标和教学方法的关系（乌美娜，1994）

教学目标 / 教学方法	记忆事实	记忆概念	记忆程序	记忆原理	运用概念	运用程序	运用原理	发现概念	发现程序	发现原理
讲授	△	★	○	★	★	○	□	□	○	□
演示	★	○	○	○	○	★	○	○	★	○
谈话	△	★	□	★	★	○	□	□	○	□
讨论	□	△	△	□	★	□	★	○	△	□
练习	○	□	★	★	□	★	□	△	○	△
实验	★	△	□	○	△	★	□	□	○	★

注：★：最好；□：较好；△：一般；○：不一定。

2. 教学内容的特点

除了教学目标，不同教学内容也制约着教学方法的选择。即便是相同的教学目标，学科性质不同、内容不同，所要求的教学方法也不一样。例如，同样是为了培养操作能力，物理、化学多采用实验法，而音乐、体育、美术则多采用练习法。

3. 教师的素质与个性特点

首先，不同个性的教师使用同一种方法的效果会有不同。例如，一位平时总是很严肃的老师，在使用游戏法或角色扮演法时，可能不如一位平时活泼开朗的教师使用这类方法的效果好。其次，教师的素质差异也制约着教学方法的选择。教师可以根据自身素质的特点，选用适当的教学方法来弥补自身素质的不足。比如，一位口语较差的英语教师可采用视听法提升教学效果。

4. 学生的年龄特征和学习特点

对于不同年龄的学生应采取不同的教学方法。例如，发现法和讨论法对小学低年级学生或思维水平低下的学生，往往不能达到预期的教学目标。角色扮演法对于低年级学生来说，更有利于激发他们的学习动机和兴趣。

（二）教学方法的主要类型

在实际教学中，教师最为熟悉和常用的教学方法主要有讲授法、讨论法、自习法、发现法、个别化教学法和合作学习法等。下面着重介绍讲授法、讨论法和自习法。

1. 讲授法

讲授法属于接受性教学模式的范畴，它是指教师对学生进行信息陈述和展示。在准备环节，教师应确定讲授的概述性和详细的教学目标，广泛收集与讲授主题相关的信息，并对信息传递的方式进行策划。在实施环节，首先，教师应该巧妙导入课题，引起学生的注意和兴趣，呈现并描述学习的类型和目标；其次，教师应使用现行组织者、例证或图解，为学生提供清晰的结构化的信息；再次，教师在讲授过程中应加强对学生学习的监控；最后，教师要控制讲授的容量和时间。

2. 讨论法

讨论法是通过为学生提供一种交谈情境，促使学生之间或师生之间分享信息、观念或见解的教学方法。在准备阶段，教师应确定好讨论的目的和程序、讨论的实施方式以及讨论的时限。在实施阶段，首先，教师应确信学生已经理解了讨论的目的、任务和要求，在讨论中要提醒学生遵守行为准则；其次，教师要加强对学生的组织，鼓励学生积极参与讨论，并学会倾听和尊重他人的发言；最后，教师要引导学生完成讨论的相关任务后，才可以让学生自由讨论。在结束阶段，教师要对学生的发言进行总结，还要评价学生的参与程度与学习效果。

3. 自习法

如何进行直接教学

自习法是指教师要求学生独立完成与课堂作业或实践性练习有关的自由学习方法。在准备阶段，教师应该确定作业的性质和类型，确保作业目标符合学生的兴趣和已有的能力水平。在实施阶段，教师应清晰地陈述作业的目的、要求、步骤和时间限制。在结束阶段，教师应及时收集作业，对其进行批改和评价，并为学生提供反馈。

（三）教学媒体的选择

教学媒体的选择是系统教学设计的一个重要环节，也是课堂教学手段运用和环境创设的关键技术之一。在教学过程中，要注意教学媒体的合理利用。首先，体现在多种媒体的组合运用，根据各种媒体的不同特点，在可能的条件下最好采用多种媒体组合教学，扬长避短，互为补充。其次，利用一定程度的传媒冗余度促进信息整合。媒体信息传递的速度不能太快，而且还应创设分析、整合的有利条件。再次，选择适合学习者思维水平的传媒符码，要考虑到学生是否能够轻松地处理这些符码。最后，应遵循学生学习的心理规律。

第三节 教学策略

教学策略是将教学思想或模式转化为教学行为的桥梁，它既有观念驱动功能，又有实践操作功能，是影响教师教学质量的重要因素。

一、教学策略的含义

广义的教学策略包括教的策略和学的策略，狭义的教学策略单指教的策略，即在特定教学情境中为完成教学目标和适应学生认知需要而制订的教学程序计划和采取的教学实施措施。

关于教学策略的含义，研究者还有一些其他的看法，如为实现教学目标而制订的教学实施的综合性方案；一种教学观念或原则，通过教学方法、教学模式和教学手段得以体现；与教学方法、教学步骤、教学模式具有相同含义的概念；为达到一定的教学目标而采取的一系列教学方式和行为。

二、教学准备策略

教学准备是教学活动的起始环节，在教学策略中，教学准备策略是其中的第一步。教学准备是指教师依据教学目标要求，选择教材、分析自我和学生、钻研和组织教材、选择教法、制订教学计划的过程。在这个阶段，涉及很多策略问题，主要包括教材加工策略、设计教学操作的策略等。

（一）教材加工策略

在教学活动过程中，教师如何对教材进行加工处理，会直接影响学生对教学内容的理解与掌握，是学生能否进行意义学习的重要影响因素。

1. 教材结构化策略

教材结构化策略是指教师根据学生的已有知识水平、自己的教学风格和教学环境，分析和组织教材内容，使其在本身的逻辑结构基础上对学生具有潜在意义的策略。

教师可采用的教材结构化策略主要有以下几种。

（1）图解。教师可采用图解的方法表征基本概念或观点与概念之间的关系。

（2）框架。教师可根据教材内容列出主题词，形成框架，让学生能从整体把握教材内容。

（3）分类。常用的方法有比较—对照、问题—解决、原因—结果、表述—列表。

2. 心理匹配策略

心理匹配策略是指教师在教学过程中恰当处理教材，使呈现的教材内容让学生主观上感到满足其需要，达到教学材料与学生需要之间的统一，从而调动学生的学习积极性。

在教学实践中，通常有两种形式，一是认知匹配策略，即教师通过调整学生对教学材料与其需要之间的认知评价来达到心理匹配的一种策略。二是形式匹配策略，即教师通过改变教学材料的呈现形式，来达到心理匹配的一种策略。

3. 超出预期策略

超出预期策略是指教师在教学过程中恰当处理材料，使之呈现的教学内容超出学生的预期，引起学生的兴趣，以有效调节学生的学习心向，提高其学习的积极性。

实践中教师尽可能将看似平淡的教学内容出乎意料地与奇异现象联系起来，将看似枯燥乏味的教学内容出乎意料地与生动事例、有趣知识联系起来，将看似简单易懂的教学内容与学生未曾思考过的问题、未接触过的领域联系起来。

（二）设计教学操作的策略

设计教学操作是指教师根据教学对象和教学内容，确定合适的教学起点和终点，将教学诸要素有序、优化地安排，形成教学方案的过程。这里着重探讨三种教学操作的策略，即任务分析策略、单元水平设计策略和课堂水平设计策略。

1. 任务分析策略

任务分析策略是指在开始教学活动之前，为了实现教学目标，需要对学生习得的能力或倾向的构成成分及其层次关系详加分析，为学习顺序的安排和教学条件的创设提供心理学依据。具体操作程序为：首先，确定学生的起点能力；其次，分析中介目标；最后，分析学习的支持性条件。

提供脚手架

2. 单元水平设计策略

单元水平设计是基于整体学习比分散学习更有效的理论，研究教师应清楚在一个单元内应教什么内容和用什么方法的问题。具体包含以下六个基本成分：目标；内容；技巧；活动；手段和材料；评价。

3. 课堂水平设计策略

课堂水平设计是为每天的教学提前设置程序和教学活动，教师在进行课堂水平设计时应考虑以下因素：学生的差异；课堂时间分配；应具有变通性；让尽量多的学生参与；评价与反思。

三、教学实施策略

教学实施是实现教学目标的关键阶段，涉及教学的组织、内容的传输与深化等。教学实施策略主要包括组织教学的策略、传输教学内容的策略和深化教学内容的策略等。

（一）组织教学的策略

1. 先行组织者策略

先行组织者是先于学习任务本身呈现的一种引导性材料，它要比原学习任务本身有更高的抽象、概括和包容水平，并且能清晰地与认知结构中原有的观念和新的学习任务关联。根据奥苏贝尔的理论，先行组织者可以分为陈述性组织者和比较性组织者两类。

先行组织者教学策略的教学过程主要由三个阶段组成，如表 13-5 所示。

表 13-5 先行组织者教学策略的教学过程（伍尔福克，2014）

第一阶段 先行组织概念的呈现	第二阶段 学习任务或策略的呈现	第三阶段 增强认知组织
阐明本课的目的； 呈现组织概念：确认正在阐明的属性，给予例子，提供上下文； 促进对相关知识的意识	使组织显而易见：保持学生的注意； 使学习材料的逻辑顺序外显； 使学生理解观念的相互联系	使用统合协调的原则，使新材料固着于现有认知结构上； 促进积极地接受学习； 引出教材的原则和方法； 清晰性

2. 因材施教策略

因材施教就是针对学生在年龄、能力及认知风格等方面的差异而采取的有针对性的教学策略。

（1）因能力的个别差异而教。学生的能力有大有小，基本上呈常态分布：两头小，中间大；能力的充分发挥也有早有晚，有人才早熟也有大器晚成；能力的结构上也有差异，有的长于想象，有的长于记忆；等等。所以，我们应因学生能力的个别差异而教。

（2）“因材施教”与“因教而学”、“因材择学”相辅相成，共同促进学生的全面发展。在教学过程中，教师的讲授活动和学生的学习活动客观地存在着相互适应。师“因材施教”，生也应“因教而学”，择其善从之，不善而改之；还应允许学生“因材择学”，根据自己的能力、兴趣等特殊情况进行自由的发展。三者结合，既重视教师的“教”，又重视学生的“学”，使之达到和谐统一。

（3）因性格施教，每个人有不同的性格，很多人学习不好的根本原因往往是性格造成的，而且不同性格的人对于学习的方式和内容的敏感度也不一样。

3. 问题教学策略

课堂教学实际上是一个提问和回答的循环，真正有效的问题是那些能够使学生积极回答并因此而积极参与学习过程的问题。教师在应用问题教学策略时要把握好以下几点：控制问答间隔时间；先提问后点名；变换与探讨问题；评论和表扬；将问题附加在课文中；诱导学生自我提问。

（二）传输教学内容的策略

课堂教学的基本任务是将教学内容传递给学生，包括所传授的学科知识、技能，所表现的态度、情感、价值观念和心理特征。如何有效传递这些信息，需要采用传输教学内容的策略。

1. 教学言语循环策略

教学言语可进一步分为定义、描述、名称、陈述、报告、替代、评价、观点，这些成分在教师讲课时形成系列，依次循环，这就是教学言语循环策略。教师要尽量使用以上八个部分并反复使用，形成习惯。

2. 媒体—教学镶嵌策略

媒体—教学镶嵌策略是指教师在教学时把选择媒体和合理运用媒体联系起来考虑，使教学媒体与教学内容统一，与教学方法协调，与学生的认知结构相容。媒体的应用是为教学服务，根据教学内容本身来决定是否需要。教师在媒体的帮助下应该引导学生积极思考，而不仅仅在于展示结论。涉及重点内容时，演示与讲解要相结合。

3. 板书结构化策略

板书结构化策略是使教学内容的逻辑结构、课堂教学的设计程序、学生的认知结果在板书中达到艺术性和科学性高度统一的方法。使用该策略时，教师需要对教学内容有充分的理解和加工，板书的字迹要工整和清晰。

4. 直接和间接教学策略

直接教学策略是指教师通常采用讲演、朗读的形式，附加解释和举例并提供练习和反馈的机会，尽可能直接把事实、规则和动作传达给学生。间接教学策略是教师引导学生通过将刺激物转换为一种回答来获取信息，通过概括和辨别过程，调整和提炼刺激材料，获得概念、模式及理论的一种探寻活动。

（三）深化教学内容的策略

1. 同辈教师策略

同辈教师策略又叫成对学生策略，是在教与学的情境中，安排一个或一组学生帮助一个或一组学生的方法。

教师在使用该策略时应注意以下几点：一是，教师要在班集体中营造一种相互学习的气氛；二是，教师要准确地评估学生的需要，合理地配对；三是，对同辈教师加以指导和训练，使学生明白各自的作用；四是，1 个同辈教师和不超过 3 个学生为一组。

2. 合作学习策略

合作学习的方法

合作学习策略是在教师指导下，学生在一个小组内一起学习，共同实现教学目标的过程。教师在使用该策略时应注意以下几点：一是，考虑能力和性别等差异进行分组；二是，呈现小组目标，并设置奖励去促进小组目标实现；三是，小组成员交流打算和预期，并按能力进行分工；四是，鼓励学生共享思想、材料和设备；五是，检查和评估每个人的进步和小组整体的进步，并给予及时反馈；六是，对合作学习的时间做明确的规定。

3. 个别化程序策略

个别化程序策略就是允许学生按照自己的步调和水平学习，促使教师教学必须与学生的能力、需要和兴趣匹配，并及时进行评估、反馈的方式方法。

在使用该策略时，教师应注意以下问题：一是，该策略大多在学生处于初中、高中水平使用；二是，必须让学生明确他们的责任，知道做什么和怎么做；三是，基于学生的需要和能力，选择教材和媒体，并按照小步子的方式呈现；四是，监控和检查学生的行为，提供及时反馈。

4. 探究教学策略

教学探究是一种涉及形成问题、观察、建立假设、分析数据、解释预测、得出结论等诸多环节和侧面的复杂教学活动。如何进行有效的探究教学，研究者提出要把握好以下几点：一是，以学生的已有知识经验为起点；二是，让学生充分利用学习资源；三是，要注重理论与实践的统一；四是，对学生的评价应以形成性评价为主。

四、教学监控策略

教学监控策略是指教师为了保证教学的成功、达到预期的教学目标，而在教学的全过程中，将教学活动本身作为意识对象，不断地对其进行积极、主动的计划，检查、评价、反馈、控制和调节的策略。教学监控策略主要包括主体自控策略、课堂互动策略、教学反馈策略、现场指导策略。

（一）主体自控策略

教学监控的实质是对师生行为的监控，而最有效的对人的监控就是促使人们自控。如何激发主体自控，主要表现为以下几个方面：第一，激发主体动机，提高抱负水平；第二，提高主体的自我认知水平；第三，提高元认知监控水平。

（二）课堂互动策略

课堂互动策略是使教学中师生行为有序、积极、多向交往的一系列方法的总称，主要包括以下几个方面：第一，规范学生行为；第二，营造课堂气氛；第三，多向交往与合作；第四，行为塑造与矫正。

（三）教学反馈策略

教学反馈策略旨在使教师对自己的教学环节有一个准确而客观的认识。正确地评价自己的教学效果和学生的学习状况，是教师教学监控策略的基础，教师教学监控过程都是从其对教学活动反思和评价开始的。具体说，从反馈来源分，有自我反馈、专家反馈、学生反馈、同行反馈等；从反馈的方式来看，有现场言语反馈、摄像反馈、测验反馈等。

教学监控策略可以分成以下几个方面：准备阶段，在课堂教学之前，明确所教课程的内容、学生的兴趣和需要、学生的发展水平、教学目标、教学任务及教学方法与手段，并预测教学中可能出现的问题与可能的教学效果；课堂的组织与管理，在课堂上密切观察学生的反应，努力调动学生的学习积极性，随时准备有效地应付课堂上的偶发事件；教学内容展开阶段，这个过程是教师课堂教学的一个核心，在这一过程中，教师应对自己的教学进度、教学方法、学生的参与和反应等方面随时保持有意识的监控，并能根据这些反馈信息及时地调整自己的教学活动；课后的反思与评价阶段，课后教师应对自己已经上过课的情况进行回顾和评价，仔细分析自己的课的成功与不足，分析自己的教学是否适合学生的实际水平、能否有效地促进学生的发展等。

（四）现场指导策略

现场指导策略是指帮助教师针对不同的教学情境，选用最佳的教学策略，以达到最佳的教学效果，使实验教师最终能达到自己课堂教学的有效调节和矫正。

★ 本章概要 ★

1. 当今教学心理研究涉及的内容主要包括三大方面：教学设计、教学环境、教师心理。

2. 教学设计方面的心理学问题主要包括确定教学目标；组织教学；分析教育对象；选择教学的方法、策略及手段。

3. 教学设计是教师在教学之前根据教学目的和学生特点，对教学的目标、内容、方法、媒体、程序、环境，以及评价等要素进行系统谋划，形成教学方案的过程。

4. 教学设计具有以下三个主要特征。第一，教学设计的主要功能是导教和促学。第二，教学设计是将组成教学的诸要素进行系统性谋划的过程。第三，教学设计的结果是形成教和学的计划和方案。

5. 教学设计的原则是：系统性原则、最优化原则、教学目标和内容设计的可接受性原则、教学手段设计的多样性原则。

6. 教学目标是关于教学将使学生发生何种变化的明确表述，是指在教学活动中所期待得到的学生的学习结果。

7. 教学内容的设计是教学设计的重头戏，包括教学内容的选择标准、教学内容的组织原则、不同知识类型的教学设计和不同课型的教学设计等内容。

8. 进行教学设计，可以从对所教的知识类型来加以鉴别，根据所教知识类型的特点来进行合理的设计。现代认知心理学把知识概括为陈述性知识、程序性知识和策略性知识三种。根据这三种知识的特点，可以进行不同侧重的教学设计。

9. 不同的教学内容、不同的教学目的，就要使用不同的课型。就课型而言，有新授课、讨论课、复习课、视听课、诊断测评课等。而在众多的课型中，前三类是主要的课型。

10. 在实际教学中，教师最为熟悉和常用的教学方法主要有讲授法、讨论法、自习法、发现法、个别化教学法和合作学习法等。

11. 广义的教学策略包括教的策略和学的策略，狭义的教学策略单指教的策略，即在特定教学情境中为完成教学目标和适应学生认知需要而制订的教学程序计划和采取的教学实施措施。

12. 教学准备是教学活动的起始环节，在教学策略中，教学准备策略是其中的第一步。教学准备是指教师依据教学目标要求，选择教材、分析自我和学生、钻研和组织教材、选择教法、制订教学计划的过程。在这个阶段，涉及很多策略问题，主要包括教材加工策略、设计教学操作的策略等。

13. 教学实施是实现教学目标的关键阶段，涉及教学的组织、内容的传输与深化等。教学实施策略主要包括组织教学的策略、传输教学内容的策略和深化教学内容的策略等。

14.教学监控策略是指教师为了保证教学的成功、达到预期的教学目标，而在教学的全过程中，将教学活动本身作为意识对象，不断地对其进行积极、主动的计划、检查、评价、反馈、控制和调节的策略。

思考题

1. 名词解释：教学设计、教学目标设计、教学内容设计、教学策略、教学监控策略、教学内容策略。
2. 教学设计的原则包括什么？
3. 教学方法的主要类型有什么？
4. 教学策略主要包括哪些？
5. 不同知识类型的教学设计包括什么？
6. 教学目标设计的主要内容是什么？

参考文献

罗伯特·斯莱文. 2016. 教育心理学：理论与实践. 姚梅林，等译. 北京：人民邮电出版社.
乌美娜. 1994. 教学设计. 北京：高等教育出版社.
伍尔福克. 2012. 伍尔福克教育心理学. 11 版. 伍新春，等译. 北京：中国人民大学出版社.
伍尔福克. 2014. 教育心理学. 何先友，等译. 北京：中国轻工业出版社.
张大均，郭成. 2006. 教学心理学纲要. 北京：人民教育出版社.
张大均. 2011. 教育心理学. 北京：人民教育出版社.
张维忠，唐慧荣. 2010. 可视化教学内容设计的五大原则. 电化教育研究，(10)：99-102.
Gronlund N E, Brookhart S M. 2009. Gronlund's Writing Instructional Objectives. 8th Ed. Upper Saddle River: Pearson Education.
Gronlund N E. 1970. Stating behavioral objectives for classroom instruction. Stating Objectives for Classroom Instruction, 58.
Laura E B, 1996. Infants, Children, and Adolescents. 2th Ed. Boston: Allyn and Bacon.
Mager R F. 1984. Preparing Instructional Objectives. Belmont: Fearon.

第十四章 教师心理

什么样的人才能做一个好教师呢？

每个人都会有不同的回答。

盖兹达（Gazda，1977）等将有关教师人格特征的许多研究加以综合考察，指出一个好教师具有的人格品质的基本内核是“促进”，即一个人对他人的行为有所帮助，具体包括提高别人的学习能力、增强别人的自尊心和自信心、巩固积极待人的态度等，由理解他人、与他人相处、了解自己三个方面组成。

所以，想要做一个好教师，既要能很好地体察和理解自己和学生，又要懂得如何同学生建立和谐的关系，从而促进学生的成长。

教师是学校教育的主体力量，是学生健康成长的引路人。教师所扮演的职业角色、教师的心理健康水平、教师的专业发展水平都会影响到教育教学活动的开展，影响到学生的发展。因此，了解教师的心理，有助于更好地胜任教师职业。

第一节 教师角色

一、教师角色的含义

（一）角色与教师角色

“角色”一词最初作为戏剧用语，是指演员在舞台上按照剧本所扮演的特定人物。20世纪20年代，“角色”一词被引入心理学领域，是指处于一定社会地位的个体，借助自己的主观能力，适应社会环境所表现的行为模式，是个体在社会生活中的特定的身份和与之相关联的行为模式的总和。每个人都处于特定的社会位置上，扮演着某个社会角色，父母、子女、爱人、朋友等都是社会角色，一个人经常需要同时扮演多种社会角色。

教师角色是一种职业角色，是从事教育工作的人在学校或者教育活动中扮演的角色。也有学者认为教师角色是指教师在社会大舞台上由所处的特殊地位所决定的行为模式。在传统教学中，教师的角色是比较单一的，其在教学中处于中心地位，在知识、技能和道德等方面具有不可动摇的权威性。然而，随着当代科技的飞速发展和社会的急剧变革，特别是随着以计算机为核心的信息技术在教育教学中的应用，教育的目标、内容、方法等都发生了巨大的变化，教师角色也相应地发生了变化，师生之间的关系变得更为复杂和多元。

（二）教师角色期待

教师角色不仅意味着充当教师的个体所应当完成的有关行为，而且意味着社会各界对教师所抱的期待。这种社会对每个角色的行为所保持的要求和规范，就是社会对角色的期望，称为角色期待。角色期待的内容规定和规范了该角色扮演者的行为，如果其行为符合角色期待，就会得到社会的认可和赞许，否则就会受到公众舆论的谴责。

教师角色期待就是社会对教师角色应该表现出的特定行为的期望。学生和家长心目中的好老师就是他们对教师的一种角色期待。总体而言，社会对教师的角色期待主要体现在以下四个方面：一是，根据一定社会规定的教育目的和学生身心特点培养人才；二是，在教书育人中遵循教育教学规律，针对实际情境创造性地因材施教；三是，言传身教，真正成为学生的楷模；四是，树立长远育人目标，培养全面发展的人才。

角色期待的内容是在社会发展过程中约定俗成的，因此角色期待的内容并非一成不变的，而是随着社会的发展不断地发展变化，教师角色期待也是如此。由于教师角色期待会随着时代的发展而变化，应当以发展的眼光看待社会对教师角色行为的规范和要求，不断地调整角色行为。

跟角色期待相关的另一概念是刻板印象。人们经常会对某一职业或角色，甚至是性别形成一定的刻板印象。比如，女性就应该是温柔的、善解人意的；男性就应该是勇敢的、坚强的。当一个人的行为同刻板印象不一致的时候往往就会受到更多的质疑。人们对教师角色也有一定的刻板印象，如认为教师应该和蔼可亲、严肃认真、博学多识等，一旦某个教师的形象和行为同对教师角色的刻板印象不一致，就有可能受到更多的批评和质疑。

二、教师角色的分类

从教师的社会职责和职业特征来分析，教师在学校主要充当学习的指导者和促进者、教学活动的设计者和组织者、组织者和管理者、学生心理健康的辅导者和教育科研人员这五种角色。

（一）学习的指导者和促进者

“师者，所以传道受业解惑也。”知识的传授者是教师自古以来所扮演的基本职业角色。这一角色的功能是将人类积累下来的科学文化知识传递给下一代，使其能运用所学的知识去维持生存并促进社会的发展和进步。在古代社会，教师通常是由拥有较多知识的人担任的，他们是学生获得知识的唯一途径。而在现代社会，学生的学习方式由传统的接受式的学习向发现学习、创造性学习转变，这就要求教师在学校教育中指导学生学会学习而不是直接教授他们答案，教师要成为学生学习的指导者和促进者，从而实现“教是为了不教”的目的。这一角色的具体表现为：教师要帮助学生确定适当的学习目标，确认达到目标的最佳途径；指导学生形成良好的学习习惯，掌握学习策略；创设学习情境，激发学生的学习动机，培养学生的学习兴趣；为学生的学习提供各种支持。

（二）教学活动的设计者和组织者

在教学活动中，教师扮演着设计者和组织者的角色。要想使教学活动达到预期的目的，取得良好的教育效果，需要教师进行精心的设计和周密的组织。首先，教师是教学活动的设计者。这就要求教师全面准确地把握教材特点和学生特点等因素，对教学活动的各个环节进行合理的设计和规划。其次，教师是教学活动的组织者。教学活动中，教师要具体负责教学资源的分配、教学环节的展开等，这就要求教师在教学活动的组织过程中采用合适的方式、合理分配教学时间、创设良好的课堂氛围和师生关系，使教学活动有序进行，从而达成预期的教学目标。

（三）组织者和管理者

优秀的教师必须是优秀的组织者和管理者。首先，教师要进行班级管理，创设良好的班级舆论和学习氛围。因此，教师要注意学生干部的培养，要创设良好的班风、学风，用集体的力量感染和约束每一名学生。其次，教师要组织课堂教学。因此，教师要建立良好的课堂秩序，善于处理偶发事件，创立积极的课堂教学氛围。最后，教师还要与家长、同事进行及时、良性的沟通与交流。

（四）学生心理健康的辅导者

中小学生正处于身心发展的关键期，随着生理、心理的发展，社会阅历的增加，思维方式的变化，特别是社会竞争压力的加剧，容易在学习、人际交往、自我意识等方面遭遇到挫折和困扰，甚至产生心理问题。这就要求教师要做好学生的心理健康教育工作，维护学生的心理健康，促进学生健全人格的形成。这要求教师做好两个方面的工作：首先，传递心理健康理念，加强心理健康教育，提升学生的心理素质和自我进行心理调适的能力。其次，注重自身心理辅导能力的提升，当学生遭遇心理挫折和压力时，能够及时给予帮助和辅导。

当然，教师并不等同于学生的心理咨询师或者心理治疗师。当学生有了严重的心理问题或者心理疾病时，教师的主要责任是及时识别，并帮助学生转移到专门的机构接受咨询或治疗。

（五）教育科研人员

教师在实际工作中会遇到许多依据现有理论和教师自身的经验无法解决的问题，这就需要教师能够开展教育科学研究工作，以一定理论为基础，灵活地解决教学中的实际问题，成为教育的科学研究者。首先，教师要具有较强的问题意识，善于发现教育教学实践中存在的问题。其次，教师要掌握一定的教育科学研究方法，从而科学地分析问题、解决问题。

三、教师角色的形成过程

教师角色的形成过程一般包括角色认知、角色认同、角色信念形成三个阶段。教师角色形成的标志是教师在教育教学实践中，将社会对教师的角色期待内化成自身个性的一部分，形成具有与教师角色高度适应的心理特征和顺利完成角色任务的能力。

（一）角色认知

角色认知是指角色扮演者对于与一定社会地位有关的权利和义务的认知和了解，也就是对于一定的社会角色期待的了解，这是角色社会化的开始阶段。教师角色认知是教师职业角色形成的第一个阶段，是指对教师角色形成规范的认识和了解，知道哪些行为是正确的，哪些行为是错误的。在这一阶段，人们了解教师角色所承担的社会职责，并能将其同其他社会角色有效地区分开来。即将当教师的师范学校学生或其他对教师职业有所认识的人都可以达到这一阶段。

（二）角色认同

教师的角色认同是指亲身体验并接受教师角色所承担的社会职责，并用角色规范来控制和衡量自己的行为。对教师角色的认同，不仅表现在从认识上了解了教师角色的行为规范，而且在情感上也有了较深的体验。这时，角色扮演者与角色的情感融为一体，即进入了角色的境界，角色扮演者不再有逢场作戏之感。一般来说，此阶段是在一个人正式充当教师角色，有了教育实践经验后才能真正达到的。

（三）角色信念

教师在角色扮演中，将职业角色的社会要求转化为个体需要，坚信自己对于教师职业的认识是正确的，并将其作为自己行动的指南，形成了职业特有的自尊心和荣誉感。教师职业角色信念一旦形成，就会表现出对教育工作的无限热忱和全身心投入。比如，一些优秀的教师会全身心地投入自己的教育教学工作，认为教师职业是非常神圣的，以教书育人为自己的使命。

四、促进教师角色形成的策略

（一）全面正确地认识教师职业

要促进教师职业角色的形成，首先要对教师职业及相应的角色有一个较为全面而正确的认识。人们在日常生活中，通过各种传媒和自身经验来形成对教师职业及角色的认识，这种认识往往是片面的，甚至有时候是错误的。因此，只有真正地走近教师、接触教师、了解教师，才有可能将这种错误的对教师职业群体的认知扭转，也才不会将这种对教师职业的过分概括化的认知直接投射到具体的教师身上。可以通过讲授有关知识、请优秀教师介绍经验、实地参观、见习实习等途径有意识地传递有关教师角色的知识，帮助即将成为教师的师范学生和其他社会群体形成对教师职业的正确认识。

（二）树立榜样

树立榜样有助于新教师形成教师角色。通过榜样的行为示范，人们能够掌握社会对于教师的角色期待，学会在不同情境中从事角色行为，处理角色冲突。树立榜样时应该注意：榜样的示范特点要鲜明突出；榜样的示范行为是可学习、可模仿的；榜样与自身的差异不要过大、过于高大全。总之，榜样要可信、可亲、可敬、可学。许多学校在新教师入职初期都以“师徒制”的模式为新教师配备“师傅”，这个“师傅”在一定程度上就是新教师模仿和学习的榜样。通过这种传、帮、带式的榜样树立，可以帮助新教师顺利达到角色要求，规范自身的角色行为，实现对教师职业角色的认同。

（三）积极参与教育实践

要促进教师角色意识的形成，新教师还要积极地进行教育实践，在实践中认识角色、认同角色、形成角色信念。在将角色认知转化为角色信念的过程中，实践是至关重要的环节。长期的教育实践会使大部分教师认识到教师职业的社会价值，从而将社会对教师的角色期待转化为自己的心理需要。比如，当教师在自身的教育实践中帮助后进生，看到了由于自己的努力发生在学生身上成长和变化，这会让教师更加意识到教师这一角色的重要，对教师职业形成心理上、情感上的认同，会更加全身心地投入教育工作中去。

好教师与差教师的特征

魏书生给青年教师的 20 条建议

第二节　教师心理健康

一、教师心理健康的内涵

（一）教师心理健康的定义

教师心理健康是指教师在教育教学过程中有意识地完善人格、发挥心理潜能、维护和增强各方面的心理机能和社会适应能力，预防各种心理疾病，使个人的心理机能发挥到最佳状态。简言之，教师心理健康是指教师具有一种持续的、积极发展的心理状态。

（二）教师心理健康的标准

教师心理健康的标准既要包含一般的心理健康标准的共性，同时也要体现出教师群体的特殊性。当前，由于心理健康的评价标准没有统一，因而有关教师心理健康的衡量标准也是多种多样。在此，我们采用的是俞国良和曾盼盼（2001）所提出的教师心理健康标准。

俞国良和曾盼盼认为教师心理健康的标准包括以下几个方面。

1. 对教师角色认同，勤于教育工作，热爱教育工作

心理健康的教师能够认同、悦纳教师职业，热爱、坚守教育工作。能正确认识教师职业特殊的社会角色、地位和功能，积极投入到工作中去，将自身的才能在教育工作中展现出来并由此获得成就感和满足感，体验到自身的价值。

2. 有良好的自我意识

心理健康的教师能正确地认识自我、接纳自我和控制自我；对现实环境有正确的感知，能平衡自我与现实、理想与现实的关系；在教育活动中能根据自身的实际情况确定工作目标和个人抱负；能在教学活动中进行自我监控，并据此调整自己的教育观念，完善自己的知识结构，做出更适当的教学行为；具有较高的个人教育效能感，能通过他人认识自己，外部评价与自我评价较为一致。

3. 有和谐的人际关系

教师和谐的人际关系主要表现为能恰当地处理与学生及其家长、学校领导、同事的关系，同时也能处理好与家人及社会上其他人员的关系。

教师能够客观地了解和评价别人，积极地与他人真诚地沟通，师生关系融洽，能建立自己的威信，善于引导学生，能够理解并乐于帮助学生，不满、惩戒、犹豫等行为较少。

4. 具有教育独创性

德国著名教育家第斯多惠曾经说过：教师必须有独创性。具有教育独创性是指教师能够在教学活动中不断学习、不断进步、不断创造。能根据学生的生理、心理和社会性特点，富有创造性地理解教材、选择教学方法、设计教学环节，使用教学语言、布置作业等。教师的教育独创性一方面体现在自身教育教学活动的组织上，教师要进行创造性的教学；另一方面体现在对学生的培养上，要注重培养学生的创新精神和创造能力。

5. 有积极而稳定的情绪

具有积极而稳定的情绪的教师，在教育活动和日常生活中均能真实地感受情绪并恰如其分地控制情绪。具体表现为能够保持乐观积极的心态，克制偏爱情绪，一视同仁地对待学生；能冷静地处理课堂情境中的不良事件，不将生活中不愉快的情绪带入课堂，不迁怒于学生；不将工作中的不良情绪带入家庭。由于教师劳动和服务的对象是人，因此情绪健康对于教师而言尤为重要。

（三）教师心理健康的意义

1. 促进教师的人生幸福

教师是社会的模范公民，是蜡烛、是春蚕、是人类灵魂的工程师。这一观念一直深深植根于人们的脑海中，“全心全意的奉献”似乎成了社会对教师角色的期待。做教师，就意味着奉献。然而，随着时代的变化、职业压力的增强，教师的心灵充满了困惑与挣扎、焦虑与蜕变。我们绝不应当只从教师工具性价值的一面看待教师。教师首先是一个“人”，一个普通人，然后才是被赋予了社会角色期望的教师。教师的心理健康同教师人生的幸福密不可分，因为教师的心理健康将直接影响教师的人际交往，不仅影响其师生关系、同事关系，而且影响其家庭关系与生活质量。因此，对教师心理健康的关注不应只是出于对“理想化教师”的考虑，更不能一味地强调教师应该怎样才有益于教育和社会的进步，而应当首先将教师作为主体性的人来看待、评价和期望，关注教师作为人的存在。只有这样，才能更加客观地评价教师的心理健康问题，更加积极地促进教师的心理健康，从而提升教师的生命质量，充分发挥教师的潜能、主动性和创造性，提升其幸福感。

2. 促进受教育者的健康成长

乌申斯基说过：教师个人对青年人心灵的影响所产生的教育力量，无论什么样的教育科学，无论什么样的思潮，无论什么样的奖惩制度，都是替代不了的。教师的心理问题会影响到学生的健康成长，这已经成为一个不言而喻的事实。教师的心理素质对学生的影响是多方面的，有人生观和态度品质方面的，也有个性和情绪情感方面的，还有认知和学习品质方面的。

因此，无论是从教师的个人成长及身心健康的角度，还是为了促进学生的全面发展，关注教师的心理健康问题都是十分必要的。

二、教师主要的心理健康问题

近些年来，随着教师专业化呼声的加剧，人们对学生心理健康的师源性伤害的关注及教师的心理健康问题已成为社会关注的热点。国内外很多调查表明，中小学教师心理健康的现状不容乐观。

（一）职业压力问题

职业压力是影响教师心理健康的主要因素，过重的压力引起的心理应激不断威胁着教师的心理健康。有研究（刘金明，2010）发现教师在整体压力感受程度上，认为对自己身心健康无影响的仅占 6 %，影响程度为轻度的占 32.6%，中度、重度的占 61.4%，这说明很大一部分教师确实承受着较大的压力。其中教师面临最多的是工作压力，然后依次为人际关系问题、经济待遇问题、恋爱婚姻家庭问题、健康问题等。

造成教师职业压力过大的除了教学任务繁重、工资待遇低、考试升学压力大等因素外，社会支持不足也是导致教师职业压力无法得到很好的纾解和改善的重要原因。社会支持是个体社会性发展所依托的社会关系系统，是个体社会适应的重要外部资源。教师是一个相对比较孤立、比较封闭的群体，与社会的联系较少。教师的工作时间是与学生在一起，且教师的人际交往多限制在校园内。因此，教师的合群需要和获得支持的需要经常得不到满足，这样会使教师觉得生活枯燥、沉闷，对生活的兴趣减退，加之较大的职业压力，使教师在工作中缺少应有的生气和活力，长此以往会直接影响教师的心理健康。

（二）职业倦怠问题

1. 职业倦怠的定义

职业倦怠一词由美国心理学家费登伯格（Freudenberger，1974）首次提出，也被译为“职业枯竭”“工作耗竭”，费登伯格从临床的观点将职业倦怠界定为工作强度过高并且无视自己的个人需要所引起的疲惫不堪的状态。这种状态较频繁地出现在那些乐于奉献和承担义务的人身上。

我们认为，职业倦怠是一种与职业有关的症状的总和，是指个体在长期的置业压力下缺乏应对资源和应对能力而产生的身心耗竭状态。教师职业倦怠是指教师不能顺利应对工作压力时所处于的情绪、态度、行为的衰竭状态。

2. 职业倦怠的表现

马勒诗和杰克逊（Maslach，Jackson，1986）提出了职业倦怠的三维度模型，认为职业倦怠主要有三个方面的表现：第一，情绪耗竭。个体感到被用尽、耗完，主要表现在生理耗竭和心理耗竭两个方面。个体会感到慢性疲劳、力不从心、缺乏热情、情绪波动大等。第二，去个人化。个体表现出冷酷、麻木，会刻意在自身和工作对象间保持距离，对工作对象和周围环境采取冷漠、忽视的态度，以一种消极、否定的情感和态度对待工作对象。第三，低个人成就感。个体表现出过低的自我评价和适应性水平的降低，会贬低自身工作的意义和价值。

美国心理学家法伯（Farber，1991）认为，教师职业倦怠虽然也可以按照上述观点进行描述，但是职业倦怠行为表现在不同的个体身上是不同的，具体而言，主要有三种表现形式：第一，精疲力竭型。这类教师在高压力下表现的是放弃努力，以减少对工作的投入来求得心理上的平衡。这类教师的职业倦怠一旦出现，想要恢复就很困难，因为这些症状会得到自我强化。第二，狂热型。这类教师有着极强的成功信念，能狂热地投入工作之中，但由于理想与现实之间存在过大的反差，这种狂热往往无法持续太长时间就会出现信念系统的突然坍塌，最终屈服于精力耗竭。第三，低挑战型。这类教师会觉得工作本身缺乏刺激，以自己的能力和素质做当前的工作大材小用，因而对工作产生厌倦。这类教师在工作一段时间后，就开始对工作敷衍了事，并开始考虑更换其他工作。

教师心理健康状况

三、影响教师心理健康的因素

（一）客观因素

1. 社会因素

从社会因素看，主要由两个方面的因素在影响着教师的心理健康。一是社会对教师的期待不断提高。随着教育在现代社会中的重要作用日益凸显，世界各国都把教育放在首要战略位置来考虑，不断加大对于教育的投入，同时也对教育寄予了较大的期望，而教师则是影响教育成败的关键因素。这导致社会各方面对教师的要求和期待不断提高，甚至把国家富强、民族强盛、经济发展、家庭幸福、孩子的未来等都寄托在教育、学校和教师的身上，从而使教师背负着过高的期待，产生了巨大的心理压力。二是教育改革的力度不断加大。随着教育改革的深入推进，教师为了应对和跟上教育的发展形势和要求，就需要不断地在教育理念、教学内容、教学方法、教学手段等方面进行提升和更新。

在这一适应过程中，教师需要承受巨大的心理压力才能应对社会变革对自己的影响。

2. 职业因素

影响教师心理健康的教师职业因素主要有三点。第一，教师角色冲突。在教育教学情境中，教师需要承担管理者、组织者、指导者、心理辅导者、教育研究者等多重角色，因此极容易引发角色冲突，从而产生心理上的困惑和问题。第二，工作任务繁重。中小学教师的工作时长较长，除了正常的 8 小时工作外，还需要在工作时间之外备课、批改作业、指导课外活动、搞科学研究等，甚至部分学校教师的工作时间是从学生出早操一直到晚上学生上完晚自习，长达十三四个小时。第三，工作的强度和压力较大。中小学教师每周平均要上 20 余节课，同时还要应对各种考核、评比、检查，处理学生的各种事务，应对突发问题。繁重的工作任务和高强度的工作会使教师的身心都受到损害。

3. 学校因素

学校作为教师的工作场所，其中许多因素都在影响着教师的心理健康。第一，学校的内部氛围。学校是一个复杂的社会组织，学校组织内部氛围和谐，教师在其中工作则心情愉悦，效率较高；反之，如果领导专制，人际关系紧张，教师就会感受到压抑、烦躁、忧郁，影响教师的心理健康。第二，学校的管理方式。如果学校管理不当，会使教师工作超负荷，时间被占用，教师缺乏教学自主权，缺乏进修培训的机会，没有参与学校管理的机会，等等。这些都会引起或加剧教师的心理压力，进而产生心理问题。第三，学校的环境条件。学校的物质条件，如自然环境、设施设备、班级容量、学生品行等也会对教师的心理产生影响。如果校园环境优美、班级容量适当、学生素质较高，就会对教师的心理健康产生有益的影响；反之，则会在一定程度上损害教师的心理健康。

4. 教师的社会支持状况

部分教师自身的社会支持系统不够完善，如家庭结构不健全、人际交往的圈子过窄、重要他人缺失等，这种较弱的社会支持系统会使得当其面临工作或生活的压力、心理挫折、情绪困扰的时候没有办法得到及时的支持、帮助和纾解，从而使负性的能量不断地在内心累积下来，久而久之，对其整体的心理健康状况产生负面影响。

（二）主观因素

1. 教师的自我期待水平

一些教师对自己和学生抱有较高的期待水平，希望自己能够获得较突出的工作成绩，希望学生的成绩优异，希望自己能完美地平衡工作和生活，然而受诸多因素的限制，导致教师的现实自我和理想自我之间、现实状况和期待水平之间存在较大的差距。这种差距越大，教师的挫折感就会越强烈，由此产生的失望、痛苦也就越多。

2. 教师的人格特征

部分教师存在着一些不良的人格特征，如自卑、过度敏感、偏执、过于追求完美、缺乏正确的自我意识等，这些人格特征会导致其更容易产生各种心理问题。另外，有研究表明，那些具有 A 型人格、低自尊水平和外控的教师更容易产生职业倦怠。

3. 教师的专业素质

教师职业对教师的专业素质有着较高的要求。除了对所任教的学科要有充分的知识储备和积累之外，完成教学工作还需要教师有较强的教育教学能力，能有效地组织好教育教学工作；要有教育学、心理学方面的知识储备，熟悉任教对象的心理特点和认知规律；要有较强的教育机智，能灵活地处理和应对各种突发事件；要有较好的语言表达能力、沟通能力、逻辑能力、较强的人格魅力；等等。如果一些教师自身的专业知识和能力不足，无法胜任教育教学工作的需要，就会产生较强的心理压力，教学效能感低，无法在工作中获得成就感和满足感，进而影响教师的心理健康状况。

四、提升教师心理健康的对策

（一）学校层面

1. 建立发展性教师评价制度

传统的教师评价制度忽视了教师多方面的需要，忽视了教师未来的发展。而发展发展性教师评价制度强调“以人为本”，立足现在，面向未来，这是一种注重主体意识和创新精神的新型教师评价制度。

发展性教师评价是一种形成性评价，不以奖惩为目的，而是旨在促进教师改进教学，并为教师的可持续发展给予指导和帮助，强调将评价贯穿于整个教学过程，实行多元评定。它将评价和教师的职业生涯设计结合起来，为教师的发展而评价。发展性教师评价既肯定教师的现有价值，又重视教师的潜在价值，充分调动教师主动学习和提高的积极性，促进教师的专业成长和身心和谐发展。

发展性教师评价制度有利于教师积极评价自身的教学水平，缓解中小学教师面临的职业压力，促进中小学教师的心理健康，因此学校管理层面要切实建立“以人为本”的发展性教师评价制度。

2. 加强对教师的心理健康教育

通过开展心理健康知识讲座及心理素质技能培训，在教师中普及心理健康知识，一方面可以为日后的心理干预和辅导打下基础，另一方面，能够使教师的心理健康水平有较大的提高。了解心理健康的一般知识，便于教师了解自身及不同学段的学生当前心理发展的一般规律，使教师能够更加从容地应对日常的教育教学工作，从而更好地维持自身的心理健康。

为此，学校要通过多种途径宣传心理健康知识，创造浓厚的心理健康教育氛围，使教师能掌握一些调节情绪、自我疏导和自我训练的方法，提高教师的心理健康水平。

3. 给予教师充分有效的社会支持

社会支持是指个体从他人或群体中获得的一般或特定的支持性资源，这种资源可以帮助个体应对工作及其生活中的问题。因此，学校可以为教师提供有效的社会支持系统，如构建教师心理援助机构，通过团体辅导、互助沙龙及个别咨询等多种方式对处在压力下的中小学教师进行心理辅导或干预，形成一种可靠、稳定而且有效的支持性资源，促进中小学教师的心理健康；对教师实行定期心理健康检查制度，确保及时发现和解决教师的心理问题；开展丰富多彩的教师业余文化活动，帮助教师纾解压力、融洽氛围，感受学校对于教师的人文关怀等。

（二）教师自身层面

1. 形成积极的自我评价

研究发现，对自己教学水平评价中等或较好的教师的心理健康状况优于对自己教学能力评价低的教师。这说明教师形成对自我教学能力的积极认知和评价有利于教师的心理健康。因此，教师既要客观、正确地评估自己的教学水平，也要对自己当前教学能力的不足予以适当的包容，并对自己日后的发展和完善充满信心，形成对自我教学能力的积极认知。

教师除了要努力形成对自身教学能力的积极评价外，还需要对自身各方面的优点、长处，以及缺点、不足都有明确的认识，并能够积极地肯定、发扬自身的优点和长处，悦纳自身的缺点和不足，形成积极的自我评价，从而提升自信心和自我效能感，促进心理和谐。

2. 发展积极的应对方式

应对方式作为中介变量，在压力源与心理健康之间起着重要的调节作用。积极的应对方式有助于促进教师的身心健康，消极的应对方式不利于教师的身心健康发展。因此，教师自身应努力发展积极的应对方式，养成“积极应对”的行为模式和行为习惯，从而维护自身的心理健康。

积极的应对方式主要包括以下。首先，正确地认识压力。教师要意识到压力是无处不在的，一定的压力也是必不可少的，关键是怎样应对压力，如何变压力为动力。其次，积极地应对压力。面临压力时，首先要对压力情境做出准确判断，预见压力可能对自己产生的种种影响，根据自身的条件和已有的经验，制订出几种解决问题的方案，在做好充分准备的情况下，主动出击，挑战压力。最后，主动寻求社会支持。当压力太大，自己无法摆脱，造成一定困扰时，应主动寻求亲人、朋友、同事、心理医生和辅导专家的帮助，以协助自己渡过难关。

3. 关注内在的和谐一致

自我内部及自我与经验之间越和谐一致，个体的心理健康水平就越高。因此，要维护自身的心理健康水平，教师需要在日常生活当中有意识地关注自己、了解自己，达到身心的和谐一致。

要做到这一点，教师需要做到以下三点。第一，形成良好的自我意识。形成对自己、对他人、对事等各个方面的协调一致的观念，从而达到身心的和谐一致。第二，充分挖掘自身的积极品质。教师的主观幸福感越高，心理健康水平就越高。因此，教师自身要充分挖掘自己的积极品质，提高主观幸福感，进而提高心理健康水平。第三，悦纳自我。自我接纳度越高，对自己越满意，从而主观幸福感越高，心理健康水平也就越高。

提升教师的心理健康水平是一个系统工程，除了上述学校、教师自身两个层面的措施和努力之外，还需要方方面面的参与和协作。比如，从社会层面形成尊师重道的社会风气；从大众传媒方面多对教师职业进行积极视角的关注和报道；切实提高教师的工资福利待遇，等等。

第三节 教师的专业发展

一、教师专业发展的内涵

教师专业发展是指教师在专业素质方面不断成长和追求成熟的过程。叶澜（2001）将教师专业发展定义为教师的专业成长或教师内在专业结构的不断更新、演进和丰富的过程。还有学者将其定义为：教师在整个专业生涯中，通过终身专业训练，习得教育专业知识技能，实施专业自主，表现专业道德，并逐步提高自身从教素质，成为一个良好的教育专业工作者的专业成长过程（唐松林，徐厚道，2000）。

近年来，关于教师专业发展主要呈现出三种取向：理性取向，认为教师专业发展就是教师接受充足的学科知识和教育知识；实践——反思取向，认为教师专业发展的目的是通过反思促使教师对于自己、自己的专业活动等有更深入的理解，从而促进反思性实践；生态取向，认为教师实现专业发展除了个人的实践——反思之外，更重要的是在教师群体中形成合作的专业发展文化与模式。

二、教师专业发展的阶段

关于教师专业发展的阶段，不同的学者从自身的研究视角出发提出了不同的阶段划分，比较有代表性的包括以下几个。

弗勒的生涯关注理论：20世纪60年代，美国学者弗勒（Fuller，1969）根据教师关注对象的不同，将教师职业生涯发展分为关注生存、关注情境、关注学生三个阶段。

费斯勒的生涯发展理论：费斯勒和克里斯坦森（Fessler，Christensen，1992）将教师生涯发展分成职前教育阶段、实习导入阶段、能力建立阶段、热心成长阶段、生涯挫折阶段、稳定停滞阶段、生涯低落阶段、生涯引退阶段八个阶段。

沃尔夫的生涯发展阶段理论：沃尔夫（Wolfe，et al.，1997）等认为教师在发展和保持职业成长的过程中遵循着新手教师、学徒教师、职业教师、专家教师、卓越的教师、名誉退休教师六个基本时期的发展模型。

我们主要以弗勒的三个阶段为基础对教师专业发展的阶段进行介绍。

（一）关注生存阶段

处于这一阶段的一般是新教师。他们一般非常关注自己的生存适应性，最担心的问题是“学生喜欢我吗”“领导觉得我干得怎么样”“同事怎么看我”等等，因此他们会把大量的时间和精力花在跟学生、同事搞好关系上，希望能把学生管得听话，想成为一个良好的课堂管理者。

（二）关注情境阶段

当教师感觉自己能够生存时，其专注的焦点就转向了如何提高学生的成绩，进入了关注情境的阶段。处于此阶段的教师关心的是同教学情境有关的问题，诸如“如何教好每一堂课的内容”“备课材料是否充分”等。一般而言，老教师比新教师更关注此阶段。

（三）关注学生阶段

当教师顺利适应了前两个阶段，就会进入关注学生阶段。这一阶段教师关注的焦点是学生，他们会考虑学生的个体差异，认识到不同发展水平的学生有不同的需要，因此会更注重因材施教。能否自觉地关注学生是衡量一个教师是否成长、成熟的重要标志之一。

三、促进教师专业发展的途径

长期以来，对于促进教师专业发展存在着不同的理论和模式，大致可分为三类：传统工匠模式，也就是学徒制模式，新教师跟随经验丰富的带教教师，观察和模仿带教教师的教学活动；现代科学模式，教师主要通过掌握所教学科的专业知识和教育理论知识等获得成长；后现代反思模式，强调教师参与教学实践，并对实践中出现的问题进行思考、寻求答案，然后再用思考的结论指导教学实践活动。在这里，我们选择了三种后现代反思模式的促进教师专业发展的途径进行介绍。

（一）教学决策训练

教师的教学过程也是一个采取决策的过程，教师需要判断自己的教学行为所引起的学生的反应是否符合预期，如果符合，就继续维持这一教学行为；如果达不到预期，就及时对教学行为进行调整和改进。特温克尔（Twelker，1967）设计了决策训练的程序，通过先向接受训练的教师提供有关所教班级的具体信息，然后让他们观看教学实况录像，再从中吸取自己认为重要的成分的方式促进教师的教学反思。在这一过程中，指导者一方面呈现出更恰当的行为，另一方面给以说明。这种方法不仅可以改善教师的教学行为，而且可以使教师对进行教学决策的有效线索更加敏感，促进教师向专家型教师转变。

（二）教学反思

对教学经验的反思又称反思性实践或反思性教学，它是指教师着眼于自己的教学活动过程来分析自己做出某种行为、决策及所产生的结果的过程，是一种通过提高参与者的自我觉察水平来促进能力发展的手段。教师的教学反思可以分为三种：对于活动的反思，是指教学活动完成后教师对自己的活动、想法和做法所进行的反思；活动中的反思，是指教师在做出教学行为的过程中对自己的表现、想法进行的反思；为活动反思，这种反思是上述两种反思的结果，总结经验来更好地指导以后的教学活动。

波斯纳提出了一个教师成长公式，即经验+反思=成长。林崇德也曾经提出：优秀教师=教学过程+反思。教学反思不仅是一种能力，更是一种态度和行为方式，通过教学反思，有助于教师提高自身的教学能力。

教学反思的内容主要包括三种重要成分：认知成分，是指教师反思自己是如何加工信息和做出决策的；批判成分，是指教师反思自身的经验、信念、取向、目标等驱动思维过程的基础；教师的陈述，是指教师对自己的陈述进行的反思，包括在课堂上所提出的问题、在日常生活中写作和交谈的方式等。

教学反思过程可以分为具体经验、观察分析、重新概括、积极验证四个阶段。具体经验阶段的主要任务是使教师意识到问题的存在，并且明确问题情境。一旦教师意识到问题，就会产生认知上的不平衡状态、感到不适，并试图重新达到平衡状态，于是进入到反思的环节。观察分析阶段，教师会通过自述、回忆、观察模拟、角色扮演等，也可通过借助录音、录像等收集资料，用批判的眼光对材料进行分析，从而进一步明确问题的根源。重新概括阶段，教师会对旧思想进行反思，并积极寻找新思想和新策略来解决所面临的问题。这一过程教师可以单独进行，也可以通过合作的方式来进行。积极验证阶段，教师会检验上一阶段所形成的概括的行动和假设。在检验的过程中，教师会遇到新的具体经验，产生新的问题，从而进入到下一个教学反思的循环。

教师应当如何对自己的教学进行反思呢？主要有以下四种方法。第一种，反思日记。在一天的教学工作结束后，教师写下自己的经验并与其指导教师进行共同分析。第二种，详细描述。教师相互观摩彼此的教学，详细描述他们所看到的情景，教师对此进行讨论分析。第三种，职业发展。来自不同学校的教师聚集在一起，首先提出课堂上发生的问题，然后共同讨论解决的办法，最后得到的方案为所有教师及其他学校所共享。第四种，行动研究。为弄明白课堂上遇到问题的实质，探索用以改进教学的行动方案，教师及研究者合作进行调查和实验研究。这种研究不同于研究者从外部进行的旨在探索普遍法则的研究，而是直接着眼于改进教学实践的改进。

（三）教育科研

教育科研是教育科学研究的简称，是指人们运用科学的方法探求教育的真相和性质，摸索和总结其教育规律，并取得科学结论的研究活动过程。就一线教师参与的教育科研而言，从某种意义上说就是教育教学实践行动的一种形式，而不是游离于教育教学实践行动之外的活动。这种教育科研活动不仅关注文本学习、资料积累和理论思考，而且更加关注实际问题的解决和教学行为的连环改进。一线教师的教育科研活动实质上将教师的教学、研究和进修三者密切地结合在一起，使教师经历一个主动行动、不断反思、合作互助、交流分享的过程，并在这一持续的过程中逐渐完善教学、完善自我。

教师通过教育科研、教学改革实践，提高教学质量，更好地促进学生的发展和教师的专业发展，使新手型教师尽快成长为熟手型教师、熟手型教师尽快成长为专家型教师。

实现教师专业发展是开展教育科研的立足点，开展教育科研是实现教师专业发展的有效途径。

四、教师专业发展的目标：专家型教师

（一）专家型教师及其基本特征

教师专业发展的过程是一个从新手型教师向熟手型教师，再向专家型教师发展的过程。专家型教师是教师专业发展的最后阶段，也是教师专业发展的目标。

傅道春（2001）认为，专家型教师具有良好的教学效能感和教学监控能力，教学中富有创见，能根据教学情境的变化及时而灵活地采取恰当的教学行为来促进教学的顺利进行，进而产生较高的教学质量。

教学效能感　　教师教学效能感量表　　高效能与低效能教师的态度特点

孟繁胜等（2008）则认为专家型教师是具有教育教学专长并且能够自我发展的研究型教师。

美国著名心理学家斯滕伯格把专家型教师称为有教学专长的教师，他们具有三个主要的共同特征。第一，将更多的知识运用于教学问题的解决。这些知识包括所教学科的知识、一般教学法知识、与具体教学内容有关的教学法知识，以及教学得以发生的社会和政治背景知识。第二，解决教学问题的效率高。能在较短的时间内完成更多的工作，或者明显只需要较少的努力就可以完成工作。程序化的技能使得他们能将注意集中在教学领域高水平的推理和问题解决上。在接触问题时，他们具有计划性且善于自我觉察。第三，富有洞察力。能够鉴定出有助于问题解决的信息，并有效地将这些信息联系起来。他们能够通过注意，找出相似性及运用类比推理来重新建构问题的表征，能够对教学问题做出新颖而恰当的解答。

（二）专家型教师与一般教师的不同

专家型教师与一般教师最大的不同在于：专家型教师必须掌握一定的从事科学研究的知识和方法，具备一定的科学研究能力和科学研究素质。只有教师的科学研究素质提高，教师的教学质量才能真正得到提高，教学活动才能真正显示出旺盛的生命力。

连榕和罗丽芳（2004）对新手型、熟手型和专家型教师的心理特征进行了比较，发现专家型教师在教学策略、成就目标、人格特征、职业承诺等方面均优于熟手型教师和新手型教师。他们更善于通过教学计划、评估和反思来改进教学；能更好地控制和调节情绪；对教师职业的情感投入程度更高，责任感和义务感更强；师生关系融洽，具有强烈的成就体验。

（三）专家型教师的素质结构

1. 高尚的师德

师德是教师的灵魂，教师的师德对于教育的成败具有举足轻重的作用。高尚的师德包括对教育事业的热爱、强烈的事业心和奉献精神、科学的世界观、积极的人生态度、对学生的尊重爱护，能为人师表、以身作则。而师爱是师德的核心，它不仅能提高教育质量，也能促进学生成长成才，影响学生的身心发展、人格形成，甚至是学生的职业选择。

专家型教师热爱教育事业、关心学生发展、具有高尚的师德和人格魅力、能够对学生言传身教并产生重要的影响。

2. 科学的教育理念

教育理念是指教师在对教育工作本质理解的基础上形成的关于教育的观念和理性信念，是否具有科学的教育理念是区分经验型教师与专家型教师的重要标志。教师是教育活动的组织者和引导者，教师所持的教育理念会直接影响其教育行为。

作为专家型教师要树立尊重爱护学生、注重开发学生潜能、促进学生全面发展的教育观；树立学生是教育活动的主体、是学习和发展的真正主人、具有多元化的需求和多种发展的可能性的学生观。

3. 相当的专业知识和专业能力

相当的专业知识和专业能力是教师从事教育教学工作的前提和保证。专家型教师对知识的掌握不仅要“博”，更要“深”，要将知识内化到自身的认知结构中去，对所教学科的框架、发展脉络及学科信念等有深入的了解。专家型教师还要具备良好的教学能力、组织管理能力、人际交往能力、教育科研能力等。

4. 一定的创造性

专家型教师具有一定的创新意识和创新能力。对于教育的发展具有前瞻性，能够迅速地感悟、准确地判断教育过程中可能出现的新趋势和新问题；具有教育智慧，善于把握教育的时机，能够根据实际情况调节自己的教育行为；能够不断地创新教学模式和教学方法，创造性地开展教育教学活动；能够进行教育科学研究，将新思想、新关键、新方法融入到自己的思维模式和工作模式之中。专家型的教师不是“传声筒”“照相机”，更不是“教书匠”，而是创造性、艺术性地开展教育教学工作并促进学生全面成才的专家。

教师职业生涯周期模型

★ 本章概要 ★

1. 教师角色是一种职业角色，是从事教育工作的人在学校或者教育活动中扮演的角色。教师角色期待就是社会对教师角色应该表现出的特定行为的期望。教师在学校主要充当学习的指导者和促进者、教学活动的设计者和组织者、组织者和管理者、学生心理健康的辅导者和教育科研人员这五种角色。

2. 教师角色的形成过程一般包括角色认知、角色认同、角色信念三个阶段。

3. 教师心理健康是指教师在教育教学过程中有意识地完善人格、发挥心理潜能、维护和增强各方面的心理机能和社会适应能力，预防各种心理疾病，使个人的心理机能发挥到最佳状态。简言之，教师心理健康是指教师具有一种持续的、积极发展的心理状态。

4. 教师心理健康的标准包括：对教师角色认同，勤于教育工作，热爱教育工作；有良好的自我意识；有和谐的人际关系；具有教育独创性；有积极而稳定的情绪。

5. 职业倦怠是一种与职业有关的症状的总和，是指个体在长期的置业压力下缺乏应对资源和应对能力而产生的身心耗竭状态。教师职业倦怠是指教师不能顺利应对工作压力时所处于的情绪、态度、行为的衰竭状态。

6. 职业倦怠主要有三个方面的表现：情绪耗竭、去个人化、低个人成就感。

7. 教师专业发展是指教师在专业素质方面不断成长和追求成熟的过程。

8. 根据教师关注对象的不同，将教师职业生涯发展分为关注生存、关注情境、关注学生三个阶段。

9. 对教学经验的反思又称反思性实践或反思性教学，它是指教师着眼于自己的教学活动过程来分析自己做出某种行为、决策及所产生的结果的过程，是一种通过提高参与者的自我觉察水平来促进能力发展的手段。教师的教学反思可以分为三种：对于活动的反思、活动中的反思、为活动反思。教学反思过程可以分为具体经验、观察分析、重新概括、积极验证四个阶段。教学反思的方法包括反思日记、详细描述、职业发展、行动研究。

10. 专家型教师具有三个主要的共同特征。第一，将更多的知识运用于教学问题的解决。第二，解决教学问题的效率高。第三，富有洞察力。

11. 专家型教师的素质结构包括：高尚的师德、科学的教育理念、相当的专业知识和专业能力、一定的创造性。

思考题

1. 名词解释：教师角色、角色期待、教师专业发展、职业倦怠。
2. 教师所承担的主要角色有哪些？
3. 教师角色形成的过程是什么？
4. 促进教师角色形成的策略有哪些？
5. 教师心理健康的标准是什么？
6. 如何提升教师的心理健康水平？
7. 教师职业倦怠的形成因素有哪些？有何对策？
8. 教师专业发展的途径是什么？

9. 教师怎样进行有效的教学反思？

10. 专家型教师具有怎样的素质结构？

参考文献

陈琦, 刘儒德. 2007. 当代教育心理学. 2 版. 北京: 北京师范大学出版社.

傅道春. 2001. 教师的成长与发展. 北京: 教育科学出版社.

贾丽芳. 2013. 中学物理教师专业成长现状的研究. 长沙: 湖南师范大学.

李峰, 白雅娟. 2017. 教育心理学. 北京: 北京师范大学出版社.

李晓东. 2008. 教育心理学. 北京: 北京大学出版社.

连榕, 罗丽芳. 2009. 教育心理学概论. 北京: 北京大学出版社.

刘金明. 2010. 西南地区中小学教师心理健康及其相关研究. 重庆: 西南大学.

孟繁胜, 梅秀娟, 王敬. 2008. 关于专家型教师培养的创新实践与理性思考. 中小学教师培训, (11): 15-17.

唐松林, 徐厚道. 2000. 教师素质的实然分析与应然探讨. 高等师范教育研究, (6): 34-39.

徐志文. 2014. 教师职业角色沿革及其展望. 沈阳: 沈阳师范大学.

叶澜. 2001. 教师角色与教师发展探新. 北京: 教育科学出版社.

俞国良, 曾盼盼. 2001. 论教师心理健康及其促进. 北京师范大学学报, (1): 11-18.

Farber A F. 1991. Crises in Education: Stress and Burnout in the American Teacher. San Francisco: Jossey-Bass.

Fessler R, Christensen J. 1992. The teacher career cycle: understanding and guiding. The Professional Development of Teachers, 254-255.

Freudenberger H. 1974. Staff burnout. Journal of Social Issues, 30: 159-165.

Fuller F. 1969. Concerns of teachers: a developmental conceptualization. American Educational Research Journal, 6(2): 207-226.

Gazda G M. 1977. Developmental education: a conceptual framework for a comprehensive counselling and guidance program. Canadian Counsellor, 12(1): 36-40.

Maslach C, Jackson S E. 1986. Maslach Burnout Inbentory. Berkeley: Consulting Psychologists Press.

Twelker P A. 1967. Classroom simulation and teacher preparation. The School Review, 75(2): 197-204.

Wolfe P S, Boone R S, Barrera M. 1997. Developing culturally sensitive transition plans: a reflective process. Journal for Vocational Special Needs Education, 20: 30-33.